中央高校基本科研业务费专项基金资助

主 编 李 昊
参 编 张旭泽 徐海雷 翟旭峰

中华人民共和国民法典

总则编

物权编

合同编

人格权编

婚姻家庭编

继承编

侵权责任编

《中华人民共和国民法典》
与既有民事法律
对照表

中华人民共和国民法通则

中华人民共和国民法总则

中华人民共和国物权法

中华人民共和国合同法

中华人民共和国婚姻法

中华人民共和国收养法

中华人民共和国继承法

中华人民共和国侵权责任法

法典全文

新旧对照

旧新对照

北京大学出版社
PEKING UNIVERSITY PRESS

图书在版编目（CIP）数据

《中华人民共和国民法典》与既有民事法律对照表/李昊主编. —北京：北京大学出版社，2020.7

ISBN 978-7-301-31337-4

Ⅰ.①中… Ⅱ.①李… Ⅲ.①民法—法典—法律解释—中国 Ⅳ.①D923.05

中国版本图书馆 CIP 数据核字（2020）第 103397 号

书　　　　名	《中华人民共和国民法典》与既有民事法律对照表
	《ZHONGHUARENMINGONGHEGUO MINFADIAN》
	YU JIYOU MINSHI FALÜ DUIZHAOBIAO
著作责任者	李　昊　主编
策 划 编 辑	陆建华
责 任 编 辑	陆建华　张文桢
标 准 书 号	ISBN 978-7-301-31337-4
出 版 发 行	北京大学出版社
地　　　　址	北京市海淀区成府路 205 号　100871
网　　　　址	http://www.pup.cn　http://www.yandayuanzhao.com
电 子 信 箱	yandayuanzhao@163.com
新 浪 微 博	@北京大学出版社　@北大出版社燕大元照法律图书
电　　　　话	邮购部 010-62752015　发行部 010-62750672
	编辑部 010-62117788
印 刷 者	三河市北燕印装有限公司
经 销 者	新华书店
	965 毫米×1300 毫米　16 开本　29.25 印张　450 千字
	2020 年 7 月第 1 版　2020 年 8 月第 2 次印刷
定　　　　价	69.00 元

编写说明[*]

《中华人民共和国民法典》(以下简称《民法典》)已由中华人民共和国第十三届全国人民代表大会第三次会议于 2020 年 5 月 28 日审议通过,自 2021 年 1 月 1 日起实施,自实施之日起《中华人民共和国婚姻法》《中华人民共和国继承法》《中华人民共和国民法通则》《中华人民共和国收养法》《中华人民共和国担保法》《中华人民共和合同法》《中华人民共和国物权法》《中华人民共和国侵权责任法》《中华人民共和国民法总则》废止。

《民法典》是中华人民共和国成立至今法律条文最多且唯一以"法典"命名的基本法律,是新时代我国社会主义法治建设的重大成果。它为我国改革开放以来经济社会发展中的新问题、新挑战提供了解决方案,更在传承既有民事法律规范的同时,对不符合时代要求的规则进行了修订。《民法典》新增、修改、调整的内容关系到总则、物权、合同、人格权、婚姻家庭、收养、继承、侵权责任等诸多领域,涉及范围广、修改幅度大、变化内容多。为帮助司法工作人员、法学研究人员、律师和广大群众学习和掌握这部法典,我们编写了这本《〈中华人民共和国民法典〉与既有民事法律对照表》。

本书分为三部分:第一部分为《中华人民共和国民法典》、第二部分为"《中华人民共和国民法典》与既有民事法律及司法解释对照表"、第三部分为"既有民事法律与《中华人民共和国民法典》对照表"。本书对 19 部法律、1 个立法解释、30 个司法解释、4 个行政法规和 3 个部门规章进行了新旧对照,可以助您迅速了解新法的历史延续和变化;对 9 部民事法律进行了旧新对照,可以助您便捷地借助既有民事法律及其适用案例来对照、理解和适用新法。

本书编排说明:

(1)第二部分第一列中加粗、加下划线的内容为《民法典》对既有民事法律增

---

* 本书第 2 印修订了第 1 印在细节上存在的一些错误和疏漏,并增补了少量内容。具体如下:

(1)修订了部分错误的对照条文,使新旧对照、旧新对照更为准确;

(2)调整了部分内容的措辞,使行文表述更为严谨;

(3)扩充了部分与《民法典》对照的相关司法解释的条文,使条文关联更为丰富;

(4)新增了 4 部法律、2 个行政法规及 4 个司法解释的相关条文与《民法典》对照,使内容更为充实。

补或调整的内容;第二、三列中加粗的内容为《民法典》删除的内容。

(2)为使阅读效果更佳,本书将表格中对照内容的行首作"退一格"处理,并将条文序号简化为阿拉伯数字。

(3)条文内容与《民法典》相同的,列出条文序号,并另行注明"同《民法典》第×条"。

(4)在既有民事法律与《民法典》的比较中,明确没有对应条文的,表格内用"(无)"标注;在相关法规及司法解释与《民法典》的比较中,未发现有直接对应关系的条文的,表格内保持空白。

由于时间紧迫,编辑工作难免存在疏漏,敬请读者批评指正。

李　昊

2020 年 6 月 1 日

目　录

第一部分　《中华人民共和国民法典》

中华人民共和国主席令　第四十五号 …………………… 003
中华人民共和国民法典 …………………………………… 004
　第一编　总　则 ………………………………………… 008
　第二编　物　权 ………………………………………… 027
　第三编　合　同 ………………………………………… 051
　第四编　人格权 ………………………………………… 102
　第五编　婚姻家庭 ……………………………………… 108
　第六编　继　承 ………………………………………… 117
　第七编　侵权责任 ……………………………………… 122
　附　　则 ………………………………………………… 132

第二部分　《中华人民共和国民法典》
与既有民事法律及司法解释对照表

第一编　总　则 …………………………………………… 135
第二编　物　权 …………………………………………… 193
第三编　合　同 …………………………………………… 243
第四编　人格权 …………………………………………… 341
第五编　婚姻家庭 ………………………………………… 358
第六编　继　承 …………………………………………… 379
第七编　侵权责任 ………………………………………… 390
附　　则 …………………………………………………… 415

第三部分　既有民事法律
与《中华人民共和国民法典》对照表

一、《民法通则》《民法总则》与《民法典》对照表 …………… 419
二、《物权法》与《民法典》对照表 ………………………… 425

三、《合同法》与《民法典》对照表 ·· 428

四、《婚姻法》与《民法典》对照表 ·· 434

五、《收养法》与《民法典》对照表 ·· 435

六、《继承法》与《民法典》对照表 ·· 436

七、《侵权责任法》与《民法典》对照表 ·· 437

八、《担保法》与《民法典》对照表 ·· 439

附录一　关于《中华人民共和国民法典 (草案)》的说明 ···················· 441

附录二　相关规范性法律文件缩略语表 ·· 455

第一部分

《中华人民共和国民法典》

中华人民共和国主席令
第四十五号

《中华人民共和国民法典》已由中华人民共和国第十三届全国人民代表大会第三次会议于 2020 年 5 月 28 日通过，现予公布，自 2021 年 1 月 1 日起施行。

中华人民共和国主席　习近平

2020 年 5 月 28 日

中华人民共和国民法典

(2020 年 5 月 28 日十三届全国人民代表大会第三次会议通过)

目 录

第一编 总 则
　第一章 基本规定
　第二章 自然人
　　第一节 民事权利能力和民事行为能力
　　第二节 监 护
　　第三节 宣告失踪和宣告死亡
　　第四节 个体工商户和农村承包经营户
　第三章 法 人
　　第一节 一般规定
　　第二节 营利法人
　　第三节 非营利法人
　　第四节 特别法人
　第四章 非法人组织
　第五章 民事权利
　第六章 民事法律行为
　　第一节 一般规定
　　第二节 意思表示
　　第三节 民事法律行为的效力
　　第四节 民事法律行为的附条件和附期限
　第七章 代 理
　　第一节 一般规定
　　第二节 委托代理
　　第三节 代理终止
　第八章 民事责任
　第九章 诉讼时效
　第十章 期间计算

第二编　物　权

　第一分编　通　则

　　第一章　一般规定

　　第二章　物权的设立、变更、转让和消灭

　　　第一节　不动产登记

　　　第二节　动产交付

　　　第三节　其他规定

　　第三章　物权的保护

　第二分编　所有权

　　第四章　一般规定

　　第五章　国家所有权和集体所有权、私人所有权

　　第六章　业主的建筑物区分所有权

　　第七章　相邻关系

　　第八章　共　有

　　第九章　所有权取得的特别规定

　第三分编　用益物权

　　第十章　一般规定

　　第十一章　土地承包经营权

　　第十二章　建设用地使用权

　　第十三章　宅基地使用权

　　第十四章　居住权

　　第十五章　地役权

　第四分编　担保物权

　　第十六章　一般规定

　　第十七章　抵押权

　　　第一节　一般抵押权

　　　第二节　最高额抵押权

　　第十八章　质　权

　　　第一节　动产质权

　　　第二节　权利质权

　　第十九章　留置权

　第五分编　占　有

　　第二十章　占　有

第三编　合　同

　第一分编　通　则

　　第一章　一般规定

　　第二章　合同的订立

第三章 合同的效力

第四章 合同的履行

第五章 合同的保全

第六章 合同的变更和转让

第七章 合同的权利义务终止

第八章 违约责任

第二分编 典型合同

第九章 买卖合同

第十章 供用电、水、气、热力合同

第十一章 赠与合同

第十二章 借款合同

第十三章 保证合同

　第一节 一般规定

　第二节 保证责任

第十四章 租赁合同

第十五章 融资租赁合同

第十六章 保理合同

第十七章 承揽合同

第十八章 建设工程合同

第十九章 运输合同

　第一节 一般规定

　第二节 客运合同

　第三节 货运合同

　第四节 多式联运合同

第二十章 技术合同

　第一节 一般规定

　第二节 技术开发合同

　第三节 技术转让合同和技术许可合同

　第四节 技术咨询合同和技术服务合同

第二十一章 保管合同

第二十二章 仓储合同

第二十三章 委托合同

第二十四章 物业服务合同

第二十五章 行纪合同

第二十六章 中介合同

第二十七章 合伙合同

第三分编　准合同

第二十八章　无因管理

第二十九章　不当得利

第四编　人格权

第一章　一般规定

第二章　生命权、身体权和健康权

第三章　姓名权和名称权

第四章　肖像权

第五章　名誉权和荣誉权

第六章　隐私权和个人信息保护

第五编　婚姻家庭

第一章　一般规定

第二章　结　婚

第三章　家庭关系

第一节　夫妻关系

第二节　父母子女关系和其他近亲属关系

第四章　离　婚

第五章　收　养

第一节　收养关系的成立

第二节　收养的效力

第三节　收养关系的解除

第六编　继　承

第一章　一般规定

第二章　法定继承

第三章　遗嘱继承和遗赠

第四章　遗产的处理

第七编　侵权责任

第一章　一般规定

第二章　损害赔偿

第三章　责任主体的特殊规定

第四章　产品责任

第五章　机动车交通事故责任

第六章　医疗损害责任

第七章　环境污染和生态破坏责任

第八章　高度危险责任

第九章　饲养动物损害责任

第十章　建筑物和物件损害责任

附　则

第一编 总 则

第一章 基本规定

第一条 为了保护民事主体的合法权益,调整民事关系,维护社会和经济秩序,适应中国特色社会主义发展要求,弘扬社会主义核心价值观,根据宪法,制定本法。

第二条 民法调整平等主体的自然人、法人和非法人组织之间的人身关系和财产关系。

第三条 民事主体的人身权利、财产权利以及其他合法权益受法律保护,任何组织或者个人不得侵犯。

第四条 民事主体在民事活动中的法律地位一律平等。

第五条 民事主体从事民事活动,应当遵循自愿原则,按照自己的意思设立、变更、终止民事法律关系。

第六条 民事主体从事民事活动,应当遵循公平原则,合理确定各方的权利和义务。

第七条 民事主体从事民事活动,应当遵循诚信原则,秉持诚实,恪守承诺。

第八条 民事主体从事民事活动,不得违反法律,不得违背公序良俗。

第九条 民事主体从事民事活动,应当有利于节约资源、保护生态环境。

第十条 处理民事纠纷,应当依照法律;法律没有规定的,可以适用习惯,但是不得违背公序良俗。

第十一条 其他法律对民事关系有特别规定的,依照其规定。

第十二条 中华人民共和国领域内的民事活动,适用中华人民共和国法律。法律另有规定的,依照其规定。

第二章 自然人

第一节 民事权利能力和民事行为能力

第十三条 自然人从出生时起到死亡时止,具有民事权利能力,依法享有民事权利,承担民事义务。

第十四条 自然人的民事权利能力一律平等。

第十五条 自然人的出生时间和死亡时间,以出生证明、死亡证明记载的时间为准;没有出生证明、死亡证明的,以户籍登记或者其他有效身份登记记载的时间为准。有其他证据足以推翻以上记载时间的,以该证据证明的时间为准。

第十六条 涉及遗产继承、接受赠与等胎儿利益保护的,胎儿视为具有民事权利能力。但是,胎儿娩出时为死体的,其民事权利能力自始不存在。

第十七条 十八周岁以上的自然人为成年人。不满十八周岁的自然人为未成年人。

第十八条 成年人为完全民事行为能力人,可以独立实施民事法律行为。

十六周岁以上的未成年人,以自己的劳动收入为主要生活来源的,视为完全民事行为能力人。

第十九条 八周岁以上的未成年人为限制民事行为能力人,实施民事法律行为由其法定代理人代理或者经其法定代理人同意、追认;但是,可以独立实施纯获利益的民事法律行为或者与其年龄、智力相适应的民事法律行为。

第二十条 不满八周岁的未成年人为无民事行为能力人,由其法定代理人代理实施民事法律行为。

第二十一条 不能辨认自己行为的成年人为无民事行为能力人,由其法定代理人代理实施民事法律行为。

八周岁以上的未成年人不能辨认自己行为的,适用前款规定。

第二十二条 不能完全辨认自己行为的成年人为限制民事行为能力人,实施民事法律行为由其法定代理人代理或者经其法定代理人同意、追认;但是,可以独立实施纯获利益的民事法律行为或者与其智力、精神健康状况相适应的民事法律行为。

第二十三条 无民事行为能力人、限制民事行为能力人的监护人是其法定代理人。

第二十四条 不能辨认或者不能完全辨认自己行为的成年人,其利害关系人或者有关组织,可以向人民法院申请认定该成年人为无民事行为能力人或者限制民事行为能力人。

被人民法院认定为无民事行为能力人或者限制民事行为能力人的,经本人、利害关系人或者有关组织申请,人民法院可以根据其智力、精神健康恢复的状况,认定该成年人恢复为限制民事行为能力人或者完全民事行为能力人。

本条规定的有关组织包括:居民委员会、村民委员会、学校、医疗机构、妇女联合会、残疾人联合会、依法设立的老年人组织、民政部门等。

第二十五条 自然人以户籍登记或者其他有效身份登记记载的居所为住所;经常居所与住所不一致的,经常居所视为住所。

第二节 监 护

第二十六条 父母对未成年子女负有抚养、教育和保护的义务。

成年子女对父母负有赡养、扶助和保护的义务。

第二十七条 父母是未成年子女的监护人。

未成年人的父母已经死亡或者没有监护能力的,由下列有监护能力的人按顺序担任监护人:

（一）祖父母、外祖父母；

（二）兄、姐；

（三）其他愿意担任监护人的个人或者组织，但是须经未成年人住所地的居民委员会、村民委员会或者民政部门同意。

第二十八条 无民事行为能力或者限制民事行为能力的成年人，由下列有监护能力的人按顺序担任监护人：

（一）配偶；

（二）父母、子女；

（三）其他近亲属；

（四）其他愿意担任监护人的个人或者组织，但是须经被监护人住所地的居民委员会、村民委员会或者民政部门同意。

第二十九条 被监护人的父母担任监护人的，可以通过遗嘱指定监护人。

第三十条 依法具有监护资格的人之间可以协议确定监护人。协议确定监护人应当尊重被监护人的真实意愿。

第三十一条 对监护人的确定有争议的，由被监护人住所地的居民委员会、村民委员会或者民政部门指定监护人，有关当事人对指定不服的，可以向人民法院申请指定监护人；有关当事人也可以直接向人民法院申请指定监护人。

居民委员会、村民委员会、民政部门或者人民法院应当尊重被监护人的真实意愿，按照最有利于被监护人的原则在依法具有监护资格的人中指定监护人。

依据本条第一款规定指定监护人前，被监护人的人身权利、财产权利以及其他合法权益处于无人保护状态的，由被监护人住所地的居民委员会、村民委员会、法律规定的有关组织或者民政部门担任临时监护人。

监护人被指定后，不得擅自变更；擅自变更的，不免除被指定的监护人的责任。

第三十二条 没有依法具有监护资格的人的，监护人由民政部门担任，也可以由具备履行监护职责条件的被监护人住所地的居民委员会、村民委员会担任。

第三十三条 具有完全民事行为能力的成年人，可以与其近亲属、其他愿意担任监护人的个人或者组织事先协商，以书面形式确定自己的监护人，在自己丧失或者部分丧失民事行为能力时，由该监护人履行监护职责。

第三十四条 监护人的职责是代理被监护人实施民事法律行为，保护被监护人的人身权利、财产权利以及其他合法权益等。

监护人依法履行监护职责产生的权利，受法律保护。

监护人不履行监护职责或者侵害被监护人合法权益的，应当承担法律责任。

因发生突发事件等紧急情况，监护人暂时无法履行监护职责，被监护人的生活处于无人照料状态的，被监护人住所地的居民委员会、村民委员会或者民政部门应当为被监护人安排必要的临时生活照料措施。

第三十五条 监护人应当按照最有利于被监护人的原则履行监护职责。监护人除为维护被监护人利益外,不得处分被监护人的财产。

未成年人的监护人履行监护职责,在作出与被监护人利益有关的决定时,应当根据被监护人的年龄和智力状况,尊重被监护人的真实意愿。

成年人的监护人履行监护职责,应当最大程度地尊重被监护人的真实意愿,保障并协助被监护人实施与其智力、精神健康状况相适应的民事法律行为。对被监护人有能力独立处理的事务,监护人不得干涉。

第三十六条　监护人有下列情形之一的,人民法院根据有关个人或者组织的申请,撤销其监护人资格,安排必要的临时监护措施,并按照最有利于被监护人的原则依法指定监护人:

(一)实施严重损害被监护人身心健康的行为;

(二)怠于履行监护职责,或者无法履行监护职责且拒绝将监护职责部分或者全部委托给他人,导致被监护人处于危困状态;

(三)实施严重侵害被监护人合法权益的其他行为。

本条规定的有关个人、组织包括:其他依法具有监护资格的人,居民委员会、村民委员会、学校、医疗机构、妇女联合会、残疾人联合会、未成年人保护组织、依法设立的老年人组织、民政部门等。

前款规定的个人和民政部门以外的组织未及时向人民法院申请撤销监护人资格的,民政部门应当向人民法院申请。

第三十七条　依法负担被监护人抚养费、赡养费、扶养费的父母、子女、配偶等,被人民法院撤销监护人资格后,应当继续履行负担的义务。

第三十八条　被监护人的父母或者子女被人民法院撤销监护人资格后,除对被监护人实施故意犯罪的外,确有悔改表现的,经其申请,人民法院可以在尊重被监护人真实意愿的前提下,视情况恢复其监护人资格,人民法院指定的监护人与被监护人的监护关系同时终止。

第三十九条　有下列情形之一的,监护关系终止:

(一)被监护人取得或者恢复完全民事行为能力;

(二)监护人丧失监护能力;

(三)被监护人或者监护人死亡;

(四)人民法院认定监护关系终止的其他情形。

监护关系终止后,被监护人仍然需要监护的,应当依法另行确定监护人。

第三节　宣告失踪和宣告死亡

第四十条　自然人下落不明满二年的,利害关系人可以向人民法院申请宣告该自然人为失踪人。

第四十一条　自然人下落不明的时间自其失去音讯之日起计算。战争期间下落不明的,下落不明的时间自战争结束之日或者有关机关确定的下落不明之日起计算。

第四十二条 失踪人的财产由其配偶、成年子女、父母或者其他愿意担任财产代管人的人代管。

代管有争议，没有前款规定的人，或者前款规定的人无代管能力的，由人民法院指定的人代管。

第四十三条 财产代管人应当妥善管理失踪人的财产，维护其财产权益。

失踪人所欠税款、债务和应付的其他费用，由财产代管人从失踪人的财产中支付。

财产代管人因故意或者重大过失造成失踪人财产损失的，应当承担赔偿责任。

第四十四条 财产代管人不履行代管职责、侵害失踪人财产权益或者丧失代管能力的，失踪人的利害关系人可以向人民法院申请变更财产代管人。

财产代管人有正当理由的，可以向人民法院申请变更财产代管人。

人民法院变更财产代管人的，变更后的财产代管人有权请求原财产代管人及时移交有关财产并报告财产代管情况。

第四十五条 失踪人重新出现，经本人或者利害关系人申请，人民法院应当撤销失踪宣告。

失踪人重新出现，有权请求财产代管人及时移交有关财产并报告财产代管情况。

第四十六条 自然人有下列情形之一的，利害关系人可以向人民法院申请宣告该自然人死亡：

（一）下落不明满四年；

（二）因意外事件，下落不明满二年。

因意外事件下落不明，经有关机关证明该自然人不可能生存的，申请宣告死亡不受二年时间的限制。

第四十七条 对同一自然人，有的利害关系人申请宣告死亡，有的利害关系人申请宣告失踪，符合本法规定的宣告死亡条件的，人民法院应当宣告死亡。

第四十八条 被宣告死亡的人，人民法院宣告死亡的判决作出之日视为其死亡的日期；因意外事件下落不明宣告死亡的，意外事件发生之日视为其死亡的日期。

第四十九条 自然人被宣告死亡但是并未死亡的，不影响该自然人在被宣告死亡期间实施的民事法律行为的效力。

第五十条 被宣告死亡的人重新出现，经本人或者利害关系人申请，人民法院应当撤销死亡宣告。

第五十一条 被宣告死亡的人的婚姻关系，自死亡宣告之日起消除。死亡宣告被撤销的，婚姻关系自撤销死亡宣告之日起自行恢复。但是，其配偶再婚或者向婚姻登记机关书面声明不愿意恢复的除外。

第五十二条 被宣告死亡的人在被宣告死亡期间，其子女被他人依法收养的，在死亡宣告被撤销后，不得以未经本人同意为由主张收养行为无效。

第五十三条 被撤销死亡宣告的人有权请求依照本法第六编取得其财产的民事主体返还财产;无法返还的,应当给予适当补偿。

利害关系人隐瞒真实情况,致使他人被宣告死亡而取得其财产的,除应当返还财产外,还应当对由此造成的损失承担赔偿责任。

第四节 个体工商户和农村承包经营户

第五十四条 自然人从事工商业经营,经依法登记,为个体工商户。个体工商户可以起字号。

第五十五条 农村集体经济组织的成员,依法取得农村土地承包经营权,从事家庭承包经营的,为农村承包经营户。

第五十六条 个体工商户的债务,个人经营的,以个人财产承担;家庭经营的,以家庭财产承担;无法区分的,以家庭财产承担。

农村承包经营户的债务,以从事农村土地承包经营的农户财产承担;事实上由农户部分成员经营的,以该部分成员的财产承担。

第三章 法 人

第一节 一般规定

第五十七条 法人是具有民事权利能力和民事行为能力,依法独立享有民事权利和承担民事义务的组织。

第五十八条 法人应当依法成立。

法人应当有自己的名称、组织机构、住所、财产或者经费。法人成立的具体条件和程序,依照法律、行政法规的规定。

设立法人,法律、行政法规规定须经有关机关批准的,依照其规定。

第五十九条 法人的民事权利能力和民事行为能力,从法人成立时产生,到法人终止时消灭。

第六十条 法人以其全部财产独立承担民事责任。

第六十一条 依照法律或者法人章程的规定,代表法人从事民事活动的负责人,为法人的法定代表人。

法定代表人以法人名义从事的民事活动,其法律后果由法人承受。

法人章程或者法人权力机构对法定代表人代表权的限制,不得对抗善意相对人。

第六十二条 法定代表人因执行职务造成他人损害的,由法人承担民事责任。

法人承担民事责任后,依照法律或者法人章程的规定,可以向有过错的法定代表人追偿。

第六十三条 法人以其主要办事机构所在地为住所。依法需要办理法人登记的,应当将主要办事机构所在地登记为住所。

第六十四条 法人存续期间登记事项发生变化的,应当依法向登记机关申请变更登记。

第六十五条 法人的实际情况与登记的事项不一致的,不得对抗善意相对人。

第六十六条 登记机关应当依法及时公示法人登记的有关信息。

第六十七条 法人合并的,其权利和义务由合并后的法人享有和承担。

法人分立的,其权利和义务由分立后的法人享有连带债权,承担连带债务,但是债权人和债务人另有约定的除外。

第六十八条 有下列原因之一并依法完成清算、注销登记的,法人终止:

(一)法人解散;

(二)法人被宣告破产;

(三)法律规定的其他原因。

法人终止,法律、行政法规规定须经有关机关批准的,依照其规定。

第六十九条 有下列情形之一的,法人解散:

(一)法人章程规定的存续期间届满或者法人章程规定的其他解散事由出现;

(二)法人的权力机构决议解散;

(三)因法人合并或者分立需要解散;

(四)法人依法被吊销营业执照、登记证书,被责令关闭或者被撤销;

(五)法律规定的其他情形。

第七十条 法人解散的,除合并或者分立的情形外,清算义务人应当及时组成清算组进行清算。

法人的董事、理事等执行机构或者决策机构的成员为清算义务人。法律、行政法规另有规定的,依照其规定。

清算义务人未及时履行清算义务,造成损害的,应当承担民事责任;主管机关或者利害关系人可以申请人民法院指定有关人员组成清算组进行清算。

第七十一条 法人的清算程序和清算组职权,依照有关法律的规定;没有规定的,参照适用公司法律的有关规定。

第七十二条 清算期间法人存续,但是不得从事与清算无关的活动。

法人清算后的剩余财产,按照法人章程的规定或者法人权力机构的决议处理。法律另有规定的,依照其规定。

清算结束并完成法人注销登记时,法人终止;依法不需要办理法人登记的,清算结束时,法人终止。

第七十三条 法人被宣告破产的,依法进行破产清算并完成法人注销登记时,法人终止。

第七十四条 法人可以依法设立分支机构。法律、行政法规规定分支机构应当登记的,依照其规定。

分支机构以自己的名义从事民事活动,产生的民事责任由法人承担;也可以先以该分支机构管理的财产承担,不足以承担的,由法人承担。

第七十五条　设立人为设立法人从事的民事活动,其法律后果由法人承受;法人未成立的,其法律后果由设立人承受,设立人为二人以上的,享有连带债权,承担连带债务。

设立人为设立法人以自己的名义从事民事活动产生的民事责任,第三人有权选择请求法人或者设立人承担。

第二节　营利法人

第七十六条　以取得利润并分配给股东等出资人为目的成立的法人,为营利法人。

营利法人包括有限责任公司、股份有限公司和其他企业法人等。

第七十七条　营利法人经依法登记成立。

第七十八条　依法设立的营利法人,由登记机关发给营利法人营业执照。营业执照签发日期为营利法人的成立日期。

第七十九条　设立营利法人应当依法制定法人章程。

第八十条　营利法人应当设权力机构。

权力机构行使修改法人章程,选举或者更换执行机构、监督机构成员,以及法人章程规定的其他职权。

第八十一条　营利法人应当设执行机构。

执行机构行使召集权力机构会议,决定法人的经营计划和投资方案,决定法人内部管理机构的设置,以及法人章程规定的其他职权。

执行机构为董事会或者执行董事的,董事长、执行董事或者经理按照法人章程的规定担任法定代表人;未设董事会或者执行董事的,法人章程规定的主要负责人为其执行机构和法定代表人。

第八十二条　营利法人设监事会或者监事等监督机构的,监督机构依法行使检查法人财务,监督执行机构成员、高级管理人员执行法人职务的行为,以及法人章程规定的其他职权。

第八十三条　营利法人的出资人不得滥用出资人权利损害法人或者其他出资人的利益;滥用出资人权利造成法人或者其他出资人损失的,应当依法承担民事责任。

营利法人的出资人不得滥用法人独立地位和出资人有限责任损害法人债权人的利益;滥用法人独立地位和出资人有限责任,逃避债务,严重损害法人债权人的利益的,应当对法人债务承担连带责任。

第八十四条　营利法人的控股出资人、实际控制人、董事、监事、高级管理人员不得利用其关联关系损害法人的利益;利用关联关系造成法人损失的,应当承

016 《中华人民共和国民法典》与既有民事法律对照表

担赔偿责任。

第八十五条 营利法人的权力机构、执行机构作出决议的会议召集程序、表决方式违反法律、行政法规、法人章程,或者决议内容违反法人章程的,营利法人的出资人可以请求人民法院撤销该决议。但是,营利法人依据该决议与善意相对人形成的民事法律关系不受影响。

第八十六条 营利法人从事经营活动,应当遵守商业道德,维护交易安全,接受政府和社会的监督,承担社会责任。

第三节 非营利法人

第八十七条 为公益目的或者其他非营利目的成立,不向出资人、设立人或者会员分配所取得利润的法人,为非营利法人。

非营利法人包括事业单位、社会团体、基金会、社会服务机构等。

第八十八条 具备法人条件,为适应经济社会发展需要,提供公益服务设立的事业单位,经依法登记成立,取得事业单位法人资格;依法不需要办理法人登记的,从成立之日起,具有事业单位法人资格。

第八十九条 事业单位法人设理事会的,除法律另有规定外,理事会为其决策机构。事业单位法人的法定代表人依照法律、行政法规或者法人章程的规定产生。

第九十条 具备法人条件,基于会员共同意愿,为公益目的或者会员共同利益等非营利目的设立的社会团体,经依法登记成立,取得社会团体法人资格;依法不需要办理法人登记的,从成立之日起,具有社会团体法人资格。

第九十一条 设立社会团体法人应当依法制定法人章程。

社会团体法人应当设会员大会或者会员代表大会等权力机构。

社会团体法人应当设理事会等执行机构。理事长或者会长等负责人按照法人章程的规定担任法定代表人。

第九十二条 具备法人条件,为公益目的以捐助财产设立的基金会、社会服务机构等,经依法登记成立,取得捐助法人资格。

依法设立的宗教活动场所,具备法人条件的,可以申请法人登记,取得捐助法人资格。法律、行政法规对宗教活动场所有规定的,依照其规定。

第九十三条 设立捐助法人应当依法制定法人章程。

捐助法人应当设理事会、民主管理组织等决策机构,并设执行机构。理事长等负责人按照法人章程的规定担任法定代表人。

捐助法人应当设监事会等监督机构。

第九十四条 捐助人有权向捐助法人查询捐助财产的使用、管理情况,并提出意见和建议,捐助法人应当及时、如实答复。

捐助法人的决策机构、执行机构或者法定代表人作出决定的程序违反法律、行政法规、法人章程,或者决定内容违反法人章程的,捐助人等利害关系人或者主管机关可以请求人民法院撤销该决定。但是,捐助法人依据该决定与善意相对人形成的民事法律关系不受影响。

第九十五条 为公益目的成立的非营利法人终止时,不得向出资人、设立人或者会员分配剩余财产。剩余财产应当按照法人章程的规定或者权力机构的决议用于公益目的;无法按照法人章程的规定或者权力机构的决议处理的,由主管机关主持转给宗旨相同或者相近的法人,并向社会公告。

第四节 特别法人

第九十六条 本节规定的机关法人、农村集体经济组织法人、城镇农村的合作经济组织法人、基层群众性自治组织法人,为特别法人。

第九十七条 有独立经费的机关和承担行政职能的法定机构从成立之日起,具有机关法人资格,可以从事为履行职能所需要的民事活动。

第九十八条 机关法人被撤销的,法人终止,其民事权利和义务由继任的机关法人享有和承担;没有继任的机关法人的,由作出撤销决定的机关法人享有和承担。

第九十九条 农村集体经济组织依法取得法人资格。

法律、行政法规对农村集体经济组织有规定的,依照其规定。

第一百条 城镇农村的合作经济组织依法取得法人资格。

法律、行政法规对城镇农村的合作经济组织有规定的,依照其规定。

第一百零一条 居民委员会、村民委员会具有基层群众性自治组织法人资格,可以从事为履行职能所需要的民事活动。

未设立村集体经济组织的,村民委员会可以依法代行村集体经济组织的职能。

第四章 非法人组织

第一百零二条 非法人组织是不具有法人资格,但是能够依法以自己的名义从事民事活动的组织。

非法人组织包括个人独资企业、合伙企业、不具有法人资格的专业服务机构等。

第一百零三条 非法人组织应当依照法律的规定登记。

设立非法人组织,法律、行政法规规定须经有关机关批准的,依照其规定。

第一百零四条 非法人组织的财产不足以清偿债务的,其出资人或者设立人承担无限责任。法律另有规定的,依照其规定。

第一百零五条 非法人组织可以确定一人或者数人代表该组织从事民事活动。

第一百零六条 有下列情形之一的,非法人组织解散:

(一)章程规定的存续期间届满或者章程规定的其他解散事由出现;

（二）出资人或者设立人决定解散；

（三）法律规定的其他情形。

第一百零七条 非法人组织解散的，应当依法进行清算。

第一百零八条 非法人组织除适用本章规定外，参照适用本编第三章第一节的有关规定。

第五章 民事权利

第一百零九条 自然人的人身自由、人格尊严受法律保护。

第一百一十条 自然人享有生命权、身体权、健康权、姓名权、肖像权、名誉权、荣誉权、隐私权、婚姻自主权等权利。

法人、非法人组织享有名称权、名誉权和荣誉权。

第一百一十一条 自然人的个人信息受法律保护。任何组织或者个人需要获取他人个人信息的，应当依法取得并确保信息安全，不得非法收集、使用、加工、传输他人个人信息，不得非法买卖、提供或者公开他人个人信息。

第一百一十二条 自然人因婚姻家庭关系等产生的人身权利受法律保护。

第一百一十三条 民事主体的财产权利受法律平等保护。

第一百一十四条 民事主体依法享有物权。

物权是权利人依法对特定的物享有直接支配和排他的权利，包括所有权、用益物权和担保物权。

第一百一十五条 物包括不动产和动产。法律规定权利作为物权客体的，依照其规定。

第一百一十六条 物权的种类和内容，由法律规定。

第一百一十七条 为了公共利益的需要，依照法律规定的权限和程序征收、征用不动产或者动产的，应当给予公平、合理的补偿。

第一百一十八条 民事主体依法享有债权。

债权是因合同、侵权行为、无因管理、不当得利以及法律的其他规定，权利人请求特定义务人为或者不为一定行为的权利。

第一百一十九条 依法成立的合同，对当事人具有法律约束力。

第一百二十条 民事权益受到侵害的，被侵权人有权请求侵权人承担侵权责任。

第一百二十一条 没有法定的或者约定的义务，为避免他人利益受损失而进行管理的人，有权请求受益人偿还由此支出的必要费用。

第一百二十二条 因他人没有法律根据，取得不当利益，受损失的人有权请求其返还不当利益。

第一百二十三条 民事主体依法享有知识产权。

知识产权是权利人依法就下列客体享有的专有的权利：

（一）作品；

（二）发明、实用新型、外观设计；

（三）商标；

（四）地理标志；

（五）商业秘密；

（六）集成电路布图设计；

（七）植物新品种；

（八）法律规定的其他客体。

第一百二十四条 自然人依法享有继承权。

自然人合法的私有财产，可以依法继承。

第一百二十五条 民事主体依法享有股权和其他投资性权利。

第一百二十六条 民事主体享有法律规定的其他民事权利和利益。

第一百二十七条 法律对数据、网络虚拟财产的保护有规定的，依照其规定。

第一百二十八条 法律对未成年人、老年人、残疾人、妇女、消费者等的民事权利保护有特别规定的，依照其规定。

第一百二十九条 民事权利可以依据民事法律行为、事实行为、法律规定的事件或者法律规定的其他方式取得。

第一百三十条 民事主体按照自己的意愿依法行使民事权利，不受干涉。

第一百三十一条 民事主体行使权利时，应当履行法律规定的和当事人约定的义务。

第一百三十二条 民事主体不得滥用民事权利损害国家利益、社会公共利益或者他人合法权益。

第六章　民事法律行为

第一节　一般规定

第一百三十三条 民事法律行为是民事主体通过意思表示设立、变更、终止民事法律关系的行为。

第一百三十四条 民事法律行为可以基于双方或者多方的意思表示一致成立，也可以基于单方的意思表示成立。

法人、非法人组织依照法律或者章程规定的议事方式和表决程序作出决议的，该决议行为成立。

第一百三十五条 民事法律行为可以采用书面形式、口头形式或者其他形式；法律、行政法规规定或者当事人约定采用特定形式的，应当采用特定形式。

第一百三十六条 民事法律行为自成立时生效，但是法律另有规定或者当事人另有约定的除外。

行为人非依法律规定或者未经对方同意，不得擅自变更或者解除民事法律行为。

第二节 意思表示

第一百三十七条 以对话方式作出的意思表示,相对人知道其内容时生效。

以非对话方式作出的意思表示,到达相对人时生效。以非对话方式作出的采用数据电文形式的意思表示,相对人指定特定系统接收数据电文的,该数据电文进入该特定系统时生效;未指定特定系统的,相对人知道或者应当知道该数据电文进入其系统时生效。当事人对采用数据电文形式的意思表示的生效时间另有约定的,按照其约定。

第一百三十八条 无相对人的意思表示,表示完成时生效。法律另有规定的,依照其规定。

第一百三十九条 以公告方式作出的意思表示,公告发布时生效。

第一百四十条 行为人可以明示或者默示作出意思表示。

沉默只有在有法律规定、当事人约定或者符合当事人之间的交易习惯时,才可以视为意思表示。

第一百四十一条 行为人可以撤回意思表示。撤回意思表示的通知应当在意思表示到达相对人前或者与意思表示同时到达相对人。

第一百四十二条 有相对人的意思表示的解释,应当按照所使用的词句,结合相关条款、行为的性质和目的、习惯以及诚信原则,确定意思表示的含义。

无相对人的意思表示的解释,不能完全拘泥于所使用的词句,而应当结合相关条款、行为的性质和目的、习惯以及诚信原则,确定行为人的真实意思。

第三节 民事法律行为的效力

第一百四十三条 具备下列条件的民事法律行为有效:

(一)行为人具有相应的民事行为能力;

(二)意思表示真实;

(三)不违反法律、行政法规的强制性规定,不违背公序良俗。

第一百四十四条 无民事行为能力人实施的民事法律行为无效。

第一百四十五条 限制民事行为能力人实施的纯获利益的民事法律行为或者与其年龄、智力、精神健康状况相适应的民事法律行为有效;实施的其他民事法律行为经法定代理人同意或者追认后有效。

相对人可以催告法定代理人自收到通知之日起三十日内予以追认。法定代理人未作表示的,视为拒绝追认。民事法律行为被追认前,善意相对人有撤销的权利。撤销应当以通知的方式作出。

第一百四十六条 行为人与相对人以虚假的意思表示实施的民事法律行为无效。

以虚假的意思表示隐藏的民事法律行为的效力,依照有关法律规定处理。

第一百四十七条 基于重大误解实施的民事法律行为,行为人有权请求人民法院或者仲裁机构予以撤销。

第一百四十八条 一方以欺诈手段,使对方在违背真实意思的情况下实施的民事法律行为,受欺诈方有权请求人民法院或者仲裁机构予以撤销。

第一百四十九条 第三人实施欺诈行为,使一方在违背真实意思的情况下实施的民事法律行为,对方知道或者应当知道该欺诈行为的,受欺诈方有权请求人民法院或者仲裁机构予以撤销。

第一百五十条 一方或者第三人以胁迫手段,使对方在违背真实意思的情况下实施的民事法律行为,受胁迫方有权请求人民法院或者仲裁机构予以撤销。

第一百五十一条 一方利用对方处于危困状态、缺乏判断能力等情形,致使民事法律行为成立时显失公平的,受损害方有权请求人民法院或者仲裁机构予以撤销。

第一百五十二条 有下列情形之一的,撤销权消灭:

(一)当事人自知道或者应当知道撤销事由之日起一年内、重大误解的当事人自知道或者应当知道撤销事由之日起九十日内没有行使撤销权;

(二)当事人受胁迫,自胁迫行为终止之日起一年内没有行使撤销权;

(三)当事人知道撤销事由后明确表示或者以自己的行为表明放弃撤销权。

当事人自民事法律行为发生之日起五年内没有行使撤销权的,撤销权消灭。

第一百五十三条 违反法律、行政法规的强制性规定的民事法律行为无效。但是,该强制性规定不导致该民事法律行为无效的除外。

违背公序良俗的民事法律行为无效。

第一百五十四条 行为人与相对人恶意串通,损害他人合法权益的民事法律行为无效。

第一百五十五条 无效的或者被撤销的民事法律行为自始没有法律约束力。

第一百五十六条 民事法律行为部分无效,不影响其他部分效力的,其他部分仍然有效。

第一百五十七条 民事法律行为无效、被撤销或者确定不发生效力后,行为人因该行为取得的财产,应当予以返还;不能返还或者没有必要返还的,应当折价补偿。有过错的一方应当赔偿对方由此所受到的损失;各方都有过错的,应当各自承担相应的责任。法律另有规定的,依照其规定。

第四节 民事法律行为的附条件和附期限

第一百五十八条 民事法律行为可以附条件,但是根据其性质不得附条件的除外。附生效条件的民事法律行为,自条件成就时生效。附解除条件的民事法律行为,自条件成就时失效。

第一百五十九条 附条件的民事法律行为,当事人为自己的利益不正当地阻止条件成就的,视为条件已经成就;不正当地促成条件成就的,视为条件不成就。

第一百六十条 民事法律行为可以附期限,但是根据其性质不得附期限的除外。附生效期限的民事法律行为,自期限届至时生效。附终止期限的民事法律行为,自期限届满时失效。

第七章 代 理

第一节 一般规定

第一百六十一条 民事主体可以通过代理人实施民事法律行为。

依照法律规定、当事人约定或者民事法律行为的性质,应当由本人亲自实施的民事法律行为,不得代理。

第一百六十二条 代理人在代埋权限内,以被代理人名义实施的民事法律行为,对被代理人发生效力。

第一百六十三条 代理包括委托代理和法定代理。

委托代理人按照被代理人的委托行使代理权。法定代理人依照法律的规定行使代理权。

第一百六十四条 代理人不履行或者不完全履行职责,造成被代理人损害的,应当承担民事责任。

代理人和相对人恶意串通,损害被代理人合法权益的,代理人和相对人应当承担连带责任。

第二节 委托代理

第一百六十五条 委托代理授权采用书面形式的,授权委托书应当载明代理人的姓名或者名称、代理事项、权限和期限,并由被代理人签名或者盖章。

第一百六十六条 数人为同一代理事项的代理人的,应当共同行使代理权,但是当事人另有约定的除外。

第一百六十七条 代理人知道或者应当知道代理事项违法仍然实施代理行为,或者被代理人知道或者应当知道代理人的代理行为违法未作反对表示的,被代理人和代理人应当承担连带责任。

第一百六十八条 代理人不得以被代理人的名义与自己实施民事法律行为,但是被代理人同意或者追认的除外。

代理人不得以被代理人的名义与自己同时代理的其他人实施民事法律行为,但是被代理的双方同意或者追认的除外。

第一百六十九条 代理人需要转委托第三人代理的,应当取得被代理人的同意或者追认。

转委托代理经被代理人同意或者追认的,被代理人可以就代理事务直接指示转委托的第三人,代理人仅就第三人的选任以及对第三人的指示承担责任。

转委托代理未经被代理人同意或者追认的,代理人应当对转委托的第三人的行为承担责任;但是,在紧急情况下代理人为了维护被代理人的利益需要转委托第三人代理的除外。

第一百七十条 执行法人或者非法人组织工作任务的人员,就其职权范围内的事项,以法人或者非法人组织的名义实施的民事法律行为,对法人或者非法人组织发生效力。

法人或者非法人组织对执行其工作任务的人员职权范围的限制,不得对抗善意相对人。

第一百七十一条 行为人没有代理权、超越代理权或者代理权终止后,仍然实施代理行为,未经被代理人追认的,对被代理人不发生效力。

相对人可以催告被代理人自收到通知之日起三十日内予以追认。被代理人未作表示的,视为拒绝追认。行为人实施的行为被追认前,善意相对人有撤销的权利。撤销应当以通知的方式作出。

行为人实施的行为未被追认的,善意相对人有权请求行为人履行债务或者就其受到的损害请求行为人赔偿。但是,赔偿的范围不得超过被代理人追认时相对人所能获得的利益。

相对人知道或者应当知道行为人无权代理的,相对人和行为人按照各自的过错承担责任。

第一百七十二条 行为人没有代理权、超越代理权或者代理权终止后,仍然实施代理行为,相对人有理由相信行为人有代理权的,代理行为有效。

第三节 代理终止

第一百七十三条 有下列情形之一的,委托代理终止:

(一)代理期限届满或者代理事务完成;

(二)被代理人取消委托或者代理人辞去委托;

(三)代理人丧失民事行为能力;

(四)代理人或者被代理人死亡;

(五)作为代理人或者被代理人的法人、非法人组织终止。

第一百七十四条 被代理人死亡后,有下列情形之一的,委托代理人实施的代理行为有效:

(一)代理人不知道且不应当知道被代理人死亡;

(二)被代理人的继承人予以承认;

(三)授权中明确代理权在代理事务完成时终止;

(四)被代理人死亡前已经实施,为了被代理人的继承人的利益继续代理。

作为被代理人的法人、非法人组织终止的,参照适用前款规定。

第一百七十五条 有下列情形之一的,法定代理终止:

(一)被代理人取得或者恢复完全民事行为能力;

(二)代理人丧失民事行为能力;

(三)代理人或者被代理人死亡;

(四)法律规定的其他情形。

第八章 民事责任

第一百七十六条 民事主体依照法律规定或者按照当事人约定,履行民事义务,承担民事责任。

第一百七十七条 二人以上依法承担按份责任,能够确定责任大小的,各自承担相应的责任;难以确定责任大小的,平均承担责任。

第一百七十八条 二人以上依法承担连带责任的,权利人有权请求部分或者全部连带责任人承担责任。

连带责任人的责任份额根据各自责任大小确定;难以确定责任大小的,平均承担责任。实际承担责任超过自己责任份额的连带责任人,有权向其他连带责任人追偿。

连带责任,由法律规定或者当事人约定。

第一百七十九条 承担民事责任的方式主要有:

(一)停止侵害;

(二)排除妨碍;

(三)消除危险;

(四)返还财产;

(五)恢复原状;

(六)修理、重作、更换;

(七)继续履行;

(八)赔偿损失;

(九)支付违约金;

(十)消除影响、恢复名誉;

(十一)赔礼道歉。

法律规定惩罚性赔偿的,依照其规定。

本条规定的承担民事责任的方式,可以单独适用,也可以合并适用。

第一百八十条 因不可抗力不能履行民事义务的,不承担民事责任。法律另有规定的,依照其规定。

不可抗力是不能预见、不能避免且不能克服的客观情况。

第一百八十一条 因正当防卫造成损害的,不承担民事责任。

正当防卫超过必要的限度,造成不应有的损害的,正当防卫人应当承担适当的民事责任。

第一百八十二条 因紧急避险造成损害的,由引起险情发生的人承担民事责任。

危险由自然原因引起的,紧急避险人不承担民事责任,可以给予适当补偿。

紧急避险采取措施不当或者超过必要的限度,造成不应有的损害的,紧急避险人应当承担适当的民事责任。

第一百八十三条 因保护他人民事权益使自己受到损害的,由侵权人承担民事责任,受益人可以给予适当补偿。没有侵权人、侵权人逃逸或者无力承担民事责任,受害人请求补偿的,受益人应当给予适当补偿。

第一百八十四条 因自愿实施紧急救助行为造成受助人损害的,救助人不承担民事责任。

第一百八十五条 侵害英雄烈士等的姓名、肖像、名誉、荣誉,损害社会公共利益的,应当承担民事责任。

第一百八十六条 因当事人一方的违约行为,损害对方人身权益、财产权益的,受损害方有权选择请求其承担违约责任或者侵权责任。

第一百八十七条 民事主体因同一行为应当承担民事责任、行政责任和刑事责任的,承担行政责任或者刑事责任不影响承担民事责任;民事主体的财产不足以支付的,优先用于承担民事责任。

第九章 诉讼时效

第一百八十八条 向人民法院请求保护民事权利的诉讼时效期间为三年。法律另有规定的,依照其规定。

诉讼时效期间自权利人知道或者应当知道权利受到损害以及义务人之日起计算。法律另有规定的,依照其规定。但是,自权利受到损害之日起超过二十年的,人民法院不予保护,有特殊情况的,人民法院可以根据权利人的申请决定延长。

第一百八十九条 当事人约定同一债务分期履行的,诉讼时效期间自最后一期履行期限届满之日起计算。

第一百九十条 无民事行为能力人或者限制民事行为能力人对其法定代理人的请求权的诉讼时效期间,自该法定代理终止之日起计算。

第一百九十一条 未成年人遭受性侵害的损害赔偿请求权的诉讼时效期间,自受害人年满十八周岁之日起计算。

第一百九十二条 诉讼时效期间届满的,义务人可以提出不履行义务的抗辩。

诉讼时效期间届满后,义务人同意履行的,不得以诉讼时效期间届满为由抗辩;义务人已经自愿履行的,不得请求返还。

第一百九十三条 人民法院不得主动适用诉讼时效的规定。

第一百九十四条 在诉讼时效期间的最后六个月内,因下列障碍,不能行使请求权的,诉讼时效中止:

(一)不可抗力;

(二)无民事行为能力人或者限制民事行为能力人没有法定代理人,或者法定代理人死亡、丧失民事行为能力、丧失代理权;

(三)继承开始后未确定继承人或者遗产管理人;

（四）权利人被义务人或者其他人控制；

（五）其他导致权利人不能行使请求权的障碍。

自中止时效的原因消除之日起满六个月，诉讼时效期间届满。

第一百九十五条 有下列情形之一的，诉讼时效中断，从中断、有关程序终结时起，诉讼时效期间重新计算：

（一）权利人向义务人提出履行请求；

（二）义务人同意履行义务；

（三）权利人提起诉讼或者申请仲裁；

（四）与提起诉讼或者申请仲裁具有同等效力的其他情形。

第一百九十六条 下列请求权不适用诉讼时效的规定：

（一）请求停止侵害、排除妨碍、消除危险；

（二）不动产物权和登记的动产物权的权利人请求返还财产；

（三）请求支付抚养费、赡养费或者扶养费；

（四）依法不适用诉讼时效的其他请求权。

第一百九十七条 诉讼时效的期间、计算方法以及中止、中断的事由由法律规定，当事人约定无效。

当事人对诉讼时效利益的预先放弃无效。

第一百九十八条 法律对仲裁时效有规定的，依照其规定；没有规定的，适用诉讼时效的规定。

第一百九十九条 法律规定或者当事人约定的撤销权、解除权等权利的存续期间，除法律另有规定外，自权利人知道或者应当知道权利产生之日起计算，不适用有关诉讼时效中止、中断和延长的规定。存续期间届满，撤销权、解除权等权利消灭。

第十章 期间计算

第二百条 民法所称的期间按照公历年、月、日、小时计算。

第二百零一条 按照年、月、日计算期间的，开始的当日不计入，自下一日开始计算。

按照小时计算期间的，自法律规定或者当事人约定的时间开始计算。

第二百零二条 按照年、月计算期间的，到期月的对应日为期间的最后一日；没有对应日的，月末日为期间的最后一日。

第二百零三条 期间的最后一日是法定休假日的，以法定休假日结束的次日为期间的最后一日。

期间的最后一日的截止时间为二十四时；有业务时间的，停止业务活动的时间为截止时间。

第二百零四条 期间的计算方法依照本法的规定，但是法律另有规定或者当事人另有约定的除外。

第二编 物 权

第一分编 通 则

第一章 一般规定

第二百零五条 本编调整因物的归属和利用产生的民事关系。

第二百零六条 国家坚持和完善公有制为主体、多种所有制经济共同发展,按劳分配为主体、多种分配方式并存,社会主义市场经济体制等社会主义基本经济制度。

国家巩固和发展公有制经济,鼓励、支持和引导非公有制经济的发展。

国家实行社会主义市场经济,保障一切市场主体的平等法律地位和发展权利。

第二百零七条 国家、集体、私人的物权和其他权利人的物权受法律平等保护,任何组织或者个人不得侵犯。

第二百零八条 不动产物权的设立、变更、转让和消灭,应当依照法律规定登记。动产物权的设立和转让,应当依照法律规定交付。

第二章 物权的设立、变更、转让和消灭

第一节 不动产登记

第二百零九条 不动产物权的设立、变更、转让和消灭,经依法登记,发生效力;未经登记,不发生效力,但是法律另有规定的除外。

依法属于国家所有的自然资源,所有权可以不登记。

第二百一十条 不动产登记,由不动产所在地的登记机构办理。

国家对不动产实行统一登记制度。统一登记的范围、登记机构和登记办法,由法律、行政法规规定。

第二百一十一条 当事人申请登记,应当根据不同登记事项提供权属证明和不动产界址、面积等必要材料。

第二百一十二条 登记机构应当履行下列职责:

(一)查验申请人提供的权属证明和其他必要材料;

(二)就有关登记事项询问申请人;

(三)如实、及时登记有关事项;

(四)法律、行政法规规定的其他职责。

申请登记的不动产的有关情况需要进一步证明的,登记机构可以要求申请人补充材料,必要时可以实地查看。

第二百一十三条 登记机构不得有下列行为:

(一)要求对不动产进行评估;

(二)以年检等名义进行重复登记;

(三)超出登记职责范围的其他行为。

第二百一十四条 不动产物权的设立、变更、转让和消灭,依照法律规定应当登记的,自记载于不动产登记簿时发生效力。

第二百一十五条 当事人之间订立有关设立、变更、转让和消灭不动产物权的合同,除法律另有规定或者当事人另有约定外,自合同成立时生效;未办理物权登记的,不影响合同效力。

第二百一十六条 不动产登记簿是物权归属和内容的根据。

不动产登记簿由登记机构管理。

第二百一十七条 不动产权属证书是权利人享有该不动产物权的证明。不动产权属证书记载的事项,应当与不动产登记簿一致;记载不一致的,除有证据证明不动产登记簿确有错误外,以不动产登记簿为准。

第二百一十八条 权利人、利害关系人可以申请查询、复制不动产登记资料,登记机构应当提供。

第二百一十九条 利害关系人不得公开、非法使用权利人的不动产登记资料。

第二百二十条 权利人、利害关系人认为不动产登记簿记载的事项错误的,可以申请更正登记。不动产登记簿记载的权利人书面同意更正或者有证据证明登记确有错误的,登记机构应当予以更正。

不动产登记簿记载的权利人不同意更正的,利害关系人可以申请异议登记。登记机构予以异议登记,申请人自异议登记之日起十五日内不提起诉讼的,异议登记失效。异议登记不当,造成权利人损害的,权利人可以向申请人请求损害赔偿。

第二百二十一条 当事人签订买卖房屋的协议或者签订其他不动产物权的协议,为保障将来实现物权,按照约定可以向登记机构申请预告登记。预告登记后,未经预告登记的权利人同意,处分该不动产的,不发生物权效力。

预告登记后,债权消灭或者自能够进行不动产登记之日起九十日内未申请登记的,预告登记失效。

第二百二十二条 当事人提供虚假材料申请登记,造成他人损害的,应当承担赔偿责任。

因登记错误,造成他人损害的,登记机构应当承担赔偿责任。登记机构赔偿后,可以向造成登记错误的人追偿。

第二百二十三条 不动产登记费按件收取,不得按照不动产的面积、体积或者价款的比例收取。

第二节 动产交付

第二百二十四条 动产物权的设立和转让,自交付时发生效力,但是法律另有规定的除外。

第二百二十五条 船舶、航空器和机动车等的物权的设立、变更、转让和消灭,未经登记,不得对抗善意第三人。

第二百二十六条 动产物权设立和转让前,权利人已经占有该动产的,物权自民事法律行为生效时发生效力。

第二百二十七条 动产物权设立和转让前,第三人占有该动产的,负有交付义务的人可以通过转让请求第三人返还原物的权利代替交付。

第二百二十八条 动产物权转让时,当事人又约定由出让人继续占有该动产的,物权自该约定生效时发生效力。

第三节 其他规定

第二百二十九条 因人民法院、仲裁机构的法律文书或者人民政府的征收决定等,导致物权设立、变更、转让或者消灭的,自法律文书或者征收决定等生效时发生效力。

第二百三十条 因继承取得物权的,自继承开始时发生效力。

第二百三十一条 因合法建造、拆除房屋等事实行为设立或者消灭物权的,自事实行为成就时发生效力。

第二百三十二条 处分依照本节规定享有的不动产物权,依照法律规定需要办理登记的,未经登记,不发生物权效力。

第三章 物权的保护

第二百三十三条 物权受到侵害的,权利人可以通过和解、调解、仲裁、诉讼等途径解决。

第二百三十四条 因物权的归属、内容发生争议的,利害关系人可以请求确认权利。

第二百三十五条 无权占有不动产或者动产的,权利人可以请求返还原物。

第二百三十六条 妨害物权或者可能妨害物权的,权利人可以请求排除妨害或者消除危险。

第二百三十七条 造成不动产或者动产毁损的,权利人可以依法请求修理、重作、更换或者恢复原状。

第二百三十八条 侵害物权,造成权利人损害的,权利人可以依法请求损害赔偿,也可以依法请求承担其他民事责任。

第二百三十九条 本章规定的物权保护方式,可以单独适用,也可以根据权利被侵害的情形合并适用。

第二分编 所有权

第四章 一般规定

第二百四十条 所有权人对自己的不动产或者动产,依法享有占有、使用、收益和处分的权利。

第二百四十一条 所有权人有权在自己的不动产或者动产上设立用益物权和担保物权。用益物权人、担保物权人行使权利,不得损害所有权人的权益。

第二百四十二条 法律规定专属于国家所有的不动产和动产,任何组织或者个人不能取得所有权。

第二百四十三条 为了公共利益的需要,依照法律规定的权限和程序可以征收集体所有的土地和组织、个人的房屋以及其他不动产。

征收集体所有的土地,应当依法及时足额支付土地补偿费、安置补助费以及农村村民住宅、其他地上附着物和青苗等的补偿费用,并安排被征地农民的社会保障费用,保障被征地农民的生活,维护被征地农民的合法权益。

征收组织、个人的房屋以及其他不动产,应当依法给予征收补偿,维护被征收人的合法权益;征收个人住宅的,还应当保障被征收人的居住条件。

任何组织或者个人不得贪污、挪用、私分、截留、拖欠征收补偿费等费用。

第二百四十四条 国家对耕地实行特殊保护,严格限制农用地转为建设用地,控制建设用地总量。不得违反法律规定的权限和程序征收集体所有的土地。

第二百四十五条 因抢险救灾、疫情防控等紧急需要,依照法律规定的权限和程序可以征用组织、个人的不动产或者动产。被征用的不动产或者动产使用后,应当返还被征用人。组织、个人的不动产或者动产被征用或者征用后毁损、灭失的,应当给予补偿。

第五章 国家所有权和集体所有权、私人所有权

第二百四十六条 法律规定属于国家所有的财产,属于国家所有即全民所有。

国有财产由国务院代表国家行使所有权。法律另有规定的,依照其规定。

第二百四十七条 矿藏、水流、海域属于国家所有。

第二百四十八条 无居民海岛属于国家所有,国务院代表国家行使无居民海

岛所有权。

第二百四十九条 城市的土地,属于国家所有。法律规定属于国家所有的农村和城市郊区的土地,属于国家所有。

第二百五十条 森林、山岭、草原、荒地、滩涂等自然资源,属于国家所有,但是法律规定属于集体所有的除外。

第二百五十一条 法律规定属于国家所有的野生动植物资源,属于国家所有。

第二百五十二条 无线电频谱资源属于国家所有。

第二百五十三条 法律规定属于国家所有的文物,属于国家所有。

第二百五十四条 国防资产属于国家所有。

铁路、公路、电力设施、电信设施和油气管道等基础设施,依照法律规定为国家所有的,属于国家所有。

第二百五十五条 国家机关对其直接支配的不动产和动产,享有占有、使用以及依照法律和国务院的有关规定处分的权利。

第二百五十六条 国家举办的事业单位对其直接支配的不动产和动产,享有占有、使用以及依照法律和国务院的有关规定收益、处分的权利。

第二百五十七条 国家出资的企业,由国务院、地方人民政府依照法律、行政法规规定分别代表国家履行出资人职责,享有出资人权益。

第二百五十八条 国家所有的财产受法律保护,禁止任何组织或者个人侵占、哄抢、私分、截留、破坏。

第二百五十九条 履行国有财产管理、监督职责的机构及其工作人员,应当依法加强对国有财产的管理、监督,促进国有财产保值增值,防止国有财产损失;滥用职权,玩忽职守,造成国有财产损失的,应当依法承担法律责任。

违反国有财产管理规定,在企业改制、合并分立、关联交易等过程中,低价转让、合谋私分、擅自担保或者以其他方式造成国有财产损失的,应当依法承担法律责任。

第二百六十条 集体所有的不动产和动产包括:

(一)法律规定属于集体所有的土地和森林、山岭、草原、荒地、滩涂;

(二)集体所有的建筑物、生产设施、农田水利设施;

(三)集体所有的教育、科学、文化、卫生、体育等设施;

(四)集体所有的其他不动产和动产。

第二百六十一条 农民集体所有的不动产和动产,属于本集体成员集体所有。

下列事项应当依照法定程序经本集体成员决定:

(一)土地承包方案以及将土地发包给本集体以外的组织或者个人承包;

(二)个别土地承包经营权人之间承包地的调整;

(三)土地补偿费等费用的使用、分配办法;

（四）集体出资的企业的所有权变动等事项；

（五）法律规定的其他事项。

第二百六十二条 对于集体所有的土地和森林、山岭、草原、荒地、滩涂等，依照下列规定行使所有权：

（一）属于村农民集体所有的，由村集体经济组织或者村民委员会依法代表集体行使所有权；

（二）分别属于村内两个以上农民集体所有的，由村内各该集体经济组织或者村民小组依法代表集体行使所有权；

（三）属于乡镇农民集体所有的，由乡镇集体经济组织代表集体行使所有权。

第二百六十三条 城镇集体所有的不动产和动产，依照法律、行政法规的规定由本集体享有占有、使用、收益和处分的权利。

第二百六十四条 农村集体经济组织或者村民委员会、村民小组应当依照法律、行政法规以及章程、村规民约向本集体成员公布集体财产的状况。集体成员有权查阅、复制相关资料。

第二百六十五条 集体所有的财产受法律保护，禁止任何组织或者个人侵占、哄抢、私分、破坏。

农村集体经济组织、村民委员会或者其负责人作出的决定侵害集体成员合法权益的，受侵害的集体成员可以请求人民法院予以撤销。

第二百六十六条 私人对其合法的收入、房屋、生活用品、生产工具、原材料等不动产和动产享有所有权。

第二百六十七条 私人的合法财产受法律保护，禁止任何组织或者个人侵占、哄抢、破坏。

第二百六十八条 国家、集体和私人依法可以出资设立有限责任公司、股份有限公司或者其他企业。国家、集体和私人所有的不动产或者动产投到企业的，由出资人按照约定或者出资比例享有资产收益、重大决策以及选择经营管理者等权利并履行义务。

第二百六十九条 营利法人对其不动产和动产依照法律、行政法规以及章程享有占有、使用、收益和处分的权利。

营利法人以外的法人，对其不动产和动产的权利，适用有关法律、行政法规以及章程的规定。

第二百七十条 社会团体法人、捐助法人依法所有的不动产和动产，受法律保护。

第六章　业主的建筑物区分所有权

第二百七十一条 业主对建筑物内的住宅、经营性用房等专有部分享有所有权，对专有部分以外的共有部分享有共有和共同管理的权利。

第二百七十二条 业主对其建筑物专有部分享有占有、使用、收益和处分的权利。业主行使权利不得危及建筑物的安全，不得损害其他业主的合法权益。

第二百七十三条 业主对建筑物专有部分以外的共有部分，享有权利，承担义务；不得以放弃权利为由不履行义务。

业主转让建筑物内的住宅、经营性用房，其对共有部分享有的共有和共同管理的权利一并转让。

第二百七十四条 建筑区划内的道路，属于业主共有，但是属于城镇公共道路的除外。建筑区划内的绿地，属于业主共有，但是属于城镇公共绿地或者明示属于个人的除外。建筑区划内的其他公共场所、公用设施和物业服务用房，属于业主共有。

第二百七十五条 建筑区划内，规划用于停放汽车的车位、车库的归属，由当事人通过出售、附赠或者出租等方式约定。

占用业主共有的道路或者其他场地用于停放汽车的车位，属于业主共有。

第二百七十六条 建筑区划内，规划用于停放汽车的车位、车库应当首先满足业主的需要。

第二百七十七条 业主可以设立业主大会，选举业主委员会。业主大会、业主委员会成立的具体条件和程序，依照法律、法规的规定。

地方人民政府有关部门、居民委员会应当对设立业主大会和选举业主委员会给予指导和协助。

第二百七十八条 下列事项由业主共同决定：

（一）制定和修改业主大会议事规则；

（二）制定和修改管理规约；

（三）选举业主委员会或者更换业主委员会成员；

（四）选聘和解聘物业服务企业或者其他管理人；

（五）使用建筑物及其附属设施的维修资金；

（六）筹集建筑物及其附属设施的维修资金；

（七）改建、重建建筑物及其附属设施；

（八）改变共有部分的用途或者利用共有部分从事经营活动；

（九）有关共有和共同管理权利的其他重大事项。

业主共同决定事项，应当由专有部分面积占比三分之二以上的业主且人数占比三分之二以上的业主参与表决。决定前款第六项至第八项规定的事项，应当经参与表决专有部分面积四分之三以上的业主且参与表决人数四分之三以上的业主同意。决定前款其他事项，应当经参与表决专有部分面积过半数的业主且参与表决人数过半数的业主同意。

第二百七十九条 业主不得违反法律、法规以及管理规约，将住宅改变为经营性用房。业主将住宅改变为经营性用房的，除遵守法律、法规以及管理规约外，应当经有利害关系的业主一致同意。

第二百八十条 业主大会或者业主委员会的决定,对业主具有法律约束力。

业主大会或者业主委员会作出的决定侵害业主合法权益的,受侵害的业主可以请求人民法院予以撤销。

第二百八十一条 建筑物及其附属设施的维修资金,属于业主共有。经业主共同决定,可以用于电梯、屋顶、外墙、无障碍设施等共有部分的维修、更新和改造。建筑物及其附属设施的维修资金的筹集、使用情况应当定期公布。

紧急情况下需要维修建筑物及其附属设施的,业主大会或者业主委员会可以依法申请使用建筑物及其附属设施的维修资金。

第二百八十二条 建设单位、物业服务企业或者其他管理人等利用业主的共有部分产生的收入,在扣除合理成本之后,属于业主共有。

第二百八十三条 建筑物及其附属设施的费用分摊、收益分配等事项,有约定的,按照约定;没有约定或者约定不明确的,按照业主专有部分面积所占比例确定。

第二百八十四条 业主可以自行管理建筑物及其附属设施,也可以委托物业服务企业或者其他管理人管理。

对建设单位聘请的物业服务企业或者其他管理人,业主有权依法更换。

第二百八十五条 物业服务企业或者其他管理人根据业主的委托,依照本法第三编有关物业服务合同的规定管理建筑区划内的建筑物及其附属设施,接受业主的监督,并及时答复业主对物业服务情况提出的询问。

物业服务企业或者其他管理人应当执行政府依法实施的应急处置措施和其他管理措施,积极配合开展相关工作。

第二百八十六条 业主应当遵守法律、法规以及管理规约,相关行为应当符合节约资源、保护生态环境的要求。对于物业服务企业或者其他管理人执行政府依法实施的应急处置措施和其他管理措施,业主应当依法予以配合。

业主大会或者业主委员会,对任意弃置垃圾、排放污染物或者噪声、违反规定饲养动物、违章搭建、侵占通道、拒付物业费等损害他人合法权益的行为,有权依照法律、法规以及管理规约,请求行为人停止侵害、排除妨碍、消除危险、恢复原状、赔偿损失。

业主或者其他行为人拒不履行相关义务的,有关当事人可以向有关行政主管部门报告或者投诉,有关行政主管部门应当依法处理。

第二百八十七条 业主对建设单位、物业服务企业或者其他管理人以及其他业主侵害自己合法权益的行为,有权请求其承担民事责任。

第七章　相邻关系

第二百八十八条 不动产的相邻权利人应当按照有利生产、方便生活、团结互助、公平合理的原则,正确处理相邻关系。

第二百八十九条 法律、法规对处理相邻关系有规定的,依照其规定;法律、法规没有规定的,可以按照当地习惯。

第二百九十条 不动产权利人应当为相邻权利人用水、排水提供必要的便利。

对自然流水的利用,应当在不动产的相邻权利人之间合理分配。对自然流水的排放,应当尊重自然流向。

第二百九十一条 不动产权利人对相邻权利人因通行等必须利用其土地的,应当提供必要的便利。

第二百九十二条 不动产权利人因建造、修缮建筑物以及铺设电线、电缆、水管、暖气和燃气管线等必须利用相邻土地、建筑物的,该土地、建筑物的权利人应当提供必要的便利。

第二百九十三条 建造建筑物,不得违反国家有关工程建设标准,不得妨碍相邻建筑物的通风、采光和日照。

第二百九十四条 不动产权利人不得违反国家规定弃置固体废物,排放大气污染物、水污染物、土壤污染物、噪声、光辐射、电磁辐射等有害物质。

第二百九十五条 不动产权利人挖掘土地、建造建筑物、铺设管线以及安装设备等,不得危及相邻不动产的安全。

第二百九十六条 不动产权利人因用水、排水、通行、铺设管线等利用相邻不动产的,应当尽量避免对相邻的不动产权利人造成损害。

第八章 共 有

第二百九十七条 不动产或者动产可以由两个以上组织、个人共有。共有包括按份共有和共同共有。

第二百九十八条 按份共有人对共有的不动产或者动产按照其份额享有所有权。

第二百九十九条 共同共有人对共有的不动产或者动产共同享有所有权。

第三百条 共有人按照约定管理共有的不动产或者动产;没有约定或者约定不明确的,各共有人都有管理的权利和义务。

第三百零一条 处分共有的不动产或者动产以及对共有的不动产或者动产作重大修缮、变更性质或者用途的,应当经占份额三分之二以上的按份共有人或者全体共同共有人同意,但是共有人之间另有约定的除外。

第三百零二条 共有人对共有物的管理费用以及其他负担,有约定的,按照其约定;没有约定或者约定不明确的,按份共有人按照其份额负担,共同共有人共同负担。

第三百零三条 共有人约定不得分割共有的不动产或者动产,以维持共有关系的,应当按照约定,但是共有人有重大理由需要分割的,可以请求分割;没有约定或者约定不明确的,按份共有人可以随时请求分割,共同共有人在共有的基础丧失或者有重大理由需要分割时可以请求分割。因分割造成其他共有人损害的,应当给予赔偿。

第三百零四条 共有人可以协商确定分割方式。达不成协议,共有的不动产或者动产可以分割且不会因分割减损价值的,应当对实物予以分割;难以分割或者因分割会减损价值的,应当对折价或者拍卖、变卖取得的价款予以分割。

共有人分割所得的不动产或者动产有瑕疵的,其他共有人应当分担损失。

第三百零五条 按份共有人可以转让其享有的共有的不动产或者动产份额。其他共有人在同等条件下享有优先购买的权利。

第三百零六条 按份共有人转让其享有的共有的不动产或者动产份额的,应当将转让条件及时通知其他共有人。其他共有人应当在合理期限内行使优先购买权。

两个以上其他共有人主张行使优先购买权的,协商确定各自的购买比例;协商不成的,按照转让时各自的共有份额比例行使优先购买权。

第三百零七条 因共有的不动产或者动产产生的债权债务,在对外关系上,共有人享有连带债权、承担连带债务,但是法律另有规定或者第三人知道共有人不具有连带债权债务关系的除外;在共有人内部关系上,除共有人另有约定外,按份共有人按照份额享有债权、承担债务,共同共有人共同享有债权、承担债务。偿还债务超过自己应当承担份额的按份共有人,有权向其他共有人追偿。

第三百零八条 共有人对共有的不动产或者动产没有约定为按份共有或者共同共有,或者约定不明确的,除共有人具有家庭关系等外,视为按份共有。

第三百零九条 按份共有人对共有的不动产或者动产享有的份额,没有约定或者约定不明确的,按照出资额确定;不能确定出资额的,视为等额享有。

第三百一十条 两个以上组织、个人共同享有用益物权、担保物权的,参照适用本章的有关规定。

第九章 所有权取得的特别规定

第三百一十一条 无处分权人将不动产或者动产转让给受让人的,所有权人有权追回;除法律另有规定外,符合下列情形的,受让人取得该不动产或者动产的所有权:

(一)受让人受让该不动产或者动产时是善意;

(二)以合理的价格转让;

(三)转让的不动产或者动产依照法律规定应当登记的已经登记,不需要登记的已经交付给受让人。

受让人依据前款规定取得不动产或者动产的所有权的,原所有权人有权向无处分权人请求损害赔偿。

当事人善意取得其他物权的,参照适用前两款规定。

第三百一十二条 所有权人或者其他权利人有权追回遗失物。该遗失物通过转让被他人占有的,权利人有权向无处分权人请求损害赔偿,或者自知道或者应当知道受让人之日起二年内向受让人请求返还原物;但是,受让人通过拍卖或者向具有经营资格的经营者购得该遗失物的,权利人请求返还原物时应当支付受让人所付的费用。权利人向受让人支付所付费用后,有权向无处分权人追偿。

第三百一十三条 善意受让人取得动产后,该动产上的原有权利消灭。但是,善意受让人在受让时知道或者应当知道该权利的除外。

第三百一十四条 拾得遗失物,应当返还权利人。拾得人应当及时通知权利人领取,或者送交公安等有关部门。

第三百一十五条 有关部门收到遗失物,知道权利人的,应当及时通知其领取;不知道的,应当及时发布招领公告。

第三百一十六条 拾得人在遗失物送交有关部门前,有关部门在遗失物被领取前,应当妥善保管遗失物。因故意或者重大过失致使遗失物毁损、灭失的,应当承担民事责任。

第三百一十七条 权利人领取遗失物时,应当向拾得人或者有关部门支付保管遗失物等支出的必要费用。

权利人悬赏寻找遗失物的,领取遗失物时应当按照承诺履行义务。

拾得人侵占遗失物的,无权请求保管遗失物等支出的费用,也无权请求权利人按照承诺履行义务。

第三百一十八条 遗失物自发布招领公告之日起一年内无人认领的,归国家所有。

第三百一十九条 拾得漂流物、发现埋藏物或者隐藏物的,参照适用拾得遗失物的有关规定。法律另有规定的,依照其规定。

第三百二十条 主物转让的,从物随主物转让,但是当事人另有约定的除外。

第三百二十一条 天然孳息,由所有权人取得;既有所有权人又有用益物权人的,由用益物权人取得。当事人另有约定的,按照其约定。

法定孳息,当事人有约定的,按照约定取得;没有约定或者约定不明确的,按照交易习惯取得。

第三百二十二条 因加工、附合、混合而产生的物的归属,有约定的,按照约定;没有约定或者约定不明确的,依照法律规定;法律没有规定的,按照充分发挥物的效用以及保护无过错当事人的原则确定。因一方当事人的过错或者确定物的归属造成另一方当事人损害的,应当给予赔偿或者补偿。

第三分编 用益物权

第十章 一般规定

第三百二十三条 用益物权人对他人所有的不动产或者动产,依法享有占有、使用和收益的权利。

第三百二十四条 国家所有或者国家所有由集体使用以及法律规定属于集体所有的自然资源,组织、个人依法可以占有、使用和收益。

第三百二十五条 国家实行自然资源有偿使用制度,但是法律另有规定的除外。

第三百二十六条 用益物权人行使权利,应当遵守法律有关保护和合理开发利用资源、保护生态环境的规定。所有权人不得干涉用益物权人行使权利。

第三百二十七条 因不动产或者动产被征收、征用致使用益物权消灭或者影响用益物权行使的,用益物权人有权依据本法第二百四十三条、第二百四十五条的规定获得相应补偿。

第三百二十八条 依法取得的海域使用权受法律保护。

第三百二十九条 依法取得的探矿权、采矿权、取水权和使用水域、滩涂从事养殖、捕捞的权利受法律保护。

第十一章 土地承包经营权

第三百三十条 农村集体经济组织实行家庭承包经营为基础、统分结合的双层经营体制。

农民集体所有和国家所有由农民集体使用的耕地、林地、草地以及其他用于农业的土地,依法实行土地承包经营制度。

第三百三十一条 土地承包经营权人依法对其承包经营的耕地、林地、草地等享有占有、使用和收益的权利,有权从事种植业、林业、畜牧业等农业生产。

第三百三十二条 耕地的承包期为三十年。草地的承包期为三十年至五十年。林地的承包期为三十年至七十年。

前款规定的承包期限届满,由土地承包经营权人依照农村土地承包的法律规定继续承包。

第三百三十三条 土地承包经营权自土地承包经营权合同生效时设立。

登记机构应当向土地承包经营权人发放土地承包经营权证、林权证等证书,并登记造册,确认土地承包经营权。

第三百三十四条 土地承包经营权人依照法律规定,有权将土地承包经营权互换、转让。未经依法批准,不得将承包地用于非农建设。

第三百三十五条 土地承包经营权互换、转让的,当事人可以向登记机构申请登记;未经登记,不得对抗善意第三人。

第三百三十六条 承包期内发包人不得调整承包地。

因自然灾害严重毁损承包地等特殊情形,需要适当调整承包的耕地和草地的,应当依照农村土地承包的法律规定办理。

第三百三十七条 承包期内发包人不得收回承包地。法律另有规定的,依照其规定。

第三百三十八条 承包地被征收的,土地承包经营权人有权依据本法第二百四十三条的规定获得相应补偿。

第三百三十九条 土地承包经营权人可以自主决定依法采取出租、入股或者其他方式向他人流转土地经营权。

第三百四十条 土地经营权人有权在合同约定的期限内占有农村土地,自主开展农业生产经营并取得收益。

第三百四十一条 流转期限为五年以上的土地经营权,自流转合同生效时设立。当事人可以向登记机构申请土地经营权登记;未经登记,不得对抗善意第三人。

第三百四十二条 通过招标、拍卖、公开协商等方式承包农村土地,经依法登记取得权属证书的,可以依法采取出租、入股、抵押或者其他方式流转土地经营权。

第三百四十三条 国家所有的农用地实行承包经营的,参照适用本编的有关规定。

第十二章　建设用地使用权

第三百四十四条 建设用地使用权人依法对国家所有的土地享有占有、使用和收益的权利,有权利用该土地建造建筑物、构筑物及其附属设施。

第三百四十五条 建设用地使用权可以在土地的地表、地上或者地下分别设立。

第三百四十六条 设立建设用地使用权,应当符合节约资源、保护生态环境的要求,遵守法律、行政法规关于土地用途的规定,不得损害已经设立的用益物权。

第三百四十七条 设立建设用地使用权,可以采取出让或者划拨等方式。

工业、商业、旅游、娱乐和商品住宅等经营性用地以及同一土地有两个以上意向用地者的,应当采取招标、拍卖等公开竞价的方式出让。

严格限制以划拨方式设立建设用地使用权。

第三百四十八条 通过招标、拍卖、协议等出让方式设立建设用地使用权的,当事人应当采用书面形式订立建设用地使用权出让合同。

建设用地使用权出让合同一般包括下列条款:

(一)当事人的名称和住所;

(二)土地界址、面积等;

(三)建筑物、构筑物及其附属设施占用的空间;

(四)土地用途、规划条件;

(五)建设用地使用权期限;

(六)出让金等费用及其支付方式;

(七)解决争议的方法。

第三百四十九条 设立建设用地使用权的,应当向登记机构申请建设用地使用权登记。建设用地使用权自登记时设立。登记机构应当向建设用地使用权人发放权属证书。

第三百五十条 建设用地使用权人应当合理利用土地,不得改变土地用途;需要改变土地用途的,应当依法经有关行政主管部门批准。

第三百五十一条 建设用地使用权人应当依照法律规定以及合同约定支付出让金等费用。

第三百五十二条 建设用地使用权人建造的建筑物、构筑物及其附属设施的所有权属于建设用地使用权人,但是有相反证据证明的除外。

第三百五十三条 建设用地使用权人有权将建设用地使用权转让、互换、出资、赠与或者抵押,但是法律另有规定的除外。

第三百五十四条 建设用地使用权转让、互换、出资、赠与或者抵押的,当事人应当采用书面形式订立相应的合同。使用期限由当事人约定,但是不得超过建设用地使用权的剩余期限。

第三百五十五条 建设用地使用权转让、互换、出资或者赠与的,应当向登记机构申请变更登记。

第三百五十六条 建设用地使用权转让、互换、出资或者赠与的,附着于该土地上的建筑物、构筑物及其附属设施一并处分。

第三百五十七条 建筑物、构筑物及其附属设施转让、互换、出资或者赠与的,该建筑物、构筑物及其附属设施占用范围内的建设用地使用权一并处分。

第三百五十八条 建设用地使用权期限届满前,因公共利益需要提前收回该土地的,应当依据本法第二百四十三条的规定对该土地上的房屋以及其他不动产给予补偿,并退还相应的出让金。

第三百五十九条 住宅建设用地使用权期限届满的,自动续期。续期费用的缴纳或者减免,依照法律、行政法规的规定办理。

非住宅建设用地使用权期限届满后的续期,依照法律规定办理。该土地上的房屋以及其他不动产的归属,有约定的,按照约定;没有约定或者约定不明确的,依照法律、行政法规的规定办理。

第三百六十条 建设用地使用权消灭的,出让人应当及时办理注销登记。登记机构应当收回权属证书。

第三百六十一条 集体所有的土地作为建设用地的,应当依照土地管理的法律规定办理。

第十三章 宅基地使用权

第三百六十二条 宅基地使用权人依法对集体所有的土地享有占有和使用的权利,有权依法利用该土地建造住宅及其附属设施。

第三百六十三条 宅基地使用权的取得、行使和转让,适用土地管理的法律和国家有关规定。

第三百六十四条 宅基地因自然灾害等原因灭失的,宅基地使用权消灭。对失去宅基地的村民,应当依法重新分配宅基地。

第三百六十五条 已经登记的宅基地使用权转让或者消灭的,应当及时办理变更登记或者注销登记。

第十四章 居住权

第三百六十六条 居住权人有权按照合同约定,对他人的住宅享有占有、使用的用益物权,以满足生活居住的需要。

第三百六十七条 设立居住权,当事人应当采用书面形式订立居住权合同。居住权合同一般包括下列条款:

(一)当事人的姓名或者名称和住所;

(二)住宅的位置;

(三)居住的条件和要求;

(四)居住权期限;

(五)解决争议的方法。

第三百六十八条 居住权无偿设立,但是当事人另有约定的除外。设立居住权的,应当向登记机构申请居住权登记。居住权自登记时设立。

第三百六十九条 居住权不得转让、继承。设立居住权的住宅不得出租,但是当事人另有约定的除外。

第三百七十条 居住权期限届满或者居住权人死亡的,居住权消灭。居住权消灭的,应当及时办理注销登记。

第三百七十一条 以遗嘱方式设立居住权的,参照适用本章的有关规定。

第十五章 地役权

第三百七十二条 地役权人有权按照合同约定,利用他人的不动产,以提高自己的不动产的效益。

前款所称他人的不动产为供役地,自己的不动产为需役地。

第三百七十三条 设立地役权,当事人应当采用书面形式订立地役权合同。地役权合同一般包括下列条款:

(一)当事人的姓名或者名称和住所;

(二)供役地和需役地的位置;

(三)利用目的和方法;

(四)地役权期限;

(五)费用及其支付方式;

（六）解决争议的方法。

第三百七十四条　地役权自地役权合同生效时设立。当事人要求登记的,可以向登记机构申请地役权登记;未经登记,不得对抗善意第三人。

第三百七十五条　供役地权利人应当按照合同约定,允许地役权人利用其不动产,不得妨害地役权人行使权利。

第三百七十六条　地役权人应当按照合同约定的利用目的和方法利用供役地,尽量减少对供役地权利人物权的限制。

第三百七十七条　地役权期限由当事人约定;但是,不得超过土地承包经营权、建设用地使用权等用益物权的剩余期限。

第三百七十八条　土地所有权人享有地役权或者负担地役权的,设立土地承包经营权、宅基地使用权等用益物权时,该用益物权人继续享有或者负担已经设立的地役权。

第三百七十九条　土地上已经设立土地承包经营权、建设用地使用权、宅基地使用权等用益物权的,未经用益物权人同意,土地所有权人不得设立地役权。

第三百八十条　地役权不得单独转让。土地承包经营权、建设用地使用权等转让的,地役权一并转让,但是合同另有约定的除外。

第三百八十一条　地役权不得单独抵押。土地经营权、建设用地使用权等抵押的,在实现抵押权时,地役权一并转让。

第三百八十二条　需役地以及需役地上的土地承包经营权、建设用地使用权等部分转让时,转让部分涉及地役权的,受让人同时享有地役权。

第三百八十三条　供役地以及供役地上的土地承包经营权、建设用地使用权等部分转让时,转让部分涉及地役权的,地役权对受让人具有法律约束力。

第三百八十四条　地役权人有下列情形之一的,供役地权利人有权解除地役权合同,地役权消灭:

（一）违反法律规定或者合同约定,滥用地役权;

（二）有偿利用供役地,约定的付款期限届满后在合理期限内经两次催告未支付费用。

第三百八十五条　已经登记的地役权变更、转让或者消灭的,应当及时办理变更登记或者注销登记。

第四分编　担保物权

第十六章　一般规定

第三百八十六条　担保物权人在债务人不履行到期债务或者发生当事人约

定的实现担保物权的情形,依法享有就担保财产优先受偿的权利,但是法律另有规定的除外。

第三百八十七条 债权人在借贷、买卖等民事活动中,为保障实现其债权,需要担保的,可以依照本法和其他法律的规定设立担保物权。

第三人为债务人向债权人提供担保的,可以要求债务人提供反担保。反担保适用本法和其他法律的规定。

第三百八十八条 设立担保物权,应当依照本法和其他法律的规定订立担保合同。担保合同包括抵押合同、质押合同和其他具有担保功能的合同。担保合同是主债权债务合同的从合同。主债权债务合同无效的,担保合同无效,但是法律另有规定的除外。

担保合同被确认无效后,债务人、担保人、债权人有过错的,应当根据其过错各自承担相应的民事责任。

第三百八十九条 担保物权的担保范围包括主债权及其利息、违约金、损害赔偿金、保管担保财产和实现担保物权的费用。当事人另有约定的,按照其约定。

第三百九十条 担保期间,担保财产毁损、灭失或者被征收等,担保物权人可以就获得的保险金、赔偿金或者补偿金等优先受偿。被担保债权的履行期限未届满的,也可以提存该保险金、赔偿金或者补偿金等。

第三百九十一条 第三人提供担保,未经其书面同意,债权人允许债务人转移全部或者部分债务的,担保人不再承担相应的担保责任。

第三百九十二条 被担保的债权既有物的担保又有人的担保的,债务人不履行到期债务或者发生当事人约定的实现担保物权的情形,债权人应当按照约定实现债权;没有约定或者约定不明确,债务人自己提供物的担保的,债权人应当先就该物的担保实现债权;第三人提供物的担保的,债权人可以就物的担保实现债权,也可以请求保证人承担保证责任。提供担保的第三人承担担保责任后,有权向债务人追偿。

第三百九十三条 有下列情形之一的,担保物权消灭:

(一)主债权消灭;

(二)担保物权实现;

(三)债权人放弃担保物权;

(四)法律规定担保物权消灭的其他情形。

第十七章 抵押权

第一节 一般抵押权

第三百九十四条 为担保债务的履行,债务人或者第三人不转移财产的占有,将该财产抵押给债权人的,债务人不履行到期债务或者发生当事人约定的实现抵押权的情形,债权人有权就该财产优先受偿。

前款规定的债务人或者第三人为抵押人,债权人为抵押权人,提供担保的财产为抵押财产。

第三百九十五条 债务人或者第三人有权处分的下列财产可以抵押:

(一)建筑物和其他土地附着物;

(二)建设用地使用权;

(三)海域使用权;

(四)生产设备、原材料、半成品、产品;

(五)正在建造的建筑物、船舶、航空器;

(六)交通运输工具;

(七)法律、行政法规未禁止抵押的其他财产。

抵押人可以将前款所列财产一并抵押。

第三百九十六条 企业、个体工商户、农业生产经营者可以将现有的以及将有的生产设备、原材料、半成品、产品抵押,债务人不履行到期债务或者发生当事人约定的实现抵押权的情形,债权人有权就抵押财产确定时的动产优先受偿。

第三百九十七条 以建筑物抵押的,该建筑物占用范围内的建设用地使用权一并抵押。以建设用地使用权抵押的,该土地上的建筑物一并抵押。

抵押人未依据前款规定一并抵押的,未抵押的财产视为一并抵押。

第三百九十八条 乡镇、村企业的建设用地使用权不得单独抵押。以乡镇、村企业的厂房等建筑物抵押的,其占用范围内的建设用地使用权一并抵押。

第三百九十九条 下列财产不得抵押:

(一)土地所有权;

(二)宅基地、自留地、自留山等集体所有土地的使用权,但是法律规定可以抵押的除外;

(三)学校、幼儿园、医疗机构等为公益目的成立的非营利法人的教育设施、医疗卫生设施和其他公益设施;

(四)所有权、使用权不明或者有争议的财产;

(五)依法被查封、扣押、监管的财产;

(六)法律、行政法规规定不得抵押的其他财产。

第四百条 设立抵押权,当事人应当采用书面形式订立抵押合同。

抵押合同一般包括下列条款:

(一)被担保债权的种类和数额;

(二)债务人履行债务的期限;

(三)抵押财产的名称、数量等情况;

(四)担保的范围。

第四百零一条 抵押权人在债务履行期限届满前,与抵押人约定债务人不履行到期债务时抵押财产归债权人所有的,只能依法就抵押财产优先受偿。

第四百零二条 以本法第三百九十五条第一款第一项至第三项规定的财产

或者第五项规定的正在建造的建筑物抵押的,应当办理抵押登记。抵押权自登记时设立。

第四百零三条 以动产抵押的,抵押权自抵押合同生效时设立;未经登记,不得对抗善意第三人。

第四百零四条 以动产抵押的,不得对抗正常经营活动中已经支付合理价款并取得抵押财产的买受人。

第四百零五条 抵押权设立前,抵押财产已经出租并转移占有的,原租赁关系不受该抵押权的影响。

第四百零六条 抵押期间,抵押人可以转让抵押财产。当事人另有约定的,按照其约定。抵押财产转让的,抵押权不受影响。

抵押人转让抵押财产的,应当及时通知抵押权人。抵押权人能够证明抵押财产转让可能损害抵押权的,可以请求抵押人将转让所得的价款向抵押权人提前清偿债务或者提存。转让的价款超过债权数额的部分归抵押人所有,不足部分由债务人清偿。

第四百零七条 抵押权不得与债权分离而单独转让或者作为其他债权的担保。债权转让的,担保该债权的抵押权一并转让,但是法律另有规定或者当事人另有约定的除外。

第四百零八条 抵押人的行为足以使抵押财产价值减少的,抵押权人有权请求抵押人停止其行为;抵押财产价值减少的,抵押权人有权请求恢复抵押财产的价值,或者提供与减少的价值相应的担保。抵押人不恢复抵押财产的价值,也不提供担保的,抵押权人有权请求债务人提前清偿债务。

第四百零九条 抵押权人可以放弃抵押权或者抵押权的顺位。抵押权人与抵押人可以协议变更抵押权顺位以及被担保的债权数额等内容。但是,抵押权的变更未经其他抵押权人书面同意的,不得对其他抵押权人产生不利影响。

债务人以自己的财产设定抵押,抵押权人放弃该抵押权、抵押权顺位或者变更抵押权的,其他担保人在抵押权人丧失优先受偿权益的范围内免除担保责任,但是其他担保人承诺仍然提供担保的除外。

第四百一十条 债务人不履行到期债务或者发生当事人约定的实现抵押权的情形,抵押权人可以与抵押人协议以抵押财产折价或者以拍卖、变卖该抵押财产所得的价款优先受偿。协议损害其他债权人利益的,其他债权人可以请求人民法院撤销该协议。

抵押权人与抵押人未就抵押权实现方式达成协议的,抵押权人可以请求人民法院拍卖、变卖抵押财产。

抵押财产折价或者变卖的,应当参照市场价格。

第四百一十一条 依据本法第三百九十六条规定设定抵押的,抵押财产自下列情形之一发生时确定:

(一)债务履行期限届满,债权未实现;

（二）抵押人被宣告破产或者解散；

（三）当事人约定的实现抵押权的情形；

（四）严重影响债权实现的其他情形。

第四百一十二条 债务人不履行到期债务或者发生当事人约定的实现抵押权的情形，致使抵押财产被人民法院依法扣押的，自扣押之日起，抵押权人有权收取该抵押财产的天然孳息或者法定孳息，但是抵押权人未通知应当清偿法定孳息义务人的除外。

前款规定的孳息应当先充抵收取孳息的费用。

第四百一十三条 抵押财产折价或者拍卖、变卖后，其价款超过债权数额的部分归抵押人所有，不足部分由债务人清偿。

第四百一十四条 同一财产向两个以上债权人抵押的，拍卖、变卖抵押财产所得的价款依照下列规定清偿：

（一）抵押权已经登记的，按照登记的时间先后确定清偿顺序；

（二）抵押权已经登记的先于未登记的受偿；

（三）抵押权未登记的，按照债权比例清偿。

其他可以登记的担保物权，清偿顺序参照适用前款规定。

第四百一十五条 同一财产既设立抵押权又设立质权的，拍卖、变卖该财产所得的价款按照登记、交付的时间先后确定清偿顺序。

第四百一十六条 动产抵押担保的主债权是抵押物的价款，标的物交付后十日内办理抵押登记的，该抵押权人优先于抵押物买受人的其他担保物权人受偿，但是留置权人除外。

第四百一十七条 建设用地使用权抵押后，该土地上新增的建筑物不属于抵押财产。该建设用地使用权实现抵押权时，应当将该土地上新增的建筑物与建设用地使用权一并处分。但是，新增建筑物所得的价款，抵押权人无权优先受偿。

第四百一十八条 以集体所有土地的使用权依法抵押的，实现抵押权后，未经法定程序，不得改变土地所有权的性质和土地用途。

第四百一十九条 抵押权人应当在主债权诉讼时效期间行使抵押权；未行使的，人民法院不予保护。

第二节　最高额抵押权

第四百二十条 为担保债务的履行，债务人或者第三人对一定期间内将要连续发生的债权提供担保财产的，债务人不履行到期债务或者发生当事人约定的实现抵押权的情形，抵押权人有权在最高债权额限度内就该担保财产优先受偿。

最高额抵押权设立前已经存在的债权，经当事人同意，可以转入最高额抵押担保的债权范围。

第四百二十一条 最高额抵押担保的债权确定前，部分债权转让的，最高额抵押权不得转让，但是当事人另有约定的除外。

第四百二十二条　最高额抵押担保的债权确定前,抵押权人与抵押人可以通过协议变更债权确定的期间、债权范围以及最高债权额。但是,变更的内容不得对其他抵押权人产生不利影响。

第四百二十三条　有下列情形之一的,抵押权人的债权确定:

(一)约定的债权确定期间届满;

(二)没有约定债权确定期间或者约定不明确,抵押权人或者抵押人自最高额抵押权设立之日起满二年后请求确定债权;

(三)新的债权不可能发生;

(四)抵押权人知道或者应当知道抵押财产被查封、扣押;

(五)债务人、抵押人被宣告破产或者解散;

(六)法律规定债权确定的其他情形。

第四百二十四条　最高额抵押权除适用本节规定外,适用本章第一节的有关规定。

第十八章　质　权

第一节　动产质权

第四百二十五条　为担保债务的履行,债务人或者第三人将其动产出质给债权人占有的,债务人不履行到期债务或者发生当事人约定的实现质权的情形,债权人有权就该动产优先受偿。

前款规定的债务人或者第三人为出质人,债权人为质权人,交付的动产为质押财产。

第四百二十六条　法律、行政法规禁止转让的动产不得出质。

第四百二十七条　设立质权,当事人应当采用书面形式订立质押合同。

质押合同一般包括下列条款:

(一)被担保债权的种类和数额;

(二)债务人履行债务的期限;

(三)质押财产的名称、数量等情况;

(四)担保的范围;

(五)质押财产交付的时间、方式。

第四百二十八条　质权人在债务履行期限届满前,与出质人约定债务人不履行到期债务时质押财产归债权人所有的,只能依法就质押财产优先受偿。

第四百二十九条　质权自出质人交付质押财产时设立。

第四百三十条　质权人有权收取质押财产的孳息,但是合同另有约定的除外。

前款规定的孳息应当先充抵收取孳息的费用。

第四百三十一条　质权人在质权存续期间,未经出质人同意,擅自使用、处分质押财产,造成出质人损害的,应当承担赔偿责任。

第四百三十二条 质权人负有妥善保管质押财产的义务;因保管不善致使质押财产毁损、灭失的,应当承担赔偿责任。

质权人的行为可能使质押财产毁损、灭失的,出质人可以请求质权人将质押财产提存,或者请求提前清偿债务并返还质押财产。

第四百三十三条 因不可归责于质权人的事由可能使质押财产毁损或者价值明显减少,足以危害质权人权利的,质权人有权请求出质人提供相应的担保;出质人不提供的,质权人可以拍卖、变卖质押财产,并与出质人协议将拍卖、变卖所得的价款提前清偿债务或者提存。

第四百三十四条 质权人在质权存续期间,未经出质人同意转质,造成质押财产毁损、灭失的,应当承担赔偿责任。

第四百三十五条 质权人可以放弃质权。债务人以自己的财产出质,质权人放弃该质权的,其他担保人在质权人丧失优先受偿权益的范围内免除担保责任,但是其他担保人承诺仍然提供担保的除外。

第四百三十六条 债务人履行债务或者出质人提前清偿所担保的债权的,质权人应当返还质押财产。

债务人不履行到期债务或者发生当事人约定的实现质权的情形,质权人可以与出质人协议以质押财产折价,也可以就拍卖、变卖质押财产所得的价款优先受偿。

质押财产折价或者变卖的,应当参照市场价格。

第四百三十七条 出质人可以请求质权人在债务履行期限届满后及时行使质权;质权人不行使的,出质人可以请求人民法院拍卖、变卖质押财产。

出质人请求质权人及时行使质权,因质权人怠于行使权利造成出质人损害的,由质权人承担赔偿责任。

第四百三十八条 质押财产折价或者拍卖、变卖后,其价款超过债权数额的部分归出质人所有,不足部分由债务人清偿。

第四百三十九条 出质人与质权人可以协议设立最高额质权。

最高额质权除适用本节有关规定外,参照适用本编第十七章第二节的有关规定。

第二节　权利质权

第四百四十条 债务人或者第三人有权处分的下列权利可以出质:

(一)汇票、本票、支票;

(二)债券、存款单;

(三)仓单、提单;

(四)可以转让的基金份额、股权;

(五)可以转让的注册商标专用权、专利权、著作权等知识产权中的财产权;

(六)现有的以及将有的应收账款;

（七）法律、行政法规规定可以出质的其他财产权利。

第四百四十一条 以汇票、本票、支票、债券、存款单、仓单、提单出质的，质权自权利凭证交付质权人时设立；没有权利凭证的，质权自办理出质登记时设立。法律另有规定的，依照其规定。

第四百四十二条 汇票、本票、支票、债券、存款单、仓单、提单的兑现日期或者提货日期先于主债权到期的，质权人可以兑现或者提货，并与出质人协议将兑现的价款或者提取的货物提前清偿债务或者提存。

第四百四十三条 以基金份额、股权出质的，质权自办理出质登记时设立。

基金份额、股权出质后，不得转让，但是出质人与质权人协商同意的除外。出质人转让基金份额、股权所得的价款，应当向质权人提前清偿债务或者提存。

第四百四十四条 以注册商标专用权、专利权、著作权等知识产权中的财产权出质的，质权自办理出质登记时设立。

知识产权中的财产权出质后，出质人不得转让或者许可他人使用，但是出质人与质权人协商同意的除外。出质人转让或者许可他人使用出质的知识产权中的财产权所得的价款，应当向质权人提前清偿债务或者提存。

第四百四十五条 以应收账款出质的，质权自办理出质登记时设立。

应收账款出质后，不得转让，但是出质人与质权人协商同意的除外。出质人转让应收账款所得的价款，应当向质权人提前清偿债务或者提存。

第四百四十六条 权利质权除适用本节规定外，适用本章第一节的有关规定。

第十九章 留置权

第四百四十七条 债务人不履行到期债务，债权人可以留置已经合法占有的债务人的动产，并有权就该动产优先受偿。

前款规定的债权人为留置权人，占有的动产为留置财产。

第四百四十八条 债权人留置的动产，应当与债权属于同一法律关系，但是企业之间留置的除外。

第四百四十九条 法律规定或者当事人约定不得留置的动产，不得留置。

第四百五十条 留置财产为可分物的，留置财产的价值应当相当于债务的金额。

第四百五十一条 留置权人负有妥善保管留置财产的义务；因保管不善致使留置财产毁损、灭失的，应当承担赔偿责任。

第四百五十二条 留置权人有权收取留置财产的孳息。

前款规定的孳息应当先充抵收取孳息的费用。

第四百五十三条 留置权人与债务人应当约定留置财产后的债务履行期限；没有约定或者约定不明确的，留置权人应当给债务人六十日以上履行债务的期限,但是鲜活易腐等不易保管的动产除外。债务人逾期未履行的,留置权人可以与债务人协议以留置财产折价,也可以就拍卖、变卖留置财产所得的价款优先受偿。

留置财产折价或者变卖的,应当参照市场价格。

第四百五十四条 债务人可以请求留置权人在债务履行期限届满后行使留置权;留置权人不行使的,债务人可以请求人民法院拍卖、变卖留置财产。

第四百五十五条 留置财产折价或者拍卖、变卖后,其价款超过债权数额的部分归债务人所有,不足部分由债务人清偿。

第四百五十六条 同一动产上已经设立抵押权或者质权,该动产又被留置的,留置权人优先受偿。

第四百五十七条 留置权人对留置财产丧失占有或者留置权人接受债务人另行提供担保的,留置权消灭。

第五分编 占 有

第二十章 占 有

第四百五十八条 基于合同关系等产生的占有,有关不动产或者动产的使用、收益、违约责任等,按照合同约定;合同没有约定或者约定不明确的,依照有关法律规定。

第四百五十九条 占有人因使用占有的不动产或者动产,致使该不动产或者动产受到损害的,恶意占有人应当承担赔偿责任。

第四百六十条 不动产或者动产被占有人占有的,权利人可以请求返还原物及其孳息;但是,应当支付善意占有人因维护该不动产或者动产支出的必要费用。

第四百六十一条 占有的不动产或者动产毁损、灭失,该不动产或者动产的权利人请求赔偿的,占有人应当将因毁损、灭失取得的保险金、赔偿金或者补偿金等返还给权利人;权利人的损害未得到足够弥补的,恶意占有人还应当赔偿损失。

第四百六十二条 占有的不动产或者动产被侵占的,占有人有权请求返还原物;对妨害占有的行为,占有人有权请求排除妨害或者消除危险;因侵占或者妨害造成损害的,占有人有权依法请求损害赔偿。

占有人返还原物的请求权,自侵占发生之日起一年内未行使的,该请求权消灭。

第三编 合 同

第一分编 通 则

第一章 一般规定

第四百六十三条 本编调整因合同产生的民事关系。

第四百六十四条 合同是民事主体之间设立、变更、终止民事法律关系的协议。

婚姻、收养、监护等有关身份关系的协议,适用有关该身份关系的法律规定;没有规定的,可以根据其性质参照适用本编规定。

第四百六十五条 依法成立的合同,受法律保护。

依法成立的合同,仅对当事人具有法律约束力,但是法律另有规定的除外。

第四百六十六条 当事人对合同条款的理解有争议的,应当依据本法第一百四十二条第一款的规定,确定争议条款的含义。

合同文本采用两种以上文字订立并约定具有同等效力的,对各文本使用的词句推定具有相同含义。各文本使用的词句不一致的,应当根据合同的相关条款、性质、目的以及诚信原则等予以解释。

第四百六十七条 本法或者其他法律没有明文规定的合同,适用本编通则的规定,并可以参照适用本编或者其他法律最相类似合同的规定。

在中华人民共和国境内履行的中外合资经营企业合同、中外合作经营企业合同、中外合作勘探开发自然资源合同,适用中华人民共和国法律。

第四百六十八条 非因合同产生的债权债务关系,适用有关该债权债务关系的法律规定;没有规定的,适用本编通则的有关规定,但是根据其性质不能适用的除外。

第二章 合同的订立

第四百六十九条 当事人订立合同,可以采用书面形式、口头形式或者其他形式。

书面形式是合同书、信件、电报、电传、传真等可以有形地表现所载内容的形式。

以电子数据交换、电子邮件等方式能够有形地表现所载内容,并可以随时调取查用的数据电文,视为书面形式。

第四百七十条 合同的内容由当事人约定,一般包括下列条款:

(一)当事人的姓名或者名称和住所;

(二)标的;

(三)数量;

(四)质量;

(五)价款或者报酬;

(六)履行期限、地点和方式;

(七)违约责任;

(八)解决争议的方法。

当事人可以参照各类合同的示范文本订立合同。

第四百七十一条 当事人订立合同,可以采取要约、承诺方式或者其他方式。

第四百七十二条 要约是希望与他人订立合同的意思表示,该意思表示应当符合下列条件:

(一)内容具体确定;

(二)表明经受要约人承诺,要约人即受该意思表示约束。

第四百七十三条 要约邀请是希望他人向自己发出要约的表示。拍卖公告、招股公告、招股说明书、债券募集办法、基金招募说明书、商业广告和宣传、寄送的价目表等为要约邀请。

商业广告和宣传的内容符合要约条件的,构成要约。

第四百七十四条 要约生效的时间适用本法第一百三十七条的规定。

第四百七十五条 要约可以撤回。要约的撤回适用本法第一百四十一条的规定。

第四百七十六条 要约可以撤销,但是有下列情形之一的除外:

(一)要约人以确定承诺期限或者其他形式明示要约不可撤销;

(二)受要约人有理由认为要约是不可撤销的,并已经为履行合同做了合理准备工作。

第四百七十七条 撤销要约的意思表示以对话方式作出的,该意思表示的内容应当在受要约人作出承诺之前为受要约人所知道;撤销要约的意思表示以非对话方式作出的,应当在受要约人作出承诺之前到达受要约人。

第四百七十八条 有下列情形之一的,要约失效:

(一)要约被拒绝;

(二)要约被依法撤销;

(三)承诺期限届满,受要约人未作出承诺;

(四)受要约人对要约的内容作出实质性变更。

第四百七十九条 承诺是受要约人同意要约的意思表示。

第四百八十条 承诺应当以通知的方式作出;但是,根据交易习惯或者要约表明可以通过行为作出承诺的除外。

第四百八十一条 承诺应当在要约确定的期限内到达要约人。

要约没有确定承诺期限的,承诺应当依照下列规定到达:

(一)要约以对话方式作出的,应当即时作出承诺;

(二)要约以非对话方式作出的,承诺应当在合理期限内到达。

第四百八十二条 要约以信件或者电报作出的,承诺期限自信件载明的日期或者电报交发之日开始计算。信件未载明日期的,自投寄该信件的邮戳日期开始计算。要约以电话、传真、电子邮件等快速通讯方式作出的,承诺期限自要约到达受要约人时开始计算。

第四百八十三条 承诺生效时合同成立,但是法律另有规定或者当事人另有约定的除外。

第四百八十四条 以通知方式作出的承诺,生效的时间适用本法第一百三十七条的规定。

承诺不需要通知的,根据交易习惯或者要约的要求作出承诺的行为时生效。

第四百八十五条 承诺可以撤回。承诺的撤回适用本法第一百四十一条的规定。

第四百八十六条 受要约人超过承诺期限发出承诺,或者在承诺期限内发出承诺,按照通常情形不能及时到达要约人的,为新要约;但是,要约人及时通知受要约人该承诺有效的除外。

第四百八十七条 受要约人在承诺期限内发出承诺,按照通常情形能够及时到达要约人,但是因其他原因致使承诺到达要约人时超过承诺期限的,除要约人及时通知受要约人因承诺超过期限不接受该承诺外,该承诺有效。

第四百八十八条 承诺的内容应当与要约的内容一致。受要约人对要约的内容作出实质性变更的,为新要约。有关合同标的、数量、质量、价款或者报酬、履行期限、履行地点和方式、违约责任和解决争议方法等的变更,是对要约内容的实质性变更。

第四百八十九条 承诺对要约的内容作出非实质性变更的,除要约人及时表示反对或者要约表明承诺不得对要约的内容作出任何变更外,该承诺有效,合同的内容以承诺的内容为准。

第四百九十条 当事人采用合同书形式订立合同的,自当事人均签名、盖章或者按指印时合同成立。在签名、盖章或者按指印之前,当事人一方已经履行主要义务,对方接受时,该合同成立。

法律、行政法规规定或者当事人约定合同应当采用书面形式订立,当事人未采用书面形式但是一方已经履行主要义务,对方接受时,该合同成立。

第四百九十一条 当事人采用信件、数据电文等形式订立合同要求签订确认书的,签订确认书时合同成立。

当事人一方通过互联网等信息网络发布的商品或者服务信息符合要约条件

的,对方选择该商品或者服务并提交订单成功时合同成立,但是当事人另有约定的除外。

第四百九十二条 承诺生效的地点为合同成立的地点。

采用数据电文形式订立合同的,收件人的主营业地为合同成立的地点;没有主营业地的,其住所地为合同成立的地点。当事人另有约定的,按照其约定。

第四百九十三条 当事人采用合同书形式订立合同的,最后签名、盖章或者按指印的地点为合同成立的地点,但是当事人另有约定的除外。

第四百九十四条 国家根据抢险救灾、疫情防控或者其他需要下达国家订货任务、指令性任务的,有关民事主体之间应当依照有关法律、行政法规规定的权利和义务订立合同。

依照法律、行政法规的规定负有发出要约义务的当事人,应当及时发出合理的要约。

依照法律、行政法规的规定负有作出承诺义务的当事人,不得拒绝对方合理的订立合同要求。

第四百九十五条 当事人约定在将来一定期限内订立合同的认购书、订购书、预订书等,构成预约合同。

当事人一方不履行预约合同约定的订立合同义务的,对方可以请求其承担预约合同的违约责任。

第四百九十六条 格式条款是当事人为了重复使用而预先拟定,并在订立合同时未与对方协商的条款。

采用格式条款订立合同的,提供格式条款的一方应当遵循公平原则确定当事人之间的权利和义务,并采取合理的方式提示对方注意免除或者减轻其责任等与对方有重大利害关系的条款,按照对方的要求,对该条款予以说明。提供格式条款的一方未履行提示或者说明义务,致使对方没有注意或者理解与其有重大利害关系的条款的,对方可以主张该条款不成为合同的内容。

第四百九十七条 有下列情形之一的,该格式条款无效:

(一)具有本法第一编第六章第三节和本法第五百零六条规定的无效情形;

(二)提供格式条款一方不合理地免除或者减轻其责任、加重对方责任、限制对方主要权利;

(三)提供格式条款一方排除对方主要权利。

第四百九十八条 对格式条款的理解发生争议的,应当按照通常理解予以解释。对格式条款有两种以上解释的,应当作出不利于提供格式条款一方的解释。格式条款和非格式条款不一致的,应当采用非格式条款。

第四百九十九条 悬赏人以公开方式声明对完成特定行为的人支付报酬的,完成该行为的人可以请求其支付。

第五百条 当事人在订立合同过程中有下列情形之一,造成对方损失的,应当承担赔偿责任:

（一）假借订立合同，恶意进行磋商；

（二）故意隐瞒与订立合同有关的重要事实或者提供虚假情况；

（三）有其他违背诚信原则的行为。

第五百零一条　当事人在订立合同过程中知悉的商业秘密或者其他应当保密的信息，无论合同是否成立，不得泄露或者不正当地使用；泄露、不正当地使用该商业秘密或者信息，造成对方损失的，应当承担赔偿责任。

第三章　合同的效力

第五百零二条　依法成立的合同，自成立时生效，但是法律另有规定或者当事人另有约定的除外。

依照法律、行政法规的规定，合同应当办理批准等手续的，依照其规定。未办理批准等手续影响合同生效的，不影响合同中履行报批等义务条款以及相关条款的效力。应当办理申请批准等手续的当事人未履行义务的，对方可以请求其承担违反该义务的责任。

依照法律、行政法规的规定，合同的变更、转让、解除等情形应当办理批准等手续的，适用前款规定。

第五百零三条　无权代理人以被代理人的名义订立合同，被代理人已经开始履行合同义务或者接受相对人履行的，视为对合同的追认。

第五百零四条　法人的法定代表人或者非法人组织的负责人超越权限订立的合同，除相对人知道或者应当知道其超越权限外，该代表行为有效，订立的合同对法人或者非法人组织发生效力。

第五百零五条　当事人超越经营范围订立的合同的效力，应当依照本法第一编第六章第三节和本编的有关规定确定，不得仅以超越经营范围确认合同无效。

第五百零六条　合同中的下列免责条款无效：

（一）造成对方人身损害的；

（二）因故意或者重大过失造成对方财产损失的。

第五百零七条　合同不生效、无效、被撤销或者终止的，不影响合同中有关解决争议方法的条款的效力。

第五百零八条　本编对合同的效力没有规定的，适用本法第一编第六章的有关规定。

第四章　合同的履行

第五百零九条　当事人应当按照约定全面履行自己的义务。

当事人应当遵循诚信原则，根据合同的性质、目的和交易习惯履行通知、协助、保密等义务。

当事人在履行合同过程中,应当避免浪费资源、污染环境和破坏生态。

第五百一十条 合同生效后,当事人就质量、价款或者报酬、履行地点等内容没有约定或者约定不明确的,可以协议补充;不能达成补充协议的,按照合同相关条款或者交易习惯确定。

第五百一十一条 当事人就有关合同内容约定不明确,依据前条规定仍不能确定的,适用下列规定:

(一)质量要求不明确的,按照强制性国家标准履行;没有强制性国家标准的,按照推荐性国家标准履行;没有推荐性国家标准的,按照行业标准履行;没有国家标准、行业标准的,按照通常标准或者符合合同目的的特定标准履行。

(二)价款或者报酬不明确的,按照订立合同时履行地的市场价格履行;依法应当执行政府定价或者政府指导价的,依照规定履行。

(三)履行地点不明确,给付货币的,在接受货币一方所在地履行;交付不动产的,在不动产所在地履行;其他标的,在履行义务一方所在地履行。

(四)履行期限不明确的,债务人可以随时履行,债权人也可以随时请求履行,但是应当给对方必要的准备时间。

(五)履行方式不明确的,按照有利于实现合同目的的方式履行。

(六)履行费用的负担不明确的,由履行义务一方负担;因债权人原因增加的履行费用,由债权人负担。

第五百一十二条 通过互联网等信息网络订立的电子合同的标的为交付商品并采用快递物流方式交付的,收货人的签收时间为交付时间。电子合同的标的为提供服务的,生成的电子凭证或者实物凭证中载明的时间为提供服务时间;前述凭证没有载明时间或者载明时间与实际提供服务时间不一致的,以实际提供服务的时间为准。

电子合同的标的物为采用在线传输方式交付的,合同标的物进入对方当事人指定的特定系统且能够检索识别的时间为交付时间。

电子合同当事人对交付商品或者提供服务的方式、时间另有约定的,按照其约定。

第五百一十三条 执行政府定价或者政府指导价的,在合同约定的交付期限内政府价格调整时,按照交付时的价格计价。逾期交付标的物的,遇价格上涨时,按照原价格执行;价格下降时,按照新价格执行。逾期提取标的物或者逾期付款的,遇价格上涨时,按照新价格执行;价格下降时,按照原价格执行。

第五百一十四条 以支付金钱为内容的债,除法律另有规定或者当事人另有约定外,债权人可以请求债务人以实际履行地的法定货币履行。

第五百一十五条 标的有多项而债务人只需履行其中一项的,债务人享有选择权;但是,法律另有规定、当事人另有约定或者另有交易习惯的除外。

享有选择权的当事人在约定期限内或者履行期限届满未作选择,经催告后在合理期限内仍未选择的,选择权转移至对方。

第五百一十六条　当事人行使选择权应当及时通知对方,通知到达对方时,标的确定。标的确定后不得变更,但是经对方同意的除外。

可选择的标的发生不能履行情形的,享有选择权的当事人不得选择不能履行的标的,但是该不能履行的情形是由对方造成的除外。

第五百一十七条　债权人为二人以上,标的可分,按照份额各自享有债权的,为按份债权;债务人为二人以上,标的可分,按照份额各自负担债务的,为按份债务。

按份债权人或者按份债务人的份额难以确定的,视为份额相同。

第五百一十八条　债权人为二人以上,部分或者全部债权人均可以请求债务人履行债务的,为连带债权;债务人为二人以上,债权人可以请求部分或者全部债务人履行全部债务的,为连带债务。

连带债权或者连带债务,由法律规定或者当事人约定。

第五百一十九条　连带债务人之间的份额难以确定的,视为份额相同。

实际承担债务超过自己份额的连带债务人,有权就超出部分在其他连带债务人未履行的份额范围内向其追偿,并相应地享有债权人的权利,但是不得损害债权人的利益。其他连带债务人对债权人的抗辩,可以向该债务人主张。

被追偿的连带债务人不能履行其应分担份额的,其他连带债务人应当在相应范围内按比例分担。

第五百二十条　部分连带债务人履行、抵销债务或者提存标的物的,其他债务人对债权人的债务在相应范围内消灭;该债务人可以依据前条规定向其他债务人追偿。

部分连带债务人的债务被债权人免除的,在该连带债务人应当承担的份额范围内,其他债务人对债权人的债务消灭。

部分连带债务人的债务与债权人的债权同归于一人的,在扣除该债务人应当承担的份额后,债权人对其他债务人的债权继续存在。

债权人对部分连带债务人的给付受领迟延的,对其他连带债务人发生效力。

第五百二十一条　连带债权人之间的份额难以确定的,视为份额相同。

实际受领债权的连带债权人,应当按比例向其他连带债权人返还。

连带债权参照适用本章连带债务的有关规定。

第五百二十二条　当事人约定由债务人向第三人履行债务,债务人未向第三人履行债务或者履行债务不符合约定的,应当向债权人承担违约责任。

法律规定或者当事人约定第三人可以直接请求债务人向其履行债务,第三人未在合理期限内明确拒绝,债务人未向第三人履行债务或者履行债务不符合约定的,第三人可以请求债务人承担违约责任;债务人对债权人的抗辩,可以向第三人主张。

第五百二十三条　当事人约定由第三人向债权人履行债务,第三人不履行债务或者履行债务不符合约定的,债务人应当向债权人承担违约责任。

第五百二十四条 债务人不履行债务,第三人对履行该债务具有合法利益的,第三人有权向债权人代为履行;但是,根据债务性质、按当事人约定或者依照法律规定只能由债务人履行的除外。

债权人接受第三人履行后,其对债务人的债权转让给第三人,但是债务人和第三人另有约定的除外。

第五百二十五条 当事人互负债务,没有先后履行顺序的,应当同时履行。一方在对方履行之前有权拒绝其履行请求。一方在对方履行债务不符合约定时,有权拒绝其相应的履行请求。

第五百二十六条 当事人互负债务,有先后履行顺序,应当先履行债务一方未履行的,后履行一方有权拒绝其履行请求。先履行一方履行债务不符合约定的,后履行一方有权拒绝其相应的履行请求。

第五百二十七条 应当先履行债务的当事人,有确切证据证明对方有下列情形之一的,可以中止履行:

(一)经营状况严重恶化;

(二)转移财产、抽逃资金,以逃避债务;

(三)丧失商业信誉;

(四)有丧失或者可能丧失履行债务能力的其他情形。

当事人没有确切证据中止履行的,应当承担违约责任。

第五百二十八条 当事人依据前条规定中止履行的,应当及时通知对方。对方提供适当担保的,应当恢复履行。中止履行后,对方在合理期限内未恢复履行能力且未提供适当担保的,视为以自己的行为表明不履行主要债务,中止履行的一方可以解除合同并可以请求对方承担违约责任。

第五百二十九条 债权人分立、合并或者变更住所没有通知债务人,致使履行债务发生困难的,债务人可以中止履行或者将标的物提存。

第五百三十条 债权人可以拒绝债务人提前履行债务,但是提前履行不损害债权人利益的除外。

债务人提前履行债务给债权人增加的费用,由债务人负担。

第五百三十一条 债权人可以拒绝债务人部分履行债务,但是部分履行不损害债权人利益的除外。

债务人部分履行债务给债权人增加的费用,由债务人负担。

第五百三十二条 合同生效后,当事人不得因姓名、名称的变更或者法定代表人、负责人、承办人的变动而不履行合同义务。

第五百三十三条 合同成立后,合同的基础条件发生了当事人在订立合同时无法预见的、不属于商业风险的重大变化,继续履行合同对于当事人一方明显不公平的,受不利影响的当事人可以与对方重新协商;在合理期限内协商不成的,当事人可以请求人民法院或者仲裁机构变更或者解除合同。

人民法院或者仲裁机构应当结合案件的实际情况,根据公平原则变更或者解除合同。

第五百三十四条　对当事人利用合同实施危害国家利益、社会公共利益行为的,市场监督管理和其他有关行政主管部门依照法律、行政法规的规定负责监督处理。

第五章　合同的保全

第五百三十五条　因债务人怠于行使其债权或者与该债权有关的从权利,影响债权人的到期债权实现的,债权人可以向人民法院请求以自己的名义代位行使债务人对相对人的权利,但是该权利专属于债务人自身的除外。

代位权的行使范围以债权人的到期债权为限。债权人行使代位权的必要费用,由债务人负担。

相对人对债务人的抗辩,可以向债权人主张。

第五百三十六条　债权人的债权到期前,债务人的债权或者与该债权有关的从权利存在诉讼时效期间即将届满或者未及时申报破产债权等情形,影响债权人的债权实现的,债权人可以代位向债务人的相对人请求其向债务人履行、向破产管理人申报或者作出其他必要的行为。

第五百三十七条　人民法院认定代位权成立的,由债务人的相对人向债权人履行义务,债权人接受履行后,债权人与债务人、债务人与相对人之间相应的权利义务终止。债务人对相对人的债权或者与该债权有关的从权利被采取保全、执行措施,或者债务人破产的,依照相关法律的规定处理。

第五百三十八条　债务人以放弃其债权、放弃债权担保、无偿转让财产等方式无偿处分财产权益,或者恶意延长其到期债权的履行期限,影响债权人的债权实现的,债权人可以请求人民法院撤销债务人的行为。

第五百三十九条　债务人以明显不合理的低价转让财产、以明显不合理的高价受让他人财产或者为他人的债务提供担保,影响债权人的债权实现,债务人的相对人知道或者应当知道该情形的,债权人可以请求人民法院撤销债务人的行为。

第五百四十条　撤销权的行使范围以债权人的债权为限。债权人行使撤销权的必要费用,由债务人负担。

第五百四十一条　撤销权自债权人知道或者应当知道撤销事由之日起一年内行使。自债务人的行为发生之日起五年内没有行使撤销权的,该撤销权消灭。

第五百四十二条　债务人影响债权人的债权实现的行为被撤销的,自始没有法律约束力。

第六章　合同的变更和转让

第五百四十三条　当事人协商一致，可以变更合同。

第五百四十四条　当事人对合同变更的内容约定不明确的，推定为未变更。

第五百四十五条　债权人可以将债权的全部或者部分转让给第三人，但是有下列情形之一的除外：

（一）根据债权性质不得转让；

（二）按照当事人约定不得转让；

（三）依照法律规定不得转让。

当事人约定非金钱债权不得转让的，不得对抗善意第三人。当事人约定金钱债权不得转让的，不得对抗第三人。

第五百四十六条　债权人转让债权，未通知债务人的，该转让对债务人不发生效力。

债权转让的通知不得撤销，但是经受让人同意的除外。

第五百四十七条　债权人转让债权的，受让人取得与债权有关的从权利，但是该从权利专属于债权人自身的除外。

受让人取得从权利不因该从权利未办理转移登记手续或者未转移占有而受到影响。

第五百四十八条　债务人接到债权转让通知后，债务人对让与人的抗辩，可以向受让人主张。

第五百四十九条　有下列情形之一的，债务人可以向受让人主张抵销：

（一）债务人接到债权转让通知时，债务人对让与人享有债权，且债务人的债权先于转让的债权到期或者同时到期；

（二）债务人的债权与转让的债权是基于同一合同产生。

第五百五十条　因债权转让增加的履行费用，由让与人负担。

第五百五十一条　债务人将债务的全部或者部分转移给第三人的，应当经债权人同意。

债务人或者第三人可以催告债权人在合理期限内予以同意，债权人未作表示的，视为不同意。

第五百五十二条　第三人与债务人约定加入债务并通知债权人，或者第三人向债权人表示愿意加入债务，债权人未在合理期限内明确拒绝的，债权人可以请求第三人在其愿意承担的债务范围内和债务人承担连带债务。

第五百五十三条　债务人转移债务的，新债务人可以主张原债务人对债权人的抗辩；原债务人对债权人享有债权的，新债务人不得向债权人主张抵销。

第五百五十四条　债务人转移债务的，新债务人应当承担与主债务有关的从债务，但是该从债务专属于原债务人自身的除外。

第五百五十五条　当事人一方经对方同意,可以将自己在合同中的权利和义务一并转让给第三人。

第五百五十六条　合同的权利和义务一并转让的,适用债权转让、债务转移的有关规定。

第七章　合同的权利义务终止

第五百五十七条　有下列情形之一的,债权债务终止:

(一)债务已经履行;

(二)债务相互抵销;

(三)债务人依法将标的物提存;

(四)债权人免除债务;

(五)债权债务同归于一人;

(六)法律规定或者当事人约定终止的其他情形。

合同解除的,该合同的权利义务关系终止。

第五百五十八条　债权债务终止后,当事人应当遵循诚信等原则,根据交易习惯履行通知、协助、保密、旧物回收等义务。

第五百五十九条　债权债务终止时,债权的从权利同时消灭,但是法律另有规定或者当事人另有约定的除外。

第五百六十条　债务人对同一债权人负担的数项债务种类相同,债务人的给付不足以清偿全部债务的,除当事人另有约定外,由债务人在清偿时指定其履行的债务。

债务人未作指定的,应当优先履行已经到期的债务;数项债务均到期的,优先履行对债权人缺乏担保或者担保最少的债务;均无担保或者担保相等的,优先履行债务人负担较重的债务;负担相同的,按照债务到期的先后顺序履行;到期时间相同的,按照债务比例履行。

第五百六十一条　债务人在履行主债务外还应当支付利息和实现债权的有关费用,其给付不足以清偿全部债务的,除当事人另有约定外,应当按照下列顺序履行:

(一)实现债权的有关费用;

(二)利息;

(三)主债务。

第五百六十二条　当事人协商一致,可以解除合同。

当事人可以约定一方解除合同的事由。解除合同的事由发生时,解除权人可以解除合同。

第五百六十三条　有下列情形之一的,当事人可以解除合同:

(一)因不可抗力致使不能实现合同目的;

（二）在履行期限届满前，当事人一方明确表示或者以自己的行为表明不履行主要债务；

（三）当事人一方迟延履行主要债务，经催告后在合理期限内仍未履行；

（四）当事人一方迟延履行债务或者有其他违约行为致使不能实现合同目的；

（五）法律规定的其他情形。

以持续履行的债务为内容的不定期合同，当事人可以随时解除合同，但是应当在合理期限之前通知对方。

第五百六十四条　法律规定或者当事人约定解除权行使期限，期限届满当事人不行使的，该权利消灭。

法律没有规定或者当事人没有约定解除权行使期限，自解除权人知道或者应当知道解除事由之日起一年内不行使，或者经对方催告后在合理期限内不行使的，该权利消灭。

第五百六十五条　当事人一方依法主张解除合同的，应当通知对方。合同自通知到达对方时解除；通知载明债务人在一定期限内不履行债务则合同自动解除，债务人在该期限内未履行债务的，合同自通知载明的期限届满时解除。对方对解除合同有异议的，任何一方当事人均可以请求人民法院或者仲裁机构确认解除行为的效力。

当事人一方未通知对方，直接以提起诉讼或者申请仲裁的方式依法主张解除合同，人民法院或者仲裁机构确认该主张的，合同自起诉状副本或者仲裁申请书副本送达对方时解除。

第五百六十六条　合同解除后，尚未履行的，终止履行；已经履行的，根据履行情况和合同性质，当事人可以请求恢复原状或者采取其他补救措施，并有权请求赔偿损失。

合同因违约解除的，解除权人可以请求违约方承担违约责任，但是当事人另有约定的除外。

主合同解除后，担保人对债务人应当承担的民事责任仍应当承担担保责任，但是担保合同另有约定的除外。

第五百六十七条　合同的权利义务关系终止，不影响合同中结算和清理条款的效力。

第五百六十八条　当事人互负债务，该债务的标的物种类、品质相同的，任何一方可以将自己的债务与对方的到期债务抵销；但是，根据债务性质、按照当事人约定或者依照法律规定不得抵销的除外。

当事人主张抵销的，应当通知对方。通知自到达对方时生效。抵销不得附条件或者附期限。

第五百六十九条　当事人互负债务，标的物种类、品质不相同的，经协商一致，也可以抵销。

第五百七十条　有下列情形之一,难以履行债务的,债务人可以将标的物提存:

(一)债权人无正当理由拒绝受领;

(二)债权人下落不明;

(三)债权人死亡未确定继承人、遗产管理人,或者丧失民事行为能力未确定监护人;

(四)法律规定的其他情形。

标的物不适于提存或者提存费用过高的,债务人依法可以拍卖或者变卖标的物,提存所得的价款。

第五百七十一条　债务人将标的物或者将标的物依法拍卖、变卖所得价款交付提存部门时,提存成立。

提存成立的,视为债务人在其提存范围内已经交付标的物。

第五百七十二条　标的物提存后,债务人应当及时通知债权人或者债权人的继承人、遗产管理人、监护人、财产代管人。

第五百七十三条　标的物提存后,毁损、灭失的风险由债权人承担。提存期间,标的物的孳息归债权人所有。提存费用由债权人负担。

第五百七十四条　债权人可以随时领取提存物。但是,债权人对债务人负有到期债务的,在债权人未履行债务或者提供担保之前,提存部门根据债务人的要求应当拒绝其领取提存物。

债权人领取提存物的权利,自提存之日起五年内不行使而消灭,提存物扣除提存费用后归国家所有。但是,债权人未履行对债务人的到期债务,或者债权人向提存部门书面表示放弃领取提存物权利的,债务人负担提存费用后有权取回提存物。

第五百七十五条　债权人免除债务人部分或者全部债务的,债权债务部分或者全部终止,但是债务人在合理期限内拒绝的除外。

第五百七十六条　债权和债务同归于一人的,债权债务终止,但是损害第三人利益的除外。

第八章　违约责任

第五百七十七条　当事人一方不履行合同义务或者履行合同义务不符合约定的,应当承担继续履行、采取补救措施或者赔偿损失等违约责任。

第五百七十八条　当事人一方明确表示或者以自己的行为表明不履行合同义务的,对方可以在履行期限届满前请求其承担违约责任。

第五百七十九条　当事人一方未支付价款、报酬、租金、利息,或者不履行其他金钱债务的,对方可以请求其支付。

第五百八十条　当事人一方不履行非金钱债务或者履行非金钱债务不符合

约定的,对方可以请求履行,但是有下列情形之一的除外:

(一)法律上或者事实上不能履行;

(二)债务的标的不适于强制履行或者履行费用过高;

(三)债权人在合理期限内未请求履行。

有前款规定的除外情形之一,致使不能实现合同目的的,人民法院或者仲裁机构可以根据当事人的请求终止合同权利义务关系,但是不影响违约责任的承担。

第五百八十一条 当事人一方不履行债务或者履行债务不符合约定,根据债务的性质不得强制履行的,对方可以请求其负担由第三人替代履行的费用。

第五百八十二条 履行不符合约定的,应当按照当事人的约定承担违约责任。对违约责任没有约定或者约定不明确,依据本法第五百一十条的规定仍不能确定的,受损害方根据标的的性质以及损失的大小,可以合理选择请求对方承担修理、重作、更换、退货、减少价款或者报酬等违约责任。

第五百八十三条 当事人一方不履行合同义务或者履行合同义务不符合约定的,在履行义务或者采取补救措施后,对方还有其他损失的,应当赔偿损失。

第五百八十四条 当事人一方不履行合同义务或者履行合同义务不符合约定,造成对方损失的,损失赔偿额应当相当于因违约所造成的损失,包括合同履行后可以获得的利益;但是,不得超过违约一方订立合同时预见到或者应当预见到的因违约可能造成的损失。

第五百八十五条 当事人可以约定一方违约时应当根据违约情况向对方支付一定数额的违约金,也可以约定因违约产生的损失赔偿额的计算方法。

约定的违约金低于造成的损失的,人民法院或者仲裁机构可以根据当事人的请求予以增加;约定的违约金过分高于造成的损失的,人民法院或者仲裁机构可以根据当事人的请求予以适当减少。

当事人就迟延履行约定违约金的,违约方支付违约金后,还应当履行债务。

第五百八十六条 当事人可以约定一方向对方给付定金作为债权的担保。定金合同自实际交付定金时成立。

定金的数额由当事人约定;但是,不得超过主合同标的额的百分之二十,超过部分不产生定金的效力。实际交付的定金数额多于或者少于约定数额的,视为变更约定的定金数额。

第五百八十七条 债务人履行债务的,定金应当抵作价款或者收回。给付定金的一方不履行债务或者履行债务不符合约定,致使不能实现合同目的的,无权请求返还定金;收受定金的一方不履行债务或者履行债务不符合约定,致使不能实现合同目的的,应当双倍返还定金。

第五百八十八条 当事人既约定违约金,又约定定金的,一方违约时,对方可以选择适用违约金或者定金条款。

定金不足以弥补一方违约造成的损失的,对方可以请求赔偿超过定金数额的损失。

第五百八十九条 债务人按照约定履行债务,债权人无正当理由拒绝受领的,债务人可以请求债权人赔偿增加的费用。

在债权人受领迟延期间,债务人无须支付利息。

第五百九十条 当事人一方因不可抗力不能履行合同的,根据不可抗力的影响,部分或者全部免除责任,但是法律另有规定的除外。因不可抗力不能履行合同的,应当及时通知对方,以减轻可能给对方造成的损失,并应当在合理期限内提供证明。

当事人迟延履行后发生不可抗力的,不免除其违约责任。

第五百九十一条 当事人一方违约后,对方应当采取适当措施防止损失的扩大;没有采取适当措施致使损失扩大的,不得就扩大的损失请求赔偿。

当事人因防止损失扩大而支出的合理费用,由违约方负担。

第五百九十二条 当事人都违反合同的,应当各自承担相应的责任。

当事人一方违约造成对方损失,对方对损失的发生有过错的,可以减少相应的损失赔偿额。

第五百九十三条 当事人一方因第三人的原因造成违约的,应当依法向对方承担违约责任。当事人一方和第三人之间的纠纷,依照法律规定或者按照约定处理。

第五百九十四条 因国际货物买卖合同和技术进出口合同争议提起诉讼或者申请仲裁的时效期间为四年。

第二分编 典型合同

第九章 买卖合同

第五百九十五条 买卖合同是出卖人转移标的物的所有权于买受人,买受人支付价款的合同。

第五百九十六条 买卖合同的内容一般包括标的物的名称、数量、质量、价款、履行期限、履行地点和方式、包装方式、检验标准和方法、结算方式、合同使用的文字及其效力等条款。

第五百九十七条 因出卖人未取得处分权致使标的物所有权不能转移的,买受人可以解除合同并请求出卖人承担违约责任。

法律、行政法规禁止或者限制转让的标的物,依照其规定。

第五百九十八条 出卖人应当履行向买受人交付标的物或者交付提取标的物的单证,并转移标的物所有权的义务。

第五百九十九条 出卖人应当按照约定或者交易习惯向买受人交付提取标的物单证以外的有关单证和资料。

第六百条 出卖具有知识产权的标的物的,除法律另有规定或者当事人另有约定外,该标的物的知识产权不属于买受人。

第六百零一条 出卖人应当按照约定的时间交付标的物。约定交付期限的,出卖人可以在该交付期限内的任何时间交付。

第六百零二条 当事人没有约定标的物的交付期限或者约定不明确的,适用本法第五百一十条、第五百一十一条第四项的规定。

第六百零三条 出卖人应当按照约定的地点交付标的物。

当事人没有约定交付地点或者约定不明确,依据本法第五百一十条的规定仍不能确定的,适用下列规定:

(一)标的物需要运输的,出卖人应当将标的物交付给第一承运人以运交给买受人;

(二)标的物不需要运输,出卖人和买受人订立合同时知道标的物在某一地点的,出卖人应当在该地点交付标的物;不知道标的物在某一地点的,应当在出卖人订立合同时的营业地交付标的物。

第六百零四条 标的物毁损、灭失的风险,在标的物交付之前由出卖人承担,交付之后由买受人承担,但是法律另有规定或者当事人另有约定的除外。

第六百零五条 因买受人的原因致使标的物未按照约定的期限交付的,买受人应当自违反约定时起承担标的物毁损、灭失的风险。

第六百零六条 出卖人出卖交由承运人运输的在途标的物,除当事人另有约定外,毁损、灭失的风险自合同成立时起由买受人承担。

第六百零七条 出卖人按照约定将标的物运送至买受人指定地点并交付给承运人后,标的物毁损、灭失的风险由买受人承担。

当事人没有约定交付地点或者约定不明确,依据本法第六百零三条第二款第一项的规定标的物需要运输的,出卖人将标的物交付给第一承运人后,标的物毁损、灭失的风险由买受人承担。

第六百零八条 出卖人按照约定或者依据本法第六百零三条第二款第二项的规定将标的物置于交付地点,买受人违反约定没有收取的,标的物毁损、灭失的风险自违反约定时起由买受人承担。

第六百零九条 出卖人按照约定未交付有关标的物的单证和资料的,不影响标的物毁损、灭失风险的转移。

第六百一十条 因标的物不符合质量要求,致使不能实现合同目的的,买受人可以拒绝接受标的物或者解除合同。买受人拒绝接受标的物或者解除合同的,标的物毁损、灭失的风险由出卖人承担。

第六百一十一条 标的物毁损、灭失的风险由买受人承担的,不影响因出卖人履行义务不符合约定,买受人请求其承担违约责任的权利。

第六百一十二条　出卖人就交付的标的物,负有保证第三人对该标的物不享有任何权利的义务,但是法律另有规定的除外。

第六百一十三条　买受人订立合同时知道或者应当知道第三人对买卖的标的物享有权利的,出卖人不承担前条规定的义务。

第六百一十四条　买受人有确切证据证明第三人对标的物享有权利的,可以中止支付相应的价款,但是出卖人提供适当担保的除外。

第六百一十五条　出卖人应当按照约定的质量要求交付标的物。出卖人提供有关标的物质量说明的,交付的标的物应当符合该说明的质量要求。

第六百一十六条　当事人对标的物的质量要求没有约定或者约定不明确,依据本法第五百一十条的规定仍不能确定的,适用本法第五百一十一条第一项的规定。

第六百一十七条　出卖人交付的标的物不符合质量要求的,买受人可以依据本法第五百八十二条至第五百八十四条的规定请求承担违约责任。

第六百一十八条　当事人约定减轻或者免除出卖人对标的物瑕疵承担的责任,因出卖人故意或者重大过失不告知买受人标的物瑕疵的,出卖人无权主张减轻或者免除责任。

第六百一十九条　出卖人应当按照约定的包装方式交付标的物。对包装方式没有约定或者约定不明确,依据本法第五百一十条的规定仍不能确定的,应当按照通用的方式包装;没有通用方式的,应当采取足以保护标的物且有利于节约资源、保护生态环境的包装方式。

第六百二十条　买受人收到标的物时应当在约定的检验期限内检验。没有约定检验期限的,应当及时检验。

第六百二十一条　当事人约定检验期限的,买受人应当在检验期限内将标的物的数量或者质量不符合约定的情形通知出卖人。买受人怠于通知的,视为标的物的数量或者质量符合约定。

当事人没有约定检验期限的,买受人应当在发现或者应当发现标的物的数量或者质量不符合约定的合理期限内通知出卖人。买受人在合理期限内未通知或者自收到标的物之日起二年内未通知出卖人的,视为标的物的数量或者质量符合约定;但是,对标的物有质量保证期的,适用质量保证期,不适用该二年的规定。

出卖人知道或者应当知道提供的标的物不符合约定的,买受人不受前两款规定的通知时间的限制。

第六百二十二条　当事人约定的检验期限过短,根据标的物的性质和交易习惯,买受人在检验期限内难以完成全面检验的,该期限仅视为买受人对标的物的外观瑕疵提出异议的期限。

约定的检验期限或者质量保证期短于法律、行政法规规定期限的,应当以法律、行政法规规定的期限为准。

第六百二十三条　当事人对检验期限未作约定,买受人签收的送货单、确认单等载明标的物数量、型号、规格的,推定买受人已经对数量和外观瑕疵进行检验,但是有相关证据足以推翻的除外。

　　第六百二十四条　出卖人依照买受人的指示向第三人交付标的物,出卖人和买受人约定的检验标准与买受人和第三人约定的检验标准不一致的,以出卖人和买受人约定的检验标准为准。

　　第六百二十五条　依照法律、行政法规的规定或者按照当事人的约定,标的物在有效使用年限届满后应予回收的,出卖人负有自行或者委托第三人对标的物予以回收的义务。

　　第六百二十六条　买受人应当按照约定的数额和支付方式支付价款。对价款的数额和支付方式没有约定或者约定不明确的,适用本法第五百一十条、第五百一十一条第二项和第五项的规定。

　　第六百二十七条　买受人应当按照约定的地点支付价款。对支付地点没有约定或者约定不明确,依据本法第五百一十条的规定仍不能确定的,买受人应当在出卖人的营业地支付;但是,约定支付价款以交付标的物或者交付提取标的物单证为条件的,在交付标的物或者交付提取标的物单证的所在地支付。

　　第六百二十八条　买受人应当按照约定的时间支付价款。对支付时间没有约定或者约定不明确,依据本法第五百一十条的规定仍不能确定的,买受人应当在收到标的物或者提取标的物单证的同时支付。

　　第六百二十九条　出卖人多交标的物的,买受人可以接收或者拒绝接收多交的部分。买受人接收多交部分的,按照约定的价格支付价款;买受人拒绝接收多交部分的,应当及时通知出卖人。

　　第六百三十条　标的物在交付之前产生的孳息,归出卖人所有;交付之后产生的孳息,归买受人所有。但是,当事人另有约定的除外。

　　第六百三十一条　因标的物的主物不符合约定而解除合同的,解除合同的效力及于从物。因标的物的从物不符合约定被解除的,解除的效力不及于主物。

　　第六百三十二条　标的物为数物,其中一物不符合约定的,买受人可以就该物解除。但是,该物与他物分离使标的物的价值显受损害的,买受人可以就数物解除合同。

　　第六百三十三条　出卖人分批交付标的物的,出卖人对其中一批标的物不交付或者交付不符合约定,致使该批标的物不能实现合同目的的,买受人可以就该批标的物解除。

　　出卖人不交付其中一批标的物或者交付不符合约定,致使之后其他各批标的物的交付不能实现合同目的的,买受人可以就该批以及之后其他各批标的物解除。

　　买受人如果就其中一批标的物解除,该批标的物与其他各批标的物相互依存的,可以就已经交付和未交付的各批标的物解除。

　　第六百三十四条　分期付款的买受人未支付到期价款的数额达到全部价款

的五分之一,经催告后在合理期限内仍未支付到期价款的,出卖人可以请求买受人支付全部价款或者解除合同。

出卖人解除合同的,可以向买受人请求支付该标的物的使用费。

第六百三十五条　凭样品买卖的当事人应当封存样品,并可以对样品质量予以说明。出卖人交付的标的物应当与样品及其说明的质量相同。

第六百三十六条　凭样品买卖的买受人不知道样品有隐蔽瑕疵的,即使交付的标的物与样品相同,出卖人交付的标的物的质量仍然应当符合同种物的通常标准。

第六百三十七条　试用买卖的当事人可以约定标的物的试用期限。对试用期限没有约定或者约定不明确,依据本法第五百一十条的规定仍不能确定的,由出卖人确定。

第六百三十八条　试用买卖的买受人在试用期内可以购买标的物,也可以拒绝购买。试用期限届满,买受人对是否购买标的物未作表示的,视为购买。

试用买卖的买受人在试用期内已经支付部分价款或者对标的物实施出卖、出租、设立担保物权等行为的,视为同意购买。

第六百三十九条　试用买卖的当事人对标的物使用费没有约定或者约定不明确的,出卖人无权请求买受人支付。

第六百四十条　标的物在试用期内毁损、灭失的风险由出卖人承担。

第六百四十一条　当事人可以在买卖合同中约定买受人未履行支付价款或者其他义务的,标的物的所有权属于出卖人。

出卖人对标的物保留的所有权,未经登记,不得对抗善意第三人。

第六百四十二条　当事人约定出卖人保留合同标的物的所有权,在标的物所有权转移前,买受人有下列情形之一,造成出卖人损害的,除当事人另有约定外,出卖人有权取回标的物:

(一)未按照约定支付价款,经催告后在合理期限内仍未支付;

(二)未按照约定完成特定条件;

(三)将标的物出卖、出质或者作出其他不当处分。

出卖人可以与买受人协商取回标的物;协商不成的,可以参照适用担保物权的实现程序。

第六百四十三条　出卖人依据前条第一款的规定取回标的物后,买受人在双方约定或者出卖人指定的合理回赎期限内,消除出卖人取回标的物的事由的,可以请求回赎标的物。

买受人在回赎期限内没有回赎标的物,出卖人可以以合理价格将标的物出卖给第三人,出卖所得价款扣除买受人未支付的价款以及必要费用后仍有剩余的,应当返还买受人;不足部分由买受人清偿。

第六百四十四条　招标投标买卖的当事人的权利和义务以及招标投标程序等,依照有关法律、行政法规的规定。

第六百四十五条　拍卖的当事人的权利和义务以及拍卖程序等,依照有关法律、行政法规的规定。

第六百四十六条 法律对其他有偿合同有规定的,依照其规定;没有规定的,参照适用买卖合同的有关规定。

第六百四十七条 当事人约定易货交易,转移标的物的所有权的,参照适用买卖合同的有关规定。

第十章 供用电、水、气、热力合同

第六百四十八条 供用电合同是供电人向用电人供电,用电人支付电费的合同。

向社会公众供电的供电人,不得拒绝用电人合理的订立合同要求。

第六百四十九条 供用电合同的内容一般包括供电的方式、质量、时间,用电容量、地址、性质,计量方式,电价、电费的结算方式,供用电设施的维护责任等条款。

第六百五十条 供用电合同的履行地点,按照当事人约定;当事人没有约定或者约定不明确的,供电设施的产权分界处为履行地点。

第六百五十一条 供电人应当按照国家规定的供电质量标准和约定安全供电。供电人未按照国家规定的供电质量标准和约定安全供电,造成用电人损失的,应当承担赔偿责任。

第六百五十二条 供电人因供电设施计划检修、临时检修、依法限电或者用电人违法用电等原因,需要中断供电时,应当按照国家有关规定事先通知用电人;未事先通知用电人中断供电,造成用电人损失的,应当承担赔偿责任。

第六百五十三条 因自然灾害等原因断电,供电人应当按照国家有关规定及时抢修;未及时抢修,造成用电人损失的,应当承担赔偿责任。

第六百五十四条 用电人应当按照国家有关规定和当事人的约定及时支付电费。用电人逾期不支付电费的,应当按照约定支付违约金。经催告用电人在合理期限内仍不支付电费和违约金的,供电人可以按照国家规定的程序中止供电。

供电人依据前款规定中止供电的,应当事先通知用电人。

第六百五十五条 用电人应当按照国家有关规定和当事人的约定安全、节约和计划用电。用电人未按照国家有关规定和当事人的约定用电,造成供电人损失的,应当承担赔偿责任。

第六百五十六条 供用水、供用气、供用热力合同,参照适用供用电合同的有关规定。

第十一章 赠与合同

第六百五十七条 赠与合同是赠与人将自己的财产无偿给予受赠人,受赠人表示接受赠与的合同。

第六百五十八条　赠与人在赠与财产的权利转移之前可以撤销赠与。

经过公证的赠与合同或者依法不得撤销的具有救灾、扶贫、助残等公益、道德义务性质的赠与合同,不适用前款规定。

第六百五十九条　赠与的财产依法需要办理登记或者其他手续的,应当办理有关手续。

第六百六十条　经过公证的赠与合同或者依法不得撤销的具有救灾、扶贫、助残等公益、道德义务性质的赠与合同,赠与人不交付赠与财产的,受赠人可以请求交付。

依据前款规定应当交付的赠与财产因赠与人故意或者重大过失致使毁损、灭失的,赠与人应当承担赔偿责任。

第六百六十一条　赠与可以附义务。

赠与附义务的,受赠人应当按照约定履行义务。

第六百六十二条　赠与的财产有瑕疵的,赠与人不承担责任。附义务的赠与,赠与的财产有瑕疵的,赠与人在附义务的限度内承担与出卖人相同的责任。

赠与人故意不告知瑕疵或者保证无瑕疵,造成受赠人损失的,应当承担赔偿责任。

第六百六十三条　受赠人有下列情形之一的,赠与人可以撤销赠与:

(一)严重侵害赠与人或者赠与人近亲属的合法权益;

(二)对赠与人有扶养义务而不履行;

(三)不履行赠与合同约定的义务。

赠与人的撤销权,自知道或者应当知道撤销事由之日起一年内行使。

第六百六十四条　因受赠人的违法行为致使赠与人死亡或者丧失民事行为能力的,赠与人的继承人或者法定代理人可以撤销赠与。

赠与人的继承人或者法定代理人的撤销权,自知道或者应当知道撤销事由之日起六个月内行使。

第六百六十五条　撤销权人撤销赠与的,可以向受赠人请求返还赠与的财产。

第六百六十六条　赠与人的经济状况显著恶化,严重影响其生产经营或者家庭生活的,可以不再履行赠与义务。

第十二章　借款合同

第六百六十七条　借款合同是借款人向贷款人借款,到期返还借款并支付利息的合同。

第六百六十八条　借款合同应当采用书面形式,但是自然人之间借款另有约定的除外。

借款合同的内容一般包括借款种类、币种、用途、数额、利率、期限和还款方式等条款。

第六百六十九条　订立借款合同，借款人应当按照贷款人的要求提供与借款有关的业务活动和财务状况的真实情况。

第六百七十条　借款的利息不得预先在本金中扣除。利息预先在本金中扣除的，应当按照实际借款数额返还借款并计算利息。

第六百七十一条　贷款人未按照约定的日期、数额提供借款，造成借款人损失的，应当赔偿损失。

借款人未按照约定的日期、数额收取借款的，应当按照约定的日期、数额支付利息。

第六百七十二条　贷款人按照约定可以检查、监督借款的使用情况。借款人应当按照约定向贷款人定期提供有关财务会计报表或者其他资料。

第六百七十三条　借款人未按照约定的借款用途使用借款的，贷款人可以停止发放借款、提前收回借款或者解除合同。

第六百七十四条　借款人应当按照约定的期限支付利息。对支付利息的期限没有约定或者约定不明确，依据本法第五百一十条的规定仍不能确定，借款期间不满一年的，应当在返还借款时一并支付；借款期间一年以上的，应当在每届满一年时支付，剩余期间不满一年的，应当在返还借款时一并支付。

第六百七十五条　借款人应当按照约定的期限返还借款。对借款期限没有约定或者约定不明确，依据本法第五百一十条的规定仍不能确定的，借款人可以随时返还；贷款人可以催告借款人在合理期限内返还。

第六百七十六条　借款人未按照约定的期限返还借款的，应当按照约定或者国家有关规定支付逾期利息。

第六百七十七条　借款人提前返还借款的，除当事人另有约定外，应当按照实际借款的期间计算利息。

第六百七十八条　借款人可以在还款期限届满前向贷款人申请展期；贷款人同意的，可以展期。

第六百七十九条　自然人之间的借款合同，自贷款人提供借款时成立。

第六百八十条　禁止高利放贷，借款的利率不得违反国家有关规定。

借款合同对支付利息没有约定的，视为没有利息。

借款合同对支付利息约定不明确，当事人不能达成补充协议的，按照当地或者当事人的交易方式、交易习惯、市场利率等因素确定利息；自然人之间借款的，视为没有利息。

第十三章　保证合同

第一节　一般规定

第六百八十一条　保证合同是为保障债权的实现，保证人和债权人约定，当债务人不履行到期债务或者发生当事人约定的情形时，保证人履行债务或者承担责任的合同。

第六百八十二条　保证合同是主债权债务合同的从合同。主债权债务合同无效的，保证合同无效，但是法律另有规定的除外。

保证合同被确认无效后，债务人、保证人、债权人有过错的，应当根据其过错各自承担相应的民事责任。

第六百八十三条　机关法人不得为保证人，但是经国务院批准为使用外国政府或者国际经济组织贷款进行转贷的除外。

以公益为目的的非营利法人、非法人组织不得为保证人。

第六百八十四条　保证合同的内容一般包括被保证的主债权的种类、数额，债务人履行债务的期限，保证的方式、范围和期间等条款。

第六百八十五条　保证合同可以是单独订立的书面合同，也可以是主债权债务合同中的保证条款。

第三人单方以书面形式向债权人作出保证，债权人接收且未提出异议的，保证合同成立。

第六百八十六条　保证的方式包括一般保证和连带责任保证。

当事人在保证合同中对保证方式没有约定或者约定不明确的，按照一般保证承担保证责任。

第六百八十七条　当事人在保证合同中约定，债务人不能履行债务时，由保证人承担保证责任的，为一般保证。

一般保证的保证人在主合同纠纷未经审判或者仲裁，并就债务人财产依法强制执行仍不能履行债务前，有权拒绝向债权人承担保证责任，但是有下列情形之一的除外：

（一）债务人下落不明，且无财产可供执行；

（二）人民法院已经受理债务人破产案件；

（三）债权人有证据证明债务人的财产不足以履行全部债务或者丧失履行债务能力；

（四）保证人书面表示放弃本款规定的权利。

第六百八十八条　当事人在保证合同中约定保证人和债务人对债务承担连带责任的，为连带责任保证。

连带责任保证的债务人不履行到期债务或者发生当事人约定的情形时，债权人可以请求债务人履行债务，也可以请求保证人在其保证范围内承担保证责任。

第六百八十九条　保证人可以要求债务人提供反担保。

第六百九十条　保证人与债权人可以协商订立最高额保证的合同，约定在最高债权额限度内就一定期间连续发生的债权提供保证。

最高额保证除适用本章规定外，参照适用本法第二编最高额抵押权的有关规定。

第二节　保证责任

第六百九十一条　保证的范围包括主债权及其利息、违约金、损害赔偿金和实现债权的费用。当事人另有约定的,按照其约定。

第六百九十二条　保证期间是确定保证人承担保证责任的期间,不发生中止、中断和延长。

债权人与保证人可以约定保证期间,但是约定的保证期间早于主债务履行期限或者与主债务履行期限同时届满的,视为没有约定;没有约定或者约定不明确的,保证期间为主债务履行期限届满之日起六个月。

债权人与债务人对主债务履行期限没有约定或者约定不明确的,保证期间自债权人请求债务人履行债务的宽限期届满之日起计算。

第六百九十三条　一般保证的债权人未在保证期间对债务人提起诉讼或者申请仲裁的,保证人不再承担保证责任。

连带责任保证的债权人未在保证期间请求保证人承担保证责任的,保证人不再承担保证责任。

第六百九十四条　一般保证的债权人在保证期间届满前对债务人提起诉讼或者申请仲裁的,从保证人拒绝承担保证责任的权利消灭之日起,开始计算保证债务的诉讼时效。

连带责任保证的债权人在保证期间届满前请求保证人承担保证责任的,从债权人请求保证人承担保证责任之日起,开始计算保证债务的诉讼时效。

第六百九十五条　债权人和债务人未经保证人书面同意,协商变更主债权债务合同内容,减轻债务的,保证人仍对变更后的债务承担保证责任;加重债务的,保证人对加重的部分不承担保证责任。

债权人和债务人变更主债权债务合同的履行期限,未经保证人书面同意的,保证期间不受影响。

第六百九十六条　债权人转让全部或者部分债权,未通知保证人的,该转让对保证人不发生效力。

保证人与债权人约定禁止债权转让,债权人未经保证人书面同意转让债权的,保证人对受让人不再承担保证责任。

第六百九十七条　债权人未经保证人书面同意,允许债务人转移全部或者部分债务,保证人对未经其同意转移的债务不再承担保证责任,但是债权人和保证人另有约定的除外。

第三人加入债务的,保证人的保证责任不受影响。

第六百九十八条　一般保证的保证人在主债务履行期限届满后,向债权人提供债务人可供执行财产的真实情况,债权人放弃或者怠于行使权利致使该财产不能被执行的,保证人在其提供可供执行财产的价值范围内不再承担保证责任。

第六百九十九条　同一债务有两个以上保证人的,保证人应当按照保证合同约定的保证份额,承担保证责任;没有约定保证份额的,债权人可以请求任何一个保证人在其保证范围内承担保证责任。

第七百条 保证人承担保证责任后,除当事人另有约定外,有权在其承担保证责任的范围内向债务人追偿,享有债权人对债务人的权利,但是不得损害债权人的利益。

第七百零一条 保证人可以主张债务人对债权人的抗辩。债务人放弃抗辩的,保证人仍有权向债权人主张抗辩。

第七百零二条 债务人对债权人享有抵销权或者撤销权的,保证人可以在相应范围内拒绝承担保证责任。

第十四章 租赁合同

第七百零三条 租赁合同是出租人将租赁物交付承租人使用、收益,承租人支付租金的合同。

第七百零四条 租赁合同的内容一般包括租赁物的名称、数量、用途、租赁期限、租金及其支付期限和方式、租赁物维修等条款。

第七百零五条 租赁期限不得超过二十年。超过二十年的,超过部分无效。

租赁期限届满,当事人可以续订租赁合同;但是,约定的租赁期限自续订之日起不得超过二十年。

第七百零六条 当事人未依照法律、行政法规规定办理租赁合同登记备案手续的,不影响合同的效力。

第七百零七条 租赁期限六个月以上的,应当采用书面形式。当事人未采用书面形式,无法确定租赁期限的,视为不定期租赁。

第七百零八条 出租人应当按照约定将租赁物交付承租人,并在租赁期限内保持租赁物符合约定的用途。

第七百零九条 承租人应当按照约定的方法使用租赁物。对租赁物的使用方法没有约定或者约定不明确,依据本法第五百一十条的规定仍不能确定的,应当根据租赁物的性质使用。

第七百一十条 承租人按照约定的方法或者根据租赁物的性质使用租赁物,致使租赁物受到损耗的,不承担赔偿责任。

第七百一十一条 承租人未按照约定的方法或者未根据租赁物的性质使用租赁物,致使租赁物受到损失的,出租人可以解除合同并请求赔偿损失。

第七百一十二条 出租人应当履行租赁物的维修义务,但是当事人另有约定的除外。

第七百一十三条 承租人在租赁物需要维修时可以请求出租人在合理期限内维修。出租人未履行维修义务的,承租人可以自行维修,维修费用由出租人负担。因维修租赁物影响承租人使用的,应当相应减少租金或者延长租期。

因承租人的过错致使租赁物需要维修的,出租人不承担前款规定的维修义务。

第七百一十四条 承租人应当妥善保管租赁物,因保管不善造成租赁物毁损、灭失的,应当承担赔偿责任。

第七百一十五条 承租人经出租人同意,可以对租赁物进行改善或者增设他物。

承租人未经出租人同意,对租赁物进行改善或者增设他物的,出租人可以请求承租人恢复原状或者赔偿损失。

第七百一十六条 承租人经出租人同意,可以将租赁物转租给第三人。承租人转租的,承租人与出租人之间的租赁合同继续有效;第三人造成租赁物损失的,承租人应当赔偿损失。

承租人未经出租人同意转租的,出租人可以解除合同。

第七百一十七条 承租人经出租人同意将租赁物转租给第三人,转租期限超过承租人剩余租赁期限的,超过部分的约定对出租人不具有法律约束力,但是出租人与承租人另有约定的除外。

第七百一十八条 出租人知道或者应当知道承租人转租,但是在六个月内未提出异议的,视为出租人同意转租。

第七百一十九条 承租人拖欠租金的,次承租人可以代承租人支付其欠付的租金和违约金,但是转租合同对出租人不具有法律约束力的除外。

次承租人代为支付的租金和违约金,可以充抵次承租人应当向承租人支付的租金;超出其应付的租金数额的,可以向承租人追偿。

第七百二十条 在租赁期限内因占有、使用租赁物获得的收益,归承租人所有,但是当事人另有约定的除外。

第七百二十一条 承租人应当按照约定的期限支付租金。对支付租金的期限没有约定或者约定不明确,依据本法第五百一十条的规定仍不能确定,租赁期限不满一年的,应当在租赁期限届满时支付;租赁期限一年以上的,应当在每届满一年时支付,剩余期限不满一年的,应当在租赁期限届满时支付。

第七百二十二条 承租人无正当理由未支付或者迟延支付租金的,出租人可以请求承租人在合理期限内支付;承租人逾期不支付的,出租人可以解除合同。

第七百二十三条 因第三人主张权利,致使承租人不能对租赁物使用、收益的,承租人可以请求减少租金或者不支付租金。

第三人主张权利的,承租人应当及时通知出租人。

第七百二十四条 有下列情形之一,非因承租人原因致使租赁物无法使用的,承租人可以解除合同:

(一)租赁物被司法机关或者行政机关依法查封、扣押;

(二)租赁物权属有争议;

(三)租赁物具有违反法律、行政法规关于使用条件的强制性规定情形。

第七百二十五条 租赁物在承租人按照租赁合同占有期限内发生所有权变动的,不影响租赁合同的效力。

第七百二十六条 出租人出卖租赁房屋的,应当在出卖之前的合理期限内通知承租人,承租人享有以同等条件优先购买的权利;但是,房屋按份共有人行使优先购买权或者出租人将房屋出卖给近亲属的除外。

出租人履行通知义务后,承租人在十五日内未明确表示购买的,视为承租人放弃优先购买权。

第七百二十七条 出租人委托拍卖人拍卖租赁房屋的,应当在拍卖五日前通知承租人。承租人未参加拍卖的,视为放弃优先购买权。

第七百二十八条 出租人未通知承租人或者有其他妨害承租人行使优先购买权情形的,承租人可以请求出租人承担赔偿责任。但是,出租人与第三人订立的房屋买卖合同的效力不受影响。

第七百二十九条 因不可归责于承租人的事由,致使租赁物部分或者全部毁损、灭失的,承租人可以请求减少租金或者不支付租金;因租赁物部分或者全部毁损、灭失,致使不能实现合同目的的,承租人可以解除合同。

第七百三十条 当事人对租赁期限没有约定或者约定不明确,依据本法第五百 十条的规定仍不能确定的,视为不定期租赁;当事人可以随时解除合同,但是应当在合理期限之前通知对方。

第七百三十一条 租赁物危及承租人的安全或者健康的,即使承租人订立合同时明知该租赁物质量不合格,承租人仍然可以随时解除合同。

第七百三十二条 承租人在房屋租赁期限内死亡的,与其生前共同居住的人或者共同经营人可以按照原租赁合同租赁该房屋。

第七百三十三条 租赁期限届满,承租人应当返还租赁物。返还的租赁物应当符合按照约定或者根据租赁物的性质使用后的状态。

第七百三十四条 租赁期限届满,承租人继续使用租赁物,出租人没有提出异议的,原租赁合同继续有效,但是租赁期限为不定期。

租赁期限届满,房屋承租人享有以同等条件优先承租的权利。

第十五章 融资租赁合同

第七百三十五条 融资租赁合同是出租人根据承租人对出卖人、租赁物的选择,向出卖人购买租赁物,提供给承租人使用,承租人支付租金的合同。

第七百三十六条 融资租赁合同的内容一般包括租赁物的名称、数量、规格、技术性能、检验方法,租赁期限,租金构成及其支付期限和方式、币种,租赁期限届满租赁物的归属等条款。

融资租赁合同应当采用书面形式。

第七百三十七条 当事人以虚构租赁物方式订立的融资租赁合同无效。

第七百三十八条　依照法律、行政法规的规定,对于租赁物的经营使用应当取得行政许可的,出租人未取得行政许可不影响融资租赁合同的效力。

第七百三十九条　出租人根据承租人对出卖人、租赁物的选择订立的买卖合同,出卖人应当按照约定向承租人交付标的物,承租人享有与受领标的物有关的买受人的权利。

第七百四十条　出卖人违反向承租人交付标的物的义务,有下列情形之一的,承租人可以拒绝受领出卖人向其交付的标的物:

(一)标的物严重不符合约定;

(二)未按照约定交付标的物,经承租人或者出租人催告后在合理期限内仍未交付。

承租人拒绝受领标的物的,应当及时通知出租人。

第七百四十一条　出租人、出卖人、承租人可以约定,出卖人不履行买卖合同义务的,由承租人行使索赔的权利。承租人行使索赔权利的,出租人应当协助。

第七百四十二条　承租人对出卖人行使索赔权利,不影响其履行支付租金的义务。但是,承租人依赖出租人的技能确定租赁物或者出租人干预选择租赁物的,承租人可以请求减免相应租金。

第七百四十三条　出租人有下列情形之一,致使承租人对出卖人行使索赔权利失败的,承租人有权请求出租人承担相应的责任:

(一)明知租赁物有质量瑕疵而不告知承租人;

(二)承租人行使索赔权利时,未及时提供必要协助。

出租人怠于行使只能由其对出卖人行使的索赔权利,造成承租人损失的,承租人有权请求出租人承担赔偿责任。

第七百四十四条　出租人根据承租人对出卖人、租赁物的选择订立的买卖合同,未经承租人同意,出租人不得变更与承租人有关的合同内容。

第七百四十五条　出租人对租赁物享有的所有权,未经登记,不得对抗善意第三人。

第七百四十六条　融资租赁合同的租金,除当事人另有约定外,应当根据购买租赁物的大部分或者全部成本以及出租人的合理利润确定。

第七百四十七条　租赁物不符合约定或者不符合使用目的的,出租人不承担责任。但是,承租人依赖出租人的技能确定租赁物或者出租人干预选择租赁物的除外。

第七百四十八条　出租人应当保证承租人对租赁物的占有和使用。

出租人有下列情形之一的,承租人有权请求其赔偿损失:

(一)无正当理由收回租赁物;

(二)无正当理由妨碍、干扰承租人对租赁物的占有和使用;

(三)因出租人的原因致使第三人对租赁物主张权利;

(四)不当影响承租人对租赁物占有和使用的其他情形。

第七百四十九条　承租人占有租赁物期间,租赁物造成第三人人身损害或者财产损失的,出租人不承担责任。

第七百五十条　承租人应当妥善保管、使用租赁物。

承租人应当履行占有租赁物期间的维修义务。

第七百五十一条　承租人占有租赁物期间,租赁物毁损、灭失的,出租人有权请求承租人继续支付租金,但是法律另有规定或者当事人另有约定的除外。

第七百五十二条　承租人应当按照约定支付租金。承租人经催告后在合理期限内仍不支付租金的,出租人可以请求支付全部租金;也可以解除合同,收回租赁物。

第七百五十三条　承租人未经出租人同意,将租赁物转让、抵押、质押、投资入股或者以其他方式处分的,出租人可以解除融资租赁合同。

第七百五十四条　有下列情形之一的,出租人或者承租人可以解除融资租赁合同:

(一)出租人与出卖人订立的买卖合同解除、被确认无效或者被撤销,且未能重新订立买卖合同;

(二)租赁物因不可归责于当事人的原因毁损、灭失,且不能修复或者确定替代物;

(三)因出卖人的原因致使融资租赁合同的目的不能实现。

第七百五十五条　融资租赁合同因买卖合同解除、被确认无效或者被撤销而解除,出卖人、租赁物系由承租人选择的,出租人有权请求承租人赔偿相应损失;但是,因出租人原因致使买卖合同解除、被确认无效或者被撤销的除外。

出租人的损失已经在买卖合同解除、被确认无效或者被撤销时获得赔偿的,承租人不再承担相应的赔偿责任。

第七百五十六条　融资租赁合同因租赁物交付承租人后意外毁损、灭失等不可归责于当事人的原因解除的,出租人可以请求承租人按照租赁物折旧情况给予补偿。

第七百五十七条　出租人和承租人可以约定租赁期限届满租赁物的归属;对租赁物的归属没有约定或者约定不明确,依据本法第五百一十条的规定仍不能确定的,租赁物的所有权归出租人。

第七百五十八条　当事人约定租赁期限届满租赁物归承租人所有,承租人已经支付大部分租金,但是无力支付剩余租金,出租人因此解除合同收回租赁物,收回的租赁物的价值超过承租人欠付的租金以及其他费用的,承租人可以请求相应返还。

当事人约定租赁期限届满租赁物归出租人所有,因租赁物毁损、灭失或者附合、混合于他物致使承租人不能返还的,出租人有权请求承租人给予合理补偿。

第七百五十九条　当事人约定租赁期限届满,承租人仅需向出租人支付象征性价款的,视为约定的租金义务履行完毕后租赁物的所有权归承租人。

第七百六十条 融资租赁合同无效,当事人就该情形下租赁物的归属有约定的,按照其约定;没有约定或者约定不明确的,租赁物应当返还出租人。但是,因承租人原因致使合同无效,出租人不请求返还或者返还后会显著降低租赁物效用的,租赁物的所有权归承租人,由承租人给予出租人合理补偿。

第十六章　保理合同

第七百六十一条 保理合同是应收账款债权人将现有的或者将有的应收账款转让给保理人,保理人提供资金融通、应收账款管理或者催收、应收账款债务人付款担保等服务的合同。

第七百六十二条 保理合同的内容一般包括业务类型、服务范围、服务期限、基础交易合同情况、应收账款信息、保理融资款或者服务报酬及其支付方式等条款。

保理合同应当采用书面形式。

第七百六十三条 应收账款债权人与债务人虚构应收账款作为转让标的,与保理人订立保理合同的,应收账款债务人不得以应收账款不存在为由对抗保理人,但是保理人明知虚构的除外。

第七百六十四条 保理人向应收账款债务人发出应收账款转让通知的,应当表明保理人身份并附有必要凭证。

第七百六十五条 应收账款债务人接到应收账款转让通知后,应收账款债权人与债务人无正当理由协商变更或者终止基础交易合同,对保理人产生不利影响的,对保理人不发生效力。

第七百六十六条 当事人约定有追索权保理的,保理人可以向应收账款债权人主张返还保理融资款本息或者回购应收账款债权,也可以向应收账款债务人主张应收账款债权。保理人向应收账款债务人主张应收账款债权,在扣除保理融资款本息和相关费用后有剩余的,剩余部分应当返还给应收账款债权人。

第七百六十七条 当事人约定无追索权保理的,保理人应当向应收账款债务人主张应收账款债权,保理人取得超过保理融资款本息和相关费用的部分,无需向应收账款债权人返还。

第七百六十八条 应收账款债权人就同一应收账款订立多个保理合同,致使多个保理人主张权利的,已经登记的先于未登记的取得应收账款;均已经登记的,按照登记时间的先后顺序取得应收账款;均未登记的,由最先到达应收账款债务人的转让通知中载明的保理人取得应收账款;既未登记也未通知的,按照保理融资款或者服务报酬的比例取得应收账款。

第七百六十九条 本章没有规定的,适用本编第六章债权转让的有关规定。

第十七章 承揽合同

第七百七十条 承揽合同是承揽人按照定作人的要求完成工作,交付工作成果,定作人支付报酬的合同。

承揽包括加工、定作、修理、复制、测试、检验等工作。

第七百七十一条 承揽合同的内容一般包括承揽的标的、数量、质量、报酬,承揽方式,材料的提供,履行期限,验收标准和方法等条款。

第七百七十二条 承揽人应当以自己的设备、技术和劳力,完成主要工作,但是当事人另有约定的除外。

承揽人将其承揽的主要工作交由第三人完成的,应当就该第三人完成的工作成果向定作人负责;未经定作人同意的,定作人也可以解除合同。

第七百七十三条 承揽人可以将其承揽的辅助工作交由第三人完成。承揽人将其承揽的辅助工作交由第三人完成的,应当就该第三人完成的工作成果向定作人负责。

第七百七十四条 承揽人提供材料的,应当按照约定选用材料,并接受定作人检验。

第七百七十五条 定作人提供材料的,应当按照约定提供材料。承揽人对定作人提供的材料应当及时检验,发现不符合约定时,应当及时通知定作人更换、补齐或者采取其他补救措施。

承揽人不得擅自更换定作人提供的材料,不得更换不需要修理的零部件。

第七百七十六条 承揽人发现定作人提供的图纸或者技术要求不合理的,应当及时通知定作人。因定作人怠于答复等原因造成承揽人损失的,应当赔偿损失。

第七百七十七条 定作人中途变更承揽工作的要求,造成承揽人损失的,应当赔偿损失。

第七百七十八条 承揽工作需要定作人协助的,定作人有协助的义务。定作人不履行协助义务致使承揽工作不能完成的,承揽人可以催告定作人在合理期限内履行义务,并可以顺延履行期限;定作人逾期不履行的,承揽人可以解除合同。

第七百七十九条 承揽人在工作期间,应当接受定作人必要的监督检验。定作人不得因监督检验妨碍承揽人的正常工作。

第七百八十条 承揽人完成工作的,应当向定作人交付工作成果,并提交必要的技术资料和有关质量证明。定作人应当验收该工作成果。

第七百八十一条 承揽人交付的工作成果不符合质量要求的,定作人可以合理选择请求承揽人承担修理、重作、减少报酬、赔偿损失等违约责任。

第七百八十二条 定作人应当按照约定的期限支付报酬。对支付报酬的期限没有约定或者约定不明确,依据本法第五百一十条的规定仍不能确定的,定作人应当在承揽人交付工作成果时支付;工作成果部分交付的,定作人应当相应支付。

第七百八十三条 定作人未向承揽人支付报酬或者材料费等价款的,承揽人对完成的工作成果享有留置权或者有权拒绝交付,但是当事人另有约定的除外。

第七百八十四条 承揽人应当妥善保管定作人提供的材料以及完成的工作成果,因保管不善造成毁损、灭失的,应当承担赔偿责任。

第七百八十五条 承揽人应当按照定作人的要求保守秘密,未经定作人许可,不得留存复制品或者技术资料。

第七百八十六条 共同承揽人对定作人承担连带责任,但是当事人另有约定的除外。

第七百八十七条 定作人在承揽人完成工作前可以随时解除合同,造成承揽人损失的,应当赔偿损失。

第十八章　建设工程合同

第七百八十八条 建设工程合同是承包人进行工程建设,发包人支付价款的合同。

建设工程合同包括工程勘察、设计、施工合同。

第七百八十九条 建设工程合同应当采用书面形式。

第七百九十条 建设工程的招标投标活动,应当依照有关法律的规定公开、公平、公正进行。

第七百九十一条 发包人可以与总承包人订立建设工程合同,也可以分别与勘察人、设计人、施工人订立勘察、设计、施工承包合同。发包人不得将应当由一个承包人完成的建设工程支解成若干部分发包给数个承包人。

总承包人或者勘察、设计、施工承包人经发包人同意,可以将自己承包的部分工作交由第三人完成。第三人就其完成的工作成果与总承包人或者勘察、设计、施工承包人向发包人承担连带责任。承包人不得将其承包的全部建设工程转包给第三人或者将其承包的全部建设工程支解以后以分包的名义分别转包给第三人。

禁止承包人将工程分包给不具备相应资质条件的单位。禁止分包单位将其承包的工程再分包。建设工程主体结构的施工必须由承包人自行完成。

第七百九十二条 国家重大建设工程合同,应当按照国家规定的程序和国家批准的投资计划、可行性研究报告等文件订立。

第七百九十三条 建设工程施工合同无效,但是建设工程经验收合格的,可以参照合同关于工程价款的约定折价补偿承包人。

建设工程施工合同无效,且建设工程经验收不合格的,按照以下情形处理:

(一)修复后的建设工程经验收合格的,发包人可以请求承包人承担修复

费用;

（二）修复后的建设工程经验收不合格的,承包人无权请求参照合同关于工程价款的约定折价补偿。

发包人对因建设工程不合格造成的损失有过错的,应当承担相应的责任。

第七百九十四条 勘察、设计合同的内容一般包括提交有关基础资料和概预算等文件的期限、质量要求、费用以及其他协作条件等条款。

第七百九十五条 施工合同的内容一般包括工程范围、建设工期、中间交工工程的开工和竣工时间、工程质量、工程造价、技术资料交付时间、材料和设备供应责任、拨款和结算、竣工验收、质量保修范围和质量保证期、相互协作等条款。

第七百九十六条 建设工程实行监理的,发包人应当与监理人采用书面形式订立委托监理合同。发包人与监理人的权利和义务以及法律责任,应当依照本编委托合同以及其他有关法律、行政法规的规定。

第七百九十七条 发包人在不妨碍承包人正常作业的情况下,可以随时对作业进度、质量进行检查。

第七百九十八条 隐蔽工程在隐蔽以前,承包人应当通知发包人检查。发包人没有及时检查的,承包人可以顺延工程日期,并有权请求赔偿停工、窝工等损失。

第七百九十九条 建设工程竣工后,发包人应当根据施工图纸及说明书、国家颁发的施工验收规范和质量检验标准及时进行验收。验收合格的,发包人应当按照约定支付价款,并接收该建设工程。

建设工程竣工经验收合格后,方可交付使用;未经验收或者验收不合格的,不得交付使用。

第八百条 勘察、设计的质量不符合要求或者未按照期限提交勘察、设计文件拖延工期,造成发包人损失的,勘察人、设计人应当继续完善勘察、设计,减收或者免收勘察、设计费并赔偿损失。

第八百零一条 因施工人的原因致使建设工程质量不符合约定的,发包人有权请求施工人在合理期限内无偿修理或者返工、改建。经过修理或者返工、改建后,造成逾期交付的,施工人应当承担违约责任。

第八百零二条 因承包人的原因致使建设工程在合理使用期限内造成人身损害和财产损失的,承包人应当承担赔偿责任。

第八百零三条 发包人未按照约定的时间和要求提供原材料、设备、场地、资金、技术资料的,承包人可以顺延工程日期,并有权请求赔偿停工、窝工等损失。

第八百零四条 因发包人的原因致使工程中途停建、缓建的,发包人应当采取措施弥补或者减少损失,赔偿承包人因此造成的停工、窝工、倒运、机械设备调迁、材料和构件积压等损失和实际费用。

第八百零五条 因发包人变更计划,提供的资料不准确,或者未按照期限提供必需的勘察、设计工作条件而造成勘察、设计的返工、停工或者修改设计,发包人应当按照勘察人、设计人实际消耗的工作量增付费用。

第八百零六条 承包人将建设工程转包、违法分包的,发包人可以解除合同。

发包人提供的主要建筑材料、建筑构配件和设备不符合强制性标准或者不履行协助义务,致使承包人无法施工,经催告后在合理期限内仍未履行相应义务的,承包人可以解除合同。

合同解除后,已经完成的建设工程质量合格的,发包人应当按照约定支付相应的工程价款;已经完成的建设工程质量不合格的,参照本法第七百九十三条的规定处理。

第八百零七条 发包人未按照约定支付价款的,承包人可以催告发包人在合理期限内支付价款。发包人逾期不支付的,除根据建设工程的性质不宜折价、拍卖外,承包人可以与发包人协议将该工程折价,也可以请求人民法院将该工程依法拍卖。建设工程的价款就该工程折价或者拍卖的价款优先受偿。

第八百零八条 本章没有规定的,适用承揽合同的有关规定。

第十九章 运输合同

第一节 一般规定

第八百零九条 运输合同是承运人将旅客或者货物从起运地点运输到约定地点,旅客、托运人或者收货人支付票款或者运输费用的合同。

第八百一十条 从事公共运输的承运人不得拒绝旅客、托运人通常、合理的运输要求。

第八百一十一条 承运人应当在约定期限或者合理期限内将旅客、货物安全运输到约定地点。

第八百一十二条 承运人应当按照约定的或者通常的运输路线将旅客、货物运输到约定地点。

第八百一十三条 旅客、托运人或者收货人应当支付票款或者运输费用。承运人未按照约定路线或者通常路线运输增加票款或者运输费用的,旅客、托运人或者收货人可以拒绝支付增加部分的票款或者运输费用。

第二节 客运合同

第八百一十四条 客运合同自承运人向旅客出具客票时成立,但是当事人另有约定或者另有交易习惯的除外。

第八百一十五条 旅客应当按照有效客票记载的时间、班次和座位号乘坐。旅客无票乘坐、超程乘坐、越级乘坐或者持不符合减价条件的优惠客票乘坐的,应当补交票款,承运人可以按照规定加收票款;旅客不支付票款的,承运人可以拒绝运输。

实名制客运合同的旅客丢失客票的,可以请求承运人挂失补办,承运人不得再次收取票款和其他不合理费用。

第八百一十六条 旅客因自己的原因不能按照客票记载的时间乘坐的,应当在约定的期限内办理退票或者变更手续;逾期办理的,承运人可以不退票款,并不再承担运输义务。

第八百一十七条 旅客随身携带行李应当符合约定的限量和品类要求;超过限量或者违反品类要求携带行李的,应当办理托运手续。

第八百一十八条 旅客不得随身携带或者在行李中夹带易燃、易爆、有毒、有腐蚀性、有放射性以及可能危及运输工具上人身和财产安全的危险物品或者违禁物品。

旅客违反前款规定的,承运人可以将危险物品或者违禁物品卸下、销毁或者送交有关部门。旅客坚持携带或者夹带危险物品或者违禁物品的,承运人应当拒绝运输。

第八百一十九条 承运人应当严格履行安全运输义务,及时告知旅客安全运输应当注意的事项。旅客对承运人为安全运输所作的合理安排应当积极协助和配合。

第八百二十条 承运人应当按照有效客票记载的时间、班次和座位号运输旅客。承运人迟延运输或者有其他不能正常运输情形的,应当及时告知和提醒旅客,采取必要的安置措施,并根据旅客的要求安排改乘其他班次或者退票;由此造成旅客损失的,承运人应当承担赔偿责任,但是不可归责于承运人的除外。

第八百二十一条 承运人擅自降低服务标准的,应当根据旅客的请求退票或者减收票款;提高服务标准的,不得加收票款。

第八百二十二条 承运人在运输过程中,应当尽力救助患有急病、分娩、遇险的旅客。

第八百二十三条 承运人应当对运输过程中旅客的伤亡承担赔偿责任;但是,伤亡是旅客自身健康原因造成的或者承运人证明伤亡是旅客故意、重大过失造成的除外。

前款规定适用于按照规定免票、持优待票或者经承运人许可搭乘的无票旅客。

第八百二十四条 在运输过程中旅客随身携带物品毁损、灭失,承运人有过错的,应当承担赔偿责任。

旅客托运的行李毁损、灭失的,适用货物运输的有关规定。

第三节 货运合同

第八百二十五条 托运人办理货物运输,应当向承运人准确表明收货人的姓名、名称或者凭指示的收货人,货物的名称、性质、重量、数量,收货地点等有关货物运输的必要情况。

因托运人申报不实或者遗漏重要情况,造成承运人损失的,托运人应当承担赔偿责任。

第八百二十六条 货物运输需要办理审批、检验等手续的,托运人应当将办理完有关手续的文件提交承运人。

第八百二十七条 托运人应当按照约定的方式包装货物。对包装方式没有约定或者约定不明确的,适用本法第六百一十九条的规定。

托运人违反前款规定的,承运人可以拒绝运输。

第八百二十八条 托运人托运易燃、易爆、有毒、有腐蚀性、有放射性等危险物品的,应当按照国家有关危险物品运输的规定对危险物品妥善包装,做出危险物品标志和标签,并将有关危险物品的名称、性质和防范措施的书面材料提交承运人。

托运人违反前款规定的,承运人可以拒绝运输,也可以采取相应措施以避免损失的发生,因此产生的费用由托运人负担。

第八百二十九条 在承运人将货物交付收货人之前,托运人可以要求承运人中止运输、返还货物、变更到达地或者将货物交给其他收货人,但是应当赔偿承运人因此受到的损失。

第八百三十条 货物运输到达后,承运人知道收货人的,应当及时通知收货人,收货人应当及时提货。收货人逾期提货的,应当向承运人支付保管费等费用。

第八百三十一条 收货人提货时应当按照约定的期限检验货物。对检验货物的期限没有约定或者约定不明确,依据本法第五百一十条的规定仍不能确定的,应当在合理期限内检验货物。收货人在约定的期限或者合理期限内对货物的数量、毁损等未提出异议的,视为承运人已经按照运输单证的记载交付的初步证据。

第八百三十二条 承运人对运输过程中货物的毁损、灭失承担赔偿责任。但是,承运人证明货物的毁损、灭失是因不可抗力、货物本身的自然性质或者合理损耗以及托运人、收货人的过错造成的,不承担赔偿责任。

第八百三十三条 货物的毁损、灭失的赔偿额,当事人有约定的,按照其约定;没有约定或者约定不明确,依据本法第五百一十条的规定仍不能确定的,按照交付或者应当交付时货物到达地的市场价格计算。法律、行政法规对赔偿额的计算方法和赔偿限额另有规定的,依照其规定。

第八百三十四条 两个以上承运人以同一运输方式联运的,与托运人订立合同的承运人应当对全程运输承担责任;损失发生在某一运输区段的,与托运人订立合同的承运人和该区段的承运人承担连带责任。

第八百三十五条 货物在运输过程中因不可抗力灭失,未收取运费的,承运人不得请求支付运费;已经收取运费的,托运人可以请求返还。法律另有规定的,依照其规定。

第八百三十六条 托运人或者收货人不支付运费、保管费或者其他费用的,承运人对相应的运输货物享有留置权,但是当事人另有约定的除外。

第八百三十七条 收货人不明或者收货人无正当理由拒绝受领货物的,承运人依法可以提存货物。

第四节 多式联运合同

第八百三十八条 多式联运经营人负责履行或者组织履行多式联运合同,对全程运输享有承运人的权利,承担承运人的义务。

第八百三十九条 多式联运经营人可以与参加多式联运的各区段承运人就多式联运合同的各区段运输约定相互之间的责任;但是,该约定不影响多式联运经营人对全程运输承担的义务。

第八百四十条 多式联运经营人收到托运人交付的货物时,应当签发多式联运单据。按照托运人的要求,多式联运单据可以是可转让单据,也可以是不可转让单据。

第八百四十一条 因托运人托运货物时的过错造成多式联运经营人损失的,即使托运人已经转让多式联运单据,托运人仍然应当承担赔偿责任。

第八百四十二条 货物的毁损、灭失发生于多式联运的某一运输区段的,多式联运经营人的赔偿责任和责任限额,适用调整该区段运输方式的有关法律规定;货物毁损、灭失发生的运输区段不能确定的,依照本章规定承担赔偿责任。

第二十章 技术合同

第一节 一般规定

第八百四十三条 技术合同是当事人就技术开发、转让、许可、咨询或者服务订立的确立相互之间权利和义务的合同。

第八百四十四条 订立技术合同,应当有利于知识产权的保护和科学技术的进步,促进科学技术成果的研发、转化、应用和推广。

第八百四十五条 技术合同的内容一般包括项目的名称,标的内容、范围和要求,履行的计划、地点和方式,技术信息和资料的保密,技术成果的归属和收益的分配办法,验收标准和方法,名词和术语的解释等条款。

与履行合同有关的技术背景资料、可行性论证和技术评价报告、项目任务书和计划书、技术标准、技术规范、原始设计和工艺文件,以及其他技术文档,按照当事人的约定可以作为合同的组成部分。

技术合同涉及专利的,应当注明发明创造的名称、专利申请人和专利权人、申请日期、申请号、专利号以及专利权的有效期限。

第八百四十六条 技术合同价款、报酬或者使用费的支付方式由当事人约定,可以采取一次总算、一次总付或者一次总算、分期支付,也可以采取提成支付或者提成支付附加预付入门费的方式。

约定提成支付的,可以按照产品价格、实施专利和使用技术秘密后新增的产值、利润或者产品销售额的一定比例提成,也可以按照约定的其他方式计算。提成支付的比例可以采取固定比例、逐年递增比例或者逐年递减比例。

约定提成支付的,当事人可以约定查阅有关会计账目的办法。

第八百四十七条 职务技术成果的使用权、转让权属于法人或者非法人组织的,法人或者非法人组织可以就该项职务技术成果订立技术合同。法人或者非法人组织订立技术合同转让职务技术成果时,职务技术成果的完成人享有以同等条件优先受让的权利。

职务技术成果是执行法人或者非法人组织的工作任务,或者主要是利用法人或者非法人组织的物质技术条件所完成的技术成果。

第八百四十八条 非职务技术成果的使用权、转让权属于完成技术成果的个人,完成技术成果的个人可以就该项非职务技术成果订立技术合同。

第八百四十九条 完成技术成果的个人享有在有关技术成果文件上写明自己是技术成果完成者的权利和取得荣誉证书、奖励的权利。

第八百五十条 非法垄断技术或者侵害他人技术成果的技术合同无效。

第二节 技术开发合同

第八百五十一条 技术开发合同是当事人之间就新技术、新产品、新工艺、新品种或者新材料及其系统的研究开发所订立的合同。

技术开发合同包括委托开发合同和合作开发合同。

技术开发合同应当采用书面形式。

当事人之间就具有实用价值的科技成果实施转化订立的合同,参照适用技术开发合同的有关规定。

第八百五十二条 委托开发合同的委托人应当按照约定支付研究开发经费和报酬,提供技术资料,提出研究开发要求,完成协作事项,接受研究开发成果。

第八百五十三条 委托开发合同的研究开发人应当按照约定制定和实施研究开发计划,合理使用研究开发经费,按期完成研究开发工作,交付研究开发成果,提供有关的技术资料和必要的技术指导,帮助委托人掌握研究开发成果。

第八百五十四条 委托开发合同的当事人违反约定造成研究开发工作停滞、延误或者失败的,应当承担违约责任。

第八百五十五条 合作开发合同的当事人应当按照约定进行投资,包括以技术进行投资,分工参与研究开发工作,协作配合研究开发工作。

第八百五十六条 合作开发合同的当事人违反约定造成研究开发工作停滞、延误或者失败的,应当承担违约责任。

第八百五十七条 作为技术开发合同标的的技术已经由他人公开,致使技术开发合同的履行没有意义的,当事人可以解除合同。

第八百五十八条 技术开发合同履行过程中,因出现无法克服的技术困难,致使研究开发失败或者部分失败的,该风险由当事人约定;没有约定或者约定不明确,依据本法第五百一十条的规定仍不能确定的,风险由当事人合理分担。

当事人一方发现前款规定的可能致使研究开发失败或者部分失败的情形时,应当及时通知另一方并采取适当措施减少损失;没有及时通知并采取适当措施,致使损失扩大的,应当就扩大的损失承担责任。

第八百五十九条 委托开发完成的发明创造,除法律另有规定或者当事人另有约定外,申请专利的权利属于研究开发人。研究开发人取得专利权的,委托人可以依法实施该专利。

研究开发人转让专利申请权的,委托人享有以同等条件优先受让的权利。

第八百六十条 合作开发完成的发明创造,申请专利的权利属于合作开发的当事人共有;当事人一方转让其共有的专利申请权的,其他各方享有以同等条件优先受让的权利。但是,当事人另有约定的除外。

合作开发的当事人一方声明放弃其共有的专利申请权的,除当事人另有约定外,可以由另一方单独申请或者由其他各方共同申请。申请人取得专利权的,放弃专利申请权的一方可以免费实施该专利。

合作开发的当事人一方不同意申请专利的,另一方或者其他各方不得申请专利。

第八百六十一条 委托开发或者合作开发完成的技术秘密成果的使用权、转让权以及收益的分配办法,由当事人约定;没有约定或者约定不明确,依据本法第五百一十条的规定仍不能确定的,在没有相同技术方案被授予专利权前,当事人均有使用和转让的权利。但是,委托开发的研究开发人不得在向委托人交付研究开发成果之前,将研究开发成果转让给第三人。

第三节 技术转让合同和技术许可合同

第八百六十二条 技术转让合同是合法拥有技术的权利人,将现有特定的专利、专利申请、技术秘密的相关权利让与他人所订立的合同。

技术许可合同是合法拥有技术的权利人,将现有特定的专利、技术秘密的相关权利许可他人实施、使用所订立的合同。

技术转让合同和技术许可合同中关于提供实施技术的专用设备、原材料或者提供有关的技术咨询、技术服务的约定,属于合同的组成部分。

第八百六十三条 技术转让合同包括专利权转让、专利申请权转让、技术秘密转让等合同。

技术许可合同包括专利实施许可、技术秘密使用许可等合同。

技术转让合同和技术许可合同应当采用书面形式。

第八百六十四条 技术转让合同和技术许可合同可以约定实施专利或者使用技术秘密的范围,但是不得限制技术竞争和技术发展。

第八百六十五条 专利实施许可合同仅在该专利权的存续期限内有效。专利权有效期限届满或者专利权被宣告无效的,专利权人不得就该专利与他人订立专利实施许可合同。

第八百六十六条 专利实施许可合同的许可人应当按照约定许可被许可人实施专利,交付实施专利有关的技术资料,提供必要的技术指导。

第八百六十七条 专利实施许可合同的被许可人应当按照约定实施专利,不得许可约定以外的第三人实施该专利,并按照约定支付使用费。

第八百六十八条 技术秘密转让合同的让与人和技术秘密使用许可合同的许可人应当按照约定提供技术资料,进行技术指导,保证技术的实用性、可靠性,承担保密义务。

前款规定的保密义务,不限制许可人申请专利,但是当事人另有约定的除外。

第八百六十九条 技术秘密转让合同的受让人和技术秘密使用许可合同的被许可人应当按照约定使用技术,支付转让费、使用费,承担保密义务。

第八百七十条 技术转让合同的让与人和技术许可合同的许可人应当保证自己是所提供的技术的合法拥有者,并保证所提供的技术完整、无误、有效,能够达到约定的目标。

第八百七十一条 技术转让合同的受让人和技术许可合同的被许可人应当按照约定的范围和期限,对让与人、许可人提供的技术中尚未公开的秘密部分,承担保密义务。

第八百七十二条 许可人未按照约定许可技术的,应当返还部分或者全部使用费,并应当承担违约责任;实施专利或者使用技术秘密超越约定的范围的,违反约定擅自许可第三人实施该项专利或者使用该项技术秘密的,应当停止违约行为,承担违约责任;违反约定的保密义务的,应当承担违约责任。

让与人承担违约责任,参照适用前款规定。

第八百七十三条 被许可人未按照约定支付使用费的,应当补交使用费并按照约定支付违约金;不补交使用费或者支付违约金的,应当停止实施专利或者使用技术秘密,交还技术资料,承担违约责任;实施专利或者使用技术秘密超越约定的范围的,未经许可人同意擅自许可第三人实施该专利或者使用该技术秘密的,应当停止违约行为,承担违约责任;违反约定的保密义务的,应当承担违约责任。

受让人承担违约责任,参照适用前款规定。

第八百七十四条 受让人或者被许可人按照约定实施专利、使用技术秘密侵害他人合法权益的,由让与人或者许可人承担责任,但是当事人另有约定的除外。

第八百七十五条 当事人可以按照互利的原则,在合同中约定实施专利、使用技术秘密后续改进的技术成果的分享办法;没有约定或者约定不明确,依据本法第五百一十条的规定仍不能确定的,一方后续改进的技术成果,其他各方无权分享。

第八百七十六条 集成电路布图设计专有权、植物新品种权、计算机软件著作权等其他知识产权的转让和许可,参照适用本节的有关规定。

第八百七十七条 法律、行政法规对技术进出口合同或者专利、专利申请合同另有规定的,依照其规定。

第四节 技术咨询合同和技术服务合同

第八百七十八条 技术咨询合同是当事人一方以技术知识为对方就特定技术项目提供可行性论证、技术预测、专题技术调查、分析评价报告等所订立的合同。

技术服务合同是当事人一方以技术知识为对方解决特定技术问题所订立的合同,不包括承揽合同和建设工程合同。

第八百七十九条 技术咨询合同的委托人应当按照约定阐明咨询的问题,提供技术背景材料及有关技术资料,接受受托人的工作成果,支付报酬。

第八百八十条 技术咨询合同的受托人应当按照约定的期限完成咨询报告或者解答问题,提出的咨询报告应当达到约定的要求。

第八百八十一条 技术咨询合同的委托人未按照约定提供必要的资料,影响工作进度和质量,不接受或者逾期接受工作成果的,支付的报酬不得追回,未支付的报酬应当支付。

技术咨询合同的受托人未按期提出咨询报告或者提出的咨询报告不符合约定的,应当承担减收或者免收报酬等违约责任。

技术咨询合同的委托人按照受托人符合约定要求的咨询报告和意见作出决策所造成的损失,由委托人承担,但是当事人另有约定的除外。

第八百八十二条 技术服务合同的委托人应当按照约定提供工作条件,完成配合事项,接受工作成果并支付报酬。

第八百八十三条 技术服务合同的受托人应当按照约定完成服务项目,解决技术问题,保证工作质量,并传授解决技术问题的知识。

第八百八十四条 技术服务合同的委托人不履行合同义务或者履行合同义务不符合约定,影响工作进度和质量,不接受或者逾期接受工作成果的,支付的报酬不得追回,未支付的报酬应当支付。

技术服务合同的受托人未按照约定完成服务工作的,应当承担免收报酬等违约责任。

第八百八十五条 技术咨询合同、技术服务合同履行过程中,受托人利用委托人提供的技术资料和工作条件完成的新的技术成果,属于受托人。委托人利用受托人的工作成果完成的新的技术成果,属于委托人。当事人另有约定的,按照其约定。

第八百八十六条 技术咨询合同和技术服务合同对受托人正常开展工作所需费用的负担没有约定或者约定不明确的,由受托人负担。

第八百八十七条 法律、行政法规对技术中介合同、技术培训合同另有规定的,依照其规定。

第二十一章　保管合同

第八百八十八条　保管合同是保管人保管寄存人交付的保管物,并返还该物的合同。

寄存人到保管人处从事购物、就餐、住宿等活动,将物品存放在指定场所的,视为保管,但是当事人另有约定或者另有交易习惯的除外。

第八百八十九条　寄存人应当按照约定向保管人支付保管费。

当事人对保管费没有约定或者约定不明确,依据本法第五百一十条的规定仍不能确定的,视为无偿保管。

第八百九十条　保管合同自保管物交付时成立,但是当事人另有约定的除外。

第八百九十一条　寄存人向保管人交付保管物的,保管人应当出具保管凭证,但是另有交易习惯的除外。

第八百九十二条　保管人应当妥善保管保管物。

当事人可以约定保管场所或者方法。除紧急情况或者为维护寄存人利益外,不得擅自改变保管场所或者方法。

第八百九十三条　寄存人交付的保管物有瑕疵或者根据保管物的性质需要采取特殊保管措施的,寄存人应当将有关情况告知保管人。寄存人未告知,致使保管物受损失的,保管人不承担赔偿责任;保管人因此受损失的,除保管人知道或者应当知道且未采取补救措施外,寄存人应当承担赔偿责任。

第八百九十四条　保管人不得将保管物转交第三人保管,但是当事人另有约定的除外。

保管人违反前款规定,将保管物转交第三人保管,造成保管物损失的,应当承担赔偿责任。

第八百九十五条　保管人不得使用或者许可第三人使用保管物,但是当事人另有约定的除外。

第八百九十六条　第三人对保管物主张权利的,除依法对保管物采取保全或者执行措施外,保管人应当履行向寄存人返还保管物的义务。

第三人对保管人提起诉讼或者对保管物申请扣押的,保管人应当及时通知寄存人。

第八百九十七条　保管期内,因保管人保管不善造成保管物毁损、灭失的,保管人应当承担赔偿责任。但是,无偿保管人证明自己没有故意或者重大过失的,不承担赔偿责任。

第八百九十八条　寄存人寄存货币、有价证券或者其他贵重物品的,应当向保管人声明,由保管人验收或者封存;寄存人未声明的,该物品毁损、灭失后,保管人可以按照一般物品予以赔偿。

第八百九十九条 寄存人可以随时领取保管物。

当事人对保管期限没有约定或者约定不明确的,保管人可以随时请求寄存人领取保管物;约定保管期限的,保管人无特别事由,不得请求寄存人提前领取保管物。

第九百条 保管期限届满或者寄存人提前领取保管物的,保管人应当将原物及其孳息归还寄存人。

第九百零一条 保管人保管货币的,可以返还相同种类、数量的货币;保管其他可替代物的,可以按照约定返还相同种类、品质、数量的物品。

第九百零二条 有偿的保管合同,寄存人应当按照约定的期限向保管人支付保管费。

当事人对支付期限没有约定或者约定不明确,依据本法第五百一十条的规定仍不能确定的,应当在领取保管物的同时支付。

第九百零三条 寄存人未按照约定支付保管费或者其他费用的,保管人对保管物享有留置权,但是当事人另有约定的除外。

第二十二章　仓储合同

第九百零四条 仓储合同是保管人储存存货人交付的仓储物,存货人支付仓储费的合同。

第九百零五条 仓储合同自保管人和存货人意思表示一致时成立。

第九百零六条 储存易燃、易爆、有毒、有腐蚀性、有放射性等危险物品或者易变质物品的,存货人应当说明该物品的性质,提供有关资料。

存货人违反前款规定的,保管人可以拒收仓储物,也可以采取相应措施以避免损失的发生,因此产生的费用由存货人负担。

保管人储存易燃、易爆、有毒、有腐蚀性、有放射性等危险物品的,应当具备相应的保管条件。

第九百零七条 保管人应当按照约定对入库仓储物进行验收。保管人验收时发现入库仓储物与约定不符合的,应当及时通知存货人。保管人验收后,发生仓储物的品种、数量、质量不符合约定的,保管人应当承担赔偿责任。

第九百零八条 存货人交付仓储物的,保管人应当出具仓单、入库单等凭证。

第九百零九条 保管人应当在仓单上签名或者盖章。仓单包括下列事项:

(一)存货人的姓名或者名称和住所;

(二)仓储物的品种、数量、质量、包装及其件数和标记;

(三)仓储物的损耗标准;

(四)储存场所;

(五)储存期限;

(六)仓储费;

（七）仓储物已经办理保险的，其保险金额、期间以及保险人的名称；

（八）填发人、填发地和填发日期。

第九百一十条　仓单是提取仓储物的凭证。存货人或者仓单持有人在仓单上背书并经保管人签名或者盖章的，可以转让提取仓储物的权利。

第九百一十一条　保管人根据存货人或者仓单持有人的要求，应当同意其检查仓储物或者提取样品。

第九百一十二条　保管人发现入库仓储物有变质或者其他损坏的，应当及时通知存货人或者仓单持有人。

第九百一十三条　保管人发现入库仓储物有变质或者其他损坏，危及其他仓储物的安全和正常保管的，应当催告存货人或者仓单持有人作出必要的处置。因情况紧急，保管人可以作出必要的处置；但是，事后应当将该情况及时通知存货人或者仓单持有人。

第九百一十四条　当事人对储存期限没有约定或者约定不明确的，存货人或者仓单持有人可以随时提取仓储物，保管人也可以随时请求存货人或者仓单持有人提取仓储物，但是应当给予必要的准备时间。

第九百一十五条　储存期限届满，存货人或者仓单持有人应当凭仓单、入库单等提取仓储物。存货人或者仓单持有人逾期提取的，应当加收仓储费；提前提取的，不减收仓储费。

第九百一十六条　储存期限届满，存货人或者仓单持有人不提取仓储物的，保管人可以催告其在合理期限内提取；逾期不提取的，保管人可以提存仓储物。

第九百一十七条　储存期内，因保管不善造成仓储物毁损、灭失的，保管人应当承担赔偿责任。因仓储物本身的自然性质、包装不符合约定或者超过有效储存期造成仓储物变质、损坏的，保管人不承担赔偿责任。

第九百一十八条　本章没有规定的，适用保管合同的有关规定。

第二十三章　委托合同

第九百一十九条　委托合同是委托人和受托人约定，由受托人处理委托人事务的合同。

第九百二十条　委托人可以特别委托受托人处理一项或者数项事务，也可以概括委托受托人处理一切事务。

第九百二十一条　委托人应当预付处理委托事务的费用。受托人为处理委托事务垫付的必要费用，委托人应当偿还该费用并支付利息。

第九百二十二条　受托人应当按照委托人的指示处理委托事务。需要变更委托人指示的，应当经委托人同意；因情况紧急，难以和委托人取得联系的，受托人应当妥善处理委托事务，但是事后应当将该情况及时报告委托人。

第九百二十三条　受托人应当亲自处理委托事务。经委托人同意，受托人可以转委托。转委托经同意或者追认的，委托人可以就委托事务直接指示转委托的第三人，受托人仅就第三人的选任及其对第三人的指示承担责任。转委托未经同意或者追认的，受托人应当对转委托的第三人的行为承担责任；但是，在紧急情况下受托人为了维护委托人的利益需要转委托第三人的除外。

第九百二十四条　受托人应当按照委托人的要求，报告委托事务的处理情况。委托合同终止时，受托人应当报告委托事务的结果。

第九百二十五条　受托人以自己的名义，在委托人的授权范围内与第三人订立的合同，第三人在订立合同时知道受托人与委托人之间的代理关系的，该合同直接约束委托人和第三人；但是，有确切证据证明该合同只约束受托人和第三人的除外。

第九百二十六条　受托人以自己的名义与第三人订立合同时，第三人不知道受托人与委托人之间的代理关系的，受托人因第三人的原因对委托人不履行义务，受托人应当向委托人披露第三人，委托人因此可以行使受托人对第三人的权利。但是，第三人与受托人订立合同时如果知道该委托人就不会订立合同的除外。

受托人因委托人的原因对第三人不履行义务，受托人应当向第三人披露委托人，第三人因此可以选择受托人或者委托人作为相对人主张其权利，但是第三人不得变更选定的相对人。

委托人行使受托人对第三人的权利的，第三人可以向委托人主张其对受托人的抗辩。第三人选定委托人作为其相对人的，委托人可以向第三人主张其对受托人的抗辩以及受托人对第三人的抗辩。

第九百二十七条　受托人处理委托事务取得的财产，应当转交给委托人。

第九百二十八条　受托人完成委托事务的，委托人应当按照约定向其支付报酬。

因不可归责于受托人的事由，委托合同解除或者委托事务不能完成的，委托人应当向受托人支付相应的报酬。当事人另有约定的，按照其约定。

第九百二十九条　有偿的委托合同，因受托人的过错造成委托人损失的，委托人可以请求赔偿损失。无偿的委托合同，因受托人的故意或者重大过失造成委托人损失的，委托人可以请求赔偿损失。

受托人超越权限造成委托人损失的，应当赔偿损失。

第九百三十条　受托人处理委托事务时，因不可归责于自己的事由受到损失的，可以向委托人请求赔偿损失。

第九百三十一条　委托人经受托人同意，可以在受托人之外委托第三人处理委托事务。因此造成受托人损失的，受托人可以向委托人请求赔偿损失。

第九百三十二条　两个以上的受托人共同处理委托事务的，对委托人承担连带责任。

第九百三十三条 委托人或者受托人可以随时解除委托合同。因解除合同造成对方损失的,除不可归责于该当事人的事由外,无偿委托合同的解除方应当赔偿因解除时间不当造成的直接损失,有偿委托合同的解除方应当赔偿对方的直接损失和合同履行后可以获得的利益。

第九百三十四条 委托人死亡、终止或者受托人死亡、丧失民事行为能力、终止的,委托合同终止;但是,当事人另有约定或者根据委托事务的性质不宜终止的除外。

第九百三十五条 因委托人死亡或者被宣告破产、解散,致使委托合同终止将损害委托人利益的,在委托人的继承人、遗产管理人或者清算人承受委托事务之前,受托人应当继续处理委托事务。

第九百三十六条 因受托人死亡、丧失民事行为能力或者被宣告破产、解散,致使委托合同终止的,受托人的继承人、遗产管理人、法定代理人或者清算人应当及时通知委托人。因委托合同终止将损害委托人利益的,在委托人作出善后处理之前,受托人的继承人、遗产管理人、法定代理人或者清算人应当采取必要措施。

第二十四章　物业服务合同

第九百三十七条 物业服务合同是物业服务人在物业服务区域内,为业主提供建筑物及其附属设施的维修养护、环境卫生和相关秩序的管理维护等物业服务,业主支付物业费的合同。

物业服务人包括物业服务企业和其他管理人。

第九百三十八条 物业服务合同的内容一般包括服务事项、服务质量、服务费用的标准和收取办法、维修资金的使用、服务用房的管理和使用、服务期限、服务交接等条款。

物业服务人公开作出的有利于业主的服务承诺,为物业服务合同的组成部分。

物业服务合同应当采用书面形式。

第九百三十九条 建设单位依法与物业服务人订立的前期物业服务合同,以及业主委员会与业主大会依法选聘的物业服务人订立的物业服务合同,对业主具有法律约束力。

第九百四十条 建设单位依法与物业服务人订立的前期物业服务合同约定的服务期限届满前,业主委员会或者业主与新物业服务人订立的物业服务合同生效的,前期物业服务合同终止。

第九百四十一条 物业服务人将物业服务区域内的部分专项服务事项委托给专业性服务组织或者其他第三人的,应当就该部分专项服务事项向业主负责。

物业服务人不得将其应当提供的全部物业服务转委托给第三人,或者将全部物业服务支解后分别转委托给第三人。

第九百四十二条 物业服务人应当按照约定和物业的使用性质,妥善维修、养护、清洁、绿化和经营管理物业服务区域内的业主共有部分,维护物业服务区域内的基本秩序,采取合理措施保护业主的人身、财产安全。

对物业服务区域内违反有关治安、环保、消防等法律法规的行为,物业服务人应当及时采取合理措施制止、向有关行政主管部门报告并协助处理。

第九百四十三条 物业服务人应当定期将服务的事项、负责人员、质量要求、收费项目、收费标准、履行情况,以及维修资金使用情况、业主共有部分的经营与收益情况等以合理方式向业主公开并向业主大会、业主委员会报告。

第九百四十四条 业主应当按照约定向物业服务人支付物业费。物业服务人已经按照约定和有关规定提供服务的,业主不得以未接受或者无需接受相关物业服务为由拒绝支付物业费。

业主违反约定逾期不支付物业费的,物业服务人可以催告其在合理期限内支付;合理期限届满仍不支付的,物业服务人可以提起诉讼或者申请仲裁。

物业服务人不得采取停止供电、供水、供热、供燃气等方式催交物业费。

第九百四十五条 业主装饰装修房屋的,应当事先告知物业服务人,遵守物业服务人提示的合理注意事项,并配合其进行必要的现场检查。

业主转让、出租物业专有部分、设立居住权或者依法改变共有部分用途的,应当及时将相关情况告知物业服务人。

第九百四十六条 业主依照法定程序共同决定解聘物业服务人的,可以解除物业服务合同。决定解聘的,应当提前六十日书面通知物业服务人,但是合同对通知期限另有约定的除外。

依据前款规定解除合同造成物业服务人损失的,除不可归责于业主的事由外,业主应当赔偿损失。

第九百四十七条 物业服务期限届满前,业主依法共同决定续聘的,应当与原物业服务人在合同期限届满前续订物业服务合同。

物业服务期限届满前,物业服务人不同意续聘的,应当在合同期限届满前九十日书面通知业主或者业主委员会,但是合同对通知期限另有约定的除外。

第九百四十八条 物业服务期限届满后,业主没有依法作出续聘或者另聘物业服务人的决定,物业服务人继续提供物业服务的,原物业服务合同继续有效,但是服务期限为不定期。

当事人可以随时解除不定期物业服务合同,但是应当提前六十日书面通知对方。

第九百四十九条 物业服务合同终止的,原物业服务人应当在约定期限或者合理期限内退出物业服务区域,将物业服务用房、相关设施、物业服务所必需的相关资料等交还给业主委员会、决定自行管理的业主或者其指定的人,配合新物业服务人做好交接工作,并如实告知物业的使用和管理状况。

原物业服务人违反前款规定的,不得请求业主支付物业服务合同终止后的物业费;造成业主损失的,应当赔偿损失。

第九百五十条 物业服务合同终止后,在业主或者业主大会选聘的新物业服务人或者决定自行管理的业主接管之前,原物业服务人应当继续处理物业服务事项,并可以请求业主支付该期间的物业费。

第二十五章　行纪合同

第九百五十一条 行纪合同是行纪人以自己的名义为委托人从事贸易活动,委托人支付报酬的合同。

第九百五十二条 行纪人处理委托事务支出的费用,由行纪人负担,但是当事人另有约定的除外。

第九百五十三条 行纪人占有委托物的,应当妥善保管委托物。

第九百五十四条 委托物交付给行纪人时有瑕疵或者容易腐烂、变质的,经委托人同意,行纪人可以处分该物;不能与委托人及时取得联系的,行纪人可以合理处分。

第九百五十五条 行纪人低于委托人指定的价格卖出或者高于委托人指定的价格买入的,应当经委托人同意;未经委托人同意,行纪人补偿其差额的,该买卖对委托人发生效力。

行纪人高于委托人指定的价格卖出或者低于委托人指定的价格买入的,可以按照约定增加报酬;没有约定或者约定不明确,依据本法第五百一十条的规定仍不能确定的,该利益属于委托人。

委托人对价格有特别指示的,行纪人不得违背该指示卖出或者买入。

第九百五十六条 行纪人卖出或者买入具有市场定价的商品,除委托人有相反的意思表示外,行纪人自己可以作为买受人或者出卖人。

行纪人有前款规定情形的,仍然可以请求委托人支付报酬。

第九百五十七条 行纪人按照约定买入委托物,委托人应当及时受领。经行纪人催告,委托人无正当理由拒绝受领的,行纪人依法可以提存委托物。

委托物不能卖出或者委托人撤回出卖,经行纪人催告,委托人不取回或者不处分该物的,行纪人依法可以提存委托物。

第九百五十八条 行纪人与第三人订立合同的,行纪人对该合同直接享有权利、承担义务。

第三人不履行义务致使委托人受到损害的,行纪人应当承担赔偿责任,但是行纪人与委托人另有约定的除外。

第九百五十九条 行纪人完成或者部分完成委托事务的,委托人应当向其支付相应的报酬。委托人逾期不支付报酬的,行纪人对委托物享有留置权,但是当事人另有约定的除外。

第九百六十条 本章没有规定的,参照适用委托合同的有关规定。

第二十六章　中介合同

第九百六十一条 中介合同是中介人向委托人报告订立合同的机会或者提供订立合同的媒介服务,委托人支付报酬的合同。

第九百六十二条 中介人应当就有关订立合同的事项向委托人如实报告。

中介人故意隐瞒与订立合同有关的重要事实或者提供虚假情况,损害委托人利益的,不得请求支付报酬并应当承担赔偿责任。

第九百六十三条 中介人促成合同成立的,委托人应当按照约定支付报酬。对中介人的报酬没有约定或者约定不明确,依据本法第五百一十条的规定仍不能确定的,根据中介人的劳务合理确定。因中介人提供订立合同的媒介服务而促成合同成立的,由该合同的当事人平均负担中介人的报酬。

中介人促成合同成立的,中介活动的费用,由中介人负担。

第九百六十四条 中介人未促成合同成立的,不得请求支付报酬;但是,可以按照约定请求委托人支付从事中介活动支出的必要费用。

第九百六十五条 委托人在接受中介人的服务后,利用中介人提供的交易机会或者媒介服务,绕开中介人直接订立合同的,应当向中介人支付报酬。

第九百六十六条 本章没有规定的,参照适用委托合同的有关规定。

第二十七章　合伙合同

第九百六十七条 合伙合同是两个以上合伙人为了共同的事业目的,订立的共享利益、共担风险的协议。

第九百六十八条 合伙人应当按照约定的出资方式、数额和缴付期限,履行出资义务。

第九百六十九条 合伙人的出资、因合伙事务依法取得的收益和其他财产,属于合伙财产。

合伙合同终止前,合伙人不得请求分割合伙财产。

第九百七十条 合伙人就合伙事务作出决定的,除合伙合同另有约定外,应当经全体合伙人一致同意。

合伙事务由全体合伙人共同执行。按照合伙合同的约定或者全体合伙人的决定,可以委托一个或者数个合伙人执行合伙事务;其他合伙人不再执行合伙事务,但是有权监督执行情况。

合伙人分别执行合伙事务的,执行事务合伙人可以对其他合伙人执行的事务提出异议;提出异议后,其他合伙人应当暂停该项事务的执行。

第九百七十一条 合伙人不得因执行合伙事务而请求支付报酬,但是合伙合同另有约定的除外。

第九百七十二条 合伙的利润分配和亏损分担,按照合伙合同的约定办理;合伙合同没有约定或者约定不明确的,由合伙人协商决定;协商不成的,由合伙人按照实缴出资比例分配、分担;无法确定出资比例的,由合伙人平均分配、分担。

第九百七十三条 合伙人对合伙债务承担连带责任。清偿合伙债务超过自己应当承担份额的合伙人,有权向其他合伙人追偿。

第九百七十四条 除合伙合同另有约定外,合伙人向合伙人以外的人转让其全部或者部分财产份额的,须经其他合伙人一致同意。

第九百七十五条 合伙人的债权人不得代位行使合伙人依照本章规定和合伙合同享有的权利,但是合伙人享有的利益分配请求权除外。

第九百七十六条 合伙人对合伙期限没有约定或者约定不明确,依据本法第五百一十条的规定仍不能确定的,视为不定期合伙。

合伙期限届满,合伙人继续执行合伙事务,其他合伙人没有提出异议的,原合伙合同继续有效,但是合伙期限为不定期。

合伙人可以随时解除不定期合伙合同,但是应当在合理期限之前通知其他合伙人。

第九百七十七条 合伙人死亡、丧失民事行为能力或者终止的,合伙合同终止;但是,合伙合同另有约定或者根据合伙事务的性质不宜终止的除外。

第九百七十八条 合伙合同终止后,合伙财产在支付因终止而产生的费用以及清偿合伙债务后有剩余的,依据本法第九百七十二条的规定进行分配。

第三分编　准合同

第二十八章　无因管理

第九百七十九条 管理人没有法定的或者约定的义务,为避免他人利益受损失而管理他人事务的,可以请求受益人偿还因管理事务而支出的必要费用;管理人因管理事务受到损失的,可以请求受益人给予适当补偿。

管理事务不符合受益人真实意思的,管理人不享有前款规定的权利;但是,受益人的真实意思违反法律或者违背公序良俗的除外。

第九百八十条 管理人管理事务不属于前条规定的情形,但是受益人享有管理利益的,受益人应当在其获得的利益范围内向管理人承担前条第一款规定的义务。

第九百八十一条 管理人管理他人事务,应当采取有利于受益人的方法。中断管理对受益人不利的,无正当理由不得中断。

第九百八十二条 管理人管理他人事务,能够通知受益人的,应当及时通知受益人。管理的事务不需要紧急处理的,应当等待受益人的指示。

第九百八十三条 管理结束后,管理人应当向受益人报告管理事务的情况。管理人管理事务取得的财产,应当及时转交给受益人。

第九百八十四条 管理人管理事务经受益人事后追认的,从管理事务开始时起,适用委托合同的有关规定,但是管理人另有意思表示的除外。

第二十九章　不当得利

第九百八十五条 得利人没有法律根据取得不当利益的,受损失的人可以请求得利人返还取得的利益,但是有下列情形之一的除外:

(一)为履行道德义务进行的给付;

(二)债务到期之前的清偿;

(三)明知无给付义务而进行的债务清偿。

第九百八十六条 得利人不知道且不应当知道取得的利益没有法律根据,取得的利益已经不存在的,不承担返还该利益的义务。

第九百八十七条 得利人知道或者应当知道取得的利益没有法律根据的,受损失的人可以请求得利人返还其取得的利益并依法赔偿损失。

第九百八十八条 得利人已经将取得的利益无偿转让给第三人的,受损失的人可以请求第三人在相应范围内承担返还义务。

第四编　人格权

第一章　一般规定

第九百八十九条　本编调整因人格权的享有和保护产生的民事关系。

第九百九十条　人格权是民事主体享有的生命权、身体权、健康权、姓名权、名称权、肖像权、名誉权、荣誉权、隐私权等权利。

除前款规定的人格权外,自然人享有基于人身自由、人格尊严产生的其他人格权益。

第九百九十一条　民事主体的人格权受法律保护,任何组织或者个人不得侵害。

第九百九十二条　人格权不得放弃、转让或者继承。

第九百九十三条　民事主体可以将自己的姓名、名称、肖像等许可他人使用,但是依照法律规定或者根据其性质不得许可的除外。

第九百九十四条　死者的姓名、肖像、名誉、荣誉、隐私、遗体等受到侵害的,其配偶、子女、父母有权依法请求行为人承担民事责任;死者没有配偶、子女且父母已经死亡的,其他近亲属有权依法请求行为人承担民事责任。

第九百九十五条　人格权受到侵害的,受害人有权依照本法和其他法律的规定请求行为人承担民事责任。受害人的停止侵害、排除妨碍、消除危险、消除影响、恢复名誉、赔礼道歉请求权,不适用诉讼时效的规定。

第九百九十六条　因当事人一方的违约行为,损害对方人格权并造成严重精神损害,受损害方选择请求其承担违约责任的,不影响受损害方请求精神损害赔偿。

第九百九十七条　民事主体有证据证明行为人正在实施或者即将实施侵害其人格权的违法行为,不及时制止将使其合法权益受到难以弥补的损害的,有权依法向人民法院申请采取责令行为人停止有关行为的措施。

第九百九十八条　认定行为人承担侵害除生命权、身体权和健康权外的人格权的民事责任,应当考虑行为人和受害人的职业、影响范围、过错程度,以及行为的目的、方式、后果等因素。

第九百九十九条　为公共利益实施新闻报道、舆论监督等行为的,可以合理使用民事主体的姓名、名称、肖像、个人信息等;使用不合理侵害民事主体人格权的,应当依法承担民事责任。

第一千条　行为人因侵害人格权承担消除影响、恢复名誉、赔礼道歉等民事责任的,应当与行为的具体方式和造成的影响范围相当。

行为人拒不承担前款规定的民事责任的,人民法院可以采取在报刊、网络等媒体上发布公告或者公布生效裁判文书等方式执行,产生的费用由行为人负担。

第一千零一条　对自然人因婚姻家庭关系等产生的身份权利的保护,适用本法第一编、第五编和其他法律的相关规定;没有规定的,可以根据其性质参照适用本编人格权保护的有关规定。

第二章　生命权、身体权和健康权

第一千零二条　自然人享有生命权。自然人的生命安全和生命尊严受法律保护。任何组织或者个人不得侵害他人的生命权。

第一千零三条　自然人享有身体权。自然人的身体完整和行动自由受法律保护。任何组织或者个人不得侵害他人的身体权。

第一千零四条　自然人享有健康权。自然人的身心健康受法律保护。任何组织或者个人不得侵害他人的健康权。

第一千零五条　自然人的生命权、身体权、健康权受到侵害或者处于其他危难情形的,负有法定救助义务的组织或者个人应当及时施救。

第一千零六条　完全民事行为能力人有权依法自主决定无偿捐献其人体细胞、人体组织、人体器官、遗体。任何组织或者个人不得强迫、欺骗、利诱其捐献。

完全民事行为能力人依据前款规定同意捐献的,应当采用书面形式,也可以订立遗嘱。

自然人生前未表示不同意捐献的,该自然人死亡后,其配偶、成年子女、父母可以共同决定捐献,决定捐献应当采用书面形式。

第一千零七条　禁止以任何形式买卖人体细胞、人体组织、人体器官、遗体。

违反前款规定的买卖行为无效。

第一千零八条　为研制新药、医疗器械或者发展新的预防和治疗方法,需要进行临床试验的,应当依法经相关主管部门批准并经伦理委员会审查同意,向受试者或者受试者的监护人告知试验目的、用途和可能产生的风险等详细情况,并经其书面同意。

进行临床试验的,不得向受试者收取试验费用。

第一千零九条　从事与人体基因、人体胚胎等有关的医学和科研活动,应当遵守法律、行政法规和国家有关规定,不得危害人体健康,不得违背伦理道德,不得损害公共利益。

第一千零一十条　违背他人意愿,以言语、文字、图像、肢体行为等方式对他人实施性骚扰的,受害人有权依法请求行为人承担民事责任。

机关、企业、学校等单位应当采取合理的预防、受理投诉、调查处置等措施,防止和制止利用职权、从属关系等实施性骚扰。

第一千零一十一条 以非法拘禁等方式剥夺、限制他人的行动自由,或者非法搜查他人身体的,受害人有权依法请求行为人承担民事责任。

第三章 姓名权和名称权

第一千零一十二条 自然人享有姓名权,有权依法决定、使用、变更或者许可他人使用自己的姓名,但是不得违背公序良俗。

第一千零一十三条 法人、非法人组织享有名称权,有权依法决定、使用、变更、转让或者许可他人使用自己的名称。

第一千零一十四条 任何组织或者个人不得以干涉、盗用、假冒等方式侵害他人的姓名权或者名称权。

第一千零一十五条 自然人应当随父姓或者母姓,但是有下列情形之一的,可以在父姓和母姓之外选取姓氏:

(一)选取其他直系长辈血亲的姓氏;

(二)因由法定扶养人以外的人扶养而选取扶养人姓氏;

(三)有不违背公序良俗的其他正当理由。

少数民族自然人的姓氏可以遵从本民族的文化传统和风俗习惯。

第一千零一十六条 自然人决定、变更姓名,或者法人、非法人组织决定、变更、转让名称的,应当依法向有关机关办理登记手续,但是法律另有规定的除外。

民事主体变更姓名、名称的,变更前实施的民事法律行为对其具有法律约束力。

第一千零一十七条 具有一定社会知名度,被他人使用足以造成公众混淆的笔名、艺名、网名、译名、字号、姓名和名称的简称等,参照适用姓名权和名称权保护的有关规定。

第四章 肖像权

第一千零一十八条 自然人享有肖像权,有权依法制作、使用、公开或者许可他人使用自己的肖像。

肖像是通过影像、雕塑、绘画等方式在一定载体上所反映的特定自然人可以被识别的外部形象。

第一千零一十九条 任何组织或者个人不得以丑化、污损,或者利用信息技术手段伪造等方式侵害他人的肖像权。未经肖像权人同意,不得制作、使用、公开肖像权人的肖像,但是法律另有规定的除外。

未经肖像权人同意,肖像作品权利人不得以发表、复制、发行、出租、展览等方式使用或者公开肖像权人的肖像。

第一千零二十条 合理实施下列行为的,可以不经肖像权人同意:

（一）为个人学习、艺术欣赏、课堂教学或者科学研究，在必要范围内使用肖像权人已经公开的肖像；

（二）为实施新闻报道，不可避免地制作、使用、公开肖像权人的肖像；

（三）为依法履行职责，国家机关在必要范围内制作、使用、公开肖像权人的肖像；

（四）为展示特定公共环境，不可避免地制作、使用、公开肖像权人的肖像；

（五）为维护公共利益或者肖像权人合法权益，制作、使用、公开肖像权人的肖像的其他行为。

第一千零二十一条　当事人对肖像许可使用合同中关于肖像使用条款的理解有争议的，应当作出有利于肖像权人的解释。

第一千零二十二条　当事人对肖像许可使用期限没有约定或者约定不明确的，任何一方当事人可以随时解除肖像许可使用合同，但是应当在合理期限之前通知对方。

当事人对肖像许可使用期限有明确约定，肖像权人有正当理由的，可以解除肖像许可使用合同，但是应当在合理期限之前通知对方。因解除合同造成对方损失的，除不可归责于肖像权人的事由外，应当赔偿损失。

第一千零二十三条　对姓名等的许可使用，参照适用肖像许可使用的有关规定。

对自然人声音的保护，参照适用肖像权保护的有关规定。

第五章　名誉权和荣誉权

第一千零二十四条　民事主体享有名誉权。任何组织或者个人不得以侮辱、诽谤等方式侵害他人的名誉权。

名誉是对民事主体的品德、声望、才能、信用等的社会评价。

第一千零二十五条　行为人为公共利益实施新闻报道、舆论监督等行为，影响他人名誉的，不承担民事责任，但是有下列情形之一的除外：

（一）捏造、歪曲事实；

（二）对他人提供的严重失实内容未尽到合理核实义务；

（三）使用侮辱性言辞等贬损他人名誉。

第一千零二十六条　认定行为人是否尽到前条第二项规定的合理核实义务，应当考虑下列因素：

（一）内容来源的可信度；

（二）对明显可能引发争议的内容是否进行了必要的调查；

（三）内容的时限性；

（四）内容与公序良俗的关联性；

（五）受害人名誉受贬损的可能性；

（六）核实能力和核实成本。

第一千零二十七条 行为人发表的文学、艺术作品以真人真事或者特定人为描述对象，含有侮辱、诽谤内容，侵害他人名誉权的，受害人有权依法请求该行为人承担民事责任。

行为人发表的文学、艺术作品不以特定人为描述对象，仅其中的情节与该特定人的情况相似的，不承担民事责任。

第一千零二十八条 民事主体有证据证明报刊、网络等媒体报道的内容失实，侵害其名誉权的，有权请求该媒体及时采取更正或者删除等必要措施。

第一千零二十九条 民事主体可以依法查询自己的信用评价；发现信用评价不当的，有权提出异议并请求采取更正、删除等必要措施。信用评价人应当及时核查，经核查属实的，应当及时采取必要措施。

第一千零三十条 民事主体与征信机构等信用信息处理者之间的关系，适用本编有关个人信息保护的规定和其他法律、行政法规的有关规定。

第一千零三十一条 民事主体享有荣誉权。任何组织或者个人不得非法剥夺他人的荣誉称号，不得诋毁、贬损他人的荣誉。

获得的荣誉称号应当记载而没有记载的，民事主体可以请求记载；获得的荣誉称号记载错误的，民事主体可以请求更正。

第六章 隐私权和个人信息保护

第一千零三十二条 自然人享有隐私权。任何组织或者个人不得以刺探、侵扰、泄露、公开等方式侵害他人的隐私权。

隐私是自然人的私人生活安宁和不愿为他人知晓的私密空间、私密活动、私密信息。

第一千零三十三条 除法律另有规定或者权利人明确同意外，任何组织或者个人不得实施下列行为：

（一）以电话、短信、即时通讯工具、电子邮件、传单等方式侵扰他人的私人生活安宁；

（二）进入、拍摄、窥视他人的住宅、宾馆房间等私密空间；

（三）拍摄、窥视、窃听、公开他人的私密活动；

（四）拍摄、窥视他人身体的私密部位；

（五）处理他人的私密信息；

（六）以其他方式侵害他人的隐私权。

第一千零三十四条 自然人的个人信息受法律保护。

个人信息是以电子或者其他方式记录的能够单独或者与其他信息结合识别特定自然人的各种信息，包括自然人的姓名、出生日期、身份证件号码、生物识别信息、住址、电话号码、电子邮箱、健康信息、行踪信息等。

个人信息中的私密信息,适用有关隐私权的规定;没有规定的,适用有关个人信息保护的规定。

第一千零三十五条 处理个人信息的,应当遵循合法、正当、必要原则,不得过度处理,并符合下列条件:

(一)征得该自然人或者其监护人同意,但是法律、行政法规另有规定的除外;

(二)公开处理信息的规则;

(三)明示处理信息的目的、方式和范围;

(四)不违反法律、行政法规的规定和双方的约定。

个人信息的处理包括个人信息的收集、存储、使用、加工、传输、提供、公开等。

第一千零三十六条 处理个人信息,有下列情形之一的,行为人不承担民事责任:

(一)在该自然人或者其监护人同意的范围内合理实施的行为;

(二)合理处理该自然人自行公开的或者其他已经合法公开的信息,但是该自然人明确拒绝或者处理该信息侵害其重大利益的除外;

(三)为维护公共利益或者该自然人合法权益,合理实施的其他行为。

第一千零三十七条 自然人可以依法向信息处理者查阅或者复制其个人信息;发现信息有错误的,有权提出异议并请求及时采取更正等必要措施。

自然人发现信息处理者违反法律、行政法规的规定或者双方的约定处理其个人信息的,有权请求信息处理者及时删除。

第一千零三十八条 信息处理者不得泄露或者篡改其收集、存储的个人信息;未经自然人同意,不得向他人非法提供其个人信息,但是经过加工无法识别特定个人且不能复原的除外。

信息处理者应当采取技术措施和其他必要措施,确保其收集、存储的个人信息安全,防止信息泄露、篡改、丢失;发生或者可能发生个人信息泄露、篡改、丢失的,应当及时采取补救措施,按照规定告知自然人并向有关主管部门报告。

第一千零三十九条 国家机关、承担行政职能的法定机构及其工作人员对于履行职责过程中知悉的自然人的隐私和个人信息,应当予以保密,不得泄露或者向他人非法提供。

第五编　婚姻家庭

第一章　一般规定

第一千零四十条　本编调整因婚姻家庭产生的民事关系。

第一千零四十一条　婚姻家庭受国家保护。

实行婚姻自由、一夫一妻、男女平等的婚姻制度。

保护妇女、未成年人、老年人、残疾人的合法权益。

第一千零四十二条　禁止包办、买卖婚姻和其他干涉婚姻自由的行为。禁止借婚姻索取财物。

禁止重婚。禁止有配偶者与他人同居。

禁止家庭暴力。禁止家庭成员间的虐待和遗弃。

第一千零四十三条　家庭应当树立优良家风，弘扬家庭美德，重视家庭文明建设。

夫妻应当互相忠实，互相尊重，互相关爱；家庭成员应当敬老爱幼，互相帮助，维护平等、和睦、文明的婚姻家庭关系。

第一千零四十四条　收养应当遵循最有利于被收养人的原则，保障被收养人和收养人的合法权益。

禁止借收养名义买卖未成年人。

第一千零四十五条　亲属包括配偶、血亲和姻亲。

配偶、父母、子女、兄弟姐妹、祖父母、外祖父母、孙子女、外孙子女为近亲属。

配偶、父母、子女和其他共同生活的近亲属为家庭成员。

第二章　结　婚

第一千零四十六条　结婚应当男女双方完全自愿，禁止任何一方对另一方加以强迫，禁止任何组织或者个人加以干涉。

第一千零四十七条　结婚年龄，男不得早于二十二周岁，女不得早于二十周岁。

第一千零四十八条　直系血亲或者三代以内的旁系血亲禁止结婚。

第一千零四十九条　要求结婚的男女双方应当亲自到婚姻登记机关申请结婚登记。符合本法规定的，予以登记，发给结婚证。完成结婚登记，即确立婚姻关系。未办理结婚登记的，应当补办登记。

第一千零五十条 登记结婚后,按照男女双方约定,女方可以成为男方家庭的成员,男方可以成为女方家庭的成员。

第一千零五十一条 有下列情形之一的,婚姻无效:

(一)重婚;

(二)有禁止结婚的亲属关系;

(三)未到法定婚龄。

第一千零五十二条 因胁迫结婚的,受胁迫的一方可以向人民法院请求撤销婚姻。

请求撤销婚姻的,应当自胁迫行为终止之日起一年内提出。

被非法限制人身自由的当事人请求撤销婚姻的,应当自恢复人身自由之日起一年内提出。

第一千零五十三条 一方患有重大疾病的,应当在结婚登记前如实告知另一方;不如实告知的,另一方可以向人民法院请求撤销婚姻。

请求撤销婚姻的,应当自知道或者应当知道撤销事由之日起一年内提出。

第一千零五十四条 无效的或者被撤销的婚姻自始没有法律约束力,当事人不具有夫妻的权利和义务。同居期间所得的财产,由当事人协议处理;协议不成的,由人民法院根据照顾无过错方的原则判决。对重婚导致的无效婚姻的财产处理,不得侵害合法婚姻当事人的财产权益。当事人所生的子女,适用本法关于父母子女的规定。

婚姻无效或者被撤销的,无过错方有权请求损害赔偿。

第三章 家庭关系

第一节 夫妻关系

第一千零五十五条 夫妻在婚姻家庭中地位平等。

第一千零五十六条 夫妻双方都有各自使用自己姓名的权利。

第一千零五十七条 夫妻双方都有参加生产、工作、学习和社会活动的自由,一方不得对另一方加以限制或者干涉。

第一千零五十八条 夫妻双方平等享有对未成年子女抚养、教育和保护的权利,共同承担对未成年子女抚养、教育和保护的义务。

第一千零五十九条 夫妻有相互扶养的义务。

需要扶养的一方,在另一方不履行扶养义务时,有要求其给付扶养费的权利。

第一千零六十条 夫妻一方因家庭日常生活需要而实施的民事法律行为,对夫妻双方发生效力,但是夫妻一方与相对人另有约定的除外。

夫妻之间对一方可以实施的民事法律行为范围的限制,不得对抗善意相对人。

第一千零六十一条 夫妻有相互继承遗产的权利。

第一千零六十二条　夫妻在婚姻关系存续期间所得的下列财产,为夫妻的共同财产,归夫妻共同所有:

(一)工资、奖金、劳务报酬;

(二)生产、经营、投资的收益;

(三)知识产权的收益;

(四)继承或者受赠的财产,但是本法第一千零六十三条第三项规定的除外;

(五)其他应当归共同所有的财产。

夫妻对共同财产,有平等的处理权。

第一千零六十三条　下列财产为夫妻一方的个人财产:

(一)一方的婚前财产;

(二)一方因受到人身损害获得的赔偿或者补偿;

(三)遗嘱或者赠与合同中确定只归一方的财产;

(四)一方专用的生活用品;

(五)其他应当归一方的财产。

第一千零六十四条　夫妻双方共同签名或者夫妻一方事后追认等共同意思表示所负的债务,以及夫妻一方在婚姻关系存续期间以个人名义为家庭日常生活需要所负的债务,属于夫妻共同债务。

夫妻一方在婚姻关系存续期间以个人名义超出家庭日常生活需要所负的债务,不属于夫妻共同债务;但是,债权人能够证明该债务用于夫妻共同生活、共同生产经营或者基于夫妻双方共同意思表示的除外。

第一千零六十五条　男女双方可以约定婚姻关系存续期间所得的财产以及婚前财产归各自所有、共同所有或者部分各自所有、部分共同所有。约定应当采用书面形式。没有约定或者约定不明确的,适用本法第一千零六十二条、第一千零六十三条的规定。

夫妻对婚姻关系存续期间所得的财产以及婚前财产的约定,对双方具有法律约束力。

夫妻对婚姻关系存续期间所得的财产约定归各自所有,夫或者妻一方对外所负的债务,相对人知道该约定的,以夫或者妻一方的个人财产清偿。

第一千零六十六条　婚姻关系存续期间,有下列情形之一的,夫妻一方可以向人民法院请求分割共同财产:

(一)一方有隐藏、转移、变卖、毁损、挥霍夫妻共同财产或者伪造夫妻共同债务等严重损害夫妻共同财产利益的行为;

(二)一方负有法定扶养义务的人患重大疾病需要医治,另一方不同意支付相关医疗费用。

第二节　父母子女关系和其他近亲属关系

第一千零六十七条　父母不履行抚养义务的,未成年子女或者不能独立生活的成年子女,有要求父母给付抚养费的权利。

成年子女不履行赡养义务的,缺乏劳动能力或者生活困难的父母,有要求成年子女给付赡养费的权利。

第一千零六十八条　父母有教育、保护未成年子女的权利和义务。未成年子女造成他人损害的,父母应当依法承担民事责任。

第一千零六十九条　子女应当尊重父母的婚姻权利,不得干涉父母离婚、再婚以及婚后的生活。子女对父母的赡养义务,不因父母的婚姻关系变化而终止。

第一千零七十条　父母和子女有相互继承遗产的权利。

第一千零七十一条　非婚生子女享有与婚生子女同等的权利,任何组织或者个人不得加以危害和歧视。

不直接抚养非婚生子女的生父或者生母,应当负担未成年子女或者不能独立生活的成年子女的抚养费。

第一千零七十二条　继父母与继子女间,不得虐待或者歧视。

继父或者继母和受其抚养教育的继子女间的权利义务关系,适用本法关于父母子女关系的规定。

第一千零七十三条　对亲子关系有异议且有正当理由的,父或者母可以向人民法院提起诉讼,请求确认或者否认亲子关系。

对亲子关系有异议且有正当理由的,成年子女可以向人民法院提起诉讼,请求确认亲子关系。

第一千零七十四条　有负担能力的祖父母、外祖父母,对于父母已经死亡或者父母无力抚养的未成年孙子女、外孙子女,有抚养的义务。

有负担能力的孙子女、外孙子女,对于子女已经死亡或者子女无力赡养的祖父母、外祖父母,有赡养的义务。

第一千零七十五条　有负担能力的兄、姐,对于父母已经死亡或者父母无力抚养的未成年弟、妹,有扶养的义务。

由兄、姐扶养长大的有负担能力的弟、妹,对于缺乏劳动能力又缺乏生活来源的兄、姐,有扶养的义务。

第四章　离　婚

第一千零七十六条　夫妻双方自愿离婚的,应当签订书面离婚协议,并亲自到婚姻登记机关申请离婚登记。

离婚协议应当载明双方自愿离婚的意思表示和对子女抚养、财产以及债务处理等事项协商一致的意见。

第一千零七十七条　自婚姻登记机关收到离婚登记申请之日起二十日内,任何一方不愿意离婚的,可以向婚姻登记机关撤回离婚登记申请。

前款规定期限届满后三十日内,双方应当亲自到婚姻登记机关申请发给离婚证；未申请的，视为撤回离婚登记申请。

第一千零七十八条 婚姻登记机关查明双方确实是自愿离婚，并已经对子女抚养、财产以及债务处理等事项协商一致的，予以登记，发给离婚证。

第一千零七十九条 夫妻一方要求离婚的，可以由有关组织进行调解或者直接向人民法院提起离婚诉讼。

人民法院审理离婚案件，应当进行调解；如果感情确已破裂，调解无效的，应当准予离婚。

有下列情形之一，调解无效的，应当准予离婚：

（一）重婚或者与他人同居；

（二）实施家庭暴力或者虐待、遗弃家庭成员；

（三）有赌博、吸毒等恶习屡教不改；

（四）因感情不和分居满二年；

（五）其他导致夫妻感情破裂的情形。

一方被宣告失踪，另一方提起离婚诉讼的，应当准予离婚。

经人民法院判决不准离婚后，双方又分居满一年，一方再次提起离婚诉讼的，应当准予离婚。

第一千零八十条 完成离婚登记，或者离婚判决书、调解书生效，即解除婚姻关系。

第一千零八十一条 现役军人的配偶要求离婚，应当征得军人同意，但是军人一方有重大过错的除外。

第一千零八十二条 女方在怀孕期间、分娩后一年内或者终止妊娠后六个月内，男方不得提出离婚；但是，女方提出离婚或者人民法院认为确有必要受理男方离婚请求的除外。

第一千零八十三条 离婚后，男女双方自愿恢复婚姻关系的，应当到婚姻登记机关重新进行结婚登记。

第一千零八十四条 父母与子女间的关系，不因父母离婚而消除。离婚后，子女无论由父或者母直接抚养，仍是父母双方的子女。

离婚后，父母对于子女仍有抚养、教育、保护的权利和义务。

离婚后，不满两周岁的子女，以由母亲直接抚养为原则。已满两周岁的子女，父母双方对抚养问题协议不成的，由人民法院根据双方的具体情况，按照最有利于未成年子女的原则判决。子女已满八周岁的，应当尊重其真实意愿。

第一千零八十五条 离婚后，子女由一方直接抚养的，另一方应当负担部分或者全部抚养费。负担费用的多少和期限的长短，由双方协议；协议不成的，由人民法院判决。

前款规定的协议或者判决，不妨碍子女在必要时向父母任何一方提出超过协议或者判决原定数额的合理要求。

第一千零八十六条 离婚后，不直接抚养子女的父或者母，有探望子女的权利,另一方有协助的义务。

行使探望权利的方式、时间由当事人协议;协议不成的,由人民法院判决。

父或者母探望子女,不利于子女身心健康的,由人民法院依法中止探望;中止的事由消失后,应当恢复探望。

第一千零八十七条 离婚时,夫妻的共同财产由双方协议处理;协议不成的,由人民法院根据财产的具体情况,按照照顾子女、女方和无过错方权益的原则判决。

对夫或者妻在家庭土地承包经营中享有的权益等,应当依法予以保护。

第一千零八十八条 夫妻一方因抚育子女、照料老年人、协助另一方工作等负担较多义务的,离婚时有权向另一方请求补偿,另一方应当给予补偿。具体办法由双方协议;协议不成的,由人民法院判决。

第一千零八十九条 离婚时,夫妻共同债务应当共同偿还。共同财产不足清偿或者财产归各自所有的,由双方协议清偿;协议不成的,由人民法院判决。

第一千零九十条 离婚时,如果一方生活困难,有负担能力的另一方应当给予适当帮助。具体办法由双方协议;协议不成的,由人民法院判决。

第一千零九十一条 有下列情形之一,导致离婚的,无过错方有权请求损害赔偿:

(一)重婚;

(二)与他人同居;

(三)实施家庭暴力;

(四)虐待、遗弃家庭成员;

(五)有其他重大过错。

第一千零九十二条 夫妻一方隐藏、转移、变卖、毁损、挥霍夫妻共同财产,或者伪造夫妻共同债务企图侵占另一方财产的,在离婚分割夫妻共同财产时,对该方可以少分或者不分。离婚后,另一方发现有上述行为的,可以向人民法院提起诉讼,请求再次分割夫妻共同财产。

第五章 收 养

第一节 收养关系的成立

第一千零九十三条 下列未成年人,可以被收养:

(一)丧失父母的孤儿;

(二)查找不到生父母的未成年人;

(三)生父母有特殊困难无力抚养的子女。

第一千零九十四条 下列个人、组织可以作送养人:

(一)孤儿的监护人;

(二)儿童福利机构;

（三）有特殊困难无力抚养子女的生父母。

第一千零九十五条 未成年人的父母均不具备完全民事行为能力且可能严重危害该未成年人的,该未成年人的监护人可以将其送养。

第一千零九十六条 监护人送养孤儿的,应当征得有抚养义务的人同意。有抚养义务的人不同意送养、监护人不愿意继续履行监护职责的,应当依照本法第一编的规定另行确定监护人。

第一千零九十七条 生父母送养子女,应当双方共同送养。生父母一方不明或者查找不到的,可以单方送养。

第一千零九十八条 收养人应当同时具备下列条件:

（一）无子女或者只有一名子女;

（二）有抚养、教育和保护被收养人的能力;

（三）未患有在医学上认为不应当收养子女的疾病;

（四）无不利于被收养人健康成长的违法犯罪记录;

（五）年满三十周岁。

第一千零九十九条 收养三代以内旁系同辈血亲的子女,可以不受本法第一千零九十三条第三项、第一千零九十四条第三项和第一千一百零二条规定的限制。

华侨收养三代以内旁系同辈血亲的子女,还可以不受本法第一千零九十八条第一项规定的限制。

第一千一百条 无子女的收养人可以收养两名子女;有子女的收养人只能收养一名子女。

收养孤儿、残疾未成年人或者儿童福利机构抚养的查找不到生父母的未成年人,可以不受前款和本法第一千零九十八条第一项规定的限制。

第一千一百零一条 有配偶者收养子女,应当夫妻共同收养。

第一千一百零二条 无配偶者收养异性子女的,收养人与被收养人的年龄应当相差四十周岁以上。

第一千一百零三条 继父或者继母经继子女的生父母同意,可以收养继子女,并可以不受本法第一千零九十三条第三项、第一千零九十四条第三项、第一千零九十八条和第一千一百条第一款规定的限制。

第一千一百零四条 收养人收养与送养人送养,应当双方自愿。收养八周岁以上未成年人的,应当征得被收养人的同意。

第一千一百零五条 收养应当向县级以上人民政府民政部门登记。收养关系自登记之日起成立。

收养查找不到生父母的未成年人的,办理登记的民政部门应当在登记前予以公告。

收养关系当事人愿意签订收养协议的,可以签订收养协议。

收养关系当事人各方或者一方要求办理收养公证的,应当办理收养公证。

县级以上人民政府民政部门应当依法进行收养评估。

第一千一百零六条　收养关系成立后,公安机关应当按照国家有关规定为被收养人办理户口登记。

第一千一百零七条　孤儿或者生父母无力抚养的子女,可以由生父母的亲属、朋友抚养;抚养人与被抚养人的关系不适用本章规定。

第一千一百零八条　配偶一方死亡,另一方送养未成年子女的,死亡一方的父母有优先抚养的权利。

第一千一百零九条　外国人依法可以在中华人民共和国收养子女。

外国人在中华人民共和国收养子女,应当经其所在国主管机关依照该国法律审查同意。收养人应当提供由其所在国有权机构出具的有关其年龄、婚姻、职业、财产、健康、有无受过刑事处罚等状况的证明材料,并与送养人签订书面协议,亲自向省、自治区、直辖市人民政府民政部门登记。

前款规定的证明材料应当经收养人所在国外交机关或者外交机关授权的机构认证,并经中华人民共和国驻该国使领馆认证,但是国家另有规定的除外。

第一千一百一十条　收养人、送养人要求保守收养秘密的,其他人应当尊重其意愿,不得泄露。

第二节　收养的效力

第一千一百一十一条　自收养关系成立之日起,养父母与养子女间的权利义务关系,适用本法关于父母子女关系的规定;养子女与养父母的近亲属间的权利义务关系,适用本法关于子女与父母的近亲属关系的规定。

养子女与生父母以及其他近亲属间的权利义务关系,因收养关系的成立而消除。

第一千一百一十二条　养子女可以随养父或者养母的姓氏,经当事人协商一致,也可以保留原姓氏。

第一千一百一十三条　有本法第一编关于民事法律行为无效规定情形或者违反本编规定的收养行为无效。

无效的收养行为自始没有法律约束力。

第三节　收养关系的解除

第一千一百一十四条　收养人在被收养人成年以前,不得解除收养关系,但是收养人、送养人双方协议解除的除外。养子女八周岁以上的,应当征得本人同意。

收养人不履行抚养义务,有虐待、遗弃等侵害未成年养子女合法权益行为的,送养人有权要求解除养父母与养子女间的收养关系。送养人、收养人不能达成解除收养关系协议的,可以向人民法院提起诉讼。

第一千一百一十五条　养父母与成年养子女关系恶化、无法共同生活的,可以协议解除收养关系。不能达成协议的,可以向人民法院提起诉讼。

第一千一百一十六条 当事人协议解除收养关系的,应当到民政部门办理解除收养关系登记。

第一千一百一十七条 收养关系解除后,养子女与养父母以及其他近亲属间的权利义务关系即行消除,与生父母以及其他近亲属间的权利义务关系自行恢复。但是,成年养子女与生父母以及其他近亲属间的权利义务关系是否恢复,可以协商确定。

第一千一百一十八条 收养关系解除后,经养父母抚养的成年养子女,对缺乏劳动能力又缺乏生活来源的养父母,应当给付生活费。因养子女成年后虐待、遗弃养父母而解除收养关系的,养父母可以要求养子女补偿收养期间支出的抚养费。

生父母要求解除收养关系的,养父母可以要求生父母适当补偿收养期间支出的抚养费;但是,因养父母虐待、遗弃养子女而解除收养关系的除外。

第六编 继 承

第一章 一般规定

第一千一百一十九条 本编调整因继承产生的民事关系。

第一千一百二十条 国家保护自然人的继承权。

第一千一百二十一条 继承从被继承人死亡时开始。

相互有继承关系的数人在同一事件中死亡,难以确定死亡时间的,推定没有其他继承人的人先死亡。都有其他继承人,辈份不同的,推定长辈先死亡;辈份相同的,推定同时死亡,相互不发生继承。

第一千一百二十二条 遗产是自然人死亡时遗留的个人合法财产。

依照法律规定或者根据其性质不得继承的遗产,不得继承。

第一千一百二十三条 继承开始后,按照法定继承办理;有遗嘱的,按照遗嘱继承或者遗赠办理;有遗赠扶养协议的,按照协议办理。

第一千一百二十四条 继承开始后,继承人放弃继承的,应当在遗产处理前,以书面形式作出放弃继承的表示;没有表示的,视为接受继承。

受遗赠人应当在知道受遗赠后六十日内,作出接受或者放弃受遗赠的表示;到期没有表示的,视为放弃受遗赠。

第一千一百二十五条 继承人有下列行为之一的,丧失继承权:

(一)故意杀害被继承人;

(二)为争夺遗产而杀害其他继承人;

(三)遗弃被继承人,或者虐待被继承人情节严重;

(四)伪造、篡改、隐匿或者销毁遗嘱,情节严重;

(五)以欺诈、胁迫手段迫使或者妨碍被继承人设立、变更或者撤回遗嘱,情节严重。

继承人有前款第三项至第五项行为,确有悔改表现,被继承人表示宽恕或者事后在遗嘱中将其列为继承人的,该继承人不丧失继承权。

受遗赠人有本条第一款规定行为的,丧失受遗赠权。

第二章 法定继承

第一千一百二十六条 继承权男女平等。

第一千一百二十七条 遗产按照下列顺序继承:

（一）第一顺序：配偶、子女、父母；

（二）第二顺序：兄弟姐妹、祖父母、外祖父母。

继承开始后，由第一顺序继承人继承，第二顺序继承人不继承；没有第一顺序继承人继承的，由第二顺序继承人继承。

本编所称子女，包括婚生子女、非婚生子女、养子女和有扶养关系的继子女。

本编所称父母，包括生父母、养父母和有扶养关系的继父母。

本编所称兄弟姐妹，包括同父母的兄弟姐妹、同父异母或者同母异父的兄弟姐妹、养兄弟姐妹、有扶养关系的继兄弟姐妹。

第一千一百二十八条 被继承人的子女先于被继承人死亡的，由被继承人的子女的直系晚辈血亲代位继承。

被继承人的兄弟姐妹先于被继承人死亡的，由被继承人的兄弟姐妹的子女代位继承。

代位继承人一般只能继承被代位继承人有权继承的遗产份额。

第一千一百二十九条 丧偶儿媳对公婆，丧偶女婿对岳父母，尽了主要赡养义务的，作为第一顺序继承人。

第一千一百三十条 同一顺序继承人继承遗产的份额，一般应当均等。

对生活有特殊困难又缺乏劳动能力的继承人，分配遗产时，应当予以照顾。

对被继承人尽了主要扶养义务或者与被继承人共同生活的继承人，分配遗产时，可以多分。

有扶养能力和有扶养条件的继承人，不尽扶养义务的，分配遗产时，应当不分或者少分。

继承人协商同意的，也可以不均等。

第一千一百三十一条 对继承人以外的依靠被继承人扶养的人，或者继承人以外的对被继承人扶养较多的人，可以分给适当的遗产。

第一千一百三十二条 继承人应当本着互谅互让、和睦团结的精神，协商处理继承问题。遗产分割的时间、办法和份额，由继承人协商确定；协商不成的，可以由人民调解委员会调解或者向人民法院提起诉讼。

第三章 遗嘱继承和遗赠

第一千一百三十三条 自然人可以依照本法规定立遗嘱处分个人财产，并可以指定遗嘱执行人。

自然人可以立遗嘱将个人财产指定由法定继承人中的一人或者数人继承。

自然人可以立遗嘱将个人财产赠与国家、集体或者法定继承人以外的组织、个人。

自然人可以依法设立遗嘱信托。

第一千一百三十四条 自书遗嘱由遗嘱人亲笔书写，签名，注明年、月、日。

第一千一百三十五条　代书遗嘱应当有两个以上见证人在场见证,由其中一人代书,并由遗嘱人、代书人和其他见证人签名,注明年、月、日。

第一千一百三十六条　打印遗嘱应当有两个以上见证人在场见证。遗嘱人和见证人应当在遗嘱每一页签名,注明年、月、日。

第一千一百三十七条　以录音录像形式立的遗嘱,应当有两个以上见证人在场见证。遗嘱人和见证人应当在录音录像中记录其姓名或者肖像,以及年、月、日。

第一千一百三十八条　遗嘱人在危急情况下,可以立口头遗嘱。口头遗嘱应当有两个以上见证人在场见证。危急情况消除后,遗嘱人能够以书面或者录音录像形式立遗嘱的,所立的口头遗嘱无效。

第一千一百三十九条　公证遗嘱由遗嘱人经公证机构办理。

第一千一百四十条　下列人员不能作为遗嘱见证人:

(一)无民事行为能力人、限制民事行为能力人以及其他不具有见证能力的人;

(二)继承人、受遗赠人;

(三)与继承人、受遗赠人有利害关系的人。

第一千一百四十一条　遗嘱应当为缺乏劳动能力又没有生活来源的继承人保留必要的遗产份额。

第一千一百四十二条　遗嘱人可以撤回、变更自己所立的遗嘱。

立遗嘱后,遗嘱人实施与遗嘱内容相反的民事法律行为的,视为对遗嘱相关内容的撤回。

立有数份遗嘱,内容相抵触的,以最后的遗嘱为准。

第一千一百四十三条　无民事行为能力人或者限制民事行为能力人所立的遗嘱无效。

遗嘱必须表示遗嘱人的真实意思,受欺诈、胁迫所立的遗嘱无效。

伪造的遗嘱无效。

遗嘱被篡改的,篡改的内容无效。

第一千一百四十四条　遗嘱继承或者遗赠附有义务的,继承人或者受遗赠人应当履行义务。没有正当理由不履行义务的,经利害关系人或者有关组织请求,人民法院可以取消其接受附义务部分遗产的权利。

第四章　遗产的处理

第一千一百四十五条　继承开始后,遗嘱执行人为遗产管理人;没有遗嘱执行人的,继承人应当及时推选遗产管理人;继承人未推选的,由继承人共同担任遗产管理人;没有继承人或者继承人均放弃继承的,由被继承人生前住所地的民政部门或者村民委员会担任遗产管理人。

第一千一百四十六条 对遗产管理人的确定有争议的,利害关系人可以向人民法院申请指定遗产管理人。

第一千一百四十七条 遗产管理人应当履行下列职责:

(一)清理遗产并制作遗产清单;

(二)向继承人报告遗产情况;

(三)采取必要措施防止遗产毁损、灭失;

(四)处理被继承人的债权债务;

(五)按照遗嘱或者依照法律规定分割遗产;

(六)实施与管理遗产有关的其他必要行为。

第一千一百四十八条 遗产管理人应当依法履行职责,因故意或者重大过失造成继承人、受遗赠人、债权人损害的,应当承担民事责任。

第一千一百四十九条 遗产管理人可以依照法律规定或者按照约定获得报酬。

第一千一百五十条 继承开始后,知道被继承人死亡的继承人应当及时通知其他继承人和遗嘱执行人。继承人中无人知道被继承人死亡或者知道被继承人死亡而不能通知的,由被继承人生前所在单位或者住所地的居民委员会、村民委员会负责通知。

第一千一百五十一条 存有遗产的人,应当妥善保管遗产,任何组织或者个人不得侵吞或者争抢。

第一千一百五十二条 继承开始后,继承人于遗产分割前死亡,并没有放弃继承的,该继承人应当继承的遗产转给其继承人,但是遗嘱另有安排的除外。

第一千一百五十三条 夫妻共同所有的财产,除有约定的外,遗产分割时,应当先将共同所有的财产的一半分出为配偶所有,其余的为被继承人的遗产。

遗产在家庭共有财产之中的,遗产分割时,应当先分出他人的财产。

第一千一百五十四条 有下列情形之一的,遗产中的有关部分按照法定继承办理:

(一)遗嘱继承人放弃继承或者受遗赠人放弃受遗赠;

(二)遗嘱继承人丧失继承权或者受遗赠人丧失受遗赠权;

(三)遗嘱继承人、受遗赠人先于遗嘱人死亡或者终止;

(四)遗嘱无效部分所涉及的遗产;

(五)遗嘱未处分的遗产。

第一千一百五十五条 遗产分割时,应当保留胎儿的继承份额。胎儿娩出时是死体的,保留的份额按照法定继承办理。

第一千一百五十六条 遗产分割应当有利于生产和生活需要,不损害遗产的效用。

不宜分割的遗产,可以采取折价、适当补偿或者共有等方法处理。

第一千一百五十七条 夫妻一方死亡后另一方再婚的,有权处分所继承的财产,任何组织或者个人不得干涉。

第一千一百五十八条 自然人可以与继承人以外的组织或者个人签订遗赠扶养协议。按照协议,该组织或者个人承担该自然人生养死葬的义务,享有受遗赠的权利。

第一千一百五十九条 分割遗产,应当清偿被继承人依法应当缴纳的税款和债务;但是,应当为缺乏劳动能力又没有生活来源的继承人保留必要的遗产。

第一千一百六十条 无人继承又无人受遗赠的遗产,归国家所有,用于公益事业;死者生前是集体所有制组织成员的,归所在集体所有制组织所有。

第一千一百六十一条 继承人以所得遗产实际价值为限清偿被继承人依法应当缴纳的税款和债务。超过遗产实际价值部分,继承人自愿偿还的不在此限。

继承人放弃继承的,对被继承人依法应当缴纳的税款和债务可以不负清偿责任。

第一千一百六十二条 执行遗赠不得妨碍清偿遗赠人依法应当缴纳的税款和债务。

第一千一百六十三条 既有法定继承又有遗嘱继承、遗赠的,由法定继承人清偿被继承人依法应当缴纳的税款和债务;超过法定继承遗产实际价值部分,由遗嘱继承人和受遗赠人按比例以所得遗产清偿。

第七编 侵权责任

第一章 一般规定

第一千一百六十四条 本编调整因侵害民事权益产生的民事关系。

第一千一百六十五条 行为人因过错侵害他人民事权益造成损害的,应当承担侵权责任。

依照法律规定推定行为人有过错,其不能证明自己没有过错的,应当承担侵权责任。

第一千一百六十六条 行为人造成他人民事权益损害,不论行为人有无过错,法律规定应当承担侵权责任的,依照其规定。

第一千一百六十七条 侵权行为危及他人人身、财产安全的,被侵权人有权请求侵权人承担停止侵害、排除妨碍、消除危险等侵权责任。

第一千一百六十八条 二人以上共同实施侵权行为,造成他人损害的,应当承担连带责任。

第一千一百六十九条 教唆、帮助他人实施侵权行为的,应当与行为人承担连带责任。

教唆、帮助无民事行为能力人、限制民事行为能力人实施侵权行为的,应当承担侵权责任;该无民事行为能力人、限制民事行为能力人的监护人未尽到监护职责的,应当承担相应的责任。

第一千一百七十条 二人以上实施危及他人人身、财产安全的行为,其中一人或者数人的行为造成他人损害,能够确定具体侵权人的,由侵权人承担责任;不能确定具体侵权人的,行为人承担连带责任。

第一千一百七十一条 二人以上分别实施侵权行为造成同一损害,每个人的侵权行为都足以造成全部损害的,行为人承担连带责任。

第一千一百七十二条 二人以上分别实施侵权行为造成同一损害,能够确定责任大小的,各自承担相应的责任;难以确定责任大小的,平均承担责任。

第一千一百七十三条 被侵权人对同一损害的发生或者扩大有过错的,可以减轻侵权人的责任。

第一千一百七十四条 损害是因受害人故意造成的,行为人不承担责任。

第一千一百七十五条 损害是因第三人造成的,第三人应当承担侵权责任。

第一千一百七十六条 自愿参加具有一定风险的文体活动,因其他参加者的行为受到损害的,受害人不得请求其他参加者承担侵权责任;但是,其他参加者对损害的发生有故意或者重大过失的除外。

活动组织者的责任适用本法第一千一百九十八条至第一千二百零一条的规定。

第一千一百七十七条　合法权益受到侵害,情况紧迫且不能及时获得国家机关保护,不立即采取措施将使其合法权益受到难以弥补的损害的,受害人可以在保护自己合法权益的必要范围内采取扣留侵权人的财物等合理措施;但是,应当立即请求有关国家机关处理。

受害人采取的措施不当造成他人损害的,应当承担侵权责任。

第一千一百七十八条　本法和其他法律对不承担责任或者减轻责任的情形另有规定的,依照其规定。

第二章　损害赔偿

第一千一百七十九条　侵害他人造成人身损害的,应当赔偿医疗费、护理费、交通费、营养费、住院伙食补助费等为治疗和康复支出的合理费用,以及因误工减少的收入。造成残疾的,还应当赔偿辅助器具费和残疾赔偿金;造成死亡的,还应当赔偿丧葬费和死亡赔偿金。

第一千一百八十条　因同一侵权行为造成多人死亡的,可以以相同数额确定死亡赔偿金。

第一千一百八十一条　被侵权人死亡的,其近亲属有权请求侵权人承担侵权责任。被侵权人为组织,该组织分立、合并的,承继权利的组织有权请求侵权人承担侵权责任。

被侵权人死亡的,支付被侵权人医疗费、丧葬费等合理费用的人有权请求侵权人赔偿费用,但是侵权人已经支付该费用的除外。

第一千一百八十二条　侵害他人人身权益造成财产损失的,按照被侵权人因此受到的损失或者侵权人因此获得的利益赔偿;被侵权人因此受到的损失以及侵权人因此获得的利益难以确定,被侵权人和侵权人就赔偿数额协商不一致,向人民法院提起诉讼的,由人民法院根据实际情况确定赔偿数额。

第一千一百八十三条　侵害自然人人身权益造成严重精神损害的,被侵权人有权请求精神损害赔偿。

因故意或者重大过失侵害自然人具有人身意义的特定物造成严重精神损害的,被侵权人有权请求精神损害赔偿。

第一千一百八十四条　侵害他人财产的,财产损失按照损失发生时的市场价格或者其他合理方式计算。

第一千一百八十五条　故意侵害他人知识产权,情节严重的,被侵权人有权请求相应的惩罚性赔偿。

第一千一百八十六条　受害人和行为人对损害的发生都没有过错的,依照法律的规定由双方分担损失。

第一千一百八十七条 损害发生后,当事人可以协商赔偿费用的支付方式。协商不一致的,赔偿费用应当一次性支付;一次性支付确有困难的,可以分期支付,但是被侵权人有权请求提供相应的担保。

第三章 责任主体的特殊规定

第一千一百八十八条 无民事行为能力人、限制民事行为能力人造成他人损害的,由监护人承担侵权责任。监护人尽到监护职责的,可以减轻其侵权责任。

有财产的无民事行为能力人、限制民事行为能力人造成他人损害的,从本人财产中支付赔偿费用;不足部分,由监护人赔偿。

第一千一百八十九条 无民事行为能力人、限制民事行为能力人造成他人损害,监护人将监护职责委托给他人的,监护人应当承担侵权责任;受托人有过错的,承担相应的责任。

第一千一百九十条 完全民事行为能力人对自己的行为暂时没有意识或者失去控制造成他人损害有过错的,应当承担侵权责任;没有过错的,根据行为人的经济状况对受害人适当补偿。

完全民事行为能力人因醉酒、滥用麻醉药品或者精神药品对自己的行为暂时没有意识或者失去控制造成他人损害的,应当承担侵权责任。

第一千一百九十一条 用人单位的工作人员因执行工作任务造成他人损害的,由用人单位承担侵权责任。用人单位承担侵权责任后,可以向有故意或者重大过失的工作人员追偿。

劳务派遣期间,被派遣的工作人员因执行工作任务造成他人损害的,由接受劳务派遣的用工单位承担侵权责任;劳务派遣单位有过错的,承担相应的责任。

第一千一百九十二条 个人之间形成劳务关系,提供劳务一方因劳务造成他人损害的,由接受劳务一方承担侵权责任。接受劳务一方承担侵权责任后,可以向有故意或者重大过失的提供劳务一方追偿。提供劳务一方因劳务受到损害的,根据双方各自的过错承担相应的责任。

提供劳务期间,因第三人的行为造成提供劳务一方损害的,提供劳务一方有权请求第三人承担侵权责任,也有权请求接受劳务一方给予补偿。接受劳务一方补偿后,可以向第三人追偿。

第一千一百九十三条 承揽人在完成工作过程中造成第三人损害或者自己损害的,定作人不承担侵权责任。但是,定作人对定作、指示或者选任有过错的,应当承担相应的责任。

第一千一百九十四条 网络用户、网络服务提供者利用网络侵害他人民事权益的,应当承担侵权责任。法律另有规定的,依照其规定。

第一千一百九十五条 网络用户利用网络服务实施侵权行为的,权利人有权通知网络服务提供者采取删除、屏蔽、断开链接等必要措施。通知应当包括构成侵权的初步证据及权利人的真实身份信息。

网络服务提供者接到通知后,应当及时将该通知转送相关网络用户,并根据构成侵权的初步证据和服务类型采取必要措施;未及时采取必要措施的,对损害的扩大部分与该网络用户承担连带责任。

权利人因错误通知造成网络用户或者网络服务提供者损害的,应当承担侵权责任。法律另有规定的,依照其规定。

第一千一百九十六条　网络用户接到转送的通知后,可以向网络服务提供者提交不存在侵权行为的声明。声明应当包括不存在侵权行为的初步证据及网络用户的真实身份信息。

网络服务提供者接到声明后,应当将该声明转送发出通知的权利人,并告知其可以向有关部门投诉或者向人民法院提起诉讼。网络服务提供者在转送声明到达权利人后的合理期限内,未收到权利人已经投诉或者提起诉讼通知的,应当及时终止所采取的措施。

第一千一百九十七条　网络服务提供者知道或者应当知道网络用户利用其网络服务侵害他人民事权益,未采取必要措施的,与该网络用户承担连带责任。

第一千一百九十八条　宾馆、商场、银行、车站、机场、体育场馆、娱乐场所等经营场所、公共场所的经营者、管理者或者群众性活动的组织者,未尽到安全保障义务,造成他人损害的,应当承担侵权责任。

因第三人的行为造成他人损害的,由第三人承担侵权责任;经营者、管理者或者组织者未尽到安全保障义务的,承担相应的补充责任。经营者、管理者或者组织者承担补充责任后,可以向第三人追偿。

第一千一百九十九条　无民事行为能力人在幼儿园、学校或者其他教育机构学习、生活期间受到人身损害的,幼儿园、学校或者其他教育机构应当承担侵权责任;但是,能够证明尽到教育、管理职责的,不承担侵权责任。

第一千二百条　限制民事行为能力人在学校或者其他教育机构学习、生活期间受到人身损害,学校或者其他教育机构未尽到教育、管理职责的,应当承担侵权责任。

第一千二百零一条　无民事行为能力人或者限制民事行为能力人在幼儿园、学校或者其他教育机构学习、生活期间,受到幼儿园、学校或者其他教育机构以外的第三人人身损害的,由第三人承担侵权责任;幼儿园、学校或者其他教育机构未尽到管理职责的,承担相应的补充责任。幼儿园、学校或者其他教育机构承担补充责任后,可以向第三人追偿。

第四章　产品责任

第一千二百零二条　因产品存在缺陷造成他人损害的,生产者应当承担侵权责任。

第一千二百零三条 因产品存在缺陷造成他人损害的,被侵权人可以向产品的生产者请求赔偿,也可以向产品的销售者请求赔偿。

产品缺陷由生产者造成的,销售者赔偿后,有权向生产者追偿。因销售者的过错使产品存在缺陷的,生产者赔偿后,有权向销售者追偿。

第一千二百零四条 因运输者、仓储者等第三人的过错使产品存在缺陷,造成他人损害的,产品的生产者、销售者赔偿后,有权向第三人追偿。

第一千二百零五条 因产品缺陷危及他人人身、财产安全的,被侵权人有权请求生产者、销售者承担停止侵害、排除妨碍、消除危险等侵权责任。

第一千二百零六条 产品投入流通后发现存在缺陷的,生产者、销售者应当及时采取停止销售、警示、召回等补救措施;未及时采取补救措施或者补救措施不力造成损害扩大的,对扩大的损害也应当承担侵权责任。

依据前款规定采取召回措施的,生产者、销售者应当负担被侵权人因此支出的必要费用。

第一千二百零七条 明知产品存在缺陷仍然生产、销售,或者没有依据前条规定采取有效补救措施,造成他人死亡或者健康严重损害的,被侵权人有权请求相应的惩罚性赔偿。

第五章　机动车交通事故责任

第一千二百零八条 机动车发生交通事故造成损害的,依照道路交通安全法律和本法的有关规定承担赔偿责任。

第一千二百零九条 因租赁、借用等情形机动车所有人、管理人与使用人不是同一人时,发生交通事故造成损害,属于该机动车一方责任的,由机动车使用人承担赔偿责任;机动车所有人、管理人对损害的发生有过错的,承担相应的赔偿责任。

第一千二百一十条 当事人之间已经以买卖或者其他方式转让并交付机动车但是未办理登记,发生交通事故造成损害,属于该机动车一方责任的,由受让人承担赔偿责任。

第一千二百一十一条 以挂靠形式从事道路运输经营活动的机动车,发生交通事故造成损害,属于该机动车一方责任的,由挂靠人和被挂靠人承担连带责任。

第一千二百一十二条 未经允许驾驶他人机动车,发生交通事故造成损害,属于该机动车一方责任的,由机动车使用人承担赔偿责任;机动车所有人、管理人对损害的发生有过错的,承担相应的赔偿责任,但是本章另有规定的除外。

第一千二百一十三条 机动车发生交通事故造成损害,属于该机动车一方责任的,先由承保机动车强制保险的保险人在强制保险责任限额范围内予以赔偿;不足部分,由承保机动车商业保险的保险人按照保险合同的约定予以赔偿;仍然不足或者没有投保机动车商业保险的,由侵权人赔偿。

第一千二百一十四条　以买卖或者其他方式转让拼装或者已经达到报废标准的机动车,发生交通事故造成损害的,由转让人和受让人承担连带责任。

第一千二百一十五条　盗窃、抢劫或者抢夺的机动车发生交通事故造成损害的,由盗窃人、抢劫人或者抢夺人承担赔偿责任。盗窃人、抢劫人或者抢夺人与机动车使用人不是同一人,发生交通事故造成损害,属于该机动车一方责任的,由盗窃人、抢劫人或者抢夺人与机动车使用人承担连带责任。

保险人在机动车强制保险责任限额范围内垫付抢救费用的,有权向交通事故责任人追偿。

第一千二百一十六条　机动车驾驶人发生交通事故后逃逸,该机动车参加强制保险的,由保险人在机动车强制保险责任限额范围内予以赔偿;机动车不明、该机动车未参加强制保险或者抢救费用超过机动车强制保险责任限额,需要支付被侵权人人身伤亡的抢救、丧葬等费用的,由道路交通事故社会救助基金垫付。道路交通事故社会救助基金垫付后,其管理机构有权向交通事故责任人追偿。

第一千二百一十七条　非营运机动车发生交通事故造成无偿搭乘人损害,属于该机动车一方责任的,应当减轻其赔偿责任,但是机动车使用人有故意或者重大过失的除外。

第六章　医疗损害责任

第一千二百一十八条　患者在诊疗活动中受到损害,医疗机构或者其医务人员有过错的,由医疗机构承担赔偿责任。

第一千二百一十九条　医务人员在诊疗活动中应当向患者说明病情和医疗措施。需要实施手术、特殊检查、特殊治疗的,医务人员应当及时向患者具体说明医疗风险、替代医疗方案等情况,并取得其明确同意;不能或者不宜向患者说明的,应当向患者的近亲属说明,并取得其明确同意。

医务人员未尽到前款义务,造成患者损害的,医疗机构应当承担赔偿责任。

第一千二百二十条　因抢救生命垂危的患者等紧急情况,不能取得患者或者其近亲属意见的,经医疗机构负责人或者授权的负责人批准,可以立即实施相应的医疗措施。

第一千二百二十一条　医务人员在诊疗活动中未尽到与当时的医疗水平相应的诊疗义务,造成患者损害的,医疗机构应当承担赔偿责任。

第一千二百二十二条　患者在诊疗活动中受到损害,有下列情形之一的,推定医疗机构有过错:

(一)违反法律、行政法规、规章以及其他有关诊疗规范的规定;

(二)隐匿或者拒绝提供与纠纷有关的病历资料;

(三)遗失、伪造、篡改或者违法销毁病历资料。

第一千二百二十三条 因药品、消毒产品、医疗器械的缺陷,或者输入不合格的血液造成患者损害的,患者可以向药品上市许可持有人、生产者、血液提供机构请求赔偿,也可以向医疗机构请求赔偿。患者向医疗机构请求赔偿的,医疗机构赔偿后,有权向负有责任的药品上市许可持有人、生产者、血液提供机构追偿。

第一千二百二十四条 患者在诊疗活动中受到损害,有下列情形之一的,医疗机构不承担赔偿责任:

(一)患者或者其近亲属不配合医疗机构进行符合诊疗规范的诊疗;

(二)医务人员在抢救生命垂危的患者等紧急情况下已经尽到合理诊疗义务;

(三)限于当时的医疗水平难以诊疗。

前款第一项情形中,医疗机构或者其医务人员也有过错的,应当承担相应的赔偿责任。

第一千二百二十五条 医疗机构及其医务人员应当按照规定填写并妥善保管住院志、医嘱单、检验报告、手术及麻醉记录、病理资料、护理记录等病历资料。

患者要求查阅、复制前款规定的病历资料的,医疗机构应当及时提供。

第一千二百二十六条 医疗机构及其医务人员应当对患者的隐私和个人信息保密。泄露患者的隐私和个人信息,或者未经患者同意公开其病历资料的,应当承担侵权责任。

第一千二百二十七条 医疗机构及其医务人员不得违反诊疗规范实施不必要的检查。

第一千二百二十八条 医疗机构及其医务人员的合法权益受法律保护。

干扰医疗秩序,妨碍医务人员工作、生活,侵害医务人员合法权益的,应当依法承担法律责任。

第七章 环境污染和生态破坏责任

第一千二百二十九条 因污染环境、破坏生态造成他人损害的,侵权人应当承担侵权责任。

第一千二百三十条 因污染环境、破坏生态发生纠纷,行为人应当就法律规定的不承担责任或者减轻责任的情形及其行为与损害之间不存在因果关系承担举证责任。

第一千二百三十一条 两个以上侵权人污染环境、破坏生态的,承担责任的大小,根据污染物的种类、浓度、排放量,破坏生态的方式、范围、程度,以及行为对损害后果所起的作用等因素确定。

第一千二百三十二条 侵权人违反法律规定故意污染环境、破坏生态造成严重后果的,被侵权人有权请求相应的惩罚性赔偿。

第一千二百三十三条 因第三人的过错污染环境、破坏生态的,被侵权人可以向侵权人请求赔偿,也可以向第三人请求赔偿。侵权人赔偿后,有权向第三人追偿。

第一千二百三十四条　违反国家规定造成生态环境损害,生态环境能够修复的,国家规定的机关或者法律规定的组织有权请求侵权人在合理期限内承担修复责任。侵权人在期限内未修复的,国家规定的机关或者法律规定的组织可以自行或者委托他人进行修复,所需费用由侵权人负担。

第一千二百三十五条　违反国家规定造成生态环境损害的,国家规定的机关或者法律规定的组织有权请求侵权人赔偿下列损失和费用:

(一)生态环境受到损害至修复完成期间服务功能丧失导致的损失;

(二)生态环境功能永久性损害造成的损失;

(三)生态环境损害调查、鉴定评估等费用;

(四)清除污染、修复生态环境费用;

(五)防止损害的发生和扩大所支出的合理费用。

第八章　高度危险责任

第一千二百三十六条　从事高度危险作业造成他人损害的,应当承担侵权责任。

第一千二百三十七条　民用核设施或者运入运出核设施的核材料发生核事故造成他人损害的,民用核设施的营运单位应当承担侵权责任;但是,能够证明损害是因战争、武装冲突、暴乱等情形或者受害人故意造成的,不承担责任。

第一千二百三十八条　民用航空器造成他人损害的,民用航空器的经营者应当承担侵权责任;但是,能够证明损害是因受害人故意造成的,不承担责任。

第一千二百三十九条　占有或者使用易燃、易爆、剧毒、高放射性、强腐蚀性、高致病性等高度危险物造成他人损害的,占有人或者使用人应当承担侵权责任;但是,能够证明损害是因受害人故意或者不可抗力造成的,不承担责任。被侵权人对损害的发生有重大过失的,可以减轻占有人或者使用人的责任。

第一千二百四十条　从事高空、高压、地下挖掘活动或者使用高速轨道运输工具造成他人损害的,经营者应当承担侵权责任;但是,能够证明损害是因受害人故意或者不可抗力造成的,不承担责任。被侵权人对损害的发生有重大过失的,可以减轻经营者的责任。

第一千二百四十一条　遗失、抛弃高度危险物造成他人损害的,由所有人承担侵权责任。所有人将高度危险物交由他人管理的,由管理人承担侵权责任;所有人有过错的,与管理人承担连带责任。

第一千二百四十二条　非法占有高度危险物造成他人损害的,由非法占有人承担侵权责任。所有人、管理人不能证明对防止非法占有尽到高度注意义务的,与非法占有人承担连带责任。

第一千二百四十三条 未经许可进入高度危险活动区域或者高度危险物存放区域受到损害,管理人能够证明已经采取足够安全措施并尽到充分警示义务的,可以减轻或者不承担责任。

第一千二百四十四条 承担高度危险责任,法律规定赔偿限额的,依照其规定,但是行为人有故意或者重大过失的除外。

第九章　饲养动物损害责任

第一千二百四十五条 饲养的动物造成他人损害的,动物饲养人或者管理人应当承担侵权责任;但是,能够证明损害是因被侵权人故意或者重大过失造成的,可以不承担或者减轻责任。

第一千二百四十六条 违反管理规定,未对动物采取安全措施造成他人损害的,动物饲养人或者管理人应当承担侵权责任;但是,能够证明损害是因被侵权人故意造成的,可以减轻责任。

第一千二百四十七条 禁止饲养的烈性犬等危险动物造成他人损害的,动物饲养人或者管理人应当承担侵权责任。

第一千二百四十八条 动物园的动物造成他人损害的,动物园应当承担侵权责任;但是,能够证明尽到管理职责的,不承担侵权责任。

第一千二百四十九条 遗弃、逃逸的动物在遗弃、逃逸期间造成他人损害的,由动物原饲养人或者管理人承担侵权责任。

第一千二百五十条 因第三人的过错致使动物造成他人损害的,被侵权人可以向动物饲养人或者管理人请求赔偿,也可以向第三人请求赔偿。动物饲养人或者管理人赔偿后,有权向第三人追偿。

第一千二百五十一条 饲养动物应当遵守法律法规,尊重社会公德,不得妨碍他人生活。

第十章　建筑物和物件损害责任

第一千二百五十二条 建筑物、构筑物或者其他设施倒塌、塌陷造成他人损害的,由建设单位与施工单位承担连带责任,但是建设单位与施工单位能够证明不存在质量缺陷的除外。建设单位、施工单位赔偿后,有其他责任人的,有权向其他责任人追偿。

因所有人、管理人、使用人或者第三人的原因,建筑物、构筑物或者其他设施倒塌、塌陷造成他人损害的,由所有人、管理人、使用人或者第三人承担侵权责任。

第一千二百五十三条 建筑物、构筑物或者其他设施及其搁置物、悬挂物发生脱落、坠落造成他人损害,所有人、管理人或者使用人不能证明自己没有过错的,应当承担侵权责任。所有人、管理人或者使用人赔偿后,有其他责任人的,有权向其他责任人追偿。

第一千二百五十四条　禁止从建筑物中抛掷物品。从建筑物中抛掷物品或者从建筑物上坠落的物品造成他人损害的,由侵权人依法承担侵权责任;经调查难以确定具体侵权人的,除能够证明自己不是侵权人的外,由可能加害的建筑物使用人给予补偿。可能加害的建筑物使用人补偿后,有权向侵权人追偿。

物业服务企业等建筑物管理人应当采取必要的安全保障措施防止前款规定情形的发生;未采取必要的安全保障措施的,应当依法承担未履行安全保障义务的侵权责任。

发生本条第一款规定的情形的,公安等机关应当依法及时调查,查清责任人。

第一千二百五十五条　堆放物倒塌、滚落或者滑落造成他人损害,堆放人不能证明自己没有过错的,应当承担侵权责任。

第一千二百五十六条　在公共道路上堆放、倾倒、遗撒妨碍通行的物品造成他人损害的,由行为人承担侵权责任。公共道路管理人不能证明已经尽到清理、防护、警示等义务的,应当承担相应的责任。

第一千二百五十七条　因林木折断、倾倒或者果实坠落等造成他人损害,林木的所有人或者管理人不能证明自己没有过错的,应当承担侵权责任。

第一千二百五十八条　在公共场所或者道路上挖掘、修缮安装地下设施等造成他人损害,施工人不能证明已经设置明显标志和采取安全措施的,应当承担侵权责任。

窨井等地下设施造成他人损害,管理人不能证明尽到管理职责的,应当承担侵权责任。

附　则

　　第一千二百五十九条　民法所称的"以上"、"以下"、"以内"、"届满",包括本数;所称的"不满"、"超过"、"以外",不包括本数。

　　第一千二百六十条　本法自 2021 年 1 月 1 日起施行。《中华人民共和国婚姻法》、《中华人民共和国继承法》、《中华人民共和国民法通则》、《中华人民共和国收养法》、《中华人民共和国担保法》、《中华人民共和国合同法》、《中华人民共和国物权法》、《中华人民共和国侵权责任法》、《中华人民共和国民法总则》同时废止。

第二部分

《中华人民共和国民法典》与既有民事法律及司法解释对照表

　　说明：第一列为《民法典》的内容；第一列中加粗、加下划线的内容为《民法典》对既有民事法律增补或调整的内容；第二、三列中加粗的内容为《民法典》删除的内容。

第一编　总　　则

《民法典》	《民法总则》	《民法通则》	相关规范性法律文件
第一编　总　　则			
第一章　基本规定	第一章　基本规定	第一章　基本原则	
第1条　为了保护民事主体的合法权益,调整民事关系,维护社会和经济秩序,适应中国特色社会主义发展要求,弘扬社会主义核心价值观,根据宪法,制定本法。	**第1条**　同《民法典》第1条	**第1条**　为了保障公民、法人的合法的民事权益,正确调整民事关系,适应社会主义现代化建设事业发展的需要,根据宪法和我国实际情况,总结民事活动的实践经验,制定本法。	
第2条　民法调整平等主体的自然人、法人和非法人组织之间的人身关系和财产关系。	**第2条**　同《民法典》第2条	**第2条**　中华人民共和国民法调整平等主体的公民之间、法人之间、公民和法人之间的财产关系和人身关系。	
第3条　民事主体的人身权利、财产权利以及其他合法权益受法律保护,任何组织或者个人不得侵犯。	**第3条**　同《民法典》第3条	**第5条**　公民、法人的合法的民事权益受法律保护,任何组织和个人不得侵犯。	
第4条　民事主体在民事活动中的法律地位一律平等。	**第4条**　同《民法典》第4条	**第3条**　当事人在民事活动中的地位平等。	
第5条　民事主体从事民事活动,应当遵循自愿原则,按照自己的意思设立、变更、终止民事法律关系。	**第5条**　同《民法典》第5条	**第4条**　民事活动应当遵循自愿、公平、等价有偿、诚实信用的原则。	

《民法典》	《民法总则》	《民法通则》	相关规范性法律文件
第 6 条 民事主体从事民事活动,应当遵循公平原则,合理确定各方的权利和义务。	**第 6 条** 同《民法典》第 6 条	**第 4 条** 民事活动应当遵循自愿、公平、等价有偿、诚实信用的原则。	
第 7 条 民事主体从事民事活动,应当遵循诚信原则,秉持诚实,恪守承诺。	**第 7 条** 同《民法典》第 7 条	**第 4 条** 民事活动应当遵循自愿、公平、等价有偿、诚实信用的原则。	
第 8 条 民事主体从事民事活动,不得违反法律,不得违背公序良俗。	**第 8 条** 同《民法典》第 8 条	**第 6 条** 民事活动必须遵守法律,法律没有规定的,应当遵守国家政策。 **第 7 条** 民事活动应当尊重社会公德,不得损害社会公共利益,扰乱社会经济秩序。	
第 9 条 民事主体从事民事活动,应当有利于节约资源、保护生态环境。	**第 9 条** 同《民法典》第 9 条	(无)	
第 10 条 处理民事纠纷,应当依照法律;法律没有规定的,可以适用习惯,但是不得违背公序良俗。	**第 10 条** 同《民法典》第 10 条	(无)	
第 11 条 其他法律对民事关系有特别规定的,依照其规定。	**第 11 条** 同《民法典》第 11 条	(无)	
第 12 条 中华人民共和国领域内的民事活动,适用中华人民共和国法律。法律另有规定的,依照其规定。	**第 12 条** 同《民法典》第 12 条	**第 8 条** 在中华人民共和国领域内的民事活动,适用中华人民共和国法律,法律另有规定的除外。 本法关于公民的规定,适用于在中华人民共和国领域内的外国人、无国籍人,法律另有规定的除外。	

《民法典》	《民法总则》	《民法通则》	相关规范性法律文件
第二章 自然人	第二章 自然人	第二章 公民(自然人)	
第一节 民事权利能力和民事行为能力	第一节 民事权利能力和民事行为能力	第一节 民事权利能力和民事行为能力	
第13条 自然人从出生时起到死亡时止,具有民事权利能力,依法享有民事权利,承担民事义务。	**第13条** 同《民法典》第13条	**第9条** 公民从出生时起到死亡时止,具有民事权利能力,依法享有民事权利,承担民事义务。	
第14条 自然人的民事权利能力一律平等。	**第14条** 同《民法典》第14条	**第10条** 公民的民事权利能力一律平等。	
第15条 自然人的出生时间和死亡时间,以出生证明、死亡证明记载的时间为准;没有出生证明、死亡证明的,以户籍登记或者其他有效身份登记记载的时间为准。有其他证据足以推翻以上记载时间的,以该证据证明的时间为准。	**第15条** 同《民法典》第15条	(无)	《民通意见》第1条 公民的民事权利能力自出生时开始。出生的时间以户籍证明为准;没有户籍证明的,以医院出具的出生证明为准。没有医院证明的,参照其他有关证明认定。
第16条 涉及遗产继承、接受赠与等胎儿利益保护的,胎儿视为具有民事权利能力。但是,胎儿娩出时为死体的,其民事权利能力自始不存在。	**第16条** 涉及遗产继承、接受赠与等胎儿利益保护的,胎儿视为具有民事权利能力。但是胎儿娩出时为死体的,其民事权利能力自始不存在。	(无)	
第17条 十八周岁以上的自然人为成年人。不满十八周岁的自然人为未成年人。	**第17条** 同《民法典》第17条	**第11条第1款** 十八周岁以上的公民是成年人,具有完全民事行为能力,可以独立进行民事活动,是完全民事行为能力人。	
第18条 成年人为完全民事行为能力人,可以独立实施民事法律行为。 十六周岁以上的未成年人,以自己的劳动收入为主要生活来源的,视为完全民事行为能力人。	**第18条** 同《民法典》第18条	**第11条第2款** 十六周岁以上不满十八周岁的公民,以自己的劳动收入为主要生活来源的,视为完全民事行为能力人。	《民通意见》第2条 十六周岁以上不满十八周岁的公民,能够以自己的劳动取得收入,并能维持当地群众一般生活水平的,可以认定为以自己的劳动收入为主要生活来源的完全民事行为能力人。

《民法典》	《民法总则》	《民法通则》	相关规范性法律文件
第19条 八周岁以上的未成年人为限制民事行为能力人，实施民事法律行为由其法定代理人代理或者经其法定代理人同意、追认；但是，可以独立实施纯获利益的民事法律行为或者与其年龄、智力相适应的民事法律行为。	第19条 八周岁以上的未成年人为限制民事行为能力人，实施民事法律行为由其法定代理人代理或者经其法定代理人同意、追认，但是可以独立实施纯获利益的民事法律行为或者与其年龄、智力相适应的民事法律行为。	第12条第1款 十周岁以上的未成年人是限制民事行为能力人，可以进行与他的年龄、智力相适应的民事活动；其他民事活动由他的法定代理人代理，或者征得他的法定代理人的同意。	《民通意见》第3条 十周岁以上的未成年人进行的民事活动是否与其年龄、智力状况相适应，可以从行为与本人生活相关联的程度、本人的智力能否理解其行为，并预见相应的行为后果，以及行为标的数额等方面认定。
第20条 不满八周岁的未成年人为无民事行为能力人，由其法定代理人代理实施民事法律行为。	第20条 同《民法典》第20条	第12条第2款 不满十周岁的未成年人是无民事行为能力人，由他的法定代理人代理民事活动。	《继承法解释》第7条 不满六周岁的儿童、精神病患者，可以认定其为无行为能力人。 已满六周岁，不满十八周岁的未成年人，应当认定其为限制行为能力人。
第21条 不能辨认自己行为的成年人为无民事行为能力人，由其法定代理人代理实施民事法律行为。 八周岁以上的未成年人不能辨认自己行为的，适用前款规定。	第21条 同《民法典》第21条	第13条第1款 不能辨认自己行为的精神病人是无民事行为能力人，由他的法定代理人代理民事活动。	
第22条 不能完全辨认自己行为的成年人为限制民事行为能力人，实施民事法律行为由其法定代理人代理或者经其法定代理人同意、追认；但是，可以独立实施纯获利益的民事法律行为或者与其智力、精神健康状况相适应的民事法律行为。	第22条 不能完全辨认自己行为的成年人为限制民事行为能力人，实施民事法律行为由其法定代理人代理或者经其法定代理人同意、追认，但是可以独立实施纯获利益的民事法律行为或者与其智力、精神健康状况相适应的民事法律行为。	第13条第2款 不能完全辨认自己行为的精神病人是限制民事行为能力人，可以进行与他的精神健康状况相适应的民事活动；其他民事活动由他的法定代理人代理，或者征得他的法定代理人的同意。	《民通意见》第4条 不能完全辨认自己行为的精神病人进行的民事活动，是否与其精神健康状态相适应，可以从行为与本人生活相关联的程度、本人的精神状态能否理解其行为，并预见相应的行为后果，以及行为标的数额等方面认定。 《民通意见》第5条 精神病人（包括痴呆症人）如果没有判断能力和自我保护能力，不知其行为

《民法典》	《民法总则》	《民法通则》	相关规范性法律文件
			后果的,可以认定为不能辨认自己行为的人;对于比较复杂的事物或者比较重大的行为缺乏判断能力和自我保护能力,并且不能预见其行为后果的,可以认定为不能完全辨认自己行为的人。
第23条　无民事行为能力人、限制民事行为能力人的监护人是其法定代理人。	**第23条**同《民法典》第23条	**第14条**　无民事行为能力人、限制民事行为能力人的监护人是他的法定代理人。	
第24条　不能辨认或者不能完全辨认自己行为的成年人,其利害关系人或者有关组织,可以向人民法院申请认定该成年人为无民事行为能力人或者限制民事行为能力人。 被人民法院认定为无民事行为能力人或者限制民事行为能力人的,经本人、利害关系人或者有关组织申请,人民法院可以根据其智力、精神健康恢复的状况,认定该成年人恢复为限制民事行为能力人或者完全民事行为能力人。 本条规定的有关组织包括:居民委员会、村民委员会、学校、医疗机构、妇女联合会、残疾人联合会、依法设立的老年人组织、民政部门等。	**第24条**同《民法典》第24条	**第19条**　精神病人的利害关系人,可以向人民法院申请宣告精神病人为无民事行为能力人或者限制民事行为能力人。 被人民法院宣告为无民事行为能力人或者限制民事行为能力人的,根据他健康恢复的状况,经本人或者利害关系人申请,人民法院可以宣告他为限制民事行为能力人或者完全民事行为能力人。	《民事诉讼法》第**187条**　申请认定公民无民事行为能力或者限制民事行为能力,由其近亲属或者其他利害关系人向该公民住所地基层人民法院提出。 申请书应当写明该公民无民事行为能力或者限制民事行为能力的事实和根据。 《民事诉讼法》第**188条**　人民法院受理申请后,必要时应当对被请求认定为无民事行为能力或者限制民事行为能力的公民进行鉴定。申请人已提供鉴定意见的,应当对鉴定意见进行审查。 《民事诉讼法》第**189条**　人民法院审理认定公民无民事行为能力或者限制民事行为能力的案件,应当由该公民的近亲属为代理人,但申请人除外。近亲属互相推诿的,由人民法院指

《民法典》	《民法总则》	《民法通则》	相关规范性法律文件
			定其中一人为代理人。该公民健康情况许可的,还应当询问本人的意见。 　　人民法院经审理认定申请有事实根据的,判决该公民为无民事行为能力或者限制民事行为能力人;认定申请没有事实根据的,应当判决予以驳回。 　　《民事诉讼法》第**190条**　人民法院根据被认定为无民事行为能力人、限制民事行为能力人或者他的监护人的申请,证实该公民无民事行为能力或者限制民事行为能力的原因已经消除的,应当作出新判决,撤销原判决。 　　《民诉解释》第**352条**　申请认定公民无民事行为能力或者限制民事行为能力的案件,被申请人没有近亲属的,人民法院可以指定其他亲属为代理人。被申请人没有亲属的,人民法院可以指定经被申请人所在单位或者住所地的居民委员会、村民委员会同意,且愿意担任代理人的关系密切的朋友为代理人。 　　没有前款规定的代理人的,由被申请人所在单位或者住所地的居民委员会、村民委员会或者民政部门担任代理人。 　　代理人可以是一人,也可以是同一顺序中的两人。

《民法典》	《民法总则》	《民法通则》	相关规范性法律文件
第 25 条 自然人以户籍登记或者其他有效身份登记记载的居所为住所;经常居所与住所不一致的,经常居所视为住所。	**第 25 条** 同《民法典》第 25 条	**第 15 条** 公民以他的户籍所在地的居住地为住所,经常居住地与住所不一致的,经常居住地视为住所。	
第二节 监护	**第二节 监护**	**第二节 监护**	
第 26 条 父母对未成年子女负有抚养、教育和保护的义务。 成年子女对父母负有赡养、扶助和保护的义务。	**第 26 条** 同《民法典》第 26 条	(无)	
第 27 条 父母是未成年子女的监护人。 未成年人的父母已经死亡或者没有监护能力的,由下列有监护能力的人按顺序担任监护人: (一)祖父母、外祖父母; (二)兄、姐; (三)其他愿意担任监护人的个人或者组织,但是须经未成年人住所地的居民委员会、村民委员会或者民政部门同意。	**第 27 条** 同《民法典》第 27 条	**第 16 条第 1、2 款** 未成年人的父母是未成年人的监护人。 未成年人的父母已经死亡或者没有监护能力的,由下列人员中有监护能力的人担任监护人: (一)祖父母、外祖父母; (二)兄、姐; (三)关系密切的其他亲属、朋友愿意承担监护责任,经未成年人的父、母的所在单位或者未成年人住所地的居民委员会、村民委员会同意的。	《民通意见》**第 11 条** 认定监护人监护能力,应当根据监护人的身体健康状况、经济条件,以及与被监护人在生活上的联系状况等因素确定。 《民通意见》**第 13 条** 为患有精神病的未成年人设定监护人,适用民法通则第十六条的规定。
第 28 条 无民事行为能力或者限制民事行为能力的成年人,由下列有监护能力的人按顺序担任监护人: (一)配偶; (二)父母、子女; (三)其他近亲属;	**第 28 条** 同《民法典》第 28 条	**第 17 条第 1 款** 无民事行为能力或者限制民事行为能力的精神病人,由下列人员担任监护人: (一)配偶; (二)父母; (三)成年子女; (四)其他近亲属;	

《民法典》	《民法总则》	《民法通则》	相关规范性法律文件
（四）其他愿意担任监护人的个人或者组织，但是须经被监护人住所地的居民委员会、村民委员会或者民政部门同意。	（五）关系密切的其他亲属、朋友愿意承担监护责任，经精神病人的所在单位或者住所地的居民委员会、村民委员会同意的。	**《民通意见》第12条** 民法通则中规定的近亲属，包括配偶、父母、子女、兄弟姐妹、祖父母、外祖父母、孙子女、外孙子女。	
第29条 被监护人的父母担任监护人的，可以通过遗嘱指定监护人。	**第29条** 同《民法典》第29条	（无）	
第30条 依法具有监护资格的人之间可以协议确定监护人。协议确定监护人应当尊重被监护人的真实意愿。	**第30条** 同《民法典》第30条	（无）	**《民通意见》第15条** 有监护资格的人之间协议确定监护人的，应当由协议确定的监护人对被监护人承担监护责任。
第31条 对监护人的确定有争议的，由被监护人住所地的居民委员会、村民委员会或者民政部门指定监护人，有关当事人对指定不服的，可以向人民法院申请指定监护人；有关当事人也可以直接向人民法院申请指定监护人。 居民委员会、村民委员会、民政部门或者人民法院应当尊重被监护人的真实意愿，按照最有利于被监护人的原则在依法具有监护资格的人中指定监护人。	**第31条** 对监护人的确定有争议的，由被监护人住所地的居民委员会、村民委员会或者民政部门指定监护人，有关当事人对指定不服的，可以向人民法院申请指定监护人；有关当事人也可以直接向人民法院申请指定监护人。 居民委员会、村民委员会、民政部门或者人民法院应当尊重被监护人的真实意愿，按照最有利于被监护人的原则在依法具有监护资格的人中指定监护人。	**第16条第3款** 对担任监护人有争议的，由未成年人的父、母的所在单位或者未成年人住所地的居民委员会、村民委员会在近亲属中指定。对指定不服提起诉讼的，由人民法院裁决。 **第17条第2款** 对担任监护人有争议的，由精神病人的所在单位或者住所地的居民委员会、村民委员会在近亲属中指定。对指定不服提起诉讼的，由人民法院裁决。	**《民通意见》第16条** 对于担任监护人有争议的，应当按照民法通则第十六条第三款或者第十七条第二款的规定，由有关组织予以指定。未经指定而向人民法院起诉的，人民法院不予受理。 **《民通意见》第17条** 有关组织依照民法通则规定指定监护人，以书面或者口头通知了被指定人的，应当认定指定成立。被指定人不服的，应当在接到通知的次日起三十日内向人民法院

《民法典》	《民法总则》	《民法通则》	相关规范性法律文件
依据本条第一款规定指定监护人前，被监护人的人身权利、财产权利以及其他合法权益处于无人保护状态的，由被监护人住所地的居民委员会、村民委员会、法律规定的有关组织或者民政部门担任临时监护人。 监护人被指定后，不得擅自变更；擅自变更的，不免除被指定的监护人的责任。	依照本条第一款规定指定监护人前，被监护人的人身权利、财产权利以及其他合法权益处于无人保护状态的，由被监护人住所地的居民委员会、村民委员会、法律规定的有关组织或者民政部门担任临时监护人。 监护人被指定后，不得擅自变更；擅自变更的，不免除被指定的监护人的责任。		起诉。逾期起诉的，按变更监护关系处理。 《民通意见》第18条　监护人被指定后，不得自行变更。擅自变更的，由原被指定的监护人和变更后的监护人承担监护责任。 《民通意见》第19条　被指定人对指定不服提起诉讼的，人民法院应当根据本意见第十四条的规定，作出维持或者撤销指定监护人的判决。如果判决是撤销原指定的，可以同时另行指定监护人。此类案件，比照民事诉讼法（试行）规定的特别程序进行审理。
第32条　没有依法具有监护资格的人的，监护人由民政部门担任，也可以由具备履行监护职责条件的被监护人住所地的居民委员会、村民委员会担任。	**第32条** 同《民法典》第32条	**第16条第4款**　没有第一款、第二款规定的监护人的，由未成年人的父、母的所在单位或未成年人住所地的居民委员会、村民委员会或者民政部门担任监护人。 **第17条第3款**　没有第一款规定的监护人的，由精神病人的所在单位或者住所地的居民委员会、村民委员会或者民政部门担任监护人。	

《民法典》	《民法总则》	《民法通则》	相关规范性法律文件
第33条 具有完全民事行为能力的成年人,可以与其近亲属、其他愿意担任监护人的个人或者组织事先协商,以书面形式确定自己的监护人,**在自己**丧失或者部分丧失民事行为能力时,**由该监护人**履行监护职责。	**第33条** 具有完全民事行为能力的成年人,可以与其近亲属、其他愿意担任监护人的个人或者组织事先协商,以书面形式确定自己的监护人。协商确定的监护人在该成年人丧失或者部分丧失民事行为能力时,履行监护职责。	(无)	
第34条 监护人的职责是代理被监护人实施民事法律行为,保护被监护人的人身权利、财产权利以及其他合法权益等。 监护人依法履行监护职责产生的权利,受法律保护。 监护人不履行监护职责或者侵害被监护人合法权益的,应当承担法律责任。 **因发生突发事件等紧急情况,监护人暂时无法履行监护职责,被监护人的生活处于无人照料状态的,被监护人住所地的居民委员会、村民委员会或者民政部门应当为被监护人安排必要的临时生活照料措施。**	**第34条** 监护人的职责是代理被监护人实施民事法律行为,保护被监护人的人身权利、财产权利以及其他合法权益等。 监护人依法履行监护职责产生的权利,受法律保护。 监护人不履行监护职责或者侵害被监护人合法权益的,应当承担法律责任。	**第18条** 监护人应当履行监护职责,保护被监护人的人身、财产及其他合法权益,除为被监护人的利益外,不得处理被监护人的财产。 监护人依法履行监护的权利,受法律保护。 监护人不履行监护职责或者侵害被监护人的合法权益的,应当承担责任;给被监护人造成财产损失的,应当赔偿损失。人民法院可以根据有关人员或者有关单位的申请,撤销监护人的资格。	《民通意见》第10条 监护人的监护职责包括:保护被监护人的身体健康,照顾被监护人的生活,管理和保护被监护人的财产,代理被监护人进行民事活动,对被监护人进行管理和教育,在被监护人合法权益受到侵害或者与人发生争议时,代理其进行诉讼。
第35条 监护人应当按照最有利于被监护人的原则履行监护职责。监护人除为维护被监护人利益外,不得处分被监护人的财产。 未成年人的监护人履行监护职责,在作出	**第35条** 同《民法典》第35条		

《民法典》	《民法总则》	《民法通则》	相关规范性法律文件
与被监护人利益有关的决定时,应当根据被监护人的年龄和智力状况,尊重被监护人的真实意愿。 成年人的监护人履行监护职责,应当最大程度地尊重被监护人的真实意愿,保障并协助被监护人实施与其智力、精神健康状况相适应的民事法律行为。对被监护人有能力独立处理的事务,监护人不得干涉。			
第36条 监护人有下列情形之一的,人民法院根据有关个人或者组织的申请,撤销其监护人资格,安排必要的临时监护措施,并按照最有利于被监护人的原则依法指定监护人: (一)实施严重损害被监护人身心健康**的行为**; (二)怠于履行监护职责,或者无法履行监护职责且拒绝将监护职责部分或者全部委托给他人,导致被监护人处于危困状态; (二)实施**严重**侵害被监护人合法权益的其他行为。 本条规定的有关个人、组织包括:其他依法具有监护资格的人,居民委员会、村民委员会、学校、医疗机构、妇女联合会、残疾人联合会、未成年人保护组织、依法设立的老年人组织、民政部门等。	**第36条** 监护人有下列情形之一的,人民法院根据有关个人或者组织的申请,撤销其监护人资格,安排必要的临时监护措施,并按照最有利于被监护人的原则依法指定监护人: (一)实施严重损害被监护人身心健康行为**的**; (二)怠于履行监护职责,或者无法履行监护职责并且拒绝将监护职责部分或者全部委托给他人,导致被监护人处于危困状态**的**; (三)实施严重侵害被监护人合法权益的其他行为**的**。 本条规定的有关个人和组织包括:其他依法具有监护资格的人,居民委员会、村民委员会、学校、医疗机构、妇女联合会、残疾人联合会、未成年人保护组织、依法设立的		《民通意见》第20条 监护人不履行监护职责,或者侵害了被监护人的合法权益,民法通则第十六条、第十七条规定的其他有监护资格的人或者单位向人民法院起诉,要求监护人承担民事责任的,按照普通程序审理;要求变更监护关系的,按照特别程序审理;既要求承担民事责任,又要求变更监护关系的,分别审理。

《民法典》	《民法总则》	《民法通则》	相关规范性法律文件
前款规定的个人和民政部门以外的组织未及时向人民法院申请撤销监护人资格的,民政部门应当向人民法院申请。	老年人组织、民政部门等。 前款规定的个人和民政部门以外的组织未及时向人民法院申请撤销监护人资格的,民政部门应当向人民法院申请。		
第37条 依法负担被监护人抚养费、赡养费、扶养费的父母、子女、配偶等,被人民法院撤销监护人资格后,应当继续履行负担的义务。	**第37条** 同《民法典》第37条	(无)	
第38条 被监护人的父母或者子女被人民法院撤销监护人资格后,除对被监护人实施故意犯罪的外,确有悔改表现的,经其申请,人民法院可以在尊重被监护人真实意愿的前提下,视情况恢复其监护人资格,人民法院指定的监护人与被监护人的监护关系同时终止。	**第38条** 同《民法典》第38条	(无)	
第39条 有下列情形之一的,监护关系终止: (一)被监护人取得或者恢复完全民事行为能力; (二)监护人丧失监护能力; (三)被监护人或者监护人死亡; (四)人民法院认定监护关系终止的其他情形。 监护关系终止后,被监护人仍然需要监护的,应当依法另行确定监护人。	**第39条** 同《民法典》第39条	(无)	

《民法典》	《民法总则》	《民法通则》	相关规范性法律文件
第三节 宣告失踪和宣告死亡	第三节 宣告失踪和宣告死亡	第三节 宣告失踪和宣告死亡	
第40条 自然人下落不明满二年的,利害关系人可以向人民法院申请宣告该自然人为失踪人。	**第40条** 同《民法典》第40条	**第20条第1款** 公民下落不明满二年的,利害关系人可以向人民法院申请宣告他为失踪人。	《民通意见》第24条 申请宣告失踪的利害关系人,包括被申请宣告失踪人的配偶、父母、子女、兄弟姐妹、祖父母、外祖父母、孙子女、外孙子女以及其他与被申请人有民事权利义务关系的人。 《民通意见》第26条 下落不明是指公民离开最后居住地后没有音讯的状况。对于在台湾或者在国外,无法正常通讯联系的,不得以下落不明宣告死亡。 《民通意见》第28条第二款 宣告失踪的案件,由被宣告失踪人住所地的基层人民法院管辖。住所地与居住地不一致的,由最后居住地基层人民法院管辖。 《民事诉讼法》第183条 公民下落不明满二年,利害关系人申请宣告其失踪的,向下落不明人住所地基层人民法院提出。 申请书应当写明失踪的事实、时间和请求,并附有公安机关或者其他有关机关关于该公民下落不明的书面证明。

《民法典》	《民法总则》	《民法通则》	相关规范性法律文件
第 41 条 自然人下落不明的时间<u>自</u>其失去音讯之日起计算。战争期间下落不明的,下落不明的时间自战争结束之日或者有关机关确定的下落不明之日起计算。	**第 41 条** 自然人下落不明的时间从其失去音讯之日起计算。战争期间下落不明的,下落不明的时间自战争结束之日或者有关机关确定的下落不明之日起计算。	**第 20 条第 2 款** 战争期间下落不明的,下落不明的时间从战争结束之日起计算。	《民通意见》第 28 条第 1 款 民法通则第二十条第一款、第二十三条第一款第一项中的下落不明的起算时间,从公民音讯消失之次日起算。
第 42 条 失踪人的财产由其配偶、成年子女、父母或者其他愿意担任财产代管人的人代管。 代管有争议,没有前款规定的人,或者前款规定的人无代管能力的,由人民法院指定的人代管。	**第 42 条** 同《民法典》第 42 条	**第 21 条** 失踪人的财产由他的配偶、父母、成年子女或者关系密切的其他亲属、朋友代管。代管有争议的,没有以上规定的人或者以上规定的人无能力代管的,由人民法院指定的人代管。 失踪人所欠税款、债务和应付的其他费用,由代管人从失踪人的财产中支付。	《民通意见》第 30 条 人民法院指定失踪人的财产代管人,应当根据有利于保护失踪人财产的原则指定。没有民法通则第二十一条规定的代管人,或者他们无能力作代管人,或者不宜作代管人的,人民法院可以指定公民或者有关组织为失踪人的财产代管人。 无民事行为能力人、限制民事行为能力人失踪的,其监护人即为财产代管人。 《民通意见》第 31 条 民法通则第二十一条第二款中的"其他费用",包括赡养费、扶养费、抚育费和因代管财产所需的管理费等必要的费用。 《民诉解释》第 343 条 宣告失踪或者宣告死亡案件,人民法院可以根据申请人的请求,清理下落不明人的财产,并指定案件审理期间的财产管理人。公告期满后,人民法院判决宣告失踪的,应当同时依照民法通则第二十一条第一款的规定指定失踪人的财产代管人。

《民法典》	《民法总则》	《民法通则》	相关规范性法律文件
第43条 财产代管人应当妥善管理失踪人的财产,维护其财产权益。 失踪人所欠税款、债务和应付的其他费用,由财产代管人从失踪人的财产中支付。 财产代管人因故意或者重大过失造成失踪人财产损失的,应当承担赔偿责任。	**第43条** 同《民法典》第43条	(无)	
第44条 财产代管人不履行代管职责、侵害失踪人财产权益或者丧失代管能力的,失踪人的利害关系人可以向人民法院申请变更财产代管人。 财产代管人有正当理由的,可以向人民法院申请变更财产代管人。 人民法院变更财产代管人的,变更后的财产代管人有权**请求**原财产代管人及时移交有关财产并报告财产代管情况。	**第44条** 财产代管人不履行代管职责、侵害失踪人财产权益或者丧失代管能力的,失踪人的利害关系人可以向人民法院申请变更财产代管人。 财产代管人有正当理由的,可以向人民法院申请变更财产代管人。 人民法院变更财产代管人的,变更后的财产代管人有权要求原财产代管人及时移交有关财产并报告财产代管情况。	(无)	《民通意见》第32条 失踪人的财产代管人拒绝支付失踪人所欠的税款、债务和其他费用,债权人提起诉讼的,人民法院应当将代管人列为被告。 失踪人的财产代管人向失踪人的债务人要求偿还债务的,可以作为原告提起诉讼。 《民通意见》第35条 失踪人的财产代管人以无力履行代管职责,申请变更代管人的,人民法院比照特别程序进行审理。 失踪人的财产代管人不履行代管职责或者侵犯失踪人财产权益的,失踪人的利害关系人可以向人民法院请求财产代管人承担民事责任。如果同时申请人民法院变更财产代管人的,变更之诉比照特别程序单独审理。

《民法典》	《民法总则》	《民法通则》	相关规范性法律文件
			《民诉解释》第344条 失踪人的财产代管人经人民法院指定后,代管人申请变更代管的,比照民事诉讼法特别程序的有关规定进行审理。申请理由成立的,裁定撤销申请人的代管人身份,同时另行指定财产代管人;申请理由不成立的,裁定驳回申请。 失踪人的其他利害关系人申请变更代管的,人民法院应当告知其以原指定的代管人为被告起诉,并按普通程序进行审理。
第45条 失踪人重新出现,经本人或者利害关系人申请,人民法院应当撤销失踪宣告。 失踪人重新出现,有权**请求**财产代管人及时移交有关财产并报告财产代管情况。	**第45条** 失踪人重新出现,经本人或者利害关系人申请,人民法院应当撤销失踪宣告。 失踪人重新出现,有权要求财产代管人及时移交有关财产并报告财产代管情况。	**第22条** 被宣告失踪的人重新出现或者确知他的下落,经本人或者利害关系人申请,人民法院应当撤销对他的失踪宣告。	《民诉解释》第348条 人民法院受理宣告失踪、宣告死亡案件后,作出判决前,申请人撤回申请的,人民法院应当裁定终结案件,但其他符合法律规定的利害关系人加入程序要求继续审理的除外。
第46条 自然人有下列情形之一的,利害关系人可以向人民法院申请宣告该自然人死亡: (一)下落不明满四年; (二)因意外事件,下落不明满二年。 因意外事件下落不明,经有关机关证明该自然人不可能生存的,申请宣告死亡不受二年时间的限制。	**第46条** 同《民法典》第46条	**第23条** 公民有下列情形之一的,利害关系人可以向人民法院申请宣告他死亡: (一)下落不明满四年的; (二)因意外事故下落不明,从事故发生之日起满二年的。 战争期间下落不明的,下落不明的时间从战争结束之日起计算。	《民通意见》第25条 申请宣告死亡的利害关系人的顺序是: (一)配偶; (二)父母、子女; (三)兄弟姐妹、祖父母、外祖父母、孙子女、外孙子女; (四)其他有民事权利义务关系的人。 申请撤销死亡宣告不受上列顺序限制。 《民通意见》第28条第1款 民法通则第二十条第一款、

《民法典》	《民法总则》	《民法通则》	相关规范性法律文件
			第二十三条第一款第一项中的下落不明的起算时间,从公民音讯消失之次日起算。 **《民事诉讼法》第184条**　公民下落不明满四年,或者因意外事故下落不明满二年,或者因意外事故下落不明,经有关机关证明该公民不可能生存,利害关系人申请宣告其死亡的,向下落不明人住所地基层人民法院提出。 　申请书应当写明下落不明的事实、时间和请求,并附有公安机关或者其他有关机关关于该公民下落不明的书面证明。 **《民诉解释》第345条**　人民法院判决宣告公民失踪后,利害关系人向人民法院申请宣告失踪人死亡,自失踪之日起满四年的,人民法院应当受理,宣告失踪的判决即是该公民失踪的证明,审理中仍应依照民事诉讼法第一百八十五条规定进行公告。
第47条　对同一自然人,有的利害关系人申请宣告死亡,有的利害关系人申请宣告失踪,符合本法规定的宣告死亡条件的,人民法院应当宣告死亡。	**第47条** 同《民法典》第47条	(无)	**《民通意见》第29条**　宣告失踪不是宣告死亡的必须程序。公民下落不明,符合申请宣告死亡的条件,利害关系人可以不经申请宣告失踪而直接申请宣告死亡。但利害关系人只申请宣告失踪的,应当宣告失

《民法典》	《民法总则》	《民法通则》	相关规范性法律文件
			踪;同一顺序的利害关系人,有的申请宣告死亡,有的不同意宣告死亡,则应当宣告死亡。
第48条 被宣告死亡的人,人民法院宣告死亡的判决作出之日视为其死亡的日期;因意外事件下落不明宣告死亡的,意外事件发生之日视为其死亡的日期。	**第48条** 同《民法典》第48条	（无）	**《民通意见》第36条** 被宣告死亡的人,判决宣告之日为其死亡的日期。判决书除发给申请人外,还应当在被宣告死亡的人住所地和人民法院所在地公告。 **《民事诉讼法》第185条** 人民法院受理宣告失踪、宣告死亡案件后,应当发出寻找下落不明人的公告。宣告失踪的公告期间为三个月,宣告死亡的公告期间为一年。因意外事故下落不明,经有关机关证明该公民不可能生存的,宣告死亡的公告期间为三个月。 公告期间届满,人民法院应当根据被宣告失踪、宣告死亡的事实是否得到确认,作出宣告失踪、宣告死亡的判决或者驳回申请的判决。
第49条 自然人被宣告死亡但是并未死亡的,不影响该自然人在被宣告死亡期间实施的民事法律行为的效力。	**第49条** 同《民法典》第49条	**第24条** 被宣告死亡的人重新出现或者确知他没有死亡,经本人或者利害关系人申请,人民法院应当撤销对他的死亡宣告。 有民事行为能力人在被宣告死亡期间实施的民事法律行为有效。	

《民法典》	《民法总则》	《民法通则》	相关规范性法律文件
第 50 条 被宣告死亡的人重新出现,经本人或者利害关系人申请,人民法院应当撤销死亡宣告。	**第 50 条** 同《民法典》第 50 条	(无)	《民事诉讼法》第**186 条** 被宣告失踪、宣告死亡的公民重新出现,经本人或者利害关系人申请,人民法院应当作出新判决,撤销原判决。
第 51 条 被宣告死亡的人的婚姻关系,自死亡宣告之日起**消除**。死亡宣告被撤销的,婚姻关系自撤销死亡宣告之日起自行恢复。但是,其配偶再婚或者向婚姻登记机关书面声明不愿意恢复的除外。	**第 51 条** 被宣告死亡的人的婚姻关系,自死亡宣告之日起消灭。死亡宣告被撤销的,婚姻关系自撤销死亡宣告之日起自行恢复,但是其配偶再婚或者向婚姻登记机关书面声明不愿意恢复的除外。	(无)	《民通意见》第 37条 被宣告死亡的人与配偶的婚姻关系,自死亡宣告之日起消灭。死亡宣告被人民法院撤销,如果其配偶尚未再婚的,夫妻关系从撤销死亡宣告之日起自行恢复;如果其配偶再婚后又离婚或者再婚后配偶又死亡的,则不得认定夫妻关系自行恢复。
第 52 条 被宣告死亡的人在被宣告死亡期间,其子女被他人依法收养的,在死亡宣告被撤销后,不得以未经本人同意为由主张收养**行为**无效。	**第 52 条** 被宣告死亡的人在被宣告死亡期间,其子女被他人依法收养的,在死亡宣告被撤销后,不得以未经本人同意为由主张收养关系无效。	(无)	《民通意见》第 38条 被宣告死亡的人在被宣告死亡期间,其子女被他人依法收养,被宣告死亡的人在死亡宣告被撤销后,仅以未经本人同意而主张收养关系无效的,一般不应准许,但收养人和被收养人同意的除外。
第 53 条 被撤销死亡宣告的人有权请求依照**本法第六编**取得其财产的民事主体返还财产;无法返还的,应当给予适当补偿。利害关系人隐瞒真实情况,致使他人被宣告死亡**而**取得其财产的,除应当返还财产外,还应当对由此造成的损失承担赔偿责任。	**第 53 条** 被撤销死亡宣告的人有权请求依照继承法取得其财产的民事主体返还财产。无法返还的,应当给予适当补偿。利害关系人隐瞒真实情况,致使他人被宣告死亡取得其财产的,除应当返还财产外,还应当对由此造成的损失承担赔偿责任。	**第 25 条** 被撤销死亡宣告的人有权请求返还财产。依照继承法取得他的财产的公民或者组织,应当返还原物;原物不存在的,给予适当补偿。	《民通意见》第 39条利害关系人隐瞒真实情况使他人被宣告死亡而取得其财产的,除应返还原物及孳息外,还应对造成的损失予以赔偿。《民通意见》第 40条 被撤销死亡宣告的人请求返还财产,其原物已被第三人合法取得的,第三人可不予返还。

《民法典》	《民法总则》	《民法通则》	相关规范性法律文件
			但依继承法取得原物的公民或者组织,应当返还原物或者给予适当补偿。
第四节　个体工商户和农村承包经营户	**第四节　个体工商户和农村承包经营户**	**第四节　个体工商户、农村承包经营户**	
第 54 条　自然人从事工商业经营,经依法登记,为个体工商户。个体工商户可以起字号。	**第 54 条**　同《民法典》第54条	**第 26 条**　公民在法律允许的范围内,依法经核准登记,从事工商业经营的,为个体工商户。个体工商户可以起字号。	
第 55 条　农村集体经济组织的成员,依法取得农村土地承包经营权,从事家庭承包经营的,为农村承包经营户。	**第 55 条**　同《民法典》第55条	**第 27 条**　农村集体经济组织的成员,在法律允许的范围内,按照承包合同规定从事商品经营的,为农村承包经营户。	
第 56 条　个体工商户的债务,个人经营的,以个人财产承担;家庭经营的,以家庭财产承担;无法区分的,以家庭财产承担。 　农村承包经营户的债务,以从事农村土地承包经营的农户财产承担;事实上由农户部分成员经营的,以该部分成员的财产承担。	**第 56 条**　同《民法典》第56条	**第 29 条**　个体工商户、农村承包经营户的债务,个人经营的,以个人财产承担;家庭经营的,以家庭财产承担。	**《民通意见》第 42 条**　以公民个人名义申请登记的个体工商户和个人承包的农村承包经营户,用家庭共有财产投资,或者收益的主要部分供家庭成员享用的,其债务应以家庭共有财产清偿。 **《民通意见》第 43 条**　在夫妻关系存续期间,一方从事个体经营或者承包经营的,其收入为夫妻共有财产,债务亦应以夫妻共有财产清偿。 **《民通意见》第 44 条**　个体工商户、农村承包经营户的债务,如以其家庭共有财产承担责任时,应当保留家庭成员的生活必需品和必要的生产工具。

《民法典》	《民法总则》	《民法通则》	相关规范性法律文件
第三章 法人	第三章 法人	第三章 法人	
第一节 一般规定	第一节 一般规定	第一节 一般规定	
第57条 法人是具有民事权利能力和民事行为能力,依法独立享有民事权利和承担民事义务的组织。	**第57条** 同《民法典》第57条	**第36条第1款** 同《民法典》第57条	
第58条 法人应当依法成立。 法人应当有自己的名称、组织机构、住所、财产或者经费。法人成立的具体条件和程序,依照法律、行政法规的规定。 设立法人,法律、行政法规规定须经有关机关批准的,依照其规定。	**第58条** 同《民法典》第58条	**第37条** 法人应当具备下列条件: (一)依法成立; (二)有必要的财产或者经费; (三)有自己的名称、组织机构和场所; (四)能够独立承担民事责任。	《公司法》**第6条第2款** 法律、行政法规规定设立公司必须报经批准的,应当在公司登记前依法办理批准手续。
第59条 法人的民事权利能力和民事行为能力,从法人成立时产生,到法人终止时消灭。	**第59条** 同《民法典》第59条	**第36条第2款** 同《民法典》第59条	
第60条 法人以其全部财产独立承担民事责任。	**第60条** 同《民法典》第60条	(无)	《公司法》**第3条第1款** 公司是企业法人,有独立的法人财产,享有法人财产权。公司以其全部财产对公司的债务承担责任。
第61条 依照法律或者法人章程的规定,代表法人从事民事活动的负责人,为法人的法定代表人。 法定代表人以法人名义从事的民事活动,其法律后果由法人承受。 法人章程或者法人权力机构对法定代表人代表权的限制,不得对抗善意相对人。	**第61条** 同《民法典》第61条	**第38条** 依照法律或者法人组织章程规定,代表法人行使职权的负责人,是法人的法定代表人。	《民通意见》**第58条** 企业法人的法定代表人和其他工作人员,以法人名义从事的经营活动,给他人造成经济损失的,企业法人应当承担民事责任。

《民法典》	《民法总则》	《民法通则》	相关规范性法律文件
第 62 条 法定代表人因执行职务造成他人损害的,由法人承担民事责任。 法人承担民事责任后,依照法律或者法人章程的规定,可以向有过错的法定代表人追偿。	**第 62 条** 同《民法典》第 62 条	**第 43 条** 企业法人对它的法定代表人和其他工作人员的经营活动,承担民事责任。	
第 63 条 法人以其主要办事机构所在地为住所。依法需要办理法人登记的,应当将主要办事机构所在地登记为住所。	**第 63 条** 同《民法典》第 63 条	**第 39 条** 法人以它的主要办事机构所在地为住所。	**《公司法》第 10 条** 公司以其主要办事机构所在地为住所。
第 64 条 法人存续期间登记事项发生变化的,应当依法向登记机关申请变更登记。	**第 64 条** 同《民法典》第 64 条	(无)	**《公司法》第 7 条第 3 款** 公司营业执照记载的事项发生变更的,公司应当依法办理变更登记,由公司登记机关换发营业执照。
第 65 条 法人的实际情况与登记的事项不一致的,不得对抗善意相对人。	**第 65 条** 同《民法典》第 65 条	(无)	**《公司法》第 32 条第 3 款** 公司应当将股东的姓名或者名称向公司登记机关登记;登记事项发生变更的,应当办理变更登记。未经登记或者变更登记的,不得对抗第三人。
第 66 条 登记机关应当依法及时公示法人登记的有关信息。	**第 66 条** 同《民法典》第 66 条	(无)	
第 67 条 法人合并的,其权利和义务由合并后的法人享有和承担。 法人分立的,其权利和义务由分立后的法人享有连带债权,承担连带债务,但是债权人和债务人另有约定的除外。	**第 67 条** 同《民法典》第 67 条	**第 44 条** 企业法人分立、合并或者有其他重要事项变更,应当向登记机关办理登记并公告。 企业法人分立、合并,它的权利和义务由变更后的法人享有和承担。	**《公司法》第 174 条** 公司合并时,合并各方的债权、债务,应当由合并后存续的公司或者新设的公司承继。 **《公司法》第 176 条** 公司分立前的债务由分立后的公司承担连带责任。但是,公司在分立前与债权人就债务清偿达成的书面协议另有约定的除外。

《民法典》	《民法总则》	《民法通则》	相关规范性法律文件
第68条 有下列原因之一并依法完成清算、注销登记的,法人终止: (一)法人解散; (二)法人被宣告破产; (三)法律规定的其他原因。 法人终止,法律、行政法规规定须经有关机关批准的,依照其规定。	**第68条** 同《民法典》第68条	**第45条** 企业法人由于下列原因之一终止: (一)依法被撤销; (二)解散; (三)依法宣告破产; (四)其他原因。	
第69条 有下列情形之一的,法人解散: (一)法人章程规定的存续期间届满或者法人章程规定的其他解散事由出现; (二)法人的权力机构决议解散; (三)因法人合并或者分立需要解散; (四)法人依法被吊销营业执照、登记证书,被责令关闭或者被撤销; (五)法律规定的其他情形。	**第69条** 同《民法典》第69条		**《公司法》第180条** 公司因下列原因解散: (一)公司章程规定的营业期限届满或者公司章程规定的其他解散事由出现; (二)股东会或者股东大会决议解散; (三)因公司合并或者分立需要解散; (四)依法被吊销营业执照、责令关闭或者被撤销; (五)人民法院依照本法第一百八十二条的规定予以解散。
第70条 法人解散的,除合并或者分立的情形外,清算义务人应当及时组成清算组进行清算。 法人的董事、理事等执行机构或者决策机构的成员为清算义务人。法律、行政法规另有规定的,依照其规定。 清算义务人未及时履行清算义务,造成损害的,应当承担民事责任;主管机关或者利害关系人可以申请人民法院指定有关人员组成清算组进行清算。	**第70条** 同《民法典》第70条	**第47条** 企业法人解散,应当成立清算组织,进行清算。企业法人被撤销、被宣告破产的,应当由主管机关或者人民法院组织有关机关和有关人员成立清算组织,进行清算。	**《民通意见》第59条** 企业法人解散或者被撤销的,应当由其主管机关组织清算小组进行清算。企业法人被宣告破产的,应当由人民法院组织有关机关和有关人员成立清算组织进行清算。

《民法典》	《民法总则》	《民法通则》	相关规范性法律文件
第71条 法人的清算程序和清算组职权,依照有关法律的规定;没有规定的,参照适用公司**法律**的有关规定。	**第71条** 法人的清算程序和清算组职权,依照有关法律的规定;没有规定的,参照适用公司法的有关规定。	(无)	**《民通意见》第60条** 清算组织是以清算企业法人债权、债务为目的而依法成立的组织。它负责对终止的企业法人的财产进行保管、清理、估价、处理和清偿。 　对于涉及终止的企业法人债权、债务的民事诉讼,清算组织可以用自己的名义参加诉讼。 　以逃避债务责任为目的而成立的清算组织,其实施的民事行为无效。
第72条 清算期间法人存续,但是不得从事与清算无关的活动。 　法人清算后的剩余财产,**按照**法人章程的规定或者法人权力机构的决议处理。法律另有规定的,依照其规定。 　清算结束并完成法人注销登记时,法人终止;依法不需要办理法人登记的,清算结束时,法人终止。	**第72条** 清算期间法人存续,但是不得从事与清算无关的活动。 　法人清算后的剩余财产,根据法人章程的规定或者法人权力机构的决议处理。法律另有规定的,依照其规定。 　清算结束并完成法人注销登记时,法人终止;依法不需要办理法人登记的,清算结束时,法人终止。	**第40条** 法人终止,应当依法进行清算,停止清算范围外的活动。	**《公司法》第205条** 公司在清算期间开展与清算无关的经营活动的,由公司登记机关予以警告,没收违法所得。
第73条 法人被宣告破产的,依法进行破产清算并完成法人注销登记时,法人终止。	**第73条** 同《民法典》第73条	(无)	**《公司法》第188条** 公司清算结束后,清算组应当制作清算报告,报股东会、股东大会或者人民法院确认,并报送公司登记机关,申请注销公司登记,公告公司终止。
第74条 法人可以依法设立分支机构。法律、行政法规规定分支机构应当登记的,依照其规定。	**第74条** 同《民法典》第74条	(无)	**《公司法》第14条第1款** 公司可以设立分公司。设立分公司,应当向公司登记机关申请登记,

《民法典》	《民法总则》	《民法通则》	相关规范性法律文件
分支机构以自己的名义从事民事活动,产生的民事责任由法人承担;也可以先以该分支机构管理的财产承担,不足以承担的,由法人承担。			领取营业执照。分公司不具有法人资格,其民事责任由公司承担。 《担保法解释》第17条第3款 企业法人的分支机构经营管理的财产不足以承担保证责任的,由企业法人承担民事责任。 《担保法解释》第17条第4款 企业法人的分支机构提供的保证无效后应当承担赔偿责任的,由分支机构经营管理的财产承担。企业法人有过错的,按照担保法第29条的规定处理。
第75条 设立人为设立法人从事的民事活动,其法律后果由法人承受;法人未成立的,其法律后果由设立人承受,设立人为二人以上的,享有连带债权,承担连带债务。 设立人为设立法人以自己的名义从事民事活动产生的民事责任,第三人有权选择请求法人或者设立人承担。	**第75条** 同《民法典》第75条	(无)	《公司法解释(三)》第2条 发起人为设立公司以自己名义对外签订合同,合同相对人请求该发起人承担合同责任的,人民法院应予支持。 公司成立后对前款规定的合同予以确认,或者已经实际享有合同权利或者履行合同义务,合同相对人请求公司承担合同责任的,人民法院应予支持。 《公司法解释(三)》第3条第1款 发起人以设立中公司名义对外签订合同,公司成立后合同相对人请求公司承担合同责任的,人民法院应予支持。 《公司法解释(三)》第4条第1款 公司因故未成立,债权人请求全体或者部分发起人对设立公司行为所产

《民法典》	《民法总则》	《民法通则》	相关规范性法律文件
			生的费用和债务承担连带清偿责任的,人民法院应予支持。 **《公司法解释(三)》第 5 条第 1 款** 发起人因履行公司设立职责造成他人损害,公司成立后受害人请求公司承担侵权赔偿责任的,人民法院应予支持;公司未成立,受害人请求全体发起人承担连带赔偿责任的,人民法院应予支持。
第二节 营利法人	第二节 营利法人	第二节 企业法人	
第76条 以取得利润并分配给股东等出资人为目的成立的法人,为营利法人。 营利法人包括有限责任公司、股份有限公司和其他企业法人等。	**第76条** 同《民法典》第76条	**第41条** 全民所有制企业、集体所有制企业有符合国家规定的资金数额,有组织章程、组织机构和场所,能够独立承担民事责任,经主管机关核准登记,取得法人资格。 在中华人民共和国领域内设立的中外合资经营企业、中外合作经营企业和外资企业,具备法人条件的,依法经工商行政管理机关核准登记,取得中国法人资格。	
第77条 营利法人经依法登记成立。	**第77条** 同《民法典》第77条		**《公司法》第 6 条第 1 款** 设立公司,应当依法向公司登记机关申请设立登记。符合本法规定的设立条件的,由公司登记机关分别登记为有限责任公司或者股份有限公司;不符合本法规定的设立条件的,不得登记为有限责任公司或者股份有限公司。
第78条 依法设立的营利法人,由登记机关发给营利法人营业执照。营业执照签发日期为营利法人的成立日期。	**第78条** 同《民法典》第78条	(无)	**《公司法》第 7 条第 1 款** 依法设立的公司,由公司登记机关发给公司营业执照。公司营业执照签发日期为公司成立日期。

《民法典》	《民法总则》	《民法通则》	相关规范性法律文件
第 79 条 设立营利法人应当依法制定法人章程。	**第 79 条** 同《民法典》第 79 条	（无）	**《公司法》第 11 条** 设立公司必须依法制定公司章程。公司章程对公司、股东、董事、监事、高级管理人员具有约束力。
第 80 条 营利法人应当设权力机构。 　权力机构行使修改法人章程，选举或者更换执行机构、监督机构成员，以及法人章程规定的其他职权。	**第 80 条** 同《民法典》第 80 条	（无）	**《公司法》第 36 条** 有限责任公司股东会由全体股东组成。股东会是公司的权力机构，依照本法行使职权。 **《公司法》第 98 条** 股份有限公司股东大会由全体股东组成。股东大会是公司的权力机构，依照本法行使职权。
第 81 条 营利法人应当设执行机构。 　执行机构行使召集权力机构会议，决定法人的经营计划和投资方案，决定法人内部管理机构的设置，以及法人章程规定的其他职权。 　执行机构为董事会或者执行董事的，董事长、执行董事或者经理按照法人章程的规定担任法定代表人；未设董事会或者执行董事的，法人章程规定的主要负责人为其执行机构和法定代表人。	**第 81 条** 《民法典》第 81 条	（无）	
第 82 条 营利法人设监事会或者监事等监督机构的，监督机构依法行使检查法人财务，监督执行机构成员、高级管理人员执行法人职务的行为，以及法人章程规定的其他职权。	**第 82 条** 同《民法典》第 82 条	（无）	

《民法典》	《民法总则》	《民法通则》	相关规范性法律文件
第83条 营利法人的出资人不得滥用出资人权利损害法人或者其他出资人的利益；滥用出资人权利**造成法人或者其他出资人损失的**，应当依法承担民事责任。 营利法人的出资人不得滥用法人独立地位和出资人有限责任损害法人债权人的利益；滥用法人独立地位和出资人有限责任，逃避债务，严重损害法人债权人的利益的，应当对法人债务承担连带责任。	第83条 营利法人的出资人不得滥用出资人权利损害法人或者其他出资人的利益。滥用出资人权利给法人或者其他出资人造成损失的，应当依法承担民事责任。 营利法人的出资人不得滥用法人独立地位和出资人有限责任损害法人的债权人利益。滥用法人独立地位和出资人有限责任，逃避债务，严重损害法人的债权人利益的，应当对法人债务承担连带责任。	（无）	《公司法》第20条 公司股东应当遵守法律、行政法规和公司章程，依法行使股东权利，不得滥用股东权利损害公司或者其他股东的利益；不得滥用公司法人独立地位和股东有限责任损害公司债权人的利益。 公司股东滥用股东权利给公司或者其他股东造成损失的，应当依法承担赔偿责任。 公司股东滥用公司法人独立地位和股东有限责任，逃避债务，严重损害公司债权人利益的，应当对公司债务承担连带责任。
第84条 营利法人的控股出资人、实际控制人、董事、监事、高级管理人员不得利用其关联关系损害法人的利益；利用关联**关系造成法人损失的**，应当承担赔偿责任。	第84条 营利法人的控股出资人、实际控制人、董事、监事、高级管理人员不得利用其关联关系损害法人的利益。利用关联关系给法人造成损失的，应当承担赔偿责任。	（无）	《公司法》第21条 公司的控股股东、实际控制人、董事、监事、高级管理人员不得利用其关联关系损害公司利益。 违反前款规定，给公司造成损失的，应当承担赔偿责任。
第85条 营利法人的权力机构、执行机构作出决议的会议召集程序、表决方式违反法律、行政法规、法人章程，或者决议内容违反法人章程的，营利法人的出资人可以请求人民法院撤销该决议。但是，营利法人依据该决议与善意相对人形成的民事法律关系不受影响。	第85条 营利法人的权力机构、执行机构作出决议的会议召集程序、表决方式违反法律、行政法规、法人章程，或者决议内容违反法人章程的，营利法人的出资人可以请求人民法院撤销该决议，但是营利法人依据该决议与善意相对人形成的民事法律关系不受影响。	（无）	《公司法》第22条 公司股东会或者股东大会、董事会的决议内容违反法律、行政法规的无效。 股东会或者股东大会、董事会的会议召集程序、表决方式违反法律、行政法规或者公司章程，或者决议内容违反公司章程的，股东可以自决议作出之日起六十日内，请求人民法院撤销。

《民法典》	《民法总则》	《民法通则》	相关规范性法律文件
			股东依照前款规定提起诉讼的,人民法院可以应公司的请求,要求股东提供相应担保。 　　公司根据股东会或者股东大会、董事会决议已办理变更登记的,人民法院宣告该决议无效或者撤销该决议后,公司应当向公司登记机关申请撤销变更登记。 　　**《公司法解释(四)》第4条**　股东请求撤销股东会或者股东大会、董事会决议,符合公司法第二十二条第二款规定的,人民法院应当予以支持,但会议召集程序或者表决方式仅有轻微瑕疵,且对决议未产生实质影响的,人民法院不予支持。
第86条　营利法人从事经营活动,应当遵守商业道德,维护交易安全,接受政府和社会的监督,承担社会责任。	**第86条** 同《民法典》第86条	（无）	**《公司法》第5条第1款**　公司从事经营活动,必须遵守法律、行政法规,遵守社会公德、商业道德,诚实守信,接受政府和社会公众的监督,承担社会责任。
第三节　非营利法人	**第三节　非营利法人**	**第三节　机关、事业单位和社会团体法人**	
第87条　为公益目的或者其他非营利目的成立,不向出资人、设立人或者会员分配所取得利润的法人,为非营利法人。 　　非营利法人包括事业单位、社会团体、基金会、社会服务机构等。	**第87条** 同《民法典》第87条	（无）	

《民法典》	《民法总则》	《民法通则》	相关规范性法律文件
第88条 具备法人条件,为适应经济社会发展需要,提供公益服务设立的事业单位,经依法登记成立,取得事业单位法人资格;依法不需要办理法人登记的,从成立之日起,具有事业单位法人资格。	**第88条** 同《民法典》第88条	**第50条** 有独立经费的机关从成立之日起,具有法人资格。 　　具备法人条件的事业单位、社会团体,依法不需要办理法人登记的,从成立之日起,具有法人资格;依法需要办理法人登记的,经核准登记,取得法人资格。	
第89条 事业单位法人设理事会的,除法律另有规定外,理事会为其决策机构。事业单位法人的法定代表人依照法律、行政法规或者法人章程的规定产生。	**第89条** 同《民法典》第89条		
第90条 具备法人条件,基于会员共同意愿,为公益目的或者会员共同利益等非营利目的设立的社会团体,经依法登记成立,取得社会团体法人资格;依法不需要办理法人登记的,从成立之日起,具有社会团体法人资格。	**第90条** 同《民法典》第90条		
第91条 设立社会团体法人应当依法制定法人章程。 　　社会团体法人应当设会员大会或者会员代表大会等权力机构。 　　社会团体法人应当设理事会等执行机构。理事长或者会长等负责人按照法人章程的规定担任法定代表人。	**第91条** 同《民法典》第91条	（无）	
第92条 具备法人条件,为公益目的以捐助财产设立的基金会、社会服务机构等,经依法登记成立,取得捐助法人资格。	**第92条** 同《民法典》第92条	（无）	

《民法典》	《民法总则》	《民法通则》	相关规范性法律文件
依法设立的宗教活动场所,具备法人条件的,可以申请法人登记,取得捐助法人资格。法律、行政法规对宗教活动场所有规定的,依照其规定。			
第93条 设立捐助法人应当依法制定法人章程。 捐助法人应当设理事会、民主管理组织等决策机构,并设执行机构。理事长等负责人按照法人章程的规定担任法定代表人。 捐助法人应当设监事会等监督机构。	**第93条** 同《民法典》第93条	(无)	
第94条 捐助人有权向捐助法人查询捐助财产的使用、管理情况,并提出意见和建议,捐助法人应当及时、如实答复。 捐助法人的决策机构、执行机构或者法定代表人作出决定的程序违反法律、行政法规、法人章程,或者决定内容违反法人章程的,捐助人等利害关系人或者主管机关可以请求人民法院撤销该决定。但是,捐助法人依据该决定与善意相对人形成的民事法律关系不受影响。	**第94条** 捐助人有权向捐助法人查询捐助财产的使用、管理情况,并提出意见和建议,捐助法人应当及时、如实答复。 捐助法人的决策机构、执行机构或者法定代表人作出决定的程序违反法律、行政法规、法人章程,或者决定内容违反法人章程的,捐助人等利害关系人或者主管机关可以请求人民法院撤销该决定,但是捐助法人依据该决定与善意相对人形成的民事法律关系不受影响。	(无)	
第95条 为公益目的成立的非营利法人终止时,不得向出资人、设立人或者会员分配剩余财产。剩余财产应当按照法人章程的规定或者权力机构的决议用于公益目的;无法按照法人章程的规定或者权力机	**第95条** 同《民法典》第95条	(无)	

《民法典》	《民法总则》	《民法通则》	相关规范性法律文件
构的决议处理的,由主管机关主持转给宗旨相同或者相近的法人,并向社会公告。			
第四节　特别法人	第四节　特别法人		
第 96 条　本节规定的机关法人、农村集体经济组织法人、城镇农村的合作经济组织法人、基层群众性自治组织法人,为特别法人。	**第 96 条** 同《民法典》第96条	（无）	
第 97 条　有独立经费的机关和承担行政职能的法定机构从成立之日起,具有机关法人资格,可以从事为履行职能所需要的民事活动。	**第 97 条** 同《民法典》第97条	（无）	
第 98 条　机关法人被撤销的,法人终止,其民事权利和义务由继任的机关法人享有和承担;没有继任的机关法人的,由作出撤销决定的机关法人享有和承担。	**第 98 条** 同《民法典》第98条	（无）	
第 99 条　农村集体经济组织依法取得法人资格。 　法律、行政法规对农村集体经济组织有规定的,依照其规定。	**第 99 条** 同《民法典》第99条	（无）	
第 100 条　城镇农村的合作经济组织依法取得法人资格。 　法律、行政法规对城镇农村的合作经济组织有规定的,依照其规定。	**第 100 条** 同《民法典》第100条	（无）	

《民法典》	《民法总则》	《民法通则》	相关规范性法律文件
第 101 条 居民委员会、村民委员会具有基层群众性自治组织法人资格,可以从事为履行职能所需要的民事活动。 未设立村集体经济组织的,村民委员会可以依法代行村集体经济组织的职能。	**第 101 条** 同《民法典》第 101 条	(无)	
第四章 非法人组织	**第四章 非法人组织**		
第 102 条 非法人组织是不具有法人资格,但是能够依法以自己的名义从事民事活动的组织。 非法人组织包括个人独资企业、合伙企业、不具有法人资格的专业服务机构等。	**第 102 条** 同《民法典》第 102 条	(无)	
第 103 条 非法人组织应当依照法律的规定登记。 设立非法人组织,法律、行政法规规定须经有关机关批准的,依照其规定。	**第 103 条** 同《民法典》第 103 条	**第 33 条** 个人合伙可以起字号,依法经核准登记,在核准登记的经营范围内从事经营。	
第 104 条 非法人组织的财产不足以清偿债务的,其出资人或者设立人承担无限责任。法律另有规定的,依照其规定。	**第 104 条** 同《民法典》第 104 条	**第 35 条** 合伙的债务,由合伙人按照出资比例或者协议的约定,以各自的财产承担清偿责任。 合伙人对合伙的债务承担连带责任,法律另有规定的除外。偿还合伙债务超过自己应当承担数额的合伙人,有权向其他合伙人追偿。	
第 105 条 非法人组织可以确定一人或者数人代表该组织从事民事活动。	**第 105 条** 同《民法典》第 105 条	**第 34 条** 个人合伙的经营活动,由合伙人共同决定,合伙人有执行和监督的权利。 合伙人可以推举负责人。合伙负责人和其	

《民法典》	《民法总则》	《民法通则》	相关规范性法律文件
		他人员的经营活动,由全体合伙人承担民事责任。	
第 106 条 有下列情形之一的,非法人组织解散: (一)章程规定的存续期间届满或者章程规定的其他解散事由出现; (二)出资人或者设立人决定解散; (三)法律规定的其他情形。	**第 106 条** 同《民法典》第 106 条	(无)	
第 107 条 非法人组织解散的,应当依法进行清算。	**第 107 条** 同《民法典》第 107 条	(无)	
第 108 条 非法人组织除适用本章规定外,参照适用**本编**第三章第一节的有关规定。	**第 108 条** 非法人组织除适用本章规定外,参照适用本法第三章第一节的有关规定。	(无)	
第五章 民事权利	**第五章 民事权利**	**第五章 民事权利**	
第 109 条 自然人的人身自由、人格尊严受法律保护。	**第 109 条** 同《民法典》第 109 条	(无)	

第 110 条 自然人享有生命权、身体权、健康权、姓名权、肖像权、名誉权、荣誉权、隐私权、婚姻自主权等权利。
    法人、非法人组织享有名称权、名誉权**和**荣誉权。
	第 110 条 自然人享有生命权、身体权、健康权、姓名权、肖像权、名誉权、荣誉权、隐私权、婚姻自主权等权利。
	    法人、非法人组织享有名称权、名誉权、荣誉权**等权利**。
		第 98 条 公民享有生命健康权。
		    第 99 条 公民享有姓名权,有权决定、使用和依照规定改变自己的姓名,禁止他人干涉、盗用、假冒。
		    法人、个体工商户、个人合伙享有名称权。企业法人、个体工商户、个人合伙有权使用、依法转让自己的名称。
		    第 100 条 公民享有肖像权,未经本人同意,不得以营利为目的使用公民的肖像。	

《民法典》	《民法总则》	《民法通则》	相关规范性法律文件
		第101条 公民、法人享有名誉权,公民的人格尊严受法律保护,禁止用侮辱、诽谤等方式损害公民、法人的名誉。 **第102条** 公民、法人享有荣誉权,禁止非法剥夺公民、法人的荣誉称号。 **第103条** 公民享有婚姻自主权,禁止买卖、包办婚姻和其他干涉婚姻自由的行为。	
第111条 自然人的个人信息受法律保护。任何组织**或者**个人需要获取他人个人信息的,应当依法取得并确保信息安全,不得非法收集、使用、加工、传输他人个人信息,不得非法买卖、提供或者公开他人个人信息。	**第111条** 自然人的个人信息受法律保护。任何组织和个人需要获取他人个人信息的,应当依法取得并确保信息安全,不得非法收集、使用、加工、传输他人个人信息,不得非法买卖、提供或者公开他人个人信息。	(无)	
第112条 自然人因**婚姻家庭**关系等产生的人身权利受法律保护。	**第112条** 自然人因婚姻、家庭关系等产生的人身权利受法律保护。	(无)	
第113条 民事主体的财产权利受法律平等保护。	**第113条** 同《民法典》第113条	**第75条** 公民的个人财产,包括公民的合法收入、房屋、储蓄、生活用品、文物、图书资料、林木、牲畜和法律允许公民所有的生产资料以及其他合法财产。 公民的合法财产受法律保护,禁止任何组织或者个人侵占、哄抢、破坏或者非法查封、扣押、冻结、没收。	

《民法典》	《民法总则》	《民法通则》	相关规范性法律文件
第114条 民事主体依法享有物权。 物权是权利人依法对特定的物享有直接支配和排他的权利,包括所有权、用益物权和担保物权。	第114条 同《民法典》第114条	(无)	《物权法》第2条第3款 本法所称物权,是指权利人依法对特定的物享有直接支配和排他的权利,包括所有权、用益物权和担保物权。
第115条 物包括不动产和动产。法律规定权利作为物权客体的,依照其规定。	第115条 同《民法典》第115条	(无)	《物权法》第2条第2款 本法所称物,包括不动产和动产。法律规定权利作为物权客体的,依照其规定。
第116条 物权的种类和内容,由法律规定。	第116条 同《民法典》第116条	(无)	《物权法》第5条 物权的种类和内容,由法律规定。
第117条 为了公共利益的需要,依照法律规定的权限和程序征收、征用不动产或者动产的,应当给予公平、合理的补偿。	第117条 同《民法典》第117条	(无)	《物权法》第42条 为了公共利益的需要,依照法律规定的权限和程序可以征收集体所有的土地和单位、个人的房屋及其他不动产。 征收集体所有的土地,应当依法足额支付土地补偿费、安置补助费、地上附着物和青苗的补偿费等费用,安排被征地农民的社会保障费用,保障被征地农民的生活,维护被征地农民的合法权益。 征收单位、个人的房屋及其他不动产,应当依法给予拆迁补偿,维护被征收人的合法权益;征收个人住宅的,还应当保障被征收人的居住条件。 任何单位和个人不得贪污、挪用、私分、截留、拖欠征收补偿费等费用。

《民法典》	《民法总则》	《民法通则》	相关规范性法律文件
第 118 条 民事主体依法享有债权。 债权是因合同、侵权行为、无因管理、不当得利以及法律的其他规定,权利人请求特定义务人为或者不为一定行为的权利。	**第 118 条** 同《民法典》第118条	(无)	
第 119 条 依法成立的合同,对当事人具有法律约束力。	**第 119 条** 同《民法典》第119条	(无)	《合同法》第 8条 依法成立的合同,对当事人具有法律约束力。当事人应当按照约定履行自己的义务,不得擅自变更或者解除合同。 依法成立的合同,受法律保护。
第 120 条 民事权益受到侵害的,被侵权人有权请求侵权人承担侵权责任。	**第 120 条** 同《民法典》第120条	(无)	《侵权责任法》第3 条 被侵权人有权请求侵权人承担侵权责任。
第 121 条 没有法定的或者约定的义务,为避免他人利益受损失而进行管理的人,有权请求受益人偿还由此支出的必要费用。	**第 121 条** 同《民法典》第121条	**第 93 条** 没有法定的或者约定的义务,为避免他人利益受损失进行管理或者服务的,有权要求受益人偿付由此而支付的必要费用。	
第 122 条 因他人没有法律根据,取得不当利益,受损失的人有权请求其返还不当利益。	**第 122 条** 同《民法典》第122条	**第 92 条** 没有合法根据,取得不当利益,造成他人损失的,应当将取得的不当利益返还受损失的人。	
		第三节 知识产权	
第 123 条 民事主体依法享有知识产权。 知识产权是权利人依法就下列客体享有的专有的权利: (一)作品; (二)发明、实用新型、外观设计; (三)商标;	**第 123 条** 同《民法典》第123条	**第 94 条** 公民、法人享有著作权(版权),依法有署名、发表、出版、获得报酬等权利。	

《民法典》	《民法总则》	《民法通则》	相关规范性法律文件
（四）地理标志； （五）商业秘密； （六）集成电路布图设计； （七）植物新品种； （八）法律规定的其他客体。			
第 124 条　自然人依法享有继承权。 　自然人合法的私有财产，可以依法继承。	第 124 条 同《民法典》第 124 条	第 76 条　公民依法享有财产继承权。	《民通意见》第 136 条　作者死亡后，著作权（版权）中由继承人继承的财产权利在法律规定的保护期限内受到侵犯，继承人依法要求保护的，人民法院应当予以支持。
第 125 条　民事主体依法享有股权和其他投资性权利。	第 125 条 同《民法典》第 125 条	（无）	
第 126 条　民事主体享有法律规定的其他民事权利和利益。	第 126 条 同《民法典》第 126 条	（无）	
第 127 条　法律对数据、网络虚拟财产的保护有规定的，依照其规定。	第 127 条 同《民法典》第 127 条	（无）	
第 128 条　法律对未成年人、老年人、残疾人、妇女、消费者等的民事权利保护有特别规定的，依照其规定。	第 128 条 同《民法典》第 128 条	《民法通则》第 104 条　婚姻、家庭、老人、母亲和儿童受法律保护。 　残疾人的合法权益受法律保护。	
第 129 条　民事权利可以依据民事法律行为、事实行为、法律规定的事件或者法律规定的其他方式取得。	第 129 条 同《民法典》第 129 条	（无）	
第 130 条　民事主体按照自己的意愿依法行使民事权利，不受干涉。	第 130 条 同《民法典》第 130 条	（无）	
第 131 条　民事主体行使权利时，应当履行法律规定的和当事人约定的义务。	第 131 条 同《民法典》第 131 条	（无）	

《民法典》	《民法总则》	《民法通则》	相关规范性法律文件
第132条 民事主体不得滥用民事权利损害国家利益、社会公共利益或者他人合法权益。	第132条 同《民法典》第132条	（无）	
第六章 民事法律行为	第六章 民事法律行为	第四章 民事法律行为和代理	
第一节 一般规定	第一节 一般规定	第一节 民事法律行为	
第133条 民事法律行为是民事主体通过意思表示设立、变更、终止民事法律关系的行为。	第133条 同《民法典》第133条	第54条 民事法律行为是公民或者法人设立、变更、终止民事权利和民事义务的合法行为。	
第134条 民事法律行为可以基于双方或者多方的意思表示一致成立，也可以基于单方的意思表示成立。 法人、非法人组织依照法律或者章程规定的议事方式和表决程序作出决议的，该决议行为成立。	第134条 同《民法典》第134条	（无）	
第135条 民事法律行为可以采用书面形式、口头形式或者其他形式；法律、行政法规规定或者当事人约定采用特定形式的，应当采用特定形式。	第135条 同《民法典》第135条	第56条 民事法律行为可以采取书面形式、口头形式或者其他形式。法律规定用特定形式的，应当依照法律规定。	《合同法》第10条 当事人订立合同，有书面形式、口头形式和其他形式。 法律、行政法规规定采用书面形式的，应当采用书面形式。当事人约定采用书面形式的，应当采用书面形式。
第136条 民事法律行为自成立时生效，但是法律另有规定或者当事人另有约定的除外。 行为人非依法律规定或者未经对方同意，不得擅自变更或者解除民事法律行为。	第136条 同《民法典》第136条	第57条 民事法律行为从成立时起具有法律约束力。行为人非依法律规定或者取得对方同意，不得擅自变更或者解除。	《合同法》第44条 依法成立的合同，自成立时生效。 法律、行政法规规定应当办理批准、登记等手续生效的，依照其规定。

《民法典》	《民法总则》	《民法通则》	相关规范性法律文件
第二节 意思表示	第二节 意思表示		
第137条 以对话方式作出的意思表示,相对人知道其内容时生效。 以非对话方式作出的意思表示,到达相对人时生效。以非对话方式作出的采用数据电文形式的意思表示,相对人指定特定系统接收数据电文的,该数据电文进入该特定系统时生效;未指定特定系统的,相对人知道或者应当知道该数据电文进入其系统时生效。当事人对采用数据电文形式的意思表示的生效时间另有约定的,按照其约定。	第137条 同《民法典》第137条	(无)	《合同法》第16条 要约到达受要约人时生效。 采用数据电文形式订立合同,收件人指定特定系统接收数据电文的,该数据电文进入该特定系统的时间,视为到达时间;未指定特定系统的,该数据电文进入收件人的任何系统的首次时间,视为到达时间。
第138条 无相对人的意思表示,表示完成时生效。法律另有规定的,依照其规定。	第138条 同《民法典》第138条	(无)	
第139条 以公告方式作出的意思表示,公告发布时生效。	第139条 同《民法典》第139条	(无)	
第140条 行为人可以明示或者默示作出意思表示。 沉默只有在有法律规定、当事人约定或者符合当事人之间的交易习惯时,才可以视为意思表示。	第140条 同《民法典》第140条	(无)	
第141条 行为人可以撤回意思表示。撤回意思表示的通知应当在意思表示到达相对人前或者与意思表示同时到达相对人。	第141条 同《民法典》第141条	(无)	《合同法》第17条 要约可以撤回。撤回要约的通知应当在要约到达受要约人之前或者与要约同时到达受要约人。

《民法典》	《民法总则》	《民法通则》	相关规范性法律文件
			《合同法》第 27 条　承诺可以撤回。撤回承诺的通知应当在承诺通知到达要约人之前或者与承诺通知同时到达要约人。
第 142 条　有相对人的意思表示的解释,应当按照所使用的词句,结合相关条款、行为的性质和目的、习惯以及诚信原则,确定意思表示的含义。 　　无相对人的意思表示的解释,不能完全拘泥于所使用的词句,而应当结合相关条款、行为的性质和目的、习惯以及诚信原则,确定行为人的真实意思。	**第 142 条** 同《民法典》第 142 条	（无）	
第三节　民事法律行为的效力	**第三节　民事法律行为的效力**		
第 143 条　具备下列条件的民事法律行为有效: 　　(一)行为人具有相应的民事行为能力; 　　(二)意思表示真实; 　　(三)不违反法律、行政法规的强制性规定,不违背公序良俗。	**第 143 条** 同《民法典》第 143 条	**第 55 条**　民事法律行为应当具备下列条件: 　　(一)行为人具有相应的民事行为能力; 　　(二)意思表示真实; 　　(三)不违反法律或者社会公共利益。	
第 144 条　无民事行为能力人实施的民事法律行为无效。	**第 144 条** 同《民法典》第 144 条	**第 58 条第 1 款**　下列民事行为无效: 　　(一)无民事行为能力人实施的; 　　……	《民通意见》第 67 条　间歇性精神病人的民事行为,确能证明是在发病期间实施的,应当认定无效。 　　行为人在神志不清的状态下所实施的民事行为,应当认定无效。

《民法典》	《民法总则》	《民法通则》	相关规范性法律文件
第145条 限制民事行为能力人实施的纯获利益的民事法律行为或者与其年龄、智力、精神健康状况相适应的民事法律行为有效;实施的其他民事法律行为经法定代理人同意或者追认后有效。 相对人可以催告法定代理人自收到通知之日起三十日内予以追认。法定代理人未作表示的,视为拒绝追认。民事法律行为被追认前,善意相对人有撤销的权利。撤销应当以通知的方式作出。	第145条 限制民事行为能力人实施的纯获利益的民事法律行为或者与其年龄、智力、精神健康状况相适应的民事法律行为有效;实施的其他民事法律行为经法定代理人同意或者追认后有效。 相对人可以催告法定代理人自收到通知之日起一个月内予以追认。法定代理人未作表示的,视为拒绝追认。民事法律行为被追认前,善意相对人有撤销的权利。撤销应当以通知的方式作出。	第58条第1款 下列民事行为无效: …… (二)限制民事行为能力人依法不能独立实施的; …… 第12条第1款 十周岁以上的未成年人是限制民事行为能力人,可以进行与他的年龄、智力相适应的民事活动;其他民事活动由他的法定代理人代理,或者征得他的法定代理人的同意。 第13条第2款 不能完全辨认自己行为的精神病人是限制民事行为能力人,可以进行与他的精神健康状况相适应的民事活动;其他民事活动由他的法定代理人代理,或者征得他的法定代理人的同意。	《合同法》第47条 限制民事行为能力人订立的合同,经法定代理人追认后,该合同有效,但纯获利益的合同或者与其年龄、智力、精神健康状况相适应而订立的合同,不必经法定代理人追认。 相对人可以催告法定代理人在一个月内予以追认。法定代理人未作表示的,视为拒绝追认。合同被追认之前,善意相对人有撤销的权利。撤销应当以通知的方式作出。 《合同法解释二》第11条 根据合同法第四十七条、第四十八条的规定,追认的意思表示自到达相对人时生效,合同自订立时起生效。 《民通意见》第6条 无民事行为能力人、限制民事行为能力人接受奖励、赠与、报酬,他人不得以行为人无民事行为能力、限制民事行为能力为由,主张以上行为无效。
第146条 行为人与相对人以虚假的意思表示实施的民事法律行为无效。 以虚假的意思表示隐藏的民事法律行为的效力,依照有关法律规定处理。	第146条 同《民法典》第146条	第58条第1款 下列民事行为无效: …… (六)以合法形式掩盖非法目的的。	

《民法典》	《民法总则》	《民法通则》	相关规范性法律文件
第147条　基于重大误解实施的民事法律行为,行为人有权请求人民法院或者仲裁机构予以撤销。	第147条 同《民法典》第147条	第59条　下列民事行为,一方有权请求人民法院或者仲裁机关予以变更或者撤销: (一)行为人对行为内容有重大误解的; ……	《合同法》第54条第1款　下列合同,当事人一方有权请求人民法院或者仲裁机构变更或者撤销: (一)因重大误解订立的; …… 《民通意见》第71条　行为人因对行为的性质、对方当事人、标的物的品种、质量、规格和数量等的错误认识,使行为的后果与自己的意思相悖,并造成较大损失的,可以认定为重大误解。
第148条　一方以欺诈手段,使对方在违背真实意思的情况下实施的民事法律行为,受欺诈方有权请求人民法院或者仲裁机构予以撤销。	第148条 同《民法典》第148条	第58条第1款　下列民事行为无效: …… (三)一方以欺诈、胁迫的手段或者乘人之危,使对方在违背真实意思的情况下所为的; ……	《合同法》第54条第2款　一方以欺诈、胁迫的手段或者乘人之危,使对方在违背真实意思的情况下订立的合同,受损害方有权请求人民法院或者仲裁机构变更或者撤销。 《民通意见》第68条　一方当事人故意告知对方虚假情况,或者故意隐瞒真实情况,诱使对方当事人作出错误意思表示的,可以认定为欺诈行为。
第149条　第三人实施欺诈行为,使一方在违背真实意思的情况下实施的民事法律行为,对方知道或者应当知道该欺诈行为的,受欺诈方有权请求人民法院或者仲裁机构予以撤销。	第149条 同《民法典》第149条	(无)	

《民法典》	《民法总则》	《民法通则》	相关规范性法律文件
第150条　一方或者第三人以胁迫手段,使对方在违背真实意思的情况下实施的民事法律行为,受胁迫方有权请求人民法院或者仲裁机构予以撤销。	第150条 同《民法典》第150条	第58条第1款　下列民事行为无效: …… (三)一方以欺诈、胁迫的手段或者乘人之危,使对方在违背真实意思的情况下所为的; ……	《合同法》第54条第2款　一方以欺诈、胁迫的手段或者乘人之危,使对方在违背真实意思的情况下订立的合同,受损害方有权请求人民法院或者仲裁机构变更或者撤销。 《民通意见》第69条　以给公民及其亲友的生命健康、荣誉、名誉、财产等造成损失或者以给法人的荣誉、名誉、财产等造成损害为要挟,迫使对方作出违背真实的意思表示的,可以认定为胁迫行为。
第151条　一方利用对方处于危困状态、缺乏判断能力等情形,致使民事法律行为成立时显失公平的,受损害方有权请求人民法院或者仲裁机构予以撤销。	第151条 同《民法典》第151条	第58条第1款　下列民事行为无效: …… (三)一方以欺诈、胁迫的手段或者乘人之危,使对方在违背真实意思的情况下所为的; …… 第59条第1款　下列民事行为,一方有权请求人民法院或者仲裁机关予以变更或者撤销: …… (二)显失公平的。	《民通意见》第70条　一方当事人乘对方处于危难之机,为牟取不正当利益,迫使对方作出不真实的意思表示,严重损害对方利益的,可以认定为乘人之危。 《民通意见》第72条　一方当事人利用优势或者利用对方没有经验,致使双方的权利义务明显违反公平、等价有偿原则的,可以认定为显失公平。
第152条　有下列情形之一的,撤销权消灭: (一)当事人自知道或者应当知道撤销事由之日起一年内,重大误解的当事人自知道或者应当知道撤销事由之日起九十日内没有行使撤销权;	第152条　有下列情形之一的,撤销权消灭: (一)当事人自知道或者应当知道撤销事由之日起一年内,重大误解的当事人自知道或者应当知道撤销事由之日起三个月内没有行使撤销权;	(无)	《合同法》第55条　有下列情形之一的,撤销权消灭: (一)具有撤销权的当事人自知道或者应当知道撤销事由之日起一年内没有行使撤销权; (二)具有撤销权的当事人知道撤销

《民法典》	《民法总则》	《民法通则》	相关规范性法律文件
(二)当事人受胁迫,自胁迫行为终止之日起一年内没有行使撤销权; (三)当事人知道撤销事由后明确表示或者以自己的行为表明放弃撤销权。 当事人自民事法律行为发生之日起五年内没有行使撤销权的,撤销权消灭。	(二)当事人受胁迫,自胁迫行为终止之日起一年内没有行使撤销权; (三)当事人知道撤销事由后明确表示或者以自己的行为表明放弃撤销权。 当事人自民事法律行为发生之日起五年内没有行使撤销权的,撤销权消灭。		事由后明确表示或者以自己的行为放弃撤销权。
第 153 条 违反法律、行政法规的强制性规定的民事法律行为无效。但是,该强制性规定不导致该民事法律行为无效的除外。 违背公序良俗的民事法律行为无效。	**第 153 条** 违反法律、行政法规的强制性规定的民事法律行为无效,但是该强制性规定不导致该民事法律行为无效的除外。 违背公序良俗的民事法律行为无效。	**第 58 条** 下列民事行为无效: …… (五)违反法律或者社会公共利益的; ……	《合同法》第 52 条 有下列情形之一的,合同无效: …… (五)违反法律、行政法规的强制性规定。 《合同法解释(二)》第 14 条 合同法第五十二条第(五)项规定的"强制性规定",是指效力性强制性规定。
第 154 条 行为人与相对人恶意串通,损害他人合法权益的民事法律行为无效。	**第 154 条** 同《民法典》第 154 条	**第 58 条** 下列民事行为无效: …… (四)恶意串通,损害国家、集体或者第三人利益的。	
第 155 条 无效的或者被撤销的民事法律行为自始没有法律约束力。	**第 155 条** 同《民法典》第 155 条	**第 58 条第 2 款** 无效的民事行为,从行为开始起就没有法律约束力。 **第 59 条第 2 款** 被撤销的民事行为从行为开始起无效。	《合同法》第 56 条 无效的合同或者被撤销的合同自始没有法律约束力。合同部分无效,不影响其他部分效力的,其他部分仍然有效。
第 156 条 民事法律行为部分无效,不影响其他部分的效力的,其他部分仍然有效。	**第 156 条** 同《民法典》第 60 条	**第 60 条** 民事行为部分无效,不影响其他部分的效力的,其他部分仍然有效。	
第 157 条 民事法律行为无效、被撤销或者确定不发生效力后,行为人因该行为取得的财产,应当予以返还;不能返还或者没有必要返还的,应当折价补偿。有过错的	**第 157 条** 同《民法典》第 157 条	**第 61 条** 民事行为被确认为无效或者被撤销后,当事人因该行为取得的财产,应当返还给受损失的一方。有过错的一方应当赔偿对方因此所受的损失,双方都有	《合同法》第 58 条 合同无效或者被撤销后,因该合同取得的财产,应当予以返还;不能返还或者没有必要返还的,应当折价补偿。有过错的一方应当赔偿对

《民法典》	《民法总则》	《民法通则》	相关规范性法律文件
一方应当赔偿对方由此所受到的损失;各方都有过错的,应当各自承担相应的责任。法律另有规定的,依照其规定。		过错的,应当各自承担相应的责任。 　双方恶意串通,实施民事行为损害国家的、集体的利益或者第三人的利益的,应当追缴双方取得的财产,收归国家、集体所有或者返还第三人。	方因此所受到的损失,双方都有过错的,应当各自承担相应的责任。
第四节　民事法律行为的附条件和附期限	**第四节　民事法律行为的附条件和附期限**		
第 158 条　民事法律行为可以附条件,但是**根据**其性质不得附条件的除外。附生效条件的民事法律行为,自条件成就时生效。附解除条件的民事法律行为,自条件成就时失效。	**第 158 条**　民事法律行为可以附条件,但是按照其性质不得附条件的除外。附生效条件的民事法律行为,自条件成就时生效。附解除条件的民事法律行为,自条件成就时失效。	**第 62 条**　民事法律行为可以附条件,附条件的民事法律行为在符合所附条件时生效。	**《合同法》第 45 条第 1 款**　当事人对合同的效力可以约定附条件。附生效条件的合同,自条件成就时生效。附解除条件的合同,自条件成就时失效。 **《民通意见》第 75 条**　附条件的民事行为,如果所附的条件是违背法律规定或者不可能发生的,应当认定该民事行为无效。
第 159 条　附条件的民事法律行为,当事人为自己的利益不正当地阻止条件成就的,视为条件已**经**成就;不正当地促成条件成就的,视为条件不成就。	**第 159 条**　附条件的民事法律行为,当事人为自己的利益不正当地阻止条件成就的,视为条件已成就;不正当地促成条件成就的,视为条件不成就。	(无)	**《合同法》第 45 条第 2 款**　当事人为自己的利益不正当地阻止条件成就的,视为条件已成就;不正当地促成条件成就的,视为条件不成就。
第 160 条　民事法律行为可以附期限,但是**根据**其性质不得附期限的除外。附生效期限的民事法律行为,自期限届至时生效。附终止期限的民事法律行为,自期限届满时失效。	**第 160 条**　民事法律行为可以附期限,但是按照其性质不得附期限的除外。附生效期限的民事法律行为,自期限届至时生效。附终止期限的民事法律行为,自期限届满时失效。	(无)	**《合同法》第 46 条**　当事人对合同的效力可以约定附期限。附生效期限的合同,自期限届至时生效。附终止期限的合同,自期限届满时失效。 **《民通意见》第 76 条**　附期限的民事法律行为,在所附期限到来时生效或者解除。

《民法典》	《民法总则》	《民法通则》	相关规范性法律文件
第七章 代 理	第七章 代 理		
第一节 一般规定	第一节 一般规定	第二节 代 理	
第 161 条 民事主体可以通过代理人实施民事法律行为。 依照法律规定、当事人约定或者民事法律行为的性质，应当由本人亲自实施的民事法律行为，不得代理。	**第 161 条** 同《民法典》第 161 条	**第 63 条** 公民、法人可以通过代理人实施民事法律行为。 代理人在代理权限内，以被代理人的名义实施民事法律行为。被代理人对代理人的代理行为，承担民事责任。 依照法律规定或者按照双方当事人约定，应当由本人实施的民事法律行为，不得代理。	《民通意见》第 78 条 凡是依法或者依双方的约定必须由本人亲自实施的民事行为，本人未亲自实施的，应当认定行为无效。
第 162 条 代理人在代理权限内，以被代理人名义实施的民事法律行为，对被代理人发生效力。	**第 162 条** 同《民法典》第 162 条		
第 163 条 代理包括委托代理和法定代理。 委托代理人按照被代理人的委托行使代理权。法定代理人依照法律的规定行使代理权。	**第 163 条** 同《民法典》第 163 条	**第 64 条** 代理包括委托代理、法定代理和指定代理。 委托代理人按被代理人的委托行使代理权，法定代理人依照法律的规定行使代理权，指定代理人按照人民法院或者指定单位的指定行使代理权。	
第 164 条 代理人不履行或者不完全履行职责，造成被代理人损害的，应当承担民事责任。 代理人和相对人恶意串通，损害被代理人合法权益的，代理人和相对人应当承担连带责任。	**第 164 条** 同《民法典》第 164 条	**第 66 条第 2 款** 代理人不履行职责而给被代理人造成损害的，应当承担民事责任。 **第 66 条第 3 款** 代理人和第二人串通，损害被代理人的利益的，由代理人和第三人负连带责任。	《继承法解释》第 8 条 法定代理人代理被代理人行使继承权、受遗赠权，不得损害被代理人的利益。法定代理人一般不能代理被代理人放弃继承权、受遗赠权。明显损害被代理人利益的，应认定其代理行为无效。
第二节 委托代理	第二节 委托代理		
第 165 条 委托代理授权采用书面形式的，授权委托书应当载明代理人的姓名或者名称、代理事项、权限和期限，并由被代理人签名或者盖章。	**第 165 条** 委托代理授权采用书面形式的，授权委托书应当载明代理人的姓名或者名称、代理事项、权限和期间，并由被代理人签名或者盖章。	**第 65 条** 民事法律行为的委托代理，可以用书面形式，也可以用口头形式。法律规定用书面形式的，应当用书面形式。 书面委托代理的授	

《民法典》	《民法总则》	《民法通则》	相关规范性法律文件
		权委托书应当载明代理人的姓名或者名称、代理事项、权限和期间，并由委托人签名或者盖章。 委托书授权不明的，被代理人应当向第三人承担民事责任，代理人负连带责任。	
第 166 条 数人为同一代理事项的代理人的，应当共同行使代理权，但是当事人另有约定的除外。	**第 166 条** 同《民法典》第166条	（无）	
第 167 条 代理人知道或者应当知道代理事项违法仍然实施代理行为，或者被代理人知道或者应当知道代理人的代理行为违法未作反对表示的，被代理人和代理人应当承担连带责任。	**第 167 条** 同《民法典》第167条	**第 67 条** 代理人知道被委托代理的事项违法仍然进行代理活动的，或者被代理人知道代理人的代理行为违法不表示反对的，由被代理人和代理人负连带责任。	
第 168 条 代理人不得以被代理人的名义与自己实施民事法律行为，但是被代理人同意或者追认的除外。 代理人不得以被代理人的名义与自己同时代理的其他人实施民事法律行为，但是被代理的双方同意或者追认的除外。	**第 168 条** 同《民法典》第168条	（无）	
第 169 条 代理人需要转委托第三人代理的，应当取得被代理人的同意或者追认。 转委托代理经被代理人同意或者追认的，被代理人可以就代理事务直接指示转委托的第三人，代理人仅就第三人的选任以及对第三人的指示承担责任。	**第 169 条** 代理人需要转委托第三人代理的，应当取得被代理人的同意或者追认。 转委托代理经被代理人同意或者追认的，被代理人可以就代理事务直接指示转委托的第三人，代理人仅就第三人的选任以及对第三人的指示承担责任。	**第 68 条** 委托代理人为被代理人的利益需要转托他人代理的，应当事先取得被代理人的同意。事先没有取得被代理人同意的，应当在事后及时告诉被代理人，如果被代理人不同意，由代理人对自己所转托的人的行为负民事责任，但在紧急情况下，为了保护被代理人的利益	《民通意见》第 81 条 委托代理人转托他人代理的，比照民法通则第六十五条规定的条件办理转托手续。因委托代理人转托不明，给第三人造成损失的，第三人可以直接要求被代理人赔偿损失；被代理人承担民事责任后，可以要求委托代理人赔

《民法典》	《民法总则》	《民法通则》	相关规范性法律文件
转委托代理未经被代理人同意或者追认的,代理人应当对转委托的第三人的行为承担责任;但是,在紧急情况下代理人为了维护被代理人的利益需要转委托第三人代理的除外。	转委托代理未经代理人同意或者追认的,代理人应当对转委托的第三人的行为承担责任,但是在紧急情况下代理人为了维护被代理人的利益需要转委托第三人代理的除外。	而转托他人代理的除外。	偿损失,转托代理人有过错的,应当负连带责任。
第 170 条 执行法人或者非法人组织工作任务的人员,就其职权范围内的事项,以法人或者非法人组织的名义实施**的**民事法律行为,对法人或者非法人组织发生效力。 　法人或者非法人组织对执行其工作任务的人员职权范围的限制,不得对抗善意相对人。	**第 170 条** 执行法人或者非法人组织工作任务的人员,就其职权范围内的事项,以法人或者非法人组织的名义实施民事法律行为,对法人或者非法人组织发生效力。 　法人或者非法人组织对执行其工作任务的人员职权范围的限制,不得对抗善意相对人。	（无）	
第 171 条 行为人没有代理权、超越代理权或者代理权终止后,仍然实施代理行为,未经被代理人追认的,对被代理人不发生效力。 　相对人可以催告被代理人自收到通知之日起<u>三十日</u>内予以追认。被代理人未作表示的,视为拒绝追认。行为人实施的行为被追认前,善意相对人有撤销的权利。撤销应当以通知的方式作出。 　行为人实施的行为未被追认的,善意相对人有权请求行为人履行债务或者就其受到的损害请求行为人赔偿。但是,赔偿的范围不得超过被代理人追认时相对人所能获得的利益。 　相对人知道或者应当知道行为人无权代理的,相对人和行为	**第 171 条** 行为人没有代理权、超越代理权或者代理权终止后,仍然实施代理行为,未经被代理人追认的,对被代理人不发生效力。 　相对人可以催告被代理人自收到通知之日起一个月内予以追认。被代理人未作表示的,视为拒绝追认。行为人实施的行为被追认前,善意相对人有撤销的权利。撤销应当以通知的方式作出。 　行为人实施的行为未被追认的,善意相对人有权请求行为人履行债务或者就其受到的损害请求行为人赔偿,但是赔偿的范围不得超过被代理人追认时相对人所能获得的利益。 　相对人知道或者应当知道行为人无权代理的,相对人和行为	**第 66 条** 没有代理权、超越代理权或者代理权终止后的行为,只有经过被代理人的追认,被代理人才承担民事责任。未经追认的行为,由行为人承担民事责任。本人知道他人以本人名义实施民事行为而不作否认表示的,视为同意。 　代理人不履行职责而给被代理人造成损害的,应当承担民事责任。 　代理人和第三人串通,损害被代理人的利益的,由代理人和第三人负连带责任。 　第三人知道行为人没有代理权,超越代理权或者代理权已终止还与行为人实施民事行为给他人造成损害的,由第三人和行为人负连带责任。	

《民法典》	《民法总则》	《民法通则》	相关规范性法律文件
人按照各自的过错承担责任。	人按照各自的过错承担责任。		
第172条 行为人没有代理权、超越代理权或者代理权终止后,仍然实施代理行为,相对人有理由相信行为人有代理权的,代理行为有效。	**第172条** 同《民法典》第172条	(无)	**《合同法》第49条** 行为人没有代理权、超越代理权或者代理权终止后以被代理人名义订立合同,相对人有理由相信行为人有代理权的,该代理行为有效。 **《合同法解释二》第13条** 被代理人依照合同法第四十九条的规定承担有效代理行为所产生的责任后,可以向无权代理人追偿因代理行为而遭受的损失。
第三节 代理终止	**第三节 代理终止**		
第173条 有下列情形之一的,委托代理终止: (一)代理期限届满或者代理事务完成; (二)被代理人取消委托或者代理人辞去委托; (三)代理人丧失民事行为能力; (四)代理人或者被代理人死亡; (五)作为代理人或者被代理人的法人、非法人组织终止。	**第173条** 有下列情形之一的,委托代理终止: (一)代理期间届满或者代理事务完成; (二)被代理人取消委托或者代理人辞去委托; (三)代理人丧失民事行为能力; (四)代理人或者被代理人死亡; (五)作为代理人或者被代理人的法人、非法人组织终止。	**第69条** 有下列情形之一的,委托代理终止: (一)代理期间届满或者代理事务完成; (二)被代理人取消委托或者代理人辞去委托; (三)代理人死亡; (四)代理人丧失民事行为能力; (五)作为被代理人或者代理人的法人终止。	
第174条 被代理人死亡后,有下列情形之一的,委托代理人实施的代理行为有效: (一)代理人不知道且不应当知道被代理人死亡; (二)被代理人的继承人予以承认; (三)授权中明确代理权在代理事务完成时终止; (四)被代理人死亡前已经实施,为了被代理人的继承人的利益继续代理。 作为被代理人的法人、非法人组织终止的,参照适用前款规定。	**第174条** 被代理人死亡后,有下列情形之一的,委托代理人实施的代理行为有效: (一)代理人不知道并且不应当知道被代理人死亡; (二)被代理人的继承人予以承认; (三)授权中明确代理权在代理事务完成时终止; (四)被代理人死亡前已经实施,为了被代理人的继承人的利益继续代理。 作为被代理人的法人、非法人组织终止的,参照适用前款规定。	(无)	**《民通意见》第82条** 被代理人死亡后有下列情况之一的,委托代理人实施的代理行为有效: (1)代理人不知道被代理人死亡的; (2)被代理人的继承人均予承认的; (3)被代理人与代理人约定到代理事项完成时代理权终止的; (4)在被代理人死亡前已经进行、而在被代理人死亡后为了被代理人的继承人的利益继续完成的。

《民法典》	《民法总则》	《民法通则》	相关规范性法律文件
第 175 条 有下列情形之一的,法定代理终止: (一)被代理人取得或者恢复完全民事行为能力; (二)代理人丧失民事行为能力; (三)代理人或者被代理人死亡; (四)法律规定的其他情形。	**第 175 条** 同《民法典》第 175 条	**第 70 条** 有下列情形之一的,法定代理或者指定代理终止: (一)被代理人取得或者恢复民事行为能力; (二)被代理人或者代理人死亡; (三)代理人丧失民事行为能力; (四)指定代理的人民法院或者指定单位取消指定; (五)由其他原因引起的被代理人和代理人之间的监护关系消灭。	
第八章 民事责任	**第八章 民事责任**	**第六章 民事责任**	
		第一节 一般规定	
第 176 条 民事主体依照法律规定**或者按照**当事人约定,履行民事义务,承担民事责任。	**第 176 条** 民事主体依照法律规定和当事人约定,履行民事义务,承担民事责任。	**第 106 条第 1 款** 公民、法人违反合同或者不履行其他义务的,应当承担民事责任。	
第 177 条 二人以上依法承担按份责任,能够确定责任大小的,各自承担相应的责任;难以确定责任大小的,平均承担责任。	**第 177 条** 同《民法典》第 177 条	（无）	**《侵权责任法》第 12 条** 二人以上分别实施侵权行为造成同一损害,能够确定责任大小的,各自承担相应的责任;难以确定责任大小的,平均承担赔偿责任。
第 178 条 二人以上依法承担连带责任的,权利人有权请求部分或者全部连带责任人承担责任。 连带责任人的责任份额根据各自责任大小确定;难以确定责任大小的,平均承担责任。实际承担责任超过自己责任份额的连带责任人,有权向其他连带责任人追偿。 连带责任,由法律规定或者当事人约定。	**第 178 条** 同《民法典》第 178 条	（无）	**《侵权责任法》第 13 条** 法律规定承担连带责任的,被侵权人有权请求部分或者全部连带责任人承担责任。 **《侵权责任法》第 14 条** 连带责任人根据各自责任大小确定相应的赔偿数额;难以确定责任大小的,平均承担赔偿责任。 支付超出自己赔偿数额的连带责任人,有权向其他连带责任人追偿。

《民法典》	《民法总则》	《民法通则》	相关规范性法律文件
第179条 承担民事责任的方式主要有： （一）停止侵害； （二）排除妨碍； （三）消除危险； （四）返还财产； （五）恢复原状； （六）修理、重作、更换； （七）继续履行； （八）赔偿损失； （九）支付违约金； （十）消除影响、恢复名誉； （十一）赔礼道歉。 法律规定惩罚性赔偿的，依照其规定。 本条规定的承担民事责任的方式，可以单独适用，也可以合并适用。	第179条 同《民法典》第179条	第134条 承担民事责任的方式主要有： （一）停止侵害； （二）排除妨碍； （三）消除危险； （四）返还财产； （五）恢复原状； （六）修理、重作、更换； （七）赔偿损失； （八）支付违约金； （九）消除影响、恢复名誉； （十）赔礼道歉。 以上承担民事责任的方式，可以单独适用，也可以合并适用。 人民法院审理民事案件，除适用上述规定外，还可以予以训诫、责令具结悔过、收缴进行非法活动的财物和非法所得，并可以依照法律规定处以罚款、拘留。	《侵权责任法》第15条 承担侵权责任的方式主要有： （一）停止侵害； （二）排除妨碍； （三）消除危险； （四）返还财产； （五）恢复原状； （六）赔偿损失； （七）赔礼道歉； （八）消除影响、恢复名誉。 以上承担侵权责任的方式，可以单独适用，也可以合并适用。
第180条 因不可抗力不能履行民事义务的，不承担民事责任。法律另有规定的，依照其规定。 不可抗力是不能预见、不能避免且不能克服的客观情况。	第180条 因不可抗力不能履行民事义务的，不承担民事责任。法律另有规定的，依照其规定。 不可抗力是指不能预见、不能避免且不能克服的客观情况。	第107条 因不可抗力不能履行合同或者造成他人损害的，不承担民事责任，法律另有规定的除外。 第153条 本法所称的"不可抗力"，是指不能预见、不能避免并不能克服的客观情况。	《合同法》第117条 因不可抗力不能履行合同的，根据不可抗力的影响，部分或者全部免除责任，但法律另有规定的除外。当事人迟延履行后发生不可抗力的，不能免除责任。 本法所称不可抗力，是指不能预见、不能避免并不能克服的客观情况。 《侵权责任法》第29条 因不可抗力造成他人损害的，不承担责任。法律另有规定的，依照其规定。
第181条 因正当防卫造成损害的，不承担民事责任。 正当防卫超过必要的限度，造成不应有的损害，正当防卫人应当承担适当的民事责任。	第181条 同《民法典》第181条	《民法通则》第128条 因正当防卫造成损害的，不承担民事责任。正当防卫超过必要的限度，造成不应有的损害，应当承担适当的民事责任。	《侵权责任法》第30条 因正当防卫造成损害的，不承担责任。正当防卫超过必要的限度，造成不应有的损害的，正当防卫人应当承担适当的责任。

《民法典》	《民法总则》	《民法通则》	相关规范性法律文件
第 182 条 因紧急避险造成损害的,由引起险情发生的人承担民事责任。 危险由自然原因引起的,紧急避险人不承担民事责任,可以给予适当补偿。 紧急避险采取措施不当或者超过必要的限度,造成不应有的损害的,紧急避险人应当承担适当的民事责任。	**第 182 条** 同《民法典》第 182 条	《民法通则》**第 129 条** 因紧急避险造成损害的,由引起险情发生的人承担民事责任。如果危险是由自然原因引起的,紧急避险人不承担民事责任或者承担适当的民事责任。因紧急避险采取措施不当或者超过必要的限度,造成不应有的损害的,紧急避险人应当承担适当的民事责任。	《侵权责任法》**第 31 条** 因紧急避险造成损害的,由引起险情发生的人承担责任。如果危险是由自然原因引起的,紧急避险人不承担责任或者给予适当补偿。紧急避险采取措施不当或者超过必要的限度,造成不应有的损害的,紧急避险人应当承担适当的责任。 《民通意见》**第 156 条** 因紧急避险造成他人损失的,如果险情是由自然原因引起,行为人采取的措施又无不当,则行为人不承担民事责任。受害人要求补偿的,可以责令受益人适当补偿。
第 183 条 因保护他人民事权益使自己受到损害的,由侵权人承担民事责任,受益人可以给予适当补偿。没有侵权人、侵权人逃逸或者无力承担民事责任,受害人请求补偿的,受益人应当给予适当补偿。	**第 183 条** 同《民法典》第 183 条	**第 109 条** 因防止、制止国家的、集体的财产或者他人的财产、人身遭受侵害而使自己受到损害的,由侵害人承担赔偿责任,受益人也可以给予适当的补偿。	《侵权责任法》**第 23 条** 因防止、制止他人民事权益被侵害而使自己受到损害的,由侵权人承担责任。侵权人逃逸或者无力承担责任,被侵权人请求补偿的,受益人应当给予适当补偿。
第 184 条 因自愿实施紧急救助行为造成受助人损害的,救助人不承担民事责任。	**第 184 条** 同《民法典》第 184 条	(无)	
第 185 条 侵害英雄烈士等的姓名、肖像、名誉、荣誉,损害社会公共利益的,应当承担民事责任。	**第 185 条** 同《民法典》第 185 条	(无)	
第 186 条 因当事人一方的违约行为,损害对方人身权益、财产权益的,受损害方有权选择请求其承担违约责任或者侵权责任。	**第 186 条** 同《民法典》第 186 条	(无)	《合同法》**第 122 条** 因当事人一方的违约行为,侵害对方人身、财产权益的,受损害方有权选择依照本法要求其承担违约责任或者依照其他法律要求其承担侵权责任。

《民法典》	《民法总则》	《民法通则》	相关规范性法律文件
第 187 条 民事主体因同一行为应当承担民事责任、行政责任和刑事责任的，承担行政责任或者刑事责任不影响承担民事责任；民事主体的财产不足以支付的，优先用于承担民事责任。	**第 187 条** 同《民法典》第 187 条	（无）	**《侵权责任法》第4 条** 侵权人因同一行为应当承担行政责任或者刑事责任的，不影响依法承担侵权责任。 因同一行为应当承担侵权责任和行政责任、刑事责任，侵权人的财产不足以支付的，先承担侵权责任。
第九章　诉讼时效	**第九章　诉讼时效**	**第七章　诉讼时效**	
第 188 条 向人民法院请求保护民事权利的诉讼时效期间为三年。法律另有规定的，依照其规定。 诉讼时效期间自权利人知道或者应当知道权利受到损害以及义务人之日起计算。法律另有规定的，依照其规定。但是，自权利受到损害之日起超过二十年的，人民法院不予保护，有特殊情况的，人民法院可以根据权利人的申请决定延长。	**第 188 条** 向人民法院请求保护民事权利的诉讼时效期间为三年。法律另有规定的，依照其规定。 诉讼时效期间自权利人知道或者应当知道权利受到损害以及义务人之日起计算。法律另有规定的，依照其规定。但是自权利受到损害之日起超过二十年的，人民法院不予保护；有特殊情况的，人民法院可以根据权利人的申请决定延长。	**第 135 条** 向人民法院请求保护民事权利的诉讼时效期间为二年，法律另有规定的除外。 **第 137 条** 诉讼时效期间从知道或者应当知道权利被侵害时起计算。但是，从权利被侵害之日起超过二十年的，人民法院不予保护。有特殊情况的，人民法院可以延长诉讼时效期间。	**《继承法解释》第18 条** 自继承开始之日起的第十八年后至第二十年期间内，继承人才知道自己的权利被侵犯的，其提起诉讼的权利，应当在继承开始之日起的二十年之内行使，超过二十年的，不得再行提起诉讼。
第 189 条 当事人约定同一债务分期履行的，诉讼时效期间自最后一期履行期限届满之日起计算。	**第 189 条** 同《民法典》第 189 条	（无）	**《诉讼时效规定》第 5 条** 当事人约定同一债务分期履行的，诉讼时效期间从最后一期履行期限届满之日起计算。
第 190 条 无民事行为能力人或者限制民事行为能力人对其法定代理人的请求权的诉讼时效期间，自该法定代理终止之日起计算。	**第 190 条** 同《民法典》第 190 条	（无）	
第 191 条 未成年人遭受性侵害的损害赔偿请求权的诉讼时效期间，自受害人年满十八周岁之日起计算。	**第 191 条** 同《民法典》第 191 条	（无）	

《民法典》	《民法总则》	《民法通则》	相关规范性法律文件
第 192 条 诉讼时效期间届满的,义务人可以提出不履行义务的抗辩。 诉讼时效期间届满后,义务人同意履行的,不得以诉讼时效期间届满为由抗辩;义务人**已经**自愿履行的,不得请求返还。	**第 192 条** 诉讼时效期间届满的,义务人可以提出不履行义务的抗辩。 诉讼时效期间届满后,义务人同意履行的,不得以诉讼时效期间届满为由抗辩;义务人已自愿履行的,不得请求返还。	(无)	
第 193 条 人民法院不得主动适用诉讼时效的规定。	**第 193 条** 同《民法典》第 193 条	**第 138 条** 超过诉讼时效期间,当事人自愿履行的,不受诉讼时效限制。	
第 194 条 在诉讼时效期间的最后六个月内,因下列障碍,不能行使请求权的,诉讼时效中止: (一)不可抗力; (二)无民事行为能力人或者限制民事行为能力人没有法定代理人,或者法定代理人死亡、丧失民事行为能力、丧失代理权; (三)继承开始后未确定继承人或者遗产管理人; (四)权利人被义务人或者其他人控制; (五)其他导致权利人不能行使请求权的障碍。 自中止时效的原因消除之日起满六个月,诉讼时效期间届满。	**第 194 条** 同《民法典》第 194 条	**第 139 条** 在诉讼时效期间的最后六个月内,因不可抗力或者其他障碍不能行使请求权的,诉讼时效中止。从中止时效的原因消除之日起,诉讼时效期间继续计算。	《继承法解释》第 15 条 在诉讼时效期间内,因不可抗拒的事由致继承人无法主张继承权利的,人民法院可按中止诉讼时效处理。 《继承法解释》第 16 条 继承人在知道自己的权利受到侵犯之日起的二年之内,其遗产继承权纠纷确在人民调解委员会进行调解期间,可按中止诉讼时效处理。
第 195 条 有下列情形之一的,诉讼时效中断,从中断、有关程序终结时起,诉讼时效期间重新计算: (一)权利人向义务人提出履行请求; (二)义务人同意履行义务; (三)权利人提起诉讼或者申请仲裁;	**第 195 条** 同《民法典》第 195 条	**第 140 条** 诉讼时效因提起诉讼、当事人一方提出要求或者同意履行义务而中断。从中断时起,诉讼时效期间重新计算。	《诉讼时效规定》第 10 条第 1 款 具有下列情形之一的,应当认定为民法通则第一百四十条规定的"当事人一方提出要求",产生诉讼时效中断的效力: (一)当事人一方直接向对方当事人送交主张权利文书,

《民法典》	《民法总则》	《民法通则》	相关规范性法律文件
（四）与提起诉讼或者申请仲裁具有同等效力的其他情形。			书,对方当事人在文书上签字、盖章或者虽未签字、盖章但能够以其他方式证明该文书到达对方当事人的; （二）当事人一方以发送信件或者数据电文方式主张权利,信件或者数据电文到达或者应当到达对方当事人的; （三）当事人一方为金融机构,依照法律规定或者当事人约定从对方当事人账户中扣收欠款本息的; （四）当事人一方下落不明,对方当事人在国家级或者下落不明的当事人一方住所地的省级有影响的媒体上刊登具有主张权利内容的公告的,但法律和司法解释另有特别规定的,适用其规定。 **《诉讼时效规定》** **第13条**　下列事项之一,人民法院应当认定与提起诉讼具有同等诉讼时效中断的效力: （一）申请仲裁; （二）申请支付令; （三）申请破产、申报破产债权; （四）为主张权利而申请宣告义务人失踪或死亡; （五）申请诉前财产保全、诉前临时禁令等诉前措施; （六）申请强制执行; （七）申请追加当事人或者被通知参加诉讼;

《民法典》	《民法总则》	《民法通则》	相关规范性法律文件
			（八）在诉讼中主张抵销； （九）其他与提起诉讼具有同等诉讼时效中断效力的事项。 **《继承法解释》第17条** 继承人因遗产继承纠纷向人民法院提起诉讼，诉讼时效即为中断。
第196条 下列请求权不适用诉讼时效的规定： （一）请求停止侵害、排除妨碍、消除危险； （二）不动产物权和登记的动产物权的权利人请求返还财产； （三）请求支付抚养费、赡养费或者扶养费； （四）依法不适用诉讼时效的其他请求权。	**第196条** 同《民法典》第196条	（无）	**《诉讼时效规定》第1条** 当事人可以对债权请求权提出诉讼时效抗辩，但对下列债权请求权提出诉讼时效抗辩的，人民法院不予支持： （一）支付存款本金及利息请求权； （二）兑付国债、金融债券以及向不特定对象发行的企业债券本息请求权； （三）基于投资关系产生的缴付出资请求权； （四）其他依法不适用诉讼时效规定的债权请求权。
第197条 诉讼时效的期间、计算方法以及中止、中断的事由由法律规定，当事人约定无效。 当事人对诉讼时效利益的预先放弃无效。	**第197条** 同《民法典》第197条	（无）	**《诉讼时效规定》第2条** 当事人违反法律规定，约定延长或者缩短诉讼时效期间、预先放弃诉讼时效利益的，人民法院不予认可。
第198条 法律对仲裁时效有规定的，依照其规定；没有规定的，适用诉讼时效的规定。	**第198条** 同《民法典》第198条	（无）	
第199条 法律规定或者当事人约定的撤销权、解除权等权利的存续期间，除法律另有规定外，自权利人知道或者应当知道权利产生之日起计算，不适用有关诉讼	**第199条** 同《民法典》第199条	（无）	**《诉讼时效规定》第7条** 享有撤销权的当事人一方请求撤销合同的，应适用合同法第五十五条关于一年除斥期间的规定。对方当事人对撤销合同

《民法典》	《民法总则》	《民法通则》	相关规范性法律文件
时效中止、中断和延长的规定。存续期间届满，撤销权、解除权等权利消灭。			请求权提出诉讼时效抗辩的，人民法院不予支持。 　　合同被撤销，返还财产、赔偿损失请求权的诉讼时效期间从合同被撤销之日起计算。 **《合同法解释（一）》第8条**　合同法第五十五条规定的"一年"、第七十五条和第一百零四条第二款规定的"五年"为不变期间，不适用诉讼时效中止、中断或者延长的规定。
第十章　期间计算	第十章　期间计算		
第200条　民法所称的期间按照公历年、月、日、小时计算。	**第200条** 同《民法典》第200条	**第154条**　民法所称的期间按照公历年、月、日、小时计算。 　　规定按照小时计算期间的，从规定时开始计算。规定按照日、月、年计算期间的，开始的当天不算入，从下一天开始计算。 　　期间的最后一天是星期日或者其他法定休假日的，以休假日的次日为期间的最后一天。 　　期间的最后一天的截止时间为二十四点。有业务时间的，到停止业务活动的时间截止。	
第201条　按照年、月、日计算期间的，开始的当日不计入，自下一日开始计算。 　　按照小时计算期间的，自法律规定或者当事人约定的时间开始计算。	**第201条** 同《民法典》第201条		
第202条　按照年、月计算期间的，到期月的对应日为期间的最后一日;没有对应日的，月末日为期间的最后一日。	**第202条** 同《民法典》第202条		
第203条　期间的最后一日是法定休假日的，以法定休假日结束的次日为期间的最后一日。 　　期间的最后一日的截止时间为二十四时;有业务时间的，停止业务活动的时间为截止时间。	**第203条** 同《民法典》第203条		
第204条　期间的计算方法依照本法的规定，但是法律另有规定或者当事人另有约定的除外。	**第204条** 同《民法典》第204条	**第141条**　法律对诉讼时效另有规定的，依照法律规定。	

第二编 物 权

《民法典》	《物权法》	相关规范性法律文件
第二编 物 权		
第一分编 通则	第一编 总则	
第一章 一般规定	第一章 基本原则	
第205条 本编调整因物的归属和利用产生的民事关系。	**第2条** 因物的归属和利用而产生的民事关系,适用本法。 **本法所称物,包括不动产和动产。法律规定权利作为物权客体的,依照其规定。** **本法所称物权,是指权利人依法对特定的物享有直接支配和排他的权利,包括所有权、用益物权和担保物权。**	《民法典总则编》第115条 物包括不动产和动产。法律规定权利作为物权客体的,依照其规定。
第206条 国家坚持**和完善**公有制为主体、多种所有制经济共同发展,**按劳分配为主体、多种分配方式并存,社会主义市场经济体制等**社会主义基本经济制度。 国家巩固和发展公有制经济,鼓励、支持和引导非公有制经济的发展。 国家实行社会主义市场经济,保障一切市场主体的平等法律地位和发展权利。	**第3条** 国家在社会主义初级阶段,坚持公有制为主体、多种所有制经济共同发展的基本经济制度。 国家巩固和发展公有制经济,鼓励、支持和引导非公有制经济的发展。 国家实行社会主义市场经济,保障一切市场主体的平等法律地位和发展权利。	
第207条 国家、集体、私人的物权和其他权利人的物权受法律**平等**保护,任何组织或者个人不得侵犯。	**第4条** 国家、集体、私人的物权和其他权利人的物权受法律保护,任何单位和个人不得侵犯。	
第208条 不动产物权的设立、变更、转让和消灭,应当依照法律规定登记。动产物权的设立和转让,应当依照法律规定交付。	**第6条** 同《民法典》第208条	

《民法典》	《物权法》	相关规范性法律文件
第二章　物权的设立、变更、转让和消灭	第二章　物权的设立、变更、转让和消灭	
第一节　不动产登记	第一节　不动产登记	
第 209 条　不动产物权的设立、变更、转让和消灭，经依法登记，发生效力；未经登记，不发生效力，但是法律另有规定的除外。 依法属于国家所有的自然资源，所有权可以不登记。	**第 9 条**　不动产物权的设立、变更、转让和消灭，经依法登记，发生效力；未经登记，不发生效力，但法律另有规定的除外。 依法属于国家所有的自然资源，所有权可以不登记。	
第 210 条　不动产登记，由不动产所在地的登记机构办理。 国家对不动产实行统一登记制度。统一登记的范围、登记机构和登记办法，由法律、行政法规规定。	**第 10 条** 同《民法典》第 210 条	**《不动产登记暂行条例》第 4 条第 1 款**　国家实行不动产统一登记制度。 **《不动产登记暂行条例》第 7 条**　不动产登记由不动产所在地的县级人民政府不动产登记机构办理；直辖市、设区的市人民政府可以确定本级不动产登记机构统一办理所属各区的不动产登记。 跨县级行政区域的不动产登记，由所跨县级行政区域的不动产登记机构分别办理。不能分别办理的，由所跨县级行政区域的不动产登记机构协商办理；协商不成的，由共同的上一级人民政府不动产登记主管部门指定办理。 国务院确定的重点国有林区的森林、林木和林地，国务院批准项目用海、用岛，中央国家机关使用的国有土地等不动产登记，由国务院国土资源主管部门会同有关部门规定。
第 211 条　当事人申请登记，应当根据不同登记事项提供权属证明和不动产界址、面积等必要材料。	**第 11 条** 同《民法典》第 211 条	**《不动产登记暂行条例》第 16 条**　申请人应当提交下列材料，并对申请材料的真实性负责： （一）登记申请书； （二）申请人、代理人身份证明材料、授权委托书； （三）相关的不动产权属来源证明材料、登记原因证明文件、不动产权属证书；

《民法典》	《物权法》	相关规范性法律文件
		（四）不动产界址、空间界限、面积等材料； （五）与他人利害关系的说明材料； （六）法律、行政法规以及本条例实施细则规定的其他材料。 　　不动产登记机构应当在办公场所和门户网站公开申请登记所需材料目录和示范文本等信息。
第 212 条　登记机构应当履行下列职责： 　　（一）查验申请人提供的权属证明和其他必要材料； 　　（二）就有关登记事项询问申请人； 　　（三）如实、及时登记有关事项； 　　（四）法律、行政法规规定的其他职责。 　　申请登记的不动产的有关情况需要进一步证明的，登记机构可以要求申请人补充材料，必要时可以实地查看。	**第 12 条** 同《民法典》第 212 条	
第 213 条　登记机构不得有下列行为： 　　（一）要求对不动产进行评估； 　　（二）以年检等名义进行重复登记； 　　（三）超出登记职责范围的其他行为。	**第 13 条** 同《民法典》第 213 条	**《不动产登记暂行条例》第 30 条**　不动产登记机构工作人员进行虚假登记，损毁、伪造不动产登记簿，擅自修改登记事项，或者有其他滥用职权、玩忽职守行为的，依法给予处分；给他人造成损害的，依法承担赔偿责任；构成犯罪的，依法追究刑事责任。
第 214 条　不动产物权的设立、变更、转让和消灭，依照法律规定应当登记的，自记载于不动产登记簿时发生效力。	**第 14 条** 同《民法典》第 214 条	
第 215 条　当事人之间订立有关设立、变更、转让和消灭不动产物权的合同，除法律另有规定或者**当事人**另有约定外，自合同成立时生效；未办理物权登记的，不影响合同效力。	**第 15 条**　当事人之间订立有关设立、变更、转让和消灭不动产物权的合同，除法律另有规定或者合同另有约定外，自合同成立时生效；未办理物权登记的，不影响合同效力。	
第 216 条　不动产登记簿是物权归属和内容的根据。 　　不动产登记簿由登记机构管理。	**第 16 条**　不动产登记簿是物权归属和内容的根据。不动产登记簿由登记机构管理。	

《民法典》	《物权法》	相关规范性法律文件
第 217 条 不动产权属证书是权利人享有该不动产物权的证明。不动产权属证书记载的事项,应当与不动产登记簿一致;记载不一致的,除有证据证明不动产登记簿确有错误外,以不动产登记簿为准。	**第 17 条** 同《民法典》第 217 条	**《不动产登记暂行条例实施细则》第 20 条** 不动产登记机构应当根据不动产登记簿,填写并核发不动产权属证书或者不动产登记证明。除办理抵押权登记、地役权登记和预告登记、异议登记,向申请人核发不动产登记证明外,不动产登记机构应当依法向权利人核发不动产权属证书。
第 218 条 权利人、利害关系人可以申请查询、复制**不动产**登记资料,登记机构应当提供。	**第 18 条** 权利人、利害关系人可以申请查询、复制登记资料,登记机构应当提供。	**《不动产登记暂行条例》第 27 条** 权利人、利害关系人可以依法查询、复制不动产登记资料,不动产登记机构应当提供。有关国家机关可以依照法律、行政法规的规定查询、复制与调查处理事项有关的不动产登记资料。
第 219 条 利害关系人不得公开、非法使用权利人的**不动产登记资料。**	(无)	**《不动产登记暂行条例》第 28 条** 查询不动产登记资料的单位、个人应当向不动产登记机构说明查询目的,不得将查询获得的不动产登记资料用于其他目的;未经权利人同意,不得泄露查询获得的不动产登记资料。
第 220 条 权利人、利害关系人认为不动产登记簿记载的事项错误的,可以申请更正登记。不动产登记簿记载的权利人书面同意更正或者有证据证明登记确有错误的,登记机构应当予以更正。 不动产登记簿记载的权利人不同意更正的,利害关系人可以申请异议登记。登记机构予以异议登记,申请人自异议登记之日起十五日内不**提起诉讼的**,异议登记失效。异议登记不当,造成权利人损害的,权利人可以向申请人请求损害赔偿。	**第 19 条** 权利人、利害关系人认为不动产登记簿记载的事项错误的,可以申请更正登记。不动产登记簿记载的权利人书面同意更正或者有证据证明登记确有错误的,登记机构应当予以更正。 不动产登记簿记载的权利人不同意更正的,利害关系人可以申请异议登记。登记机构予以异议登记的,申请人在异议登记之日起十五日内不起诉,异议登记失效。异议登记不当,造成权利人损害的,权利人可以向申请人请求损害赔偿。	**《不动产登记暂行条例实施细则》第 79 条** 权利人、利害关系人认为不动产登记簿记载的事项有错误,可以申请更正登记。 权利人申请更正登记的,应当提交下列材料: (一)不动产权属证书; (二)证实登记确有错误的材料; (三)其他必要材料。 利害关系人申请更正登记的,应当提交利害关系材料、证实不动产登记簿记载错误的材料以及其他必要材料。 **《不动产登记暂行条例实施细则》第 82 条** 利害关系人认为不动产登记簿记载的事项错误,权利人不同意更正的,利害关系人可以申请异议登记。

《民法典》	《物权法》	相关规范性法律文件
		利害关系人申请异议登记的,应当提交下列材料: (一)证实对登记的不动产权利有利害关系的材料; (二)证实不动产登记簿记载的事项错误的材料; (三)其他必要材料。
第 221 条　当事人签订买卖房屋**的协议**或者**签订**其他不动产物权的协议,为保障将来实现物权,按照约定可以向登记机构申请预告登记。预告登记后,未经预告登记的权利人同意,处分该不动产的,不发生物权效力。 　预告登记后,债权消灭或者自能够进行不动产登记之日起九十日内未申请登记的,预告登记失效。	**第 20 条**　当事人签订买卖房屋或者其他不动产物权的协议,为保障将来实现物权,按照约定可以向登记机构申请预告登记。预告登记后,未经预告登记的权利人同意,处分该不动产的,不发生物权效力。 　预告登记后,债权消灭或者自能够进行不动产登记之日起三个月内未申请登记的,预告登记失效。	**《不动产登记暂行条例实施细则》第 85 条**　有下列情形之一的,当事人可以按照约定申请不动产预告登记: 　(一)商品房等不动产预售的; 　(二)不动产买卖、抵押的; 　(三)以预购商品房设定抵押权的; 　(四)法律、行政法规规定的其他情形。 　预告登记生效期间,未经预告登记的权利人书面同意,处分该不动产权利申请登记的,不动产登记机构应当不予办理。 　预告登记后,债权未消灭且自能够进行相应的不动产登记之日起 3 个月内,当事人申请不动产登记的,不动产登记机构应当按照预告登记事项办理相应的登记。
第 222 条　当事人提供虚假材料申请登记,**造成他人损害的,**应当承担赔偿责任。 　因登记错误,**造成他人损害的,**登记机构应当承担赔偿责任。登记机构赔偿后,可以向造成登记错误的人追偿。	**第 21 条**　当事人提供虚假材料申请登记,给他人造成损害的,应当承担赔偿责任。 　因登记错误,给他人造成损害的,登记机构应当承担赔偿责任。登记机构赔偿后,可以向造成登记错误的人追偿。	**《不动产登记暂行条例》第 29 条**　不动产登记机构登记错误给他人造成损害,或者当事人提供虚假材料申请登记给他人造成损害的,依照《中华人民共和国物权法》的规定承担赔偿责任。
第 223 条　不动产登记费按件收取,不得按照不动产的面积、体积或者价款的比例收取。	**第 22 条**　不动产登记费件收取,不得按照不动产的面积、体积或者价款的比例收取。**具体收费标准由国务院有关部门会同价格主管部门规定。**	

《民法典》	《物权法》	相关规范性法律文件
第二节 动产交付	**第二节 动产交付**	
第 224 条 动产物权的设立和转让,自交付时发生效力,但**是**法律另有规定的除外。	**第 23 条** 动产物权的设立和转让,自交付时发生效力,但法律另有规定的除外。	
第 225 条 船舶、航空器和机动车**等的物权**的设立、变更、转让和消灭,未经登记,不得对抗善意第三人。	**第 24 条** 船舶、航空器和机动车等物权的设立、变更、转让和消灭,未经登记,不得对抗善意第三人。	
第 226 条 动产物权设立和转让前,权利人已经占有该动产的,物权自**民事**法律行为生效时发生效力。	**第 25 条** 动产物权设立和转让前,权利人已经**依法**占有该动产的,物权自法律行为生效时发生效力。	
第 227 条 动产物权设立和转让前,**第三人占有**该动产的,负有交付义务的人可以通过转让请求第三人返还原物的权利代替交付。	**第 26 条** 动产物权设立和转让前,第三人**依法**占有该动产的,负有交付义务的人可以通过转让请求第三人返还原物的权利代替交付。	
第 228 条 动产物权转让时,**当事人**又约定由出让人继续占有该动产的,物权自该约定生效时发生效力。	**第 27 条** 动产物权转让时,双方又约定由出让人继续占有该动产的,物权自该约定生效时发生效力。	
第三节 其他规定	**第三节 其他规定**	
第 229 条 因人民法院、**仲裁机构**的法律文书或者人民政府的征收决定等,导致物权设立、变更、转让或者消灭的,自法律文书或者**征收决定**等生效时发生效力。	**第 28 条** 因人民法院、仲裁委员会的法律文书或者人民政府的征收决定等,导致物权设立、变更、转让或者消灭的,自法律文书或者人民政府的征收决定等生效时发生效力。	
第 230 条 因继承取得物权的,**自继承开始时发生效力。**	**第 29 条** 因继承**或者受遗赠**取得物权的,自继承**或者受遗赠**开始时发生效力。	
第 231 条 因合法建造、拆除房屋等事实行为设立或者消灭物权的,自事实行为成就时发生效力。	**第 30 条** 同《民法典》第 231 条	
第 232 条 **处分依照本节规定享有的不动产物权**,依照法律规定需要办理登记的,未经登记,不发生物权效力。	**第 31 条** 依照本法第二十八条至第三十条规定享有不动产物权的,处分该物权时,依照法律规定需要办理登记的,未经登记,不发生物权效力。	

《民法典》	《物权法》	相关规范性法律文件
第三章 物权的保护	**第三章 物权的保护**	
第 233 条 物权受到侵害的,权利人可以通过和解、调解、仲裁、诉讼等途径解决。	**第 32 条** 同《民法典》第 233 条	
第 234 条 因物权的归属、内容发生争议的,利害关系人可以请求确认权利。	**第 33 条** 同《民法典》第 234 条	
第 235 条 无权占有不动产或者动产的,权利人可以请求返还原物。	**第 34 条** 同《民法典》第 235 条	
第 236 条 妨害物权或者可能妨害物权的,权利人可以请求排除妨害或者消除危险。	**第 35 条** 同《民法典》第 236 条	
第 237 条 造成不动产或者动产毁损的,权利人可以**依法**请求修理、重作、更换或者恢复原状。	**第 36 条** 造成不动产或动产毁损的,权利人可以请求修理、重作、更换或者恢复原状。	
第 238 条 侵害物权,造成权利人损害的,权利人可以**依法**请求损害赔偿,也可以**依法**请求承担其他民事责任。	**第 37 条** 侵害物权,造成权利人损害的,权利人可以请求损害赔偿,也可以请求承担其他民事责任。	
第 239 条 本章规定的物权保护方式,可以单独适用,也可以根据权利被侵害的情形合并适用。	**第 38 条** 本章规定的物权保护方式,可以单独适用,也可以根据权利被侵害的情形合并适用。 **侵害物权,除承担民事责任外,违反行政管理规定的,依法承担行政责任;构成犯罪的,依法追究刑事责任。**	
第二分编 所有权	**第二编 所有权**	
第四章 一般规定	**第四章 一般规定**	
第 240 条 所有权人对自己的不动产或者动产,依法享有占有、使用、收益和处分的权利。	**第 39 条** 同《民法典》第 240 条	
第 241 条 所有权人有权在自己的不动产或者动产上设立用益物权和担保物权。用益物权人、担保物权人行使权利,不得损害所有权人的权益。	**第 40 条** 同《民法典》第 241 条	

《民法典》	《物权法》	相关规范性法律文件
第 242 条 法律规定专属于国家所有的不动产和动产,任何**组织或者**个人不能取得所有权。	**第 41 条** 法律规定专属于国家所有的不动产和动产,任何单位和个人不能取得所有权。	
第 243 条 为了公共利益的需要,依照法律规定的权限和程序可以征收集体所有的土地和组织、个人的房屋**以及其他**不动产。 征收集体所有的土地,应当依法**及时**足额支付土地补偿费、安置补助费**以及农村村民住宅、其他地上附着物和青苗等的补偿费用**,并安排被征地农民的社会保障费用,保障被征地农民的生活,维护被征地农民的合法权益。 征收**组织**、个人的房屋**以及**其他不动产,应当依法给予**征收**补偿,维护被征收人的合法权益;征收个人住宅的,还应当保障被征收人的居住条件。 任何**组织或者**个人不得贪污、挪用、私分、截留、拖欠征收补偿费等费用。	**第 42 条** 为了公共利益的需要,依照法律规定的权限和程序可以征收集体所有的土地和单位、个人的房屋及其他不动产。 征收集体所有的土地,应当依法足额支付土地补偿费、安置补助费、地上附着物和青苗的补偿费等费用,安排被征地农民的社会保障费用,保障被征地农民的生活,维护被征地农民的合法权益。 征收单位、个人的房屋及其他不动产,应当依法给予拆迁补偿,维护被征收人的合法权益;征收个人住宅的,还应当保障被征收人的居住条件。 任何单位和个人不得贪污、挪用、私分、截留、拖欠征收补偿费等费用。	**《土地管理法》第 2 条第 4款** 国家为了公共利益的需要,可以依法对土地实行征收或者征用并给予补偿。 **《国有土地上房屋征收与补偿条例》第 2 条** 为了公共利益的需要,征收国有土地上单位、个人的房屋,应当对被征收房屋所有权人(以下称被征收人)给予公平补偿。
第 244 条 国家对耕地实行特殊保护,严格限制农用地转为建设用地,控制建设用地总量。不得违反法律规定的权限和程序征收集体所有的土地。	**第 43 条** 同《民法典》第 244 条	**《土地管理法》第 3 条** 十分珍惜、合理利用土地和切实保护耕地是我国的基本国策。各级人民政府应当采取措施,全面规划,严格管理,保护、开发土地资源,制止非法占用土地的行为。 **《土地管理法》第 23 条第 1款** 各级人民政府应当加强土地利用计划管理,实行建设用地总量控制。 **《土地管理法》第 30 条第 1款** 国家保护耕地,严格控制耕地转为非耕地。
第 245 条 因抢险、**疫情防控**等紧急需要,依照法律规定的权限和程序可以征用**组织**、个人的不动产或者动产。被征用的不动产或者动产使用后,应当返还被征用人。**组织**、个人的不动产或者动产被征用或者征用后毁损、灭失的,应当给予补偿。	**第 44 条** 因抢险、救灾等紧急需要,依照法律规定的权限和程序可以征用单位、个人的不动产或者动产。被征用的不动产或者动产使用后,应当返还被征用人。单位、个人的不动产或者动产被征用或者征用后毁损、灭失的,应当给予补偿。	

《民法典》	《物权法》	相关规范性法律文件
第五章　国家所有权和集体所有权、私人所有权	**第五章　国家所有权和集体所有权、私人所有权**	
第 246 条　法律规定属于国家所有的财产，属于国家所有即全民所有。 　国有财产由国务院代表国家行使所有权。<u>法律另有规定的，依照其规定。</u>	**第 45 条**　法律规定属于国家所有的财产，属于国家所有即全民所有。 　国有财产由国务院代表国家行使所有权；法律另有规定的，依照其规定。	
第 247 条　矿藏、水流、海域属于国家所有。	**第 46 条** 同《民法典》第 247 条	
第 248 条　无居民海岛属于国家所有，国务院代表国家行使无居民海岛所有权。	（无）	《海岛保护法》第 4 条　无居民海岛属于国家所有，国务院代表国家行使无居民海岛所有权。
第 249 条　城市的土地，属于国家所有。法律规定属于国家所有的农村和城市郊区的土地，属于国家所有。	**第 47 条** 同《民法典》第 249 条	
第 250 条　森林、山岭、草原、荒地、滩涂等自然资源，属于国家所有，但**是**法律规定属于集体所有的除外。	**第 48 条**　森林、山岭、草原、荒地、滩涂等自然资源，属于国家所有，但法律规定属于集体所有的除外。	
第 251 条　法律规定属于国家所有的野生动植物资源，属于国家所有。	**第 49 条** 同《民法典》第 251 条	
第 252 条　无线电频谱资源属于国家所有。	**第 50 条** 同《民法典》第 252 条	
第 253 条　法律规定属于国家所有的文物，属于国家所有。	**第 51 条** 同《民法典》第 253 条	
第 254 条　国防资产属于国家所有。 　铁路、公路、电力设施、电信设施和油气管道等基础设施，依照法律规定为国家所有的，属于国家所有。	**第 52 条** 同《民法典》第 254 条	
第 255 条　国家机关对其直接支配的不动产和动产，享有占有、使用以及依照法律和国务院的有关规定处分的权利。	**第 53 条** 同《民法典》第 255 条	
第 256 条　国家举办的事业单位对其直接支配的不动产和动产，享有占有、使用以及依照法律和国务院的有关规定收益、处分的权利。	**第 54 条** 同《民法典》第 256 条	

《民法典》	《物权法》	相关规范性法律文件
第 257 条 国家出资的企业,由国务院、地方人民政府依照法律、行政法规规定分别代表国家履行出资人职责,享有出资人权益。	**第 55 条** 同《民法典》第 257 条	
第 258 条 国家所有的财产受法律保护,禁止任何**组织或者**个人侵占、哄抢、私分、截留、破坏。	**第 56 条** 国家所有的财产受法律保护,禁止任何单位和个人侵占、哄抢、私分、截留、破坏。	
第 259 条 履行国有财产管理、监督职责的机构及其工作人员,应当依法加强对国有财产的管理、监督,促进国有财产保值增值,防止国有财产损失;滥用职权,玩忽职守,造成国有财产损失的,应当依法承担法律责任。 违反国有财产管理规定,在企业改制、合并分立、关联交易等过程中,低价转让、合谋私分、擅自担保或者以其他方式造成国有财产损失的,应当依法承担法律责任。	**第 57 条** 同《民法典》第 259 条	
第 260 条 集体所有的不动产和动产包括: (一)法律规定属于集体所有的土地和森林、山岭、草原、荒地、滩涂; (二)集体所有的建筑物、生产设施、农田水利设施; (三)集体所有的教育、科学、文化、卫生、体育等设施; (四)集体所有的其他不动产和动产。	**第 58 条** 同《民法典》第 260 条	
第 261 条 农民集体所有的不动产和动产,属于本集体成员集体所有。 下列事项应当依照法定程序经本集体成员决定: (一)土地承包方案以及将土地发包给本集体以外的**组织**或者个人承包; (二)个别土地承包经营权人之间承包地的调整; (三)土地补偿费等费用的使用、分配办法; (四)集体出资的企业的所有权变动等事项; (五)法律规定的其他事项。	**第 59 条** 农民集体所有的不动产和动产,属于本集体成员集体所有。 下列事项应当依照法定程序经本集体成员决定: (一)土地承包方案以及将土地发包给本集体以外的单位或者个人承包; (二)个别土地承包经营权人之间承包地的调整; (三)土地补偿费等费用的使用、分配办法; (四)集体出资的企业的所有权变动等事项; (五)法律规定的其他事项。	

《民法典》	《物权法》	相关规范性法律文件
第 262 条　对于集体所有的土地和森林、山岭、草原、荒地、滩涂等，依照下列规定行使所有权： （一）属于村农民集体所有的，由村集体经济组织或者村民委员会**依法**代表集体行使所有权； （二）分别属于村内两个以上农民集体所有的，由村内各该集体经济组织或者村民小组**依法**代表集体行使所有权； （三）属于乡镇农民集体所有的，由乡镇集体经济组织代表集体行使所有权。	**第 60 条**　对于集体所有的土地和森林、山岭、草原、荒地、滩涂等，依照下列规定行使所有权： （一）属于村农民集体所有的，由村集体经济组织或者村民委员会代表集体行使所有权； （二）分别属于村内两个以上农民集体所有的，由村内各该集体经济组织或者村民小组代表集体行使所有权； （三）属于乡镇农民集体所有的，由乡镇集体经济组织代表集体行使所有权。	
第 263 条　城镇集体所有的不动产和动产，依照法律、行政法规的规定由本集体享有占有、使用、收益和处分的权利。	**第 61 条** 同《民法典》第 263 条	
第 264 条　**农村**集体经济组织或者村民委员会、村民小组应当依照法律、行政法规以及章程、村规民约向本集体成员公布集体财产的状况。**集体成员有权查阅、复制相关资料。**	**第 62 条**　集体经济组织或者村民委员会、村民小组应当依照法律、行政法规以及章程、村规民约向本集体成员公布集体财产的状况。	
第 265 条　集体所有的财产受法律保护，禁止任何**组织或者**个人侵占、哄抢、私分、破坏。 **农村**集体经济组织、村民委员会或者其负责人作出的决定侵害集体成员合法权益的，受侵害的集体成员可以请求人民法院予以撤销。	**第 63 条**　集体所有的财产受法律保护，禁止任何单位和个人侵占、哄抢、私分、破坏。 集体经济组织、村民委员会或者其负责人作出的决定侵害集体成员合法权益的，受侵害的集体成员可以请求人民法院予以撤销。	
第 266 条　私人对其合法的收入、房屋、生活用品、生产工具、原材料等不动产和动产享有所有权。	**第 64 条** 同《民法典》第 266 条	
第 267 条　私人的合法财产受法律保护，禁止任何**组织**或者个人侵占、哄抢、破坏。	**第 66 条**　私人的合法财产受法律保护，禁止任何单位和个人侵占、哄抢、破坏。	

《民法典》	《物权法》	相关规范性法律文件
第 268 条　国家、集体和私人依法可以出资设立有限责任公司、股份有限公司或者其他企业。国家、集体和私人所有的不动产或者动产投到企业的，由出资人按照约定或者出资比例享有资产收益、重大决策以及选择经营管理者等权利并履行义务。	第 67 条　国家、集体和私人依法可以出资设立有限责任公司、股份有限公司或者其他企业。国家、集体和私人所有的不动产或者动产，投到企业的，由出资人按照约定或者出资比例享有资产收益、重大决策以及选择经营管理者等权利并履行义务。	
第 269 条　**营利法人**对其不动产和动产依照法律、行政法规以及章程享有占有、使用、收益和处分的权利。 　　**营利法人**以外的法人，对其不动产和动产的权利，适用有关法律、行政法规以及章程的规定。	第 68 条　企业法人对其不动产和动产依照法律、行政法规以及章程享有占有、使用、收益和处分的权利。 　　企业法人以外的法人，对其不动产和动产的权利，适用有关法律、行政法规以及章程的规定。	
第 270 条　**社会团体法人、捐助法人**依法所有的不动产和动产，受法律保护。	第 69 条　社会团体依法所有的不动产和动产，受法律保护。	
第六章　业主的建筑物区分所有权	**第六章　业主的建筑物区分所有权**	
第 271 条　业主对建筑物内的住宅、经营性用房等专有部分享有所有权，对专有部分以外的共有部分享有共有和共同管理的权利。	第 70 条 同《民法典》第 271 条	
第 272 条　业主对其建筑物专有部分享有占有、使用、收益和处分的权利。业主行使权利不得危及建筑物的安全，不得损害其他业主的合法权益。	第 71 条 同《民法典》第 272 条	
第 273 条　业主对建筑物专有部分以外的共有部分，享有权利，承担义务；不得以放弃权利**为由**不履行义务。 　　业主转让建筑物内的住宅、经营性用房，其对共有部分享有的共有和共同管理的权利一并转让。	第 72 条　业主对建筑物专有部分以外的共有部分，享有权利，承担义务；不得以放弃权利不履行义务。 　　业主转让建筑物内的住宅、经营性用房，其对共有部分享有的共有和共同管理的权利一并转让。	《建筑物区分所有权纠纷解释》第 4 条　业主基于对住宅、经营性用房等专有部分特定使用功能的合理需要，无偿利用屋顶以及与其专有部分相对应的外墙面等共有部分的，不应认定为侵权。但违反法律、法规、管理规约，损害他人合法权益的除外。

《民法典》	《物权法》	相关规范性法律文件
第 274 条　建筑区划内的道路,属于业主共有,但<u>是</u>属于城镇公共道路的除外。建筑区划内的绿地,属于业主共有,但<u>是</u>属于城镇公共绿地或者明示属于个人的除外。建筑区划内的其他公共场所、公用设施和物业服务用房,属于业主共有。	**第 73 条**　建筑区划内的道路,属于业主共有,但属于城镇公共道路的除外。建筑区划内的绿地,属于业主共有,但属于城镇公共绿地或者明示属于个人的除外。建筑区划内的其他公共场所、公用设施和物业服务用房,属于业主共有。	
第 275 条　建筑区划内,规划用于停放汽车的车位、车库的归属,由当事人通过出售、附赠或者出租等方式约定。 　　占用业主共有的道路或者其他场地用于停放汽车的车位,属于业主共有。	**第 74 条第 2 款、第 3 款** 同《民法典》第 275 条	《建筑物区分所有权纠纷解释》**第 6 条**　建筑区划内在规划用于停放汽车的车位之外,占用业主共有道路或者其他场地增设的车位,应当认定为物权法第七十四条第三款所称的车位。
第 276 条　建筑区划内,规划用于停放汽车的车位、车库应当首先满足业主的需要。	**第 74 条第 1 款** 同《民法典》第 276 条	《建筑物区分所有权纠纷解释》**第 5 条**　建设单位按照配置比例将车位、车库,以出售、附赠或者出租等方式处分给业主的,应当认定其行为符合物权法第七十四条第一款有关"应当首先满足业主的需要"的规定。 　　前款所称配置比例是指规划确定的建筑区划内规划用于停放汽车的车位、车库与房屋套数的比例。
第 277 条　业主可以设立业主大会,选举业主委员会。<u>业主大会、业主委员会成立的具体条件和程序,依照法律、法规的规定。</u> 　　地方人民政府有关部门、<u>居民委员会</u>应当对设立业主大会和选举业主委员会给予指导和协助。	**第 75 条**　业主可以设立业主大会,选举业主委员会。 　　地方人民政府有关部门应当对设立业主大会和选举业主委员会给予指导和协助。	《物业管理条例》**第 8 条**　物业管理区域内全体业主组成业主大会。 　　业主大会应当代表和维护物业管理区域内全体业主在物业管理活动中的合法权益。 　　《物业管理条例》**第 9 条**　一个物业管理区域成立一个业主大会。 　　物业管理区域的划分应当考虑物业的共用设施设备、建筑物规模、社区建设等因素。具体办法由省、自治区、直辖市制定。

《民法典》	《物权法》	相关规范性法律文件
第278条 下列事项由业主共同决定： （一）制定和修改业主大会议事规则； （二）制定和修改管理规约； （三）选举业主委员会或者更换业主委员会成员； （四）选聘和解聘物业服务企业或者其他管理人； （五）**使用建筑物及其附属设施的维修资金**； （六）**筹集建筑物及其附属设施的维修资金**； （七）改建、重建建筑物及其附属设施； （八）**改变共有部分的用途或者利用共有部分从事经营活动**； （九）有关共有和共同管理权利的其他重大事项。 **业主共同决定事项，应当由专有部分面积占比三分之二以上的业主且人数占比三分之二以上的业主参与表决。决定前款第六项至第八项规定的事项，应当经参与表决专有部分面积四分之三以上的业主且参与表决人数四分之三以上的业主同意。**决定前款其他事项，应当经**参与表决**专有部分**面积**过半数的业主且**参与表决人数**过半数的业主同意。	第76条 下列事项由业主共同决定： （一）制定和修改业主大会议事规则； （二）制定和修改**建筑物及其附属设施**的管理规约； （三）选举业主委员会或者更换业主委员会成员； （四）选聘和解聘物业服务企业或者其他管理人； （五）筹集和使用建筑物及其附属设施的维修资金； （六）改建、重建建筑物及其附属设施； （七）有关共有和共同管理权利的其他重大事项。 **决定前款第五项和第六项规定的事项，应当经专有部分占建筑物总面积三分之二以上的业主且占总人数三分之二以上的业主同意。**决定前款其他事项，应当经专有部分占建筑物总面积过半数的业主**且占总人数**过半数的业主同意。	《物业管理条例》第11条 下列事项由业主共同决定： （一）制定和修改业主大会议事规则； （二）制定和修改管理规约； （三）选举业主委员会或者更换业主委员会成员； （四）选聘和解聘物业服务企业； （五）筹集和使用专项维修资金； （六）改建、重建建筑物及其附属设施； （七）有关共有和共同管理权利的其他重大事项。 《物业管理条例》第12条 业主大会会议可以采用集体讨论的形式，也可以采用书面征求意见的形式；但是，应当有物业管理区域内专有部分占建筑物总面积过半数的业主且占总人数过半数的业主参加。 业主可以委托代理人参加业主大会会议。 业主大会决定本条例第十一条第(五)项和第(六)项规定的事项，应当经专有部分占建筑物总面积2/3以上的业主且占总人数2/3以上的业主同意；决定本条例第十一条规定的其他事项，应当经专有部分占建筑物总面积过半数的业主且占总人数过半数的业主同意。 业主大会或者业主委员会的决定，对业主具有约束力。 业主大会或者业主委员会作出的决定侵害业主合法权益的，受侵害的业主可以请求人民法院予以撤销。
第279条 业主不得违反法律、法规以及管理规约，将住宅改变为经营性用房。业主将住宅改变为经营性用房的，除遵守法律、法规以及管理规约外，应当经有利害关系的业主**一致**同意。	第77条 业主不得违反法律、法规以及管理规约，将住宅改变为经营性用房。业主将住宅改变为经营性用房的，除遵守法律、法规以及管理规约外，应当经有利害关系的业主同意。	《建筑物区分所有权纠纷解释》第10条 业主将住宅改变为经营性用房，未按照物权法第七十七条的规定经有利害关系的业主同意，有利害关系的业主请求排除妨害、消除危险、恢复原状或者赔偿损失的，人民法院应予支持。

《民法典》	《物权法》	相关规范性法律文件
		将住宅改变为经营性用房的业主以多数有利害关系的业主同意其行为进行抗辩的,人民法院不予支持。
第 280 条　业主大会或者业主委员会的决定,对业主具有**法律**约束力。 　　业主大会或者业主委员会作出的决定侵害业主合法权益的,受侵害的业主可以请求人民法院予以撤销。	**第 78 条**　业主大会或者业主委员会的决定,对业主具有约束力。 　　业主大会或者业主委员会作出的决定侵害业主合法权益的,受侵害的业主可以请求人民法院予以撤销。	**《物业管理条例》第 12 条第4 款、第 5 款**　业主大会或者业主委员会的决定,对业主具有约束力。 　　业主大会或者业主委员会作出的决定侵害业主合法权益的,受侵害的业主可以请求人民法院予以撤销。
第 281 条　建筑物及其附属设施的维修资金,属于业主共有。经业主共同决定,可以用于电梯、**屋顶、外墙、无障碍设施等**共有部分的维修、**更新和改造。**建筑物及其附属设施的维修资金的筹集、使用情况应当**定期**公布。 　　**紧急情况下需要维修建筑物及其附属设施的,业主大会或者业主委员会可以依法申请使用建筑物及其附属设施的维修资金。**	**第 79 条**　建筑物及其附属设施的维修资金,属于业主共有。经业主共同决定,可以用于电梯、水箱等共有部分的维修。维修资金的筹集、使用情况应当公布。	**《物业管理条例》第 53条**　住宅物业、住宅小区内的非住宅物业或者与单幢住宅楼结构相连的非住宅物业的业主,应当按照国家有关规定交纳专项维修资金。 　　专项维修资金属于业主所有,专项用于物业保修期满后物业共用部位、共用设施设备的维修和更新、改造,不得挪作他用。 　　专项维修资金收取、使用、管理的办法由国务院建设行政主管部门会同国务院财政部门制定。
第 282 条　**建设单位、物业服务企业或者其他管理人等利用业主的共有部分产生的收入,在扣除合理成本之后,属于业主共有。**	(无)	**《物业管理条例》第 54条**　利用物业共用部位、共用设施设备进行经营的,应当在征得相关业主、业主大会、物业服务企业的同意后,按照规定办理有关手续。业主所得收益应当主要用于补充专项维修资金,也可以按照业主大会的决定使用。
第 283 条　建筑物及其附属设施的费用分摊、收益分配等事项,有约定的,按照约定;没有约定或者约定不明确的,按照业主专有部分**面积所占比例**确定。	**第 80 条**　建筑物及其附属设施的费用分摊、收益分配等事项,有约定的,按照约定;没有约定或者约定不明确的,按照业主专有部分占建筑物总面积的比例确定。	
第 284 条　业主可以自行管理建筑物及其附属设施,也可以委托物业服务企业或者其他管理人管理。 　　对建设单位聘请的物业服务企业或者其他管理人,业主有权依法更换。	**第 81 条** 同《民法典》第 284 条	

《民法典》	《物权法》	相关规范性法律文件
第285条 物业服务企业或其他管理人根据业主的委托,**依照本法第三编有关物业服务合同的规定**管理建筑区划内的建筑物及其附属设施,接受业主的监督,**并及时答复业主对物业服务情况提出的询问。** **物业服务企业或者其他管理人应当执行政府依法实施的应急处置措施和其他管理措施,积极配合开展相关工作。**	**第82条** 物业服务企业或者其他管理人根据业主的委托管理建筑区划内的建筑物及其附属设施,并接受业主的监督。	
第286条 业主应当遵守法律、法规以及管理规约,**相关行为应当符合节约资源、保护生态环境的要求。对于物业服务企业或其他管理人执行政府依法实施的应急处置措施和其他管理措施,业主应当依法予以配合。** 业主大会**或者**业主委员会,对任意弃置垃圾、排放污染物或者噪声、违反规定饲养动物、违章搭建、侵占通道、拒付物业费等损害他人合法权益的行为,有权依照法律、法规以及管理规约,**请求**行为人停止侵害、**排除妨碍**、消除危险、**恢复原状**、赔偿损失。 **业主或者其他行为人拒不履行相关义务的,有关当事人可以向有关行政主管部门报告或者投诉,有关行政主管部门应当依法处理。**	**第83条** 业主应当遵守法律、法规以及管理规约。 业主大会和业主委员会,对任意弃置垃圾、排放污染物或者噪声、违反规定饲养动物、违章搭建、侵占通道、拒付物业费等损害他人合法权益的行为,有权依照法律、法规以及管理规约,要求行为人停止侵害、消除危险、排除妨害、赔偿损失。业主对侵害自己合法权益的行为,**可以依法向人民法院提起诉讼。**	
第287条 **业主对建设单位、物业服务企业或者其他管理人以及其他业主侵害自己合法权益的行为,有权请求其承担民事责任。**	**第83条第2款第2句** 业主对侵害自己合法权益的行为,可以依法向人民法院提起诉讼。	
第七章 相邻关系	**第七章 相邻关系**	
第288条 不动产的相邻权利人应当按照有利生产、方便生活、团结互助、公平合理的原则,正确处理相邻关系。	**第84条** 同《民法典》第288条	《民法通则》第83条 不动产的相邻各方,应当按照有利生产、方便生活、团结互助、公平合理的精神,正确处理截水、排水、通行、通风、采光等方面的相邻关系。给相邻方造成妨碍或者损失的,应当停止侵害,排除妨碍,赔偿损失。

《民法典》	《物权法》	相关规范性法律文件
第 289 条　法律、法规对处理相邻关系有规定的,依照其规定;法律、法规没有规定的,可以按照当地习惯。	**第 85 条** 同《民法典》第 289 条	
第 290 条　不动产权利人应当为相邻权利人用水、排水提供必要的便利。 　　对自然流水的利用,应当在不动产的相邻权利人之间合理分配。对自然流水的排放,应当尊重自然流向。	**第 86 条** 同《民法典》第 290 条	《民通意见》**第 98 条**　一方擅自堵截或者独占自然流水,影响他方正常生产、生活的,他方有权请求排除妨碍;造成他方损失的,应负赔偿责任。 　　《民通意见》**第 99 条**　相邻一方必须使用另一方的土地排水的,应予以准许;但应在必要限度内使用并采取适当的保护措施排水,如仍造成损失的,由受益人合理补偿。 　　相邻一方可以采取其他合理的措施排水而未采取,向他方土地排水毁损或者可能毁损他方财产,他方要求致害人停止侵害、消除危险、恢复原状、赔偿损失的,应当予以支持。
第 291 条　不动产权利人对相邻权利人因通行等必须利用其土地的,应当提供必要的便利。	**第 87 条** 同《民法典》第 291 条	《民通意见》**第 100 条**　一方必须在相邻一方使用的土地上通行的,应当予以准许;因此造成损失的,应当给予适当补偿。 　　《民通意见》**第 101 条**　对于一方所有的或者使用的建筑物范围内历史形成的必经通道,所有权人或者使用权人不得堵塞。因堵塞影响他人生产、生活,他人要求排除妨碍或者恢复原状的,应当予以支持。但有条件另开通道的,也可以另开通道。
第 292 条　不动产权利人因建造、修缮建筑物以及铺设电线、电缆、水管、暖气和燃气管线等必须利用相邻土地、建筑物的,该土地、建筑物的权利人应当提供必要的便利。	**第 88 条** 同《民法典》第 292 条	《民通意见》**第 97 条**　相邻一方因修建施工临时占用他方使用的土地,占用的一方如未按照双方约定的范围、用途和期限使用的,应当责令其及时清理现场,排除妨碍,恢复原状,赔偿损失。
第 293 条　建造建筑物,不得违反国家有关工程建设标准,**不得**妨碍相邻建筑物的通风、采光和日照。	**第 89 条**　建造建筑物,不得违反国家有关工程建设标准,妨碍相邻建筑物的通风、采光和日照。	

《民法典》	《物权法》	相关规范性法律文件
第 294 条 不动产权利人不得违反国家规定弃置固体废物,排放大气污染物、水污染物、**土壤污染物、噪声、光辐射**、电磁辐射等有害物质。	**第 90 条** 不动产权利人不得违反国家规定弃置固体废物,排放大气污染物、水污染物、噪声、光、电磁波辐射等有害物质。	
第 295 条 不动产权利人挖掘土地、建造建筑物、铺设管线以及安装设备等,不得危及相邻不动产的安全。	**第 91 条** 同《民法典》第 295 条	**《民通意见》第 103 条** 相邻一方在自己使用的土地上挖水沟、水池、地窖等或者种植的竹木根枝伸延危及另一方建筑物的安全和正常使用的,应当分别情况,责令其消除危险,恢复原状,赔偿损失。
第 296 条 不动产权利人因用水、排水、通行、铺设管线等利用相邻不动产的,应当尽量避免对相邻的不动产权利人造成损害。	**第 92 条** 不动产权利人因用水、排水、通行、铺设管线等利用相邻不动产的,应当尽量避免对相邻的不动产权利人造成损害;**造成损害的,应当给予赔偿。**	
第八章 共有	**第八章 共有**	
第 297 条 不动产或者动产可以由两个以上**组织**、个人共有。共有包括按份共有和共同共有。	**第 93 条** 不动产或者动产可以由两个以上单位、个人共有。共有包括按份共有和共同共有。	**《民法通则》第 78 条** 财产可以由两个以上的公民、法人共有。 共有分为按份共有和共同共有。按份共有人按照各自的份额,对共有财产分享权利,分担义务。共同共有人对共有财产享有权利,承担义务。 按份共有财产的每个共有人有权要求将自己的份额分出或者转让。但在出售时,其他共有人在同等条件下,有优先购买的权利。
第 298 条 按份共有人对共有的不动产或者动产按照其份额享有所有权。	**第 94 条** 同《民法典》第 298 条	
第 299 条 共同共有人对共有的不动产或者动产共同享有所有权。	**第 95 条** 同《民法典》第 299 条	
第 300 条 共有人按照约定管理共有的不动产或者动产;没有约定或者约定不明确的,各共有人都有管理的权利和义务。	**第 96 条** 同《民法典》第 300 条	
第 301 条 处分共有的不动产或者动产以及对共有的不动产或者动产作重大修缮、**变更性质或者用途的**,应当经占份额三分之二以上的按份共有人或者全体共同共有人同意,但**是**共有人之间另有约定的除外。	**第 97 条** 处分共有的不动产或者动产以及对共有的不动产或者动产作重大修缮的,应当经占份额三分之二以上的按份共有人或者全体共同共有人同意,但共有人之间另有约定的除外。	

《民法典》	《物权法》	相关规范性法律文件
第 302 条 共有人对共有物的管理费用以及其他负担,有约定的,按照**其**约定;没有约定或者约定不明确的,按份共有人按照其份额负担,共同共有人共同负担。	**第 98 条** 对共有物的管理费用以及其他负担,有约定的,按照约定;没有约定或者约定不明确的,按份共有人按照其份额负担,共同共有人共同负担。	
第 303 条 共有人约定不得分割共有的不动产或者动产,以维持共有关系的,应当按照约定,但**是**共有人有重大理由需要分割的,可以请求分割;没有约定或者约定不明确的,按份共有人可以随时请求分割,共同共有人在共有的基础丧失或者有重大理由需要分割时可以请求分割。因分割**造成其他共有人损害的**,应当给予赔偿。	**第 99 条** 共有人约定不得分割共有的不动产或者动产,以维持共有关系的,应当按照约定,但共有人有重大理由需要分割的,可以请求分割;没有约定或者约定不明确的,按份共有人可以随时请求分割,共同共有人在共有的基础丧失或者有重大理由需要分割时可以请求分割。因分割对其他共有人造成损害的,应当给予赔偿。	
第 304 条 共有人可以协商确定分割方式。达不成协议,共有的不动产或者动产可以分割且不会因分割减损价值的,应当对实物予以分割;难以分割或者因分割会减损价值的,应当对折价或者拍卖、变卖取得的价款予以分割。 共有人分割所得的不动产或者动产有瑕疵的,其他共有人应当分担损失。	**第 100 条** 共有人可以协商确定分割方式。达不成协议,共有的不动产或者动产可以分割并且不会因分割减损价值的,应当对实物予以分割;难以分割或者因分割会减损价值的,应当对折价或者拍卖、变卖取得的价款予以分割。 共有人分割所得的不动产或者动产有瑕疵的,其他共有人应当分担损失。	
第 305 条 按份共有人可以转让其享有的共有的不动产或者动产份额。其他共有人在同等条件下享有优先购买的权利。	**第 101 条** 同《民法典》第 305 条	**《民法通则》第 78 条第 3 款** 按份共有财产的每个共有人有权要求将自己的份额分出或者转让。但在出售时,其他共有人在同等条件下,有优先购买的权利。
第 306 条 按份共有人转让其享有的共有的不动产或者动产份额的,应当将转让条件及时通知其他共有人。其他共有人应当在合理期限内行使优先购买权。 两个以上其他共有人主张行使优先购买权的,协商确定各自的购买比例;协商不成的,按照转让时各自的共有份额比例行使优先购买权。	(无)	**《物权法解释(一)》第 12 条第 1 款** 按份共有人向共有人之外的人转让其份额,其他按份共有人根据法律、司法解释规定,请求按照同等条件购买该共有份额的,应予支持。 **《物权法解释(一)》第 14 条** 两个以上按份共有人主张优先购买且协商不成时,请求按照转让时各自份额比例行使优先购买权的,应予支持。

《民法典》	《物权法》	相关规范性法律文件
第 307 条 因共有的不动产或者动产产生的债权债务,在对外关系上,共有人享有连带债权、承担连带债务,但**是**法律另有规定或者第三人知道共有人不具有连带债权债务关系的除外;在共有人内部关系上,除共有人另有约定外,按份共有人按照份额享有债权、承担债务,共同共有人共同享有债权、承担债务。偿还债务超过自己应当承担份额的按份共有人,有权向其他共有人追偿。	**第 102 条** 因共有的不动产或者动产产生的债权债务,在对外关系上,共有人享有连带债权、承担连带债务,但法律另有规定或者第三人知道共有人不具有连带债权债务关系的除外;在共有人内部关系上,除共有人另有约定外,按份共有人按照份额享有债权、承担债务,共同共有人共同享有债权、承担债务。偿还债务超过自己应当承担份额的按份共有人,有权向其他共有人追偿。	
第 308 条 共有人对共有的不动产或者动产没有约定为按份共有或者共同共有,或者约定不明确的,除共有人具有家庭关系等外,视为按份共有。	**第 103 条** 同《民法典》第 308 条	《民通意见》**第 88 条** 对于共有财产,部分共有人主张按份共有,部分共有人主张共同共有,如果不能证明财产是按份共有的,应当认定为共同共有。
第 309 条 按份共有人对共有的不动产或者动产享有的份额,没有约定或者约定不明确的,按照出资额确定;不能确定出资额的,视为等额享有。	**第 104 条** 同《民法典》第 309 条	
第 310 条 两个以上**组织**、个人共同享有用益物权、担保物权的,参照**适用本章的有关**规定。	**第 105 条** 两个以上单位、个人共同享有用益物权、担保物权的,参照本章规定。	
第九章 所有权取得的特别规定	**第九章 所有权取得的特别规定**	
第 311 条 无处分权人将不动产或者动产转让给受让人的,所有权人有权追回;除法律另有规定外,符合下列情形的,受让人取得该不动产或者动产的所有权: (一)受让人受让该不动产或者动产时是善意; (二)以合理的价格转让; (三)转让的不动产或者动产依照法律规定应当登记的已经登记,不需要登记的已经交付给受让人。	**第 106 条** 无处分权人将不动产或者动产转让给受让人的,所有权人有权追回;除法律另有规定外,符合下列情形的,受让人取得该不动产或者动产的所有权: (一)受让人受让该不动产或者动产时是善意的; (二)以合理的价格转让; (三)转让的不动产或者动产依照法律规定应当登记的已经登记,不需要登记的已经交付给受让人。	

《民法典》	《物权法》	相关规范性法律文件
受让人**依据**前款规定取得不动产或者动产的所有权的,原所有权人有权向无处分权人请求**损害赔偿**。 　　当事人善意取得其他物权的,参照**适用**前两款规定。	受让人依照前款规定取得不动产或者动产的所有权的,原所有权人有权向无处分权人请求赔偿损失。 　　当事人善意取得其他物权的,参照前两款规定。	
第 312 条　所有权人或者其他权利人有权追回遗失物。该遗失物通过转让被他人占有的,权利人有权向无处分权人请求损害赔偿,或者自知道或者应当知道受让人之日起二年内向受让人请求返还原物**;但是**,受让人通过拍卖或者向具有经营资格的经营者购得该遗失物的,权利人请求返还原物时应当支付受让人所付的费用。权利人向受让人支付所付费用后,有权向无处分权人追偿。	**第 107 条**　所有权人或者其他权利人有权追回遗失物。该遗失物通过转让被他人占有的,权利人有权向无处分权人请求损害赔偿,或者自知道或者应当知道受让人之日起二年内向受让人请求返还原物,但受让人通过拍卖或者向具有经营资格的经营者购得该遗失物的,权利人请求返还原物时应当支付受让人所付的费用。权利人向受让人支付所付费用后,有权向无处分权人追偿。	
第 313 条　善意受让人取得动产后,该动产上的原有权利消灭。但**是**,善意受让人在受让时知道或者应当知道该权利的除外。	**第 108 条**　善意受让人取得动产后,该动产上的原有权利消灭,但善意受让人在受让时知道或者应当知道该权利的除外。	
第 314 条　拾得遗失物,应当返还权利人。拾得人应当及时通知权利人领取,或者送交公安等有关部门。	**第 109 条** 同《民法典》第 314 条	
第 315 条　有关部门收到遗失物,知道权利人的,应当及时通知其领取;不知道的,应当及时发布招领公告。	**第 110 条** 同《民法典》第 315 条	
第 316 条　拾得人在遗失物送交有关部门前,有关部门在遗失物被领取前,应当妥善保管遗失物。因故意或者重大过失致使遗失物毁损、灭失的,应当承担民事责任。	**第 111 条** 同《民法典》第 316 条	
第 317 条　权利人领取遗失物时,应当向拾得人或者有关部门支付保管遗失物等支出的必要费用。	**第 112 条** 同《民法典》第 317 条	

《民法典》	《物权法》	相关规范性法律文件
权利人悬赏寻找遗失物的,领取遗失物时应当按照承诺履行义务。 拾得人侵占遗失物的,无权请求保管遗失物等支出的费用,也无权请求权利人按照承诺履行义务。		
第 318 条 遗失物自发布招领公告之日起<u>一年</u>内无人认领的,归国家所有。	**第 113 条** 遗失物自发布招领公告之日起六个月内无人认领的,归国家所有。	
第 319 条 拾得漂流物、发现埋藏物或者隐藏物的,参照**适用**拾得遗失物的有关规定。**法律另有规定的, 依照其规定。**	**第 114 条** 拾得漂流物、发现埋藏物或者隐藏物的,参照拾得遗失物的有关规定。**文物保护法等**法律另有规定的,依照其规定。	《民法通则》**第 79 条** 所有人不明的埋藏物、隐藏物,归国家所有。接收单位应当对上缴的单位或者个人,给予表扬或者物质奖励。 拾得遗失物、漂流物或者失散的饲养动物,应当归还失主,因此而支出的费用由失主偿还。
第 320 条 主物转让的,从物随主物转让,**但是**当事人另有约定的除外。	**第 115 条** 主物转让的,从物随主物转让,但当事人另有约定的除外。	
第 321 条 天然孳息,由所有权人取得;既有所有权人又有用益物权人的,由用益物权人取得。当事人另有约定的,按照**其**约定。 法定孳息,当事人有约定的,按照约定取得;没有约定或者约定不明确的,按照交易习惯取得。	**第 116 条** 天然孳息,由所有权人取得;既有所有权人又有用益物权人的,由用益物权人取得。当事人另有约定的,按照约定。 法定孳息,当事人有约定的,按照约定取得;没有约定或者约定不明确的,按照交易习惯取得。	
第 322 条 因加工、附合、混合而产生的物的归属, 有约定的,按照约定;没有约定或者约定不明确的,依照法律规定;法律没有规定的,按照充分发挥物的效用以及保护无过错当事人的原则确定。因一方当事人的过错或者确定物的归属造成另一方当事人损害的,应当给予赔偿或者补偿。	(无)	《民通意见》**第 86 条** 非产权人在使用他人的财产上增添附属物,财产所有人同意增添,并就财产返还时附属物如何处理有约定的,按约定办理;没有约定又协商不成,能够拆除的,可以责令拆除,不能拆除的,也可以折价归财产所有人;造成财产所有人损失的,应当负赔偿责任。
第三分编 用益物权	第三编 用益物权	
第十章 一般规定	第十章 一般规定	
第 323 条 用益物权人对他人所有的不动产或者动产,依法享有占有、使用和收益的权利。	**第 117 条** 同《民法典》第 323 条	

《民法典》	《物权法》	相关规范性法律文件
第 324 条 国家所有或者国家所有由集体使用以及法律规定属于集体所有的自然资源,<u>组织</u>、个人依法可以占有、使用和收益。	**第 118 条** 国家所有或者国家所有由集体使用以及法律规定属于集体所有的自然资源,单位、个人依法可以占有、使用和收益。	
第 325 条 国家实行自然资源有偿使用制度,但<u>是</u>法律另有规定的除外。	**第 119 条** 国家实行自然资源有偿使用制度,但法律另有规定的除外。	
第 326 条 用益物权人行使权利,应当遵守法律有关保护和合理开发利用资源、<u>**保护生态环境**</u>的规定。所有权人不得干涉用益物权人行使权利。	**第 120 条** 用益物权人行使权利,应当遵守法律有关保护和合理开发利用资源的规定。所有权人不得干涉用益物权人行使权利。	
第 327 条 因不动产或者动产被征收、征用致使用益物权消灭或者影响用益物权行使的,用益物权人有权依据本法**第二百四十三条**、**第二百四十五条**的规定获得相应补偿。	**第 121 条** 因不动产或者动产被征收、征用致使用益物权消灭或者影响用益物权行使的,用益物权人有权依照本法第四十二条、第四十四条的规定获得相应补偿。	
第 328 条 依法取得的海域使用权受法律保护。	**第 122 条** 同《民法典》第 328 条	
第 329 条 依法取得的探矿权、采矿权、取水权和使用水域、滩涂从事养殖、捕捞的权利受法律保护。	**第 123 条** 同《民法典》第 329 条	
第十一章 土地承包经营权	**第十一章 土地承包经营权**	
第 330 条 农村集体经济组织实行家庭承包经营为基础、统分结合的双层经营体制。 农民集体所有和国家所有由农民集体使用的耕地、林地、草地以及其他用于农业的土地,依法实行土地承包经营制度。	**第 124 条** 同《民法典》第 330 条	
第 331 条 土地承包经营权人依法对其承包经营的耕地、林地、草地等享有占有、使用和收益的权利,有权从事种植业、林业、畜牧业等农业生产。	**第 125 条** 同《民法典》第 331 条	**《农村土地承包法》第 37 条** 土地经营权人有权在合同约定的期限内占有农村土地,自主开展农业生产经营并取得收益。

《民法典》	《物权法》	相关规范性法律文件
第 332 条 耕地的承包期为三十年。草地的承包期为三十年至五十年。林地的承包期为三十年至七十年。 前款规定的承包期限届满，由土地承包经营权人**依照农村土地承包的法律规定**继续承包。	**第 126 条** 耕地的承包期为三十年。草地的承包期为三十年至五十年。林地的承包期为三十年至七十年；**特殊林木的林地承包期，经国务院林业行政主管部门批准可以延长**。 前款规定的承包期届满，由土地承包经营权人按照国家有关规定继续承包。	《农村土地承包法》第 21 条 耕地的承包期为三十年。草地的承包期为三十年至五十年。林地的承包期为三十年至七十年。 前款规定的耕地承包期届满后再延长三十年，草地、林地承包期届满后依照前款规定相应延长。
第 333 条 土地承包经营权自土地承包经营权合同生效时设立。 **登记机构**应当向土地承包经营权人发放土地承包经营权证、林权证**等**证书，并登记造册，确认土地承包经营权。	**第 127 条** 土地承包经营权自土地承包经营权合同生效时设立。 县级以上地方人民政府应当向土地承包经营权人发放土地承包经营权证、林权证、**草原使用权证**，并登记造册，确认土地承包经营权。	《农村土地承包法》第 24 条第 1 款 国家对耕地、林地和草地等实行统一登记，登记机构应当向承包方颁发土地承包经营权证或者林权证等证书，并登记造册，确认土地承包经营权。
第 334 条 土地承包经营权人依照法律规定，有权将土地承包经营权**互换、转让**。未经依法批准，不得将承包地用于非农建设。	**第 128 条** 土地承包经营权人依照**农村土地承包法**的规定，有权将土地承包经营权**采取转包**、互换、转让**等方式流转。流转的期限不得超过承包期的剩余期限**。未经依法批准，不得将承包地用于非农建设。	《农村土地承包法》第 11 条第 1 款 农村土地承包经营应当遵守法律、法规，保护土地资源的合理开发和可持续利用。未经依法批准不得将承包地用于非农建设。
第 335 条 土地承包经营权互换、转让的，当事人可以向登记机构申请登记；未经登记，不得对抗善意第三人。	**第 129 条 土地承包经营权**人将土地承包经营权互换、转让，当事人要求登记的，应当向县级以上地方人民政府申请土地承包经营权变更登记；未经登记，不得对抗善意第三人。	《农村土地承包法》第 35 条 土地承包经营权互换、转让的，当事人可以向登记机构申请登记。未经登记，不得对抗善意第三人。
第 336 条 承包期内发包人不得调整承包地。 因自然灾害严重毁损承包地等特殊情形，需要适当调整承包的耕地和草地的，应当依照农村土地承包的法律规定办理。	**第 130 条** 承包期内发包人不得调整承包地。 因自然灾害严重毁损承包地等特殊情形，需要适当调整承包的耕地和草地的，应当依照农村土地承包法等法律规定办理。	《农村土地承包法》第 28 条 承包期内，发包方不得调整承包地。 承包期内，因自然灾害严重毁损承包地等特殊情形对个别农户之间承包的耕地和草地需要适当调整的，必须经本集体经济组织成员的村民会议三分之二以上成员或者三分之二以上村民代表的同意，并报乡(镇)人民政府和县级人民政府农业农村、林业和草原等主管部门批准。承包合同中约定不得调整的，按照其约定。

《民法典》	《物权法》	相关规范性法律文件
第 337 条 承包期内发包人不得收回承包地。法律另有规定的,依照其规定。	第 131 条 承包期内发包人不得收回承包地。农村土地承包法等法律另有规定的,依照其规定。	《农村土地承包法》第 27 条第 1 款 承包期内,发包方不得收回承包地。
第 338 条 承包地被征收的,土地承包经营权人有权依据本法第二百四十三条的规定获得相应补偿。	第 132 条 承包地被征收的,土地承包经营权人有权依照本法第四十二条第二款的规定获得相应补偿。	《农村土地承包法》第 17 条 承包方享有下列权利:…… (四)承包地被依法征收、征用、占用的,有权依法获得相应的补偿……
第 339 条 土地承包经营权人可以自主决定依法采取出租、入股或者其他方式向他人流转土地经营权。	(无)	《农村土地承包法》第 36 条 承包方可以自主决定依法采取出租(转包)、入股或者其他方式向他人流转土地经营权,并向发包方备案。
第 340 条 土地经营权人有权在合同约定的期限内占有农村土地,自主开展农业生产经营并取得收益。	(无)	《农村土地承包法》第 10 条 国家保护承包方依法、自愿、有偿流转土地经营权,保护土地经营权人的合法权益,任何组织和个人不得侵犯。
第 341 条 流转期限为五年以上的土地经营权,自流转合同生效时设立。当事人可以向登记机构申请土地经营权登记;未经登记,不得对抗善意第三人。	(无)	《农村土地承包法》第 41 条 土地经营权流转期限为五年以上的,当事人可以向登记机构申请土地经营权登记。未经登记,不得对抗善意第三人。
第 342 条 通过招标、拍卖、公开协商等方式承包农村土地,经依法登记取得权属证书的,可以依法采取出租、入股、抵押或者其他方式流转土地经营权。	第 133 条 通过招标、拍卖、公开协商等方式承包荒地等农村土地,依照农村土地承包法等法律和国务院的有关规定,其土地承包经营权可以转让、入股、抵押或者以其他方式流转。	《农村土地承包法》第 53 条 通过招标、拍卖、公开协商等方式承包农村土地,经依法登记取得权属证书的,可以依法采取出租、入股、抵押或者其他方式流转土地经营权。
第 343 条 国家所有的农用地实行承包经营的,参照适用本编的有关规定。	第 134 条 国家所有的农用地实行承包经营的,参照本法的有关规定。	
第十二章 建设用地使用权	第十二章 建设用地使用权	
第 344 条 建设用地使用权人依法对国家所有的土地享有占有、使用和收益的权利,有权利用该土地建造建筑物、构筑物及其附属设施。	第 135 条 同《民法典》第 344 条	

《民法典》	《物权法》	相关规范性法律文件
第 345 条 建设用地使用权可以在土地的地表、地上或者地下分别设立。 **第 346 条** 设立建设用地使用权，<u>应当符合节约资源、保护生态环境的要求，遵守法律</u>、行政法规关于<u>土地用途的规定</u>，不得损害已<u>经</u>设立的用益物权。	**第 136 条** 建设用地使用权可以在土地的地表、地上或者地下分别设立。**新设立的建设用地使用权，不得损害已设立的用益物权。**	
第 347 条 设立建设用地使用权，可以采取出让或者划拨等方式。 工业、商业、旅游、娱乐和商品住宅等经营性用地以及同一土地有两个以上意向用地者的，应当采取招标、拍卖等公开竞价的方式出让。 严格限制以划拨方式设立建设用地使用权。	**第 137 条** 设立建设用地使用权，可以采取出让或者划拨等方式。 工业、商业、旅游、娱乐和商品住宅等经营性用地以及同一土地有两个以上意向用地者的，应当采取招标、拍卖等公开竞价的方式出让。 严格限制以划拨方式设立建设用地使用权。**采取划拨方式的，应当遵守法律、行政法规关于土地用途的规定。**	《土地管理法》第 54 条 建设单位使用国有土地，应当以出让等有偿使用方式取得；但是，下列建设用地，经县级以上人民政府依法批准，可以以划拨方式取得： （一）国家机关用地和军事用地； （二）城市基础设施用地和公益事业用地； （三）国家重点扶持的能源、交通、水利等基础设施用地； （四）法律、行政法规规定的其他用地。
第 348 条 **通过**招标、拍卖、协议等出让方式设立建设用地使用权的，当事人应当**采用**书面形式订立建设用地使用权出让合同。 建设用地使用权出让合同一般包括下列条款： （一）当事人的名称和住所； （二）土地界址、面积等； （三）建筑物、构筑物及其附属设施占用的空间； （四）土地用途、**规划条件**； （五）**建设用地使用权**期限； （六）出让金等费用及其支付方式； （七）解决争议的方法。	**第 138 条** 采取招标、拍卖、协议等出让方式设立建设用地使用权的，当事人应当采取书面形式订立建设用地使用权出让合同。 建设用地使用权出让合同一般包括下列条款： （一）当事人的名称和住所； （二）土地界址、面积等； （三）建筑物、构筑物及其附属设施占用的空间； （四）土地用途； （五）使用期限； （六）出让金等费用及其支付方式； （七）解决争议的方法。	
第 349 条 设立建设用地使用权的，应当向登记机构申请建设用地使用权登记。建设用地使用权自登记时设立。登记机构应当向建设用地使用权人<u>发放权属证书</u>。	**第 139 条** 设立建设用地使用权的，应当向登记机构申请建设用地使用权登记。建设用地使用权自登记时设立。登记机构应当向建设用地使用权人发放建设用地使用权证书。	

《民法典》	《物权法》	相关规范性法律文件
第 350 条 建设用地使用权人应当合理利用土地，不得改变土地用途；需要改变土地用途的，应当依法经有关行政主管部门批准。	**第 140 条** 同《民法典》第 350 条	**《土地管理法》第 25 条第 1 款** 经批准的土地利用总体规划的修改，须经原批准机关批准；未经批准，不得改变土地利用总体规划确定的土地用途。
第 351 条 建设用地使用权人应当依照法律规定以及合同约定支付出让金等费用。	**第 141 条** 同《民法典》第 351 条	**《土地管理法》第 55 条第 1 款** 以出让等有偿使用方式取得国有土地使用权的建设单位，按照国务院规定的标准和办法，缴纳土地使用权出让金等土地有偿使用费和其他费用后，方可使用土地。
第 352 条 建设用地使用权人建造的建筑物、构筑物及其附属设施的所有权属于建设用地使用权人，但<u>是</u>有相反证据证明的除外。	**第 142 条** 建设用地使用权人建造的建筑物、构筑物及其附属设施的所有权属于建设用地使用权人，但有相反证据证明的除外。	
第 353 条 建设用地使用权人有权将建设用地使用权转让、互换、出资、赠与或者抵押，但<u>是</u>法律另有规定的除外。	**第 143 条** 建设用地使用权人有权将建设用地使用权转让、互换、出资、赠与或者抵押，但法律另有规定的除外。	
第 354 条 建设用地使用权转让、互换、出资、赠与或者抵押的，当事人应当<u>采用</u>书面形式订立相应的合同。使用期限由当事人约定，<u>但是</u>不得超过建设用地使用权的剩余期限。	**第 144 条** 建设用地使用权转让、互换、出资、赠与或者抵押的，当事人应当采取书面形式订立相应的合同。使用期限由当事人约定，但不得超过建设用地使用权的剩余期限。	
第 355 条 建设用地使用权转让、互换、出资或者赠与的，应当向登记机构申请变更登记。	**第 145 条** 同《民法典》第 355 条	
第 356 条 建设用地使用权转让、互换、出资或者赠与的，附着于该土地上的建筑物、构筑物及其附属设施一并处分。	**第 146 条** 同《民法典》第 356 条	
第 357 条 建筑物、构筑物及其附属设施转让、互换、出资或者赠与的，该建筑物、构筑物及其附属设施占用范围内的建设用地使用权一并处分。	**第 147 条** 同《民法典》第 357 条	

《民法典》	《物权法》	相关规范性法律文件
第 358 条 建设用地使用权**期限**届满前，因公共利益需要提前收回土地的，应当依**据本法第二百四十三条**的规定对该土地上的房屋**以及其**他不动产给予补偿，并退还相应的出让金。	**第 148 条** 建设用地使用权期间届满前，因公共利益需要提前收回该土地的，应当依照本法第四十二条的规定对该土地上的房屋及其他不动产给予补偿，并退还相应的出让金。	**《土地管理法》第 58 条** 有下列情形之一的，由有关人民政府自然资源主管部门报经原批准用地的人民政府或者有批准权的人民政府批准，可以收回国有土地使用权： （一）为实施城市规划进行旧城区改建以及其他公共利益需要，确需使用土地的； （二）土地出让等有偿使用合同约定的使用期限届满，土地使用者未申请续期或者申请续期未获批准的； （三）因单位撤销、迁移等原因，停止使用原划拨的国有土地的； （四）公路、铁路、机场、矿场等经核准报废的。 依照前款第（一）项的规定收回国有土地使用权的，对土地使用权人应当给予适当补偿。
第 359 条 住宅建设用地使用权期**限**届满的，自动续期。**续期费用的缴纳或者减免，依照法律、行政法规的规定办理。** 非住宅建设用地使用权期**限**届满后的续期，依照法律规定办理。该土地上的房屋**以及其他不动产**的归属，有约定的，按照约定；没有约定或者约定不明确的，依照法律、行政法规的规定办理。	**第 149 条** 住宅建设用地使用权期间届满的，自动续期。 非住宅建设用地使用权期间届满后的续期，依照法律规定办理。该土地上的房屋及其他不动产的归属，有约定的，按照约定；没有约定或者约定不明确的，依照法律、行政法规的规定办理。	
第 360 条 建设用地使用权消灭的，出让人应当及时办理注销登记。登记机构应当收回**权属证书。**	**第 150 条** 建设用地使用权消灭的，出让人应当及时办理注销登记。登记机构应当收回建设用地使用权证书。	
第 361 条 集体所有的土地作为建设用地的，应当依照**土地管理的法律规定**办理。	**第 151 条** 集体所有的土地作为建设用地的，应当依照土地管理法等法律规定办理。	
第十三章 宅基地使用权	**第十三章 宅基地使用权**	
第 362 条 宅基地使用权人依法对集体所有的土地享有占有和使用的权利，有权依法利用该土地建造住宅及其附属设施。	**第 152 条** 同《民法典》第 362 条	

《民法典》	《物权法》	相关规范性法律文件
第 363 条 宅基地使用权的取得、行使和转让,适用<u>土地管理的法律</u>和国家有关规定。	**第 153 条** 宅基地使用权的取得、行使和转让,适用土地管理法等法律和国家有关规定。	《土地管理法》第 62 条 农村村民一户只能拥有一处宅基地,其宅基地的面积不得超过省、自治区、直辖市规定的标准。 人均土地少、不能保障一户拥有一处宅基地的地区,县级人民政府在充分尊重农村村民意愿的基础上,可以采取措施,按照省、自治区、直辖市规定的标准保障农村村民实现户有所居。 农村村民建住宅,应当符合乡(镇)土地利用总体规划、村庄规划,不得占用永久基本农田,并尽量使用原有的宅基地和村内空闲地。编制乡(镇)土地利用总体规划、村庄规划应当统筹并合理安排宅基地用地,改善农村村民居住环境和条件。 农村村民住宅用地,由乡(镇)人民政府审核批准;其中,涉及占用农用地的,依照本法第四十四条的规定办理审批手续。 农村村民出卖、出租、赠与住宅后,再申请宅基地的,不予批准。 国家允许进城落户的农村村民依法自愿有偿退出宅基地,鼓励农村集体经济组织及其成员盘活利用闲置宅基地和闲置住宅。 国务院农业农村主管部门负责全国农村宅基地改革和管理有关工作。
第 364 条 宅基地因自然灾害等原因灭失的,宅基地使用权消灭。对失去宅基地的村民,应当<u>依法</u>重新分配宅基地。	**第 154 条** 宅基地因自然灾害等原因灭失的,宅基地使用权消灭。对失去宅基地的村民,应当重新分配宅基地。	
第 365 条 已经登记的宅基地使用权转让或者消灭的,应当及时办理变更登记或者注销登记。	**第 155 条** 同《民法典》第 365 条	

《民法典》	《物权法》	相关规范性法律文件
第十四章 居住权	（无）	
第366条 居住权人有权按照合同约定,对他人的住宅享有占有、使用的用益物权,以满足生活居住的需要。	（无）	
第367条 设立居住权,当事人应当采用书面形式订立居住权合同。 居住权合同一般包括下列条款: (一)当事人的姓名或者名称和住所; (二)住宅的位置; (三)居住的条件和要求; (四)居住权期限; (五)解决争议的方法。	（无）	
第368条 居住权无偿设立,但是当事人另有约定的除外。设立居住权的,应当向登记机构申请居住权登记。居住权自登记时设立。	（无）	
第369条 居住权不得转让、继承。设立居住权的住宅不得出租,但是当事人另有约定的除外。	（无）	
第370条 居住权期限届满或者居住权人死亡的,居住权消灭。居住权消灭的,应当及时办理注销登记。	（无）	
第371条 以遗嘱方式设立居住权的,参照适用本章的有关规定。	（无）	
第十五章 地役权	第十四章 地役权	
第372条 地役权人有权按照合同约定,利用他人的不动产,以提高自己的不动产的效益。 前款所称他人的不动产为供役地,自己的不动产为需役地。	第156条 同《民法典》第372条	
第373条 设立地役权,当事人应当采用书面形式订立地役权合同。	第157条 设立地役权,当事人应当采取书面形式订立地役权合同。	

《民法典》	《物权法》	相关规范性法律文件
地役权合同一般包括下列条款： 　　（一）当事人的姓名或者名称和住所； 　　（二）供役地和需役地的位置； 　　（三）利用目的和方法； 　　（四）**地役权**期限； 　　（五）费用及其支付方式； 　　（六）解决争议的方法。	地役权合同一般包括下列条款： 　　（一）当事人的姓名或者名称和住所； 　　（二）供役地和需役地的位置； 　　（三）利用目的和方法； 　　（四）**利用**期限； 　　（五）费用及其支付方式； 　　（六）解决争议的方法。	
第 374 条　地役权自地役权合同生效时设立。当事人要求登记的，可以向登记机构申请地役权登记；未经登记，不得对抗善意第三人。	**第 158 条** 　　同《民法典》第 374 条	
第 375 条　供役地权利人应当按照合同约定，允许地役权人利用其**不动产**，不得妨害地役权人行使权利。	**第 159 条**　供役地权利人应当按照合同约定，允许地役权人利用其土地，不得妨害地役权人行使权利。	
第 376 条　地役权人应当按照合同约定的利用目的和方法利用供役地，尽量减少对供役地权利人物权的限制。	**第 160 条** 　　同《民法典》第 376 条	
第 377 条　地役权期限由当事人约定；**但是，**不得超过土地承包经营权、建设用地使用权等用益物权的剩余期限。	**第 161 条**　地役权**的**期限由当事人约定，但不得超过土地承包经营权、建设用地使用权等用益物权的剩余期限。	
第 378 条　土地所有权人享有地役权或者负担地役权的，设立土地承包经营权、宅基地使用权**等用益物权**时，该用益物权人继续享有或者负担已**经**设立的地役权。	**第 162 条**　土地所有权人享有地役权或者负担地役权的，设立土地承包经营权、宅基地使用权时，该土地承包经营人、宅基地使用权人继续享有或者负担已设立的地役权。	
第 379 条　土地上已**经**设立土地承包经营权、建设用地使用权、宅基地使用权等**用益物权**的，未经用益物权人同意，土地所有权人不得设立地役权。	**第 163 条**　土地上已设立土地承包经营权、建设用地使用权、宅基地使用权等权利的，未经用益物权人同意，土地所有权人不得设立地役权。	

《民法典》	《物权法》	相关规范性法律文件
第 380 条 地役权不得单独转让。土地承包经营权、建设用地使用权等转让的，地役权一并转让，但**是**合同另有约定的除外。	**第 164 条** 地役权不得单独转让。土地承包经营权、建设用地使用权等转让的，地役权一并转让，但合同另有约定的除外。	
第 381 条 地役权不得单独抵押。土地承包经营权、建设用地使用权等抵押的，在实现抵押权时，地役权一并转让。	**第 165 条** 地役权不得单独抵押。土地承包经营权、建设用地使用权等抵押的，在实现抵押权时，地役权一并转让。	
第 382 条 需役地以及需役地上的土地经营权、建设用地使用权**等**部分转让时，转让部分涉及地役权的，受让人同时享有地役权。	**第 166 条** 需役地以及需役地上的土地承包经营权、建设用地使用权部分转让时，转让部分涉及地役权的，受让人同时享有地役权。	
第 383 条 供役地以及供役地上的土地承包经营权、建设用地使用权**等**部分转让时，转让部分涉及地役权的，地役权对受让人具有**法律**约束力。	**第 167 条** 供役地以及供役地上的土地承包经营权、建设用地使用权部分转让时，转让部分涉及地役权的，地役权对受让人具有约束力。	
第 384 条 地役权人有下列情形之一的，供役地权利人有权解除地役权合同，地役权消灭： （一）违反法律规定或者合同约定，滥用地役权； （二）有偿利用供役地，约定的付款**期限**届满后在合理期限内经两次催告未支付费用。	**第 168 条** 地役权人有下列情形之一的，供役地权利人有权解除地役权合同，地役权消灭： （一）违反法律规定或者合同约定，滥用地役权； （二）有偿利用供役地，约定的付款期间届满后在合理期间内经两次催告未支付费用。	
第 385 条 已经登记的地役权变更、转让或者消灭的，应当及时办理变更登记或者注销登记。	**第 169 条** 同《民法典》第 385 条	
第四分编 担保物权	**第四编 担保物权**	
第十六章 一般规定	**第十五章 一般规定**	
第 386 条 担保物权人在债务人不履行到期债务或者发生当事人约定的实现担保物权的情形，依法享有就担保财产优先受偿的权利，但**是**法律另有规定的除外。	**第 170 条** 担保物权人在债务人不履行到期债务或者发生当事人约定的实现担保物权的情形，依法享有就担保财产优先受偿的权利，但法律另有规定的除外。	

《民法典》	《物权法》	相关规范性法律文件
第387条　债权人在借贷、买卖等民事活动中，为保障实现其债权，需要担保的，可以依照本法和其他法律的规定设立担保物权。 　第三人为债务人向债权人提供担保的，可以要求债务人提供反担保。反担保适用本法和其他法律的规定。	**第171条** 同《民法典》第387条	《担保法》**第2条**　在借贷、买卖、货物运输、加工承揽等经济活动中，债权人需要以担保方式保障其债权实现的，可以依照本法规定设定担保。 　本法规定的担保方式为保证、抵押、质押、留置和定金。 　《担保法》**第4条**　第三人为债务人向债权人提供担保时，可以要求债务人提供反担保。 　反担保适用本法担保的规定。
第388条　设立担保物权，应当依照本法和其他法律的规定订立担保合同。**担保合同包括抵押合同、质押合同和其他具有担保功能的合同。**担保合同是主债权债务合同的从合同。主债权债务合同无效的，担保合同无效，但是法律另有规定的除外。 　担保合同被确认无效后，债务人、担保人、债权人有过错的，应当根据其过错各自承担相应的民事责任。	**第172条**　设立担保物权，应当依照本法和其他法律的规定订立担保合同。担保合同是主债权债务合同的从合同。主债权债务合同无效，担保合同无效，但法律另有规定的除外。 　担保合同被确认无效后，债务人、担保人、债权人有过错的，应当根据其过错各自承担相应的民事责任。	《担保法》**第5条**　担保合同是主合同的从合同，主合同无效，担保合同无效。担保合同另有约定的，按照约定。 　担保合同被确认无效后，债务人、担保人、债权人有过错的，应当根据其过错各自承担相应的民事责任。
第389条　担保物权的担保范围包括主债权及其利息、违约金、损害赔偿金、保管担保财产和实现担保物权的费用。当事人另有约定的，按照其约定。	**第173条**　担保物权的担保范围包括主债权及其利息、违约金、损害赔偿金、保管担保财产和实现担保物权的费用。当事人另有约定的，按照约定。	《担保法》**第21条**　保证担保的范围包括主债权及利息、违约金、损害赔偿金和实现债权的费用。保证合同另有约定的，按照约定。 　当事人对保证担保的范围没有约定或者约定不明确的，保证人应当对全部债务承担责任。 　《担保法》**第46条**　抵押担保的范围包括主债权及利息、违约金、损害赔偿金和实现抵押权的费用。抵押合同另有约定的，按照约定。 　《担保法》**第67条**　质押担保的范围包括主债权及利息、违约金、损害赔偿金、质物保管费用和实现质权的费用。质押合同另有约定的，按照约定。 　《担保法》**第83条**　留置担保的范围包括主债权及利息、违约金、损害赔偿金，留置物保管费用和实现留置权的费用。

《民法典》	《物权法》	相关规范性法律文件
第 390 条 担保期间,担保财产毁损、灭失或者被征收等,担保物权人可以就获得的保险金、赔偿金或者补偿金等优先受偿。被担保债权的履行**期限**未届满的,也可以提存该保险金、赔偿金或者补偿金等。	**第 174 条** 担保期间,担保财产毁损、灭失或者被征收等,担保物权人可以就获得的保险金、赔偿金或者补偿金等优先受偿。被担保债权的履行期未届满的,也可以提存该保险金、赔偿金或者补偿金等。	**《担保法解释》第 80 条** 在抵押物灭失、毁损或者被征用的情况下,抵押权人可以就该抵押物的保险金、赔偿金或者补偿金优先受偿。 抵押物灭失、毁损或者被征用的情况下,抵押权所担保的债权未届清偿期的,抵押权人可以请求人民法院对保险金、赔偿金或补偿金等采取保全措施。
第 391 条 第三人提供担保,未经其书面同意,债权人允许债务人转移全部或者部分债务的,担保人不再承担相应的担保责任。	**第 175 条** 同《民法典》第 391 条	**《担保法》第 23 条** 保证期间,债权人许可债务人转让债务的,应当取得保证人书面同意,保证人对未经其同意转让的债务,不再承担保证责任。 **《担保法解释》第 72 条第 2 款** 主债务被分割或者部分转让的,抵押人仍以其抵押物担保数个债务人履行债务。但是,第三人提供抵押的,债权人许可债务人转让债务未经抵押人书面同意的,抵押人对未经其同意转让的债务,不再承担担保责任。
第 392 条 被担保的债权既有物的担保又有人的担保的,债务人不履行到期债务或者发生当事人约定的实现担保物权的情形,债权人应当按照约定实现债权;没有约定或者约定不明确,债务人自己提供物的担保的,债权人应当先就该物的担保实现债权;第三人提供物的担保的,债权人可以就物的担保实现债权,也可以**请求**保证人承担保证责任。提供担保的第三人承担担保责任后,有权向债务人追偿。	**第 176 条** 被担保的债权既有物的担保又有人的担保的,债务人不履行到期债务或者发生当事人约定的实现担保物权的情形,债权人应当按照约定实现债权;没有约定或者约定不明确,债务人自己提供物的担保的,债权人应当先就该物的担保实现债权;第三人提供物的担保的,债权人可以就物的担保实现债权,也可以要求保证人承担保证责任。提供担保的第三人承担担保责任后,有权向债务人追偿。	**《担保法》第 28 条** 同一债权既有保证又有物的担保的,保证人对物的担保以外的债权承担保证责任。 债权人放弃物的担保的,保证人在债权人放弃权利的范围内免除保证责任。 **《担保法解释》第 38 条** 同一债权既有保证又有第三人提供物的担保的,债权人可以请求保证人或者物的担保人承担担保责任。当事人对保证担保的范围或者物的担保的范围没有约定或者约定不明的,承担了担保责任的担保人,可以向债务人追偿,也可以要求其他担保人清偿其应当分担的份额。 同一债权既有保证又有物的担保的,物的担保合同被确认无效或者被撤销,或者担保物因不可抗力的原因灭失而没有代位物的,保证人仍应当按合同的约定或者法律的规定承担保证责任。

《民法典》	《物权法》	相关规范性法律文件
		债权人在主合同履行期届满后怠于行使担保物权，致使担保物的价值减少或者毁损、灭失的，视为债权人放弃部分或者全部物的担保。保证人在债权人放弃权利的范围内减轻或者免除保证责任。
第393条 有下列情形之一的，担保物权消灭： （一）主债权消灭； （二）担保物权实现； （三）债权人放弃担保物权； （四）法律规定担保物权消灭的其他情形。	第177条 同《民法典》第393条	《担保法》第52条 抵押权与其担保的债权同时存在，债权消灭的，抵押权也消灭。 《担保法》第58条 抵押权因抵押物灭失而消灭。因灭失所得的赔偿金，应当作为抵押财产。 《担保法》第74条 质权与其担保的债权同时存在，债权消灭的，质权也消灭。
第十七章 抵押权	第十六章 抵押权	
第一节 一般抵押权	第一节 一般抵押权	
第394条 为担保债务的履行，债务人或者第三人不转移财产的占有，将该财产抵押给债权人的，债务人不履行到期债务或者发生当事人约定的实现抵押权的情形，债权人有权就该财产优先受偿。 前款规定的债务人或者第三人为抵押人，债权人为抵押权人，提供担保的财产为抵押财产。	第179条 同《民法典》第394条	《担保法》第33条 本法所称抵押，是指债务人或者第三人不转移对本法第三十四条所列财产的占有，将该财产作为债权的担保。债务人不履行债务时，债权人有权依照本法规定以该财产折价或者以拍卖、变卖该财产的价款优先受偿。 前款规定的债务人或者第三人为抵押人，债权人为抵押权人，提供担保的财产为抵押物。
第395条 债务人或者第三人有权处分的下列财产可以抵押： （一）建筑物和其他土地附着物； （二）建设用地使用权； **（三）海域使用权；** （四）生产设备、原材料、半成品、产品； （五）正在建造的建筑物、船舶、航空器； （六）交通运输工具； （七）法律、行政法规未禁止抵押的其他财产。 抵押人可以将前款所列财产一并抵押。	第180条 债务人或者第三人有权处分的下列财产可以抵押： （一）建筑物和其他土地附着物； （二）建设用地使用权； **（三）以招标、拍卖、公开协商等方式取得的荒地等土地承包经营权；** （四）生产设备、原材料、半成品、产品； （五）正在建造的建筑物、船舶、航空器； （六）交通运输工具； （七）法律、行政法规未禁止抵押的其他财产。	《担保法》第34条 下列财产可以抵押： （一）抵押人所有的房屋和其他地上定着物； （二）抵押人所有的机器、交通运输工具和其他财产； （三）抵押人依法有权处分的国有的土地使用权、房屋和其他地上定着物； （四）抵押人依法有权处分的国有的机器、交通运输工具和其他财产； （五）抵押人依法承包并经发包方同意抵押的荒山、荒沟、荒丘、荒滩等荒地的土地使用权；

《民法典》	《物权法》	相关规范性法律文件
	抵押人可以将前款所列财产一并抵押。	(六)依法可以抵押的其他财产。 抵押人可以将前款所列财产一并抵押。
第 396 条 企业、个体工商户、农业生产经营者可以将现有的以及将有的生产设备、原材料、半成品、产品抵押,债务人不履行到期债务或者发生当事人约定的实现抵押权的情形,债权人有权就抵押<u>财产确定时</u>的动产优先受偿。	**第 181 条** 经当事人书面协议,企业、个体工商户、农业生产经营者可以将现有的以及将有的生产设备、原材料、半成品、产品抵押,债务人不履行到期债务或者发生当事人约定的实现抵押权的情形,债权人有权就实现抵押权时的动产优先受偿。	**《动产抵押登记办法》第 2 条** 企业、个体工商户、农业生产经营者以《中华人民共和国物权法》第一百八十条第一款第四项、第一百八十一条规定的动产抵押的,应当向抵押人住所地的县级市场监督管理部门(以下简称登记机关)办理登记。抵押权自抵押合同生效时设立;未经登记,不得对抗善意第三人。
第 397 条 以建筑物抵押的,该建筑物占用范围内的建设用地使用权一并抵押。以建设用地使用权抵押的,该土地上的建筑物一并抵押。 抵押人未<u>依据</u>前款规定一并抵押的,未抵押的财产视为一并抵押。	**第 182 条** 以建筑物抵押的,该建筑物占用范围内的建设用地使用权一并抵押。以建设用地使用权抵押的,该土地上的建筑物一并抵押。 抵押人未依照前款规定一并抵押的,未抵押的财产视为一并抵押。	**《担保法》第 36 条第 1 款、第 2 款** 以依法取得的国有土地上的房屋抵押的,该房屋占用范围内的国有土地使用权同时抵押。 以出让方式取得的国有土地使用权抵押的,应当将抵押时该国有土地上的房屋同时抵押。
第 398 条 乡镇、村企业的建设用地使用权不得单独抵押。以乡镇、村企业的厂房等建筑物抵押的,其占用范围内的建设用地使用权一并抵押。	**第 183 条** 同《民法典》第 398 条	**《担保法》第 36 条第 3 款** 乡(镇)、村企业的土地使用权不得单独抵押。以乡(镇)、村企业的厂房等建筑物抵押的,其占用范围内的土地使用权同时抵押。
第 399 条 下列财产不得抵押: (一)土地所有权; (二)宅基地、自留地、自留山等集体所有<u>土地的</u>使用权,但<u>是</u>法律规定可以抵押的除外; (三)学校、幼儿园、**医疗机构**等为公益为目的**成立的非营利法人**的教育设施、医疗卫生设施和其他公益设施; (四)所有权、使用权不明或者有争议的财产; (五)依法被查封、扣押、监管的财产; (六)法律、行政法规规定不得抵押的其他财产。	**第 184 条** 下列财产不得抵押: (一)土地所有权; (二)**耕地**、宅基地、自留地、自留山等集体所有的土地使用权,但法律规定可以抵押的除外; (三)学校、幼儿园、医院等以公益为目的的事业单位、社会团体的教育设施、医疗卫生设施和其他**社会**公益设施; (四)所有权、使用权不明或者有争议的财产; (五)依法被查封、扣押、监管的财产; (六)法律、行政法规规定不得抵押的其他财产。	**《担保法》第 37 条** 下列财产不得抵押: (一)土地所有权; (二)耕地、宅基地、自留地、自留山等集体所有的土地使用权,但本法第三十四条第(五)项、第三十六条第三款规定的除外; (三)学校、幼儿园、医院等以公益为目的的事业单位、社会团体的教育设施、医疗卫生设施和其他社会公益设施; (四)所有权、使用权不明或者有争议的财产; (五)依法被查封、扣押、监管的财产; (六)依法不得抵押的其他财产。

《民法典》	《物权法》	相关规范性法律文件
第 400 条 设立抵押权,当事人应当采用书面形式订立抵押合同。 抵押合同一般包括下列条款: (一)被担保债权的种类和数额; (二)债务人履行债务的期限; (三)抵押财产的名称、数量等情况; (四)担保的范围。	第 185 条 设立抵押权,当事人应当采取书面形式订立抵押合同。 抵押合同一般包括下列条款: (一)被担保债权的种类和数额; (二)债务人履行债务的期限; (三)抵押财产的名称、数量、质量、状况、所在地、所有权归属或者使用权归属; (四)担保的范围。	《担保法》第 38 条 抵押人和抵押权人应当以书面形式订立抵押合同。 《担保法》第 39 条 抵押合同应当包括以下内容: (一)被担保的主债权种类、数额; (二)债务人履行债务的期限; (三)抵押物的名称、数量、质量、状况、所在地、所有权权属或者使用权权属; (四)抵押担保的范围; (五)当事人认为需要约定的其他事项。 抵押合同不完全具备前款规定内容的,可以补正。
第 401 条 抵押权人在债务履行期限届满前,与抵押人约定债务人不履行到期债务时抵押财产归债权人所有的,只能依法就抵押财产优先受偿。	第 186 条 抵押权人在债务履行期届满前,不得与抵押人约定债务人不履行到期债务时抵押财产归债权人所有。	《担保法》第 40 条 订立抵押合同时,抵押权人和抵押人在合同中不得约定在债务履行期届满抵押权人未受清偿时,抵押物的所有权转移为债权人所有。
第 402 条 以本法第三百九十五条第一款第一项至第三项规定的财产或者第五项规定的正在建造的建筑物抵押的,应当办理抵押登记。抵押权自登记时设立。	第 187 条 以本法第一百八十条第一款第一项至第三项规定的财产或者第五项规定的正在建造的建筑物抵押的,应当办理抵押登记。抵押权自登记时设立。	《担保法》第 41 条 当事人以本法第四十二条规定的财产抵押的,应当办理抵押物登记,抵押合同自登记之日起生效。 《担保法解释》第 47 条 以依法获准尚未建造的或者正在建造中的房屋或者其他建筑物抵押的,当事人办理了抵押物登记,人民法院可以认定抵押有效。
第 403 条 以动产抵押的,抵押权自抵押合同生效时设立;未经登记,不得对抗善意第三人。	第 188 条 以本法第一百八十条第一款第四项、第六项规定的财产或者第五项规定的正在建造的船舶、航空器抵押的,抵押权自抵押合同生效时设立;未经登记,不得对抗善意第三人。 第 189 条第 1 款 企业、个体工商户、农业生产经营者以本法第一百八十一条规定的动产抵押的,应当向抵押人住所地的工商行政管理部门办理登记。抵押权自抵押合同生效时设立;未经登记,不得对抗善意第三人。	《担保法》第 43 条 当事人以其他财产抵押的,可以自愿办理抵押物登记,抵押合同自签订之日起生效。 当事人未办理抵押物登记的,不得对抗第三人。当事人办理抵押物登记的,登记部门为抵押人所在地的公证部门。

《民法典》	《物权法》	相关规范性法律文件
第 404 条　以动产抵押的,不得对抗正常经营活动中已经支付合理价款并取得抵押财产的买受人。	第 189 条第 2 款　依照本法第一百八十一条规定抵押的,不得对抗正常经营活动中已支付合理价款并取得抵押财产的买受人。	
第 405 条　抵押权设立前抵押财产已经出租并转移占有的,原租赁关系不受该抵押权的影响。	第 190 条　订立抵押合同前抵押财产已出租的,原租赁关系不受该抵押权的影响。抵押权设立后抵押财产出租的,该租赁关系不得对抗已登记的抵押权。	《担保法》第 48 条　抵押人将已出租的财产抵押的,应当书面告知承租人,原租赁合同继续有效。 《担保法解释》第 65 条　抵押人将已出租的财产抵押的,抵押权实现后,租赁合同在有效期内对抵押物的受让人继续有效。
第 406 条　抵押期间,抵押人可以转让抵押财产。当事人另有约定的,按照其约定。抵押财产转让的,抵押权不受影响。 　抵押人转让抵押财产的,应当及时通知抵押权人。抵押权人能够证明抵押财产转让可能损害抵押权的,可以请求抵押人将转让所得的价款向抵押权人提前清偿债务或者提存。转让的价款超过债权数额的部分归抵押人所有,不足部分由债务人清偿。	第 191 条　抵押期间,抵押人经抵押权人同意转让抵押财产的,应当将转让所得的价款向抵押权人提前清偿债务或者提存。转让的价款超过债权数额的部分归抵押人所有,不足部分由债务人清偿。 　抵押期间,抵押人未经抵押权人同意,不得转让抵押财产,但受让人代为清偿债务消灭抵押权的除外。	《担保法》第 49 条　抵押期间,抵押人转让已办理登记的抵押物的,应当通知抵押权人并告知受让人转让物已经抵押的情况;抵押人未通知抵押权人或者未告知受让人的,转让行为无效。 　转让抵押物的价款明显低于其价值的,抵押权人可以要求抵押人提供相应的担保;抵押人不提供的,不得转让抵押物。 　抵押人转让抵押物所得的价款,应当向抵押权人提前清偿所担保的债权或者向与抵押权人约定的第三人提存。超过债权数额的部分,归抵押人所有,不足部分由债务人清偿。 《担保法解释》第 67 条　抵押权存续期间,抵押人转让抵押物未通知抵押权人或者未告知受让人的,如果抵押物已经登记的,抵押权人仍可以行使抵押权;取得抵押物所有权的受让人,可以代替债务人清偿其全部债务,使抵押权消灭。受让人清偿债务后可以向抵押人追偿。 　如果抵押物未经登记的,抵押权不得对抗受让人,因此给抵押权人造成损失的,由抵押人承担赔偿责任。

《民法典》	《物权法》	相关规范性法律文件
第407条 抵押权不得与债权分离而单独转让或者作为其他债权的担保。债权转让的,担保该债权的抵押权一并转让,但是法律另有规定或者当事人另有约定的除外。	**第192条** 抵押权不得与债权分离而单独转让或者作为其他债权的担保。债权转让的,担保该债权的抵押权一并转让,但法律另有规定或者当事人另有约定的除外。	《担保法》第50条 抵押权不得与债权分离而单独转让或者作为其他债权的担保。
第408条 抵押人的行为足以使抵押财产价值减少的,抵押权人有权请求抵押人停止其行为;抵押财产价值减少的,抵押权人有权请求恢复抵押财产的价值,或者提供与减少的价值相应的担保。抵押人不恢复抵押财产的价值,也不提供担保的,抵押权人有权请求债务人提前清偿债务。	**第193条** 抵押人的行为足以使抵押财产价值减少的,抵押权人有权要求抵押人停止其行为。抵押财产价值减少的,抵押权人有权要求恢复抵押财产的价值,或者提供与减少的价值相应的担保。抵押人不恢复抵押财产的价值也不提供担保的,抵押权人有权要求债务人提前清偿债务。	《担保法》第51条 抵押人的行为足以使抵押物价值减少的,抵押权人有权要求抵押人停止其行为。抵押物价值减少时,抵押权人有权要求抵押人恢复抵押物的价值,或者提供与减少的价值相当的担保。 抵押人对抵押物价值减少无过错的,抵押权人只能在抵押人因损害而得到的赔偿范围内要求提供担保。抵押物价值未减少的部分,仍作为债权的担保。 《担保法解释》第70条 抵押人的行为足以使抵押物价值减少的,抵押权人请求抵押人恢复原状或提供担保遭到拒绝时,抵押权人可以请求债务人履行债务,也可以请求提前行使抵押权。
第409条 抵押权人可以放弃抵押权或者抵押权的顺位。抵押权人与抵押人可以协议变更抵押权顺位以及被担保的债权数额等内容。但是,抵押权的变更未经其他抵押权人书面同意的,不得对其他抵押权人产生不利影响。 债务人以自己的财产设定抵押,抵押权人放弃该抵押权,抵押权顺位或者变更抵押权的,其他担保人在抵押权人丧失优先受偿权益的范围内免除担保责任,但是其他担保人承诺仍然提供担保的除外。	**第194条** 抵押权人可以放弃抵押权或者抵押权的顺位。抵押权人与抵押人可以协议变更抵押权顺位以及被担保的债权数额等内容,但抵押权的变更,未经其他抵押权人书面同意,不得对其他抵押权人产生不利影响。 债务人以自己的财产设定抵押,抵押权人放弃该抵押权,抵押权顺位或者变更抵押权的,其他担保人在抵押权人丧失优先受偿权益的范围内免除担保责任,但其他担保人承诺仍然提供担保的除外。	

《民法典》	《物权法》	相关规范性法律文件
第 410 条 债务人不履行到期债务或者发生当事人约定的实现抵押权的情形,抵押权人可以与抵押人协议以抵押财产折价或者以拍卖、变卖该抵押财产所得的价款优先受偿。协议损害其他债权人利益的,**其他债权人可以请求人民法院撤销该协议。** 抵押权人与抵押人未就抵押权实现方式达成协议的,抵押权人可以请求人民法院拍卖、变卖抵押财产。 抵押财产折价或者变卖的,应当参照市场价格。	**第 195 条** 债务人不履行到期债务或者发生当事人约定的实现抵押权的情形,抵押权人可以与抵押人协议以抵押财产折价或者以拍卖、变卖该抵押财产所得的价款优先受偿。协议损害其他债权人利益的,其他债权人可以在知道或者应当知道撤销事由之日起一年内请求人民法院撤销该协议。 抵押权人与抵押人未就抵押权实现方式达成协议的,抵押权人可以请求人民法院拍卖、变卖抵押财产。 抵押财产折价或者变卖的,应当参照市场价格。	**《担保法》第 53 条第 1 款** 债务履行期届满抵押权人未受清偿的,可以与抵押人协议以抵押物折价或者以拍卖、变卖该抵押物所得的价款受偿;协议不成的,抵押权人可以向人民法院提起诉讼。 **《担保法》第 94 条** 抵押物、质物、留置物折价或者变卖,应当参照市场价格。
第 411 条 依据本法**第三百九十六条**规定设定抵押的,抵押财产自下列情形之一发生时确定: (一)债务履行期限届满,债权未实现; (二)抵押人被宣告破产或者解散; (三)当事人约定的实现抵押权的情形; (四)严重影响债权实现的其他情形。	**第 196 条** 依照本法第一百八十一条规定设定抵押的,抵押财产自下列情形之一发生时确定: (一)债务履行期届满,债权未实现; (二)抵押人被宣告破产或者被撤销; (三)当事人约定的实现抵押权的情形; (四)严重影响债权实现的其他情形。	
第 412 条 债务人不履行到期债务或者发生当事人约定的实现抵押权的情形,致使抵押财产被人民法院依法扣押的,自扣押之日起,抵押权人有权收取该抵押财产的天然孳息或者法定孳息,但是抵押权人未通知应当清偿法定孳息的义务人的除外。 前款规定的孳息应当先充抵收取孳息的费用。	**第 197 条** 债务人不履行到期债务或者发生当事人约定的实现抵押权的情形,致使抵押财产被人民法院依法扣押的,自扣押之日起抵押权人有权收取该抵押财产的天然孳息或者法定孳息,但抵押权人未通知应当清偿法定孳息的义务人的除外。 前款规定的孳息应当先充抵收取孳息的费用。	**《担保法》第 47 条** 债务履行期届满,债务人不履行债务致使抵押物被人民法院依法扣押的,自扣押之日起抵押权人有权收取由抵押物分离的天然孳息以及抵押人就抵押物可以收取的法定孳息。抵押权人未将扣押抵押物的事实通知应当清偿法定孳息的义务人的,抵押权的效力不及于该孳息。 前款孳息应当先充抵收取孳息的费用。
第 413 条 抵押财产折价或者拍卖、变卖后,其价款超过债权数额的部分归抵押人所有,不足部分由债务人清偿。	**第 198 条** 同《民法典》413 条	**《担保法》第 53 条第 2 款** 抵押物折价或者拍卖、变卖后,其价款超过债权数额的部分归抵押人所有,不足部分由债务人清偿。

《民法典》	《物权法》	相关规范性法律文件
第 414 条 同一财产向两个以上债权人抵押的,拍卖、变卖抵押财产所得的价款依照下列规定清偿: (一)抵押权已**经**登记的,按照登记的时间先后确定清偿顺序; (二)抵押权已**经**登记的先于未登记的受偿; (三)抵押权未登记的,按照债权比例清偿。 其他**可以登记的**担保物权,清偿顺序参照适用前款规定。	第 199 条 同一财产向两个以上债权人抵押的,拍卖、变卖抵押财产所得的价款依照下列规定清偿: (一)抵押权已登记的,按照登记的先后顺序清偿;**顺序相同的,按照债权比例清偿;** (二)抵押权已登记的先于未登记的受偿; (三)抵押权未登记的,按照债权比例清偿。	《担保法》第 54 条 同一财产向两个以上债权人抵押的,拍卖、变卖抵押物所得的价款按照以下规定清偿: (一)抵押合同以登记生效的,按照抵押物登记的先后顺序清偿;顺序相同的,按照债权比例清偿; (二)抵押合同自签订之日起生效的,该抵押物已登记的,按照本条第(一)项规定清偿;未登记的,按照合同生效时间的先后顺序清偿,顺序相同的,按照债权比例清偿。抵押物已登记的先于未登记的受偿。 《担保法解释》第 58 条 当事人同一天在不同的法定登记部门办理抵押物登记的,视为顺序相同。 因登记部门的原因致使抵押物进行连续登记的,抵押物第一次登记的日期,视为抵押登记的日期,并依此确定抵押权的顺序。
第 415 条 同一财产既设立抵押权又设立质权的,拍卖、变卖该财产所得的价款按照登记、交付的时间先后确定清偿顺序。	(无)	《担保法解释》第 79 条 同一财产法定登记的抵押权与质权并存时,抵押权人优先于质权人受偿。 同一财产抵押权与留置权并存时,留置权人优先于抵押权人受偿。
第 416 条 动产抵押担保的主债权是抵押物的价款,标的物交付后十日内办理抵押登记的,该抵押权人优先于抵押物买受人的其他担保物权人受偿,但是留置权人除外。	(无)	
第 417 条 建设用地使用权抵押后,该土地上新增的建筑物不属于抵押财产。该建设用地使用权实现抵押权时,应当将该土地上新增的建筑物与建设用地使用权一并处分。但是,新增建筑物所得的价款,抵押权人无权优先受偿。	第 200 条 建设用地使用权抵押后,该土地上新增的建筑物不属于抵押财产。该建设用地使用权实现抵押权时,应当将该土地上新增的建筑物与建设用地使用权一并处分,但新增建筑物所得的价款,抵押权人无权优先受偿。	《担保法》第 55 条 第 1 款 城市房地产抵押合同签订后,土地上新增的房屋不属于抵押物。需要拍卖该抵押的房地产时,可以依法将该土地上新增的房屋与抵押物一同拍卖,但对拍卖新增房屋所得,抵押权人无权优先受偿。

《民法典》	《物权法》	相关规范性法律文件
第418条 以集体所有土地的使用权依法抵押的,实现抵押权后,未经法定程序,不得改变土地所有权的性质和土地用途。	第201条 依照本法第一百八十条第一款第三项规定的土地承包经营权抵押的,或者依照本法第一百八十三条规定以乡镇、村企业的厂房等建筑物占用范围内的建设用地使用权一并抵押的,实现抵押权后,未经法定程序,不得改变土地所有权的性质和土地用途。	《担保法》第55条第2款 依照本法规定以承包的荒地的土地使用权抵押的,或者以乡(镇)、村企业的厂房等建筑物占用范围内的土地使用权抵押的,在实现抵押权后,未经法定程序不得改变土地集体所有和土地用途。
第419条 抵押权人应当在主债权诉讼时效期间行使抵押权;未行使的,人民法院不予保护。	第202条 同《民法典》第419条	
第二节 最高额抵押权	第二节 最高额抵押权	
第420条 为担保债务的履行,债务人或者第三人对一定期间内将要连续发生的债权提供担保财产的,债务人不履行到期债务或者发生当事人约定的实现抵押权的情形,抵押权人有权在最高债权额限度内就该担保财产优先受偿。 最高额抵押权设立前已经存在的债权,经当事人同意,可以转入最高额抵押担保的债权范围。	第203条 同《民法典》第420条	《担保法》第59条 本法所称最高额抵押,是指抵押人与抵押权人协议,在最高债权额限度内,以抵押物对一定期间内连续发生的债权作担保。
第421条 最高额抵押担保的债权确定前,部分债权转让的,最高额抵押权不得转让,但是当事人另有约定的除外。	第204条 最高额抵押担保的债权确定前,部分债权转让的,最高额抵押权不得转让,但当事人另有约定的除外。	
第422条 最高额抵押担保的债权确定前,抵押权人与抵押人可以通过协议变更债权确定的期间、债权范围以及最高债权额。但是,变更的内容不得对其他抵押权人产生不利影响。	第205条 最高额抵押担保的债权确定前,抵押权人与抵押人可以通过协议变更债权确定的期间、债权范围以及最高债权额,但变更的内容不得对其他抵押权人产生不利影响。	
第423条 有下列情形之一的,抵押权人的债权确定: (一)约定的债权确定期间届满; (二)没有约定债权确定期间或者约定不明确,抵押权人或者抵押人自最高额抵押权设立之日起满二年后请求确定债权;	第206条 有下列情形之一的,抵押权人的债权确定: (一)约定的债权确定期间届满; (二)没有约定债权确定期间或者约定不明确,抵押权人或者抵押人自最高额抵押权设立之日起满二年后请求确定债权;	

《民法典》	《物权法》	相关规范性法律文件
（三）新的债权不可能发生； （四）**抵押权人知道或者应当知道**抵押财产被查封、扣押； （五）债务人、抵押人被宣告破产或者被**解散**； （六）法律规定债权确定的其他情形。	（三）新的债权不可能发生； （四）抵押财产被查封、扣押； （五）债务人、抵押人被宣告破产或者被撤销； （六）法律规定债权确定的其他情形。	
第 424 条　最高额抵押权除适用本节规定外，适用本章第一节的**有关**规定。	**第 207 条**　最高额抵押权除适用本节规定外，适用本章第一节**一般抵押权**的规定。	《担保法》第 62 条　最高额抵押除适用本节规定外，适用本章其他规定。
第十八章　质权	**第十七章　质权**	
第一节　动产质权		
第 425 条　为担保债务的履行，债务人或者第三人将其动产出质给债权人占有的，债务人不履行到期债务或者发生当事人约定的实现质权的情形，债权人有权就该动产优先受偿。 前款规定的债务人或者第三人为出质人，债权人为质权人，交付的动产为质押财产。	**第 208 条** 同《民法典》第 425 条	《担保法》第 63 条　本法所称动产质押，是指债务人或者第三人将其动产移交债权人占有，将该动产作为债权的担保。债务人不履行债务时，债权人有权依照本法规定以该动产折价或者以拍卖、变卖该动产的价款优先受偿。 前款规定的债务人或者第三人为出质人，债权人为质权人，移交的动产为质物。
第 426 条　法律、行政法规禁止转让的动产不得出质。	**第 209 条** 同《民法典》第 426 条	
第 427 条　设立质权，当事人应当采用**书面形式订立质押合同**。 **质押**合同一般包括下列条款： （一）被担保债权的种类和数额； （二）债务人履行债务的期限； （三）质押财产的名称、数量**等情况**； （四）担保的范围； （五）质押财产交付的时间、**方式**。	**第 210 条**　设立质权，当事人应当采取书面形式订立质权合同。 质权合同一般包括下列条款： （一）被担保债权的种类和数额； （二）债务人履行债务的期限； （三）质押财产的名称、数量、质量、状况； （四）担保的范围； （五）质押财产交付的时间。	《担保法》第 64 条　出质人和质权人应当以书面形式订立质押合同。 质押合同自质物移交于质权人占有时生效。 《担保法》第 65 条　质押合同应当包括以下内容： （一）被担保的主债权种类、数额； （二）债务人履行债务的期限； （三）质物的名称、数量、质量、状况； （四）质押担保的范围； （五）质物移交的时间； （六）当事人认为需要约定的其他事项。 质押合同不完全具备前款规定内容的，可以补正。

《民法典》	《物权法》	相关规范性法律文件
第 **428** 条 质权人在债务履行**期限**届满前,与出质人约定债务人不履行到期债务时质押财产归债权人所有**的,只能依法就质押财产优先受偿。**	第 **211** 条 质权人在债务履行期届满前,不得与出质人约定债务人不履行到期债务时质押财产归债权人所有。	《担保法》第 **66** 条 出质人和质权人在合同中不得约定在债务履行期届满质权人未受清偿时,质物的所有权转移为质权人所有。
第 **429** 条 质权自出质人交付质押财产时设立。	第 **212** 条 同《民法典》第 429 条	
第 **430** 条 质权人有权收取质押财产的孳息,但**是**合同另有约定的除外。 前款规定的孳息应当先充抵收取孳息的费用。	第 **213** 条 质权人有权收取质押财产的孳息,但合同另有约定的除外。 前款规定的孳息应当先充抵收取孳息的费用。	《担保法》第 **68** 条 质权人有权收取质物所生的孳息。质押合同另有约定的,按照约定。 前款孳息应当先充抵收取孳息的费用。
第 **431** 条 质权人在质权存续期间,未经出质人同意,擅自使用、处分质押财产,**造成**出质人损害的,应当承担赔偿责任。	第 **214** 条 质权人在质权存续期间,未经出质人同意,擅自使用、处分质押财产,给出质人造成损害的,应当承担赔偿责任。	
第 **432** 条 质权人负有妥善保管质押财产的义务;因保管不善致使质押财产毁损、灭失的,应当承担赔偿责任。 质权人的行为可能使质押财产毁损、灭失的,出质人可**以请求**质权人将质押财产提存,或者**请求**提前清偿债务并返还质押财产。	第 **215** 条 质权人负有妥善保管质押财产的义务;因保管不善致使质押财产毁损、灭失的,应当承担赔偿责任。 质权人的行为可能使质押财产毁损、灭失的,出质人可以要求质权人将质押财产提存,或者要求提前清偿债务并返还质押财产。	《担保法》第 **69** 条 质权人负有妥善保管质物的义务。因保管不善致使质物灭失或者毁损的,质权人应当承担民事责任。 质权人不能妥善保管质物可能致使其灭失或者毁损的,出质人可以要求质权人将质物提存,或者要求提前清偿债权而返还质物。
第 **433** 条 因不**可**归责于质权人的事由可能使质押财产毁损或者价值明显减少,足以危害质权人权利的,质权人**有权请求**出质人提供相应的担保;出质人不提供的,质权人可以拍卖、变卖质押财产,并与出质人协议将拍卖、变卖所得的价款提前清偿债务或者提存。	第 **216** 条 因不能归责于质权人的事由可能使质押财产毁损或者价值明显减少,足以危害质权人权利的,质权人有权要求出质人提供相应的担保;出质人不提供的,质权人可以拍卖、变卖质押财产,并与出质人**通过**协议将拍卖、变卖所得的价款提前清偿债务或者提存。	《担保法》第 **70** 条 质物有损坏或者价值明显减少的可能,足以危害质权人权利的,质权人可以要求出质人提供相应的担保。出质人不提供的,质权人可以拍卖或者变卖质物,并与出质人协议将拍卖或者变卖所得的价款用于提前清偿所担保的债权或者向与出质人约定的第三人提存。
第 **434** 条 质权人在质权存续期间,未经出质人同意转质,造成质押财产毁损、灭失**的,应当承担赔偿责任。**	第 **217** 条 质权人在质权存续期间,未经出质人同意转质,造成质押财产毁损、灭失的,应当**向出质人**承担赔偿责任。	《担保法解释》第 **94** 条第 **2** 款 质权人在质权存续期间,未经出质人同意,为担保自己的债务,在其所占有的质物上为第三人设定质权的无效。质权人对因转质而发生的损害承担赔偿责任。

《民法典》	《物权法》	相关规范性法律文件
第 435 条 质权人可以放弃质权。债务人以自己的财产出质,质权人放弃该质权的,其他担保人在质权人丧失优先受偿权益的范围内免除担保责任,但**是**其他担保人承诺仍然提供担保的除外。	**第 218 条** 质权人可以放弃质权。债务人以自己的财产出质,质权人放弃该质权的,其他担保人在质权人丧失优先受偿权益的范围内免除担保责任,但其他担保人承诺仍然提供担保的除外。	
第 436 条 债务人履行债务或者出质人提前清偿所担保的债权的,质权人应当返还质押财产。 债务人不履行到期债务或者发生当事人约定的实现质权的情形,质权人可以与出质人协议以质押财产折价,也可以就拍卖、变卖质押财产所得的价款优先受偿。 质押财产折价或者变卖的,应当参照市场价格。	**第 219 条** 同《民法典》第 436 条	《担保法》第 71 条 债务履行期届满债务人履行债务的,或者出质人提前清偿所担保的债权的,质权人应当返还质物。 债务履行期届满质权人未受清偿的,可以与出质人协议以质物折价,也可以依法拍卖、变卖质物。 质物折价或者拍卖、变卖后,其价款超过债权数额的部分归出质人所有,不足部分由债务人清偿。 《担保法》第 94 条 抵押物、质物、留置物折价或者变卖,应当参照市场价格。
第 437 条 出质人可以请求质权人在债务履行期**限**届满后及时行使质权;质权人不行使的,出质人可以请求人民法院拍卖、变卖质押财产。 出质人请求质权人及时行使质权,因质权人怠于行使权利造成**出质人**损害的,由质权人承担赔偿责任。	**第 220 条** 出质人可以请求质权人在债务履行期届满后及时行使质权;质权人不行使的,出质人可以请求人民法院拍卖、变卖质押财产。 出质人请求质权人及时行使质权,因质权人怠于行使权利造成损害的,由质权人承担赔偿责任。	
第 438 条 质押财产折价或者拍卖、变卖后,其价款超过债权数额的部分归出质人所有,不足部分由债务人清偿。	**第 221 条** 同《民法典》第 438 条	《担保法》第 71 条第 3 款 质物折价或者拍卖、变卖后,其价款超过债权数额的部分归出质人所有,不足部分由债务人清偿。
第 439 条 出质人与质权人可以协议设立最高额质权。 最高额质权除适用本节有关规定外,**参照适用本编第十七章**第二节的**有关**规定。	**第 222 条** 出质人与质权人可以协议设立最高额质权。 最高额质权除适用本节有关规定外,参照本法第十六章第二节最高额抵押权的规定。	
第二节 权利质权	**第二节 权利质权**	
第 440 条 债务人或者第三人有权处分的下列权利可以出质: (一)汇票、**本票、支票**; (二)债券、存款单; (三)仓单、提单;	**第 223 条** 债务人或者第三人有权处分的下列权利可以出质: (一)汇票、本票、支票; (二)债券、存款单; (三)仓单、提单;	《担保法》第 75 条 下列权利可以质押: (一)汇票、支票、本票、债券、存款单、仓单、提单; (二)依法可以转让的股份、股票;

《民法典》	《物权法》	相关规范性法律文件
（四）可以转让的基金份额、股权； （五）可以转让的注册商标专用权、专利权、著作权等知识产权中的财产权； （六）**现有的以及将有的**应收账款； （七）法律、行政法规规定可以出质的其他财产权利。	（四）可以转让的基金份额、股权； （五）可以转让的注册商标专用权、专利权、著作权等知识产权中的财产权； （六）应收账款； （七）法律、行政法规规定可以出质的其他财产权利。	（三）依法可以转让的商标专用权，专利权、著作权中的财产权； （四）依法可以质押的其他权利。 **《应收账款质押登记办法》第 3 条** 本办法所称应收账款质押是指《中华人民共和国物权法》第二百二十三条规定的应收账款出质，具体是指为担保债务的履行，债务人或者第三人将其合法拥有的应收账款出质给债权人，债务人不履行到期债务或者发生当事人约定的实现质权的情形，债权人有权就该应收账款及其收益优先受偿。 前款规定的债务人或者第三人为出质人，债权人为质权人。
第 441 条 以汇票、**本票**、支票、债券、存款单、仓单、提单出质的，质权自利凭证交付质权人时设立；没有权利凭证的，质权自办理出质登记时设立。**法律另有规定的，依照其规定。**	**第 224 条** 以汇票、支票、本票、债券、存款单、仓单、提单出质的，**当事人应当订立书面合同。**质权自权利凭证交付质权人时设立；没有权利凭证的，质权自**有关部门办理出质登记时设立。**	**《担保法》第 76 条** 以汇票、支票、本票、债券、存款单、仓单、提单出质的，应当在合同约定的期限内将权利凭证交付质权人。质押合同自权利凭证交付之日起生效。
第 442 条 汇票、**本票、支票**、债券、存款单、仓单、提单的兑现日期或者提货日期先于主债权到期的，质权人可以兑现或者提货，并与出质人协议将兑现的价款或者提取的货物提前清偿债务或者提存。	**第 225 条** 汇票、支票、本票、债券、存款单、仓单、提单的兑现日期或者提货日期先于主债权到期的，质权人可以兑现或者提货，并与出质人协议将兑现的价款或者提取的货物提前清偿债务或者提存。	**《担保法》第 77 条** 以载明兑现或者提货日期的汇票、支票、本票、债券、存款单、仓单、提单出质的，汇票、支票、本票、债券、存款单、仓单、提单兑现或者提货日期先于债务履行期的，质权人可以在债务履行期届满前兑现或者提货，并与出质人协议将兑现的价款或者提取的货物用于提前清偿所担保的债权或者向与出质人约定的第三人提存。
第 443 条 以基金份额、股权出质的，质权自办理出质登记时设立。 基金份额、股权出质后，不得转让，但是出质人与质权人协商同意的除外。出质人转让基金份额、股权所得的价款，应当向质权人提前清偿债务或者提存。	**第 226 条** 以基金份额、股权出质的，当事人应当订立书面合同。**以基金份额、证券登记结算机构登记的股权出质的，质权自证券登记结算机构办理出质登记时设立；以其他股权出质的，质权自工商行政管理部门**办理出质登记时设立。 基金份额、股权出质后，不得转让，但经出质人与质权人	**《担保法》第 78 条** 以依法可以转让的股票出质的，出质人与质权人应当订立书面合同，并向证券登记机构办理出质登记。质押合同自登记之日起生效。 股票出质后，不得转让，但经出质人与质权人协商同意的可以转让。出质人转让股票所得的价款应当向质权人提前清偿所担保的债权或者向与质权人

《民法典》	《物权法》	相关规范性法律文件
	协商同意的除外。出质人转让基金份额、股权所得的价款,应当向质权人提前清偿债务或者提存。	约定的第三人提存。 以有限责任公司的股份出质的,适用公司法股份转让的有关规定。质押合同自股份出质记载于股东名册之日起生效。
第 444 条 以注册商标专用权、专利权、著作权等知识产权中的财产权出质的,质权自办理出质登记时设立。 知识产权中的财产权出质后,出质人不得转让或者许可他人使用,但是出质人与质权人协商同意的除外。出质人转让或者许可他人使用出质的知识产权中的财产权所得的价款,应当向质权人提前清偿债务或者提存。	第 227 条 以注册商标专用权、专利权、著作权等知识产权中的财产权出质的,**当事人应当订立书面合同**。质权自**有关主管部门**办理出质登记时设立。 知识产权中的财产权出质后,出质人不得转让或者许可他人使用,但经出质人与质权人协商同意的除外。出质人转让或者许可他人使用出质的知识产权中的财产权所得的价款,应当向质权人提前清偿债务或者提存。	**《担保法》第 79 条** 以依法可以转让的商标专用权,专利权、著作权中的财产权出质的,出质人与质权人应当订立书面合同,并向其管理部门办理出质登记。质押合同自登记之日起生效。 **《担保法》第 80 条** 本法第七十九条规定的权利出质后,出质人不得转让或者许可他人使用,但经出质人与质权人协商同意的可以转让或者许可他人使用。出质人所得的转让费、许可费应当向质权人提前清偿所担保的债权或者向与质权人约定的第三人提存。 **《担保法解释》第 105 条** 以依法可以转让的商标专用权,专利权、著作权中的财产权出质的,出质人未经质权人同意而转让或者许可他人使用已出质权利的,应当认定为无效。因此给质权人或者第三人造成损失的,由出质人承担民事责任。
第 445 条 以应收账款出质的,质权自办理出质登记时设立。 应收账款出质后,不得转让,但是出质人与质权人协商同意的除外。出质人转让应收账款所得的价款,应当向质权人提前清偿债务或者提存。	第 228 条 以应收账款出质的,**当事人应当订立书面合同**。质权自**信贷征信机构**办理出质登记时设立。 应收账款出质后,不得转让,但经出质人与质权人协商同意的除外。出质人转让应收账款所得的价款,应当向质权人提前清偿债务或者提存。	**《应收账款质押登记办法》第 1 条** 为规范应收账款质押登记,保护质押当事人和利害关系人的合法权益,根据《中华人民共和国物权法》等相关法律规定,制定本办法。 **《应收账款质押登记办法》第 4 条** 中国人民银行征信中心(以下简称征信中心)是应收账款质押的登记机构。 征信中心建立基于互联网的登记公示系统(以下简称登记公示系统),办理应收账款质押登记,并为社会公众提供查询服务。

《民法典》	《物权法》	相关规范性法律文件
第 446 条 权利质权除适用本节规定外,适用本章第一节的**有关**规定。	**第 229 条** 权利质权除适用本节规定外,适用本章第一节**动产质权**的规定。	《担保法》第 81 条 权利质押适用本节规定外,适用本章第一节的规定。
第十九章 留置权	**第十八章 留置权**	
第 447 条 债务人不履行到期债务,债权人可以留置已经合法占有的债务人的动产,并有权就该动产优先受偿。 前款规定的债权人为留置权人,占有的动产为留置财产。	**第 230 条** 同《民法典》第 447 条	《担保法》第 82 条 本法所称留置,是指依照本法第八十四条的规定,债权人按照合同约定占有债务人的动产,债务人不按照合同约定的期限履行债务的,债权人有权依照本法规定留置该财产,以该财产折价或者以拍卖、变卖该财产的价款优先受偿。
第 448 条 债权人留置的动产,应当与债权属于同一法律关系,但**是**企业之间留置的除外。	**第 231 条** 债权人留置的动产,应当与债权属于同一法律关系,但企业之间留置的除外。	《担保法解释》第 109 条 债权人的债权已届清偿期,债权人对动产的占有与其债权的发生有牵连关系,债权人可以留置其所占有的动产。
第 449 条 法律规定或者当事人约定不得留置的动产,不得留置。	**第 232 条** 同《民法典》第 449 条	《担保法》第 84 条第 3 款 当事人可以在合同中约定不得留置的物。 《担保法解释》第 107 条 当事人在合同中约定排除留置权,债务履行期届满,债权人行使留置权的,人民法院不予支持。
第 450 条 留置财产为可分物的,留置财产的价值应当相当于债务的金额。	**第 233 条** 同《民法典》第 450 条	
第 451 条 留置权人负有妥善保管留置财产的义务;因保管不善致使留置财产毁损、灭失的,应当承担赔偿责任。	**第 234 条** 同《民法典》第 451 条	《担保法》第 86 条 留置权人负有妥善保管留置物的义务。因保管不善致使留置物灭失或者毁损的,留置权人应当承担民事责任。
第 452 条 留置权人有权收取留置财产的孳息。 前款规定的孳息应当先充抵收取孳息的费用。	**第 235 条** 同《民法典》第 452 条	

《民法典》	《物权法》	相关规范性法律文件
第 453 条　留置权人与债务人应当约定留置财产后的债务履行**期限**;没有约定或者约定不明确的,留置权人应当给债务人六十日以上履行债务的**期限**,但是鲜活易腐等不易保管的动产除外。债务人逾期未履行的,留置权人可以与债务人协议以留置财产折价,也可以就拍卖、变卖留置财产所得的价款优先受偿。 　留置财产折价或者变卖的,应当参照市场价格。	**第 236 条**　留置权人与债务人应当约定留置财产后的债务履行期间;没有约定或者约定不明确的,留置权人应当给债务人两个月以上履行债务的期间,但鲜活易腐等不易保管的动产除外。债务人逾期未履行的,留置权人可以与债务人协议以留置财产折价,也可以就拍卖、变卖留置财产所得的价款优先受偿。 　留置财产折价或者变卖的,应当参照市场价格。	《担保法》**第 87 条第 1 款、第 2 款**　债权人与债务人应当在合同中约定,债权人留置财产后,债务人应当在不少于两个月的期限内履行债务。债权人与债务人在合同中未约定的,债权人留置债务人财产后,应当确定两个月以上的期限,通知债务人在该期限内履行债务。 　债务人逾期仍不履行的,债权人可以与债务人协议以留置物折价,也可以依法拍卖、变卖留置物。 　《担保法》**第 94 条**　抵押物、质物、留置物折价或者变卖,应当参照市场价格。
第 454 条　债务人可以请求留置权人在债务履行**期限**届满后行使留置权;留置权人不行使的,债务人可以请求人民法院拍卖、变卖留置财产。	**第 237 条**　债务人可以请求留置权人在债务履行期届满后行使留置权;留置权人不行使的,债务人可以请求人民法院拍卖、变卖留置财产。	
第 455 条　留置财产折价或者拍卖、变卖后,其价款超过债权数额的部分归债务人所有,不足部分由债务人清偿。	**第 238 条** 同《民法典》第 455 条	《担保法》**第 87 条第 3 款** 　留置物折价或者拍卖、变卖后,其价款超过债权数额的部分归债务人所有,不足部分由债务人清偿。
第 456 条　同一动产上已**经**设立抵押权或者质权,该动产又被留置的,留置权人优先受偿。	**第 239 条**　同一动产上已设立抵押权或者质权,该动产又被留置的,留置权人优先受偿。	《担保法解释》**第 79 条第 2 款**　同一财产抵押权与留置权并存时,留置权人优先于抵押权人受偿。
第 457 条　留置权人对留置财产丧失占有或者留置权人接受债务人另行提供担保的,留置权消灭。	**第 240 条** 同《民法典》第 457 条	《担保法》**第 88 条**　留置权因下列原因消灭: 　(一)债权消灭的; 　(二)债务人另行提供担保并被债权人接受的。
第五分编　占有	第五分编　占有	
第二十章　占有	第十九章　占有	
第 458 条　基于合同关系等产生的占有,有关不动产或者动产的使用、收益、违约责任等,按照合同约定;合同没有约定或者约定不明确的,依照有关法律规定。	**第 241 条** 同《民法典》第 458 条	

《民法典》	《物权法》	相关规范性法律文件
第 459 条 占有人因使用占有的不动产或者动产,致使该不动产或者动产受到损害的,恶意占有人应当承担赔偿责任。	**第 242 条** 同《民法典》第 459 条	
第 460 条 不动产或者动产被占有人占有的,权利人可以请求返还原物及其孳息;**但是,**应当支付善意占有人因维护该不动产或者动产支出的必要费用。	**第 243 条** 不动产或者动产被占有人占有的,权利人可以请求返还原物及其孳息,但应当支付善意占有人因维护该不动产或者动产支出的必要费用。	
第 461 条 占有的不动产或者动产毁损、灭失,该不动产或者动产的权利人请求赔偿的,占有人应当将因毁损、灭失取得的保险金、赔偿金或者补偿金等返还给权利人;权利人的损害未得到足够弥补的,恶意占有人还应当赔偿损失。	**第 244 条** 同《民法典》第 461 条	
第 462 条 占有的不动产或者动产被侵占的,占有人有权请求返还原物;对妨害占有的行为,占有人有权请求排除妨害或者消除危险;因侵占或者妨害造成损害的,占有人有权**依法**请求损害赔偿。 　占有人返还原物的请求权,自侵占发生之日起一年内未行使的,该请求权消灭。	**第 245 条** 占有的不动产或者动产被侵占的,占有人有权请求返还原物;对妨害占有的行为,占有人有权请求排除妨害或者消除危险;因侵占或者妨害造成损害的,占有人有权请求损害赔偿。 　占有人返还原物的请求权,自侵占发生之日起一年内未行使的,该请求权消灭。	

第三编 合 同

《民法典》	《合同法》	相关规范性法律文件
第三编 合 同		
第一分编 通 则		
第一章 一般规定	第一章 一般规定	
第 463 条 本编调整因合同产生的民事关系。	**第 1 条** 为了保护合同当事人的合法权益,维护社会经济秩序,促进社会主义现代化建设,制定本法。	
第 464 条 合同是**民事主体**之间设立、变更、终止民事**法律**关系的协议。 婚姻、收养、监护等有关身份关系的协议,**适用有关该身份关系的法律规定;没有规定的,可以根据其性质参照适用本编规定。**	**第 2 条** **本法所称**合同是平等主体的自然人、法人、其他组织之间设立、变更、终止民事权利义务关系的协议。 婚姻、收养、监护等有关身份关系的协议,适用其他法律的规定。	
第 465 条 依法成立的合同,受法律保护。 依法成立的合同,**仅**对当事人具有法律约束力,**但是法律另有规定的除外。**	**第 8 条** 依法成立的合同,对当事人具有法律约束力。**当事人应当按照约定履行自己的义务,不得擅自变更或者解除合同。** 依法成立的合同,受法律保护。	《民法通则》第 85 条 合同是当事人之间设立、变更、终止民事关系的协议。依法成立的合同,受法律保护。
第 466 条 当事人对合同条款的理解有争议的,应当**依据本法第一百四十二条第一款的规定**,确定**争议**条款的**含义**。 合同文本采用两种以上文字订立并约定具有同等效力的,对各文本使用的词句推定具有相同含义。各文本使用的词句不一致的,应当根据合同的**相关条款、性质**、目的**以及诚信原则等**予以解释。	**第 125 条** 当事人对合同条款的理解有争议的,应当按照合同所使用的词句、合同的有关条款、合同的目的、交易习惯以及诚实信用原则,确定该条款的真实意思。 合同文本采用两种以上文字订立并约定具有同等效力的,对各文本使用的词句推定具有相同含义。各文本使用的词句不一致的,应当根据合同的目的予以解释。	

《民法典》	《合同法》	相关规范性法律文件
第 467 条 本法或者其他法律没有明文规定的合同,适用本编通则的规定,并可以参照适用本编或者其他法律最相类似合同的规定。 在中华人民共和国境内履行的中外合资经营企业合同、中外合作经营企业合同、中外合作勘探开发自然资源合同,适用中华人民共和国法律。	(无)	
第 468 条 非因合同产生的债权债务关系,适用有关该债权债务关系的法律规定;没有规定的,适用本编通则的有关规定,但是根据其性质不能适用的除外。	(无)	
第二章 合同的订立	第二章 合同的订立	
第 469 条 当事人订立合同,可以采用书面形式、口头形式或者其他形式。 书面形式是合同书、信件、电报、电传、传真等可以有形地表现所载内容的形式。 以电子数据交换、电子邮件等方式能够有形地表现所载内容,并可以随时调取查用的数据电文,视为书面形式。	**第 10 条** 当事人订立合同,有书面形式、口头形式和其他形式。 法律、行政法规规定采用书面形式的,应当采用书面形式。当事人约定采用书面形式的,应当采用书面形式。 **第 11 条** 书面形式是指合同书、信件和数据电文(包括电报、电传、传真、电子数据交换和电子邮件)等可以有形地表现所载内容的形式。	
第 470 条 合同的内容由当事人约定,一般包括下列条款: (一)当事人的姓名或者名称和住所; (二)标的; (三)数量; (四)质量; (五)价款或者报酬; (六)履行期限、地点和方式; (七)违约责任; (八)解决争议的方法。 当事人可以参照各类合同的示范文本订立合同。	**第 12 条** 合同的内容由当事人约定,一般包括以下条款: (一)当事人的名称或者姓名和住所; (二)标的; (三)数量; (四)质量; (五)价款或者报酬; (六)履行期限、地点和方式; (七)违约责任; (八)解决争议的方法。 当事人可以参照各类合同的示范文本订立合同。	
第 471 条 当事人订立合同,可以采取要约、承诺方式或者其他方式。	**第 13 条** 当事人订立合同,采取要约、承诺方式。	

《民法典》	《合同法》	相关规范性法律文件
第 472 条 要约是希望与他人订立合同的意思表示,该意思表示应当符合下列**条件**: （一）内容具体确定; （二）表明经受要约人承诺,要约人即受该意思表示约束。	**第 14 条** 要约是希望和他人订立合同的意思表示,该意思表示应当符合下列规定: （一）内容具体确定; （二）表明经受要约人承诺,要约人即受该意思表示约束。	
第 473 条 要约邀请是希望他人向自己发出要约的表示。拍卖公告、招标公告、招股说明书、**债券募集办法、基金招募说明书、商业广告和宣传**、寄送的价目表等为要约邀请。 商业广告和宣传的内容符合要约**条件**的,**构成**要约。	**第 15 条** 要约邀请是希望他人向自己发出要约的意思表示。寄送的价目表、拍卖公告、招标公告、招股说明书、商业广告等为要约邀请。 商业广告的内容符合要约规定的,视为要约。	
第 474 条 要约生效的时间**适用本法第一百三十七条的规定**。	**第 16 条** 要约到达受要约人时生效。 采用数据电文形式订立合同,收件人指定特定系统接收数据电文的,该数据电文进入该特定系统的时间,视为到达时间;未指定特定系统的,该数据电文进入收件人的任何系统的首次时间,视为到达时间。	
第 475 条 要约可以撤回。**要约的撤回适用本法第一百四十一条的规定**。	**第 17 条** 要约可以撤回。撤回要约的通知应当在要约到达受要约人之前或者与要约同时到达受要约人。	
第 476 条 要约可以撤销,但是有下列情形**之一**的**除外**: （一）要约人以确定承诺期限或者其他形式明示要约不可撤销; （二）受要约人有理由认为要约是不可撤销的,并且已经为履行合同**做**了合理准备工作。	**第 18 条** 要约可以撤销。撤销要约的通知应当在受要约人发出承诺通知之前到达受要约人。	
	第 19 条 有下列情形之一的,要约不得撤销: （一）要约人确定了承诺期限或者**以**其他形式明示要约不可撤销; （二）受要约人有理由认为要约是不可撤销的,并且已经为履行合同作了准备工作。	

《民法典》	《合同法》	相关规范性法律文件
第 477 条 撤销要约的意思表示以对话方式作出的,该意思表示的内容应当在受要约人作出承诺之前为受要约人所知道;撤销要约的意思表示以非对话方式作出的,应当在受要约人作出承诺之前到达受要约人。	(无)	
第 478 条 有下列情形之一的,要约失效: (一)要约被拒绝; (二)**要约被依法撤销**; (三)承诺期限届满,受要约人未作出承诺; (四)受要约人对要约的内容作出实质性变更。	第 20 条 有下列情形之一的,要约失效: (一)拒绝要约的通知到达要约人; (二)要约人依法撤销要约; (三)承诺期限届满,受要约人未作出承诺; (四)受要约人对要约的内容作出实质性变更。	
第 479 条 承诺是受要约人同意要约的意思表示。	第 21 条 同《民法典》第 479 条	
第 480 条 承诺应当以通知的方式作出;**但是,**根据交易习惯或者要约表明可以通过行为作出承诺的除外。	第 22 条 承诺应当以通知的方式作出,但根据交易习惯或者要约表明可以通过行为作出承诺的除外。	
第 481 条 承诺应当在要约确定的期限内到达要约人。 要约没有确定承诺期限的,承诺应当依照下列规定到达: (一)要约以对话方式作出的,应当即时作出承诺; (二)要约以非对话方式作出的,承诺应当在合理期限内到达。	第 23 条 承诺应当在要约确定的期限内到达要约人。 要约没有确定承诺期限的,承诺应当依照下列规定到达: (一)要约以对话方式作出的,应当即时作出承诺,**但当事人另有约定的除外;** (二)要约以非对话方式作出的,承诺应当在合理期限内到达。	
第 482 条 要约以信件或者电报作出的,承诺期限自信件载明的日期或者电报交发之日开始计算。信件未载明日期的,自投寄该信件的邮戳日期开始计算。要约以电话、传真、**电子邮件**等快速通讯方式作出的,承诺期限自要约到达受要约人时开始计算。	第 24 条 要约以信件或者电报作出的,承诺期限自信件载明的日期或者电报交发之日开始计算。信件未载明日期的,自投寄该信件的邮戳日期开始计算。要约以电话、传真等快速通讯方式作出的,承诺期限自要约到达受要约人时开始计算。	

《民法典》	《合同法》	相关规范性法律文件
第483条　承诺生效时合同成立,但是法律另有规定或者当事人另有约定的除外。	第25条　承诺生效时合同成立。	
第484条　以通知方式作出的承诺,生效的时间适用本法第一百三十七条的规定。承诺不需要通知的,根据交易习惯或者要约的要求作出承诺的行为时生效。	第26条　承诺通知到达要约人时生效。承诺不需要通知的,根据交易习惯或者要约的要求作出承诺的行为时生效。采用数据电文形式订立合同的,承诺到达的时间适用本法第十六条第二款的规定。	
第485条　承诺可以撤回。承诺的撤回适用本法第一百四十一条的规定。	第27条　承诺可以撤回。撤回承诺的通知应当在承诺通知到达要约人之前或者与承诺通知同时到达要约人。	
第486条　受要约人超过承诺期限发出承诺,或者在承诺期限内发出承诺,按照通常情形不能及时到达要约人的,为新要约;但是,要约人及时通知受要约人该承诺有效的除外。	第28条　受要约人超过承诺期限发出承诺的,除要约人及时通知受要约人该承诺有效的以外,为新要约。	
第487条　受要约人在承诺期限内发出承诺,按照通常情形能够及时到达要约人,但是因其他原因致使承诺到达要约人时超过承诺期限的,除要约人及时通知受要约人因承诺超过期限不接受该承诺外,该承诺有效。	第29条　受要约人在承诺期限内发出承诺,按照通常情形能够及时到达要约人,但因其他原因承诺到达要约人时超过承诺期限的,除要约人及时通知受要约人因承诺超过期限不接受该承诺的以外,该承诺有效。	
第488条　承诺的内容应当与要约的内容一致。受要约人对要约的内容作出实质性变更的,为新要约。有关合同标的、数量、质量、价款或者报酬、履行期限、履行地点和方式、违约责任和解决争议方法等的变更,是对要约内容的实质性变更。	第30条同《民法典》第488条	
第489条　承诺对要约的内容作出非实质性变更的,除要约人及时表示反对或者要约表明承诺不得对要约的内容作出任何变更外,该承诺有效,合同的内容以承诺的内容为准。	第31条　承诺对要约的内容作出非实质性变更的,除要约人及时表示反对或者要约表明承诺不得对要约的内容作出任何变更的以外,该承诺有效,合同的内容以承诺的内容为准。	

《民法典》	《合同法》	相关规范性法律文件
第490条　当事人采用合同书形式订立合同的,自当事人均签名、盖章或者按指印时合同成立。在签名、盖章或者按指印之前,当事人一方已经履行主要义务,对方接受时,该合同成立。 法律、行政法规规定或者当事人约定合同应当采用书面形式订立,当事人未采用书面形式但是一方已经履行主要义务,对方接受时,该合同成立。	第32条　当事人采用合同书形式订立合同的,自双方当事人签字或者盖章时合同成立。	
	第36条　法律、行政法规规定或者当事人约定采用书面形式订立合同,当事人未采用书面形式但一方已经履行主要义务,对方接受的,该合同成立。	
	第37条　采用合同书形式订立合同,在签字或者盖章之前,当事人一方已经履行主要义务,对方接受的,该合同成立。	
第491条　当事人采用信件、数据电文等形式订立合同要求签订确认书的,签订确认书时合同成立。 当事人一方通过互联网等信息网络发布的商品或者服务信息符合要约条件的,对方选择该商品或者服务并提交订单成功时合同成立,但是当事人另有约定的除外。	第33条　当事人采用信件、数据电文等形式订立合同的,可以在合同成立之前要求签订确认书。签订确认书时合同成立。	《电子商务法》第49条　电子商务经营者发布的商品或者服务信息符合要约条件的,用户选择该商品或者服务并提交订单成功,合同成立。当事人另有约定的,从其约定。 电子商务经营者不得以格式条款等方式约定消费者支付价款后合同不成立;格式条款等含有该内容的,其内容无效。
第492条　承诺生效的地点为合同成立的地点。 采用数据电文形式订立合同的,收件人的主营业地为合同成立的地点;没有主营业地的,其住所地为合同成立的地点。当事人另有约定的,按照其约定。	第34条　承诺生效的地点为合同成立的地点。 采用数据电文形式订立合同的,收件人的主营业地为合同成立的地点;没有主营业地的,其经常居住地为合同成立的地点。当事人另有约定的,按照其约定。	
第493条　当事人采用合同书形式订立合同的,最后签名、盖章或者按指印的地点为合同成立的地点,但是当事人另有约定的除外。	第35条　当事人采用合同书形式订立合同的,双方当事人签字或者盖章的地点为合同成立的地点。	
第494条　国家根据抢险救灾、疫情防控或者其他需要下达国家订货任务、指令性任务的,有关民事主体之间应当依照有关法律、行政法规规定的权利和义务订立合同。	第38条　国家根据需要下达指令性任务或者国家订货任务的,有关法人、其他组织之间应当依照有关法律、行政法规规定的权利和义务订立合同。	

《民法典》	《合同法》	相关规范性法律文件
依照法律、行政法规的规定负有发出要约义务的当事人，应当及时发出合理的要约。 　依照法律、行政法规的规定负有作出承诺义务的当事人，不得拒绝对方合理的订立合同要求。		
第495条　当事人约定在将来一定时限内订立合同的认购书、订购书、预订书等，构成预约合同。 　当事人一方不履行预约合同约定的订立合同义务的，对方可以请求其承担预约合同的违约责任。	（无）	《买卖合同解释》第2条　当事人签订认购书、订购书、预订书、意向书、备忘录等预约合同，约定在将来一定期限内订立买卖合同，一方不履行订立买卖合同的义务，对方请求其承担预约合同违约责任或者要求解除预约合同并主张损害赔偿的，人民法院应予支持。
第496条　格式条款是当事人为了重复使用而预先拟定，并在订立合同时未与对方协商的条款。 　采用格式条款订立合同的，提供格式条款的一方应当遵循公平原则确定当事人之间的权利和义务，并采取合理的方式提示对方注意免除或者减轻其责任等与对方有重大利害关系的条款，按照对方的要求，对该条款予以说明。提供格式条款的一方未履行提示或说明义务，致使对方没有注意或者理解与其有重大利害关系的条款的，对方可以主张该条款不成为合同的内容。	第39条　采用格式条款订立合同的，提供格式条款的一方应当遵循公平原则确定当事人之间的权利和义务，并采取合理的方式提请对方注意免除或者限制其责任的条款，按照对方的要求，对该条款予以说明。 　格式条款是当事人为了重复使用而预先拟定，并在订立合同时未与对方协商的条款。	
第497条　有下列情形之一的，该格式条款无效： 　（一）具有本法第一编第六章第三节和本法第五百零六条规定的无效情形； 　（二）提供格式条款一方不合理地免除或者减轻其责任、加重对方责任、限制对方主要权利； 　（三）提供格式条款一方排除对方主要权利。	第40条　格式条款具有本法第五十二条和第五十三条规定情形的，或者提供格式条款一方免除其责任、加重对方责任、排除对方主要权利的，该条款无效。	

《民法典》	《合同法》	相关规范性法律文件
第 498 条 对格式条款的理解发生争议的,应当按照通常理解予以解释。对格式条款有两种以上解释的,应当作出不利于提供格式条款一方的解释。格式条款和非格式条款不一致的,应当采用非格式条款。	**第 41 条** 同《民法典》第 498 条	
第 499 条 悬赏人以公开方式声明对完成特定行为的人支付报酬的,完成该行为的人可以请求其支付。	(无)	《合同法解释(二)》第 3 条 悬赏人以公开方式声明对完成一定行为的人支付报酬,完成特定行为的人请求悬赏人支付报酬的,人民法院依法予以支持。但悬赏有合同法第五十二条规定情形的除外。
第 500 条 当事人在订立合同过程中有下列情形之一,**造成**对方损失的,应当承担赔偿责任: (一)假借订立合同,恶意进行磋商; (二)故意隐瞒与订立合同有关的重要事实或者提供虚假情况; (三)有其他违背**诚信**原则的行为。	**第 42 条** 当事人在订立合同过程中有下列情形之一,给对方造成损失的,应当承担损害赔偿责任: (一)假借订立合同,恶意进行磋商; (二)故意隐瞒与订立合同有关的重要事实或者提供虚假情况; (三)有其他违背诚实信用原则的行为。	
第 501 条 当事人在订立合同过程中知悉的商业秘密**或者其他应当保密的信息**,无论合同是否成立,不得泄露或者不正当地使用;泄露、不正当地使用该商业秘密**或者信息,造成对方**损失的,应当承担赔偿责任。	**第 43 条** 当事人在订立合同过程中知悉的商业秘密,无论合同是否成立,不得泄露或者不正当地使用。泄露或者不正当地使用该商业秘密给对方造成损失的,应当承担<u>损害</u>赔偿责任。	
第三章 合同的效力	第三章 合同的效力	
第 502 条 依法成立的合同,自成立时生效,**但是法律另有规定或者当事人另有约定的除外。** **依照**法律、行政法规的规定,合同应当办理批准等手续的,依照其规定。未办理批准等手续影响合同生效的,不影响合同中履行报批等义务条款以及相关条款的效力。应	**第 44 条** 依法成立的合同,自成立时生效。 法律、行政法规规定应当办理批准、登记等手续生效的,依照其规定。	《合同法解释(一)》第 9 条 依照合同法第四十四条第二款的规定,法律、行政法规规定合同应当办理批准手续,或者办理批准、登记等手续才生效,在一审法庭辩论终结前当事人仍未办理批准手续的,或者仍未办理批准、登记等手续的,人民法院应当认定该合同未生效;法律、行政法规

《民法典》	《合同法》	相关规范性法律文件
当办理申请批准等手续的当事人未履行义务的,对方可以请求其承担违反该义务的责任。 依照法律、行政法规的规定,合同的变更、转让、解除等情形应当办理批准等手续的,适用前款规定。		规定合同应当办理登记手续,但未规定登记后生效的,当事人未办理登记手续不影响合同的效力,合同标的物所有权及其他物权不能转移。 合同法第七十七条第二款、第八十七条、第九十六条第二款所列合同变更、转让、解除等情形,依照前款规定处理。
第 503 条 无权代理人以被代理人的名义订立合同,被代理人已经开始履行合同义**务或者接受相对人履行**的,视为对合同的追认。	(无)	《合同法解释(二)》第 12条 无权代理人以被代理人的名义订立合同,被代理人已经开始履行合同义务的,视为对合同的追认。
第 504 条 法人的法定代表人**或者非法人组织的**负责人超越权限订立的合同,除相对人知道或者应当知道其超越权限**外**,该代表行为有效,**订立的合同对法人或者非法人组织发生效力**。	第 50 条 法人或者其他组织的法定代表人、负责人超越权限订立的合同,除相对人知道或者应当知道其超越权限的以外,该代表行为有效。	
第 505 条 当事人超越经营范围订立的合同的效力,应当依照本法第一编第六章第三节和本编的有关规定确定,不得仅以超越经营范围确认合同无效。	(无)	《合同法解释(一)》第 10条 当事人超越经营范围订立合同,人民法院不因此认定合同无效。但违反国家限制经营、特许经营以及法律、行政法规禁止经营规定的除外。
第 506 条 合同中的下列免责条款无效: (一)造成对方人身**损害**的; (二)因故意或者重大过失造成对方财产损失的。	第 53 条 合同中的下列免责条款无效: (一)造成对方人身伤害的; (二)因故意或者重大过失造成对方财产损失的。	
第 507 条 合同**不生效**、无效、被撤销或者终止的,不影响合同中有关解决争议方法的条款的效力。	第 57 条 合同无效、被撤销或者终止的,不影响合同中**独立存在的**有关解决争议方法的条款的效力。	
第 508 条 本编对合同的效力没有规定的,适用本法第一编第六章的有关规定。	(无)	

《民法典》	《合同法》	相关规范性法律文件
第四章　合同的履行	**第四章　合同的履行**	
第509条　当事人应当按照约定全面履行自己的义务。 　当事人应当遵循**诚信**原则,根据合同的性质、目的和交易习惯履行通知、协助、保密等义务。 　**当事人在履行合同过程中,应当避免浪费资源、污染环境和破坏生态。**	**第60条**　当事人应当按照约定全面履行自己的义务。 　当事人应当遵循诚实信用原则,根据合同的性质、目的和交易习惯履行通知、协助、保密等义务。	《民法通则》**第88条第1款**　合同的当事人应当按照合同的约定,全部履行自己的义务。
第510条　合同生效后,当事人就质量、价款或者报酬、履行地点等内容没有约定或者约定不明确的,可以协议补充;不能达成补充协议的,按照**合同相关条款**或者交易习惯确定。	**第61条**　合同生效后,当事人就质量、价款或者报酬、履行地点等内容没有约定或者约定不明确的,可以协议补充;不能达成补充协议的,按照合同有关条款或者交易习惯确定。	
第511条　当事人就有关合同内容约定不明确,**依据前条规定**仍不能确定的,适用下列规定: 　(一)质量要求不明确的,**按照强制性国家标准履行;没有强制性国家标准的,按照推荐性国家标准履行;没有推荐性国家标准的,按照行业标准履行**;没有国家标准、行业标准的,按照通常标准或者符合合同目的的特定标准履行。 　(二)价款或者报酬不明确的,**按照**订立合同时履行地的市场价格履行;依法应当执行政府定价或者政府指导价的,按照规定履行。 　(三)履行地点不明确,给付货币的,在接受货币一方所在地履行;交付不动产的,在不动产所在地履行;其他标的,在履行义务一方所在地履行。 　(四)履行期限不明确的,债务人可以随时履行,债权人也可以随时**请求**履行,**但是**应当给对方必要的准备时间。 　(五)履行方式不明确的,按照有利于实现合同目的的方式履行。	**第62条**　当事人就有关合同内容约定不明确,依照本法第六十一条的规定仍不能确定的,适用下列规定: 　(一)质量要求不明确的,按照国家标准、行业标准履行;没有国家标准、行业标准的,按照通常标准或者符合合同目的的特定标准履行。 　(二)价款或者报酬不明确的,按照订立合同时履行地的市场价格履行;依法应当执行政府定价或者政府指导价的,按照规定履行。 　(三)履行地点不明确,给付货币的,在接受货币一方所在地履行;交付不动产的,在不动产所在地履行;其他标的,在履行义务一方所在地履行。 　(四)履行期限不明确的,债务人可以随时履行,债权人也可以随时要求履行,但应当给对方必要的准备时间。 　(五)履行方式不明确的,按照有利于实现合同目的的方式履行。 　(六)履行费用的负担不明确的,由履行义务一方负担。	

《民法典》	《合同法》	相关规范性法律文件
(六)履行费用的负担不明确的,由履行义务一方负担;因债权人原因增加的履行费用,由债权人负担。		
第512条 通过互联网等信息网络订立的电子合同的标的为交付商品并采用快递物流方式交付的,收货人的签收时间为交付时间。电子合同的标的为提供服务的,生成的电子凭证或者实物凭证中载明的时间为提供服务时间;前述凭证没有载明时间或者载明时间与实际提供服务时间不一致的,以实际提供服务的时间为准。 电子合同的标的物为采用在线传输方式交付的,合同标的物进入对方当事人指定的特定系统且能够检索识别的时间为交付时间。 电子合同当事人对交付商品或者提供服务的方式、时间另有约定的,按照其约定。	(无)	《电子商务法》第51条 合同标的为交付商品并采用快递物流方式交付的,收货人签收时间为交付时间。合同标的为提供服务的,生成的电子凭证或者实物凭证中载明的时间为交付时间;前述凭证没有载明时间或者载明时间与实际提供服务时间不一致的,实际提供服务的时间为交付时间。 合同标的为采用在线传输方式交付的,合同标的进入对方当事人指定的特定系统并且能够检索识别的时间为交付时间。 合同当事人对交付方式、交付时间另有约定的,从其约定。
第513条 执行政府定价或者政府指导价的,在合同约定的交付期限内政府价格调整时,按照交付时的价格计价。逾期交付标的物的,遇价格上涨时,按照原价格执行;价格下降时,按照新价格执行。逾期提取标的物或者逾期付款的,遇价格上涨时,按照新价格执行;价格下降时,按照原价格执行。	第63条 同《民法典》第513条	
第514条 以支付金钱为内容的债,除法律另有规定或者当事人另有约定外,债权人可以请求债务人以实际履行地的法定货币履行。	(无)	
第515条 标的有多项而债务人只需履行其中一项的,债务人享有选择权;但是,法律另有规定、当事人另有约定或者另有交易习惯的除外。	(无)	

《民法典》	《合同法》	相关规范性法律文件
享有选择权的当事人在约定期限内或者履行期限届满未作选择,经催告后在合理期限内仍未选择的,选择权转移至对方。		
第 516 条 当事人行使选择权应当及时通知对方,通知到达对方时,标的确定。标的确定后不得变更,但是经对方同意的除外。 可选择的标的发生不能履行情形的,享有选择权的当事人不得选择不能履行的标的,但是该不能履行的情形是由对方造成的除外。	(无)	
第 517 条 债权人为二人以上,标的可分,按照份额各自享有债权的,为按份债权;债务人为二人以上,标的可分,按照份额各自负担债务的,为按份债务。 按份债权人或者按份债务人的份额难以确定的,视为份额相同。	(无)	《民法通则》第 86 条 债权人为二人以上的,按照确定的份额分享权利。债务人为二人以上的,按照确定的份额分担义务。
第 518 条 债权人为二人以上,部分或者全部债权人均可以请求债务人履行债务的,为连带债权;债务人为二人以上,债权人可以请求部分或者全部债务人履行全部债务的,为连带债务。 连带债权或者连带债务,由法律规定或者当事人约定。	(无)	《民法通则》第 87 条 债权人或者债务人一方人数为二人以上的,依照法律的规定或者当事人的约定,享有连带权利的每个债权人,都有权要求债务人履行义务;负有连带义务的每个债务人,都负有清偿全部债务的义务,履行了义务的人,有权要求其他负有连带义务的人偿付他应当承担的份额。
第 519 条 连带债务人之间的份额难以确定的,视为份额相同。 实际承担债务超过自己份额的连带债务人,有权就超出部分在其他连带债务人未履行的份额范围内向其追偿,并相应地享有债权人的权利,但是不得损害债权人的利益。其他连带债务人对债权人的抗辩,可以向该债务人主张。 被追偿的连带债务人不能履行其应分担份额的,其他连带债务人应当在相应范围内按比例分担。	(无)	

《民法典》	《合同法》	相关规范性法律文件
第 520 条 部分连带债务人履行、抵销债务或者提存标的物的,其他债务人对债权人的债务在相应范围内消灭;该债务人可以依据前条规定向其他债务人追偿。 部分连带债务人的债务被债权人免除的,在该连带债务人应当承担的份额范围内,其他债务人对债权人的债务消灭。 部分连带债务人的债务与债权人的债权同归于一人的,在扣除该债务人应当承担的份额后,债权人对其他债务人的债权继续存在。 债权人对部分连带债务人的给付受领迟延的,对其他连带债务人发生效力。	(无)	
第 521 条 连带债权人之间的份额难以确定的,视为份额相同。 实际受领债权的连带债权人,应当按比例向其他连带债权人返还。 连带债权参照适用本章连带债务的有关规定。	(无)	
第 522 条 当事人约定由债务人向第三人履行债务,债务人未向第三人履行债务或者履行债务不符合约定的,应当向债权人承担违约责任。 法律规定或者当事人约定第三人可以直接请求债务人向其履行债务,第三人未在合理期间内明确拒绝,债务人未向第三人履行债务或者履行债务不符合约定的,第三人可以请求债务人承担违约责任;债务人对债权人的抗辩,可以向第三人主张。	**第 64 条** 当事人约定由债务人向第三人履行债务的,债务人未向第三人履行债务或者履行债务不符合约定,应当向债权人承担违约责任。	

《民法典》	《合同法》	相关规范性法律文件
第523条 当事人约定由第三人向债权人履行债务,第三人不履行债务或者履行债务不符合约定的,债务人应当向债权人承担违约责任。	第65条 当事人约定由第三人向债权人履行债务的,第三人不履行债务或者履行债务不符合约定,债务人应当向债权人承担违约责任。	
第524条 债务人不履行债务,第三人对履行该债务具有合法利益的,第三人有权向债权人代为履行;但是,根据债务性质、按照当事人约定或者依照法律规定只能由债务人履行的除外。 **债权人接受第三人履行后,其对债务人的债权转让给第三人,但是债务人和第三人另有约定的除外。**	(无)	
第525条 当事人互负债务,没有先后履行顺序的,应当同时履行。一方在对方履行之前有权拒绝其履行**请求**。一方在对方履行债务不符合约定时,有权拒绝其相应的履行**请求**。	第66条 当事人互负债务,没有先后履行顺序的,应当同时履行。一方在对方履行之前有权拒绝其履行要求。一方在对方履行债务不符合约定时,有权拒绝其相应的履行要求。	
第526条 当事人互负债务,有先后履行顺序,**应当**先履行债务一方未履行的,后履行一方有权拒绝其履行**请求**。先履行一方履行债务不符合约定的,后履行一方有权拒绝其相应的履行**请求**。	第67条 当事人互负债务,有先后履行顺序,先履行一方未履行的,后履行一方有权拒绝其履行要求。先履行一方履行债务不符合约定的,后履行一方有权拒绝其相应的履行要求。	
第527条 应当先履行债务的当事人,有确切证据证明对方有下列情形之一的,可以中止履行: (一)经营状况严重恶化; (二)转移财产、抽逃资金,以逃避债务; (三)丧失商业信誉; (四)有丧失或者可能丧失履行债务能力的其他情形。 当事人没有确切证据中止履行的,应当承担违约责任。	第68条 同《民法典》第527条	

《民法典》	《合同法》	相关规范性法律文件
第 528 条 当事人**依据前条**规定中止履行的,应当及时通知对方。对方提供适当担**保的**,应当恢复履行。中止履行后,对方在合理期限内未恢复履行能力**且**未提供适当担保的,**视为以自己的行为表明不履行主要债务**,中止履行的一方可以解除合同**并可以请求对方承担违约责任。**	**第 69 条** 当事人依照本法第六十八条的规定中止履行的,应当及时通知对方。对方提供适当担保时,应当恢复履行。中止履行后,对方在合理期限内未恢复履行能力并且未提供适当担保的,中止履行的一方可以解除合同。	
第 529 条 债权人分立、合并或者变更住所没有通知债务人,致使履行债务发生困难的,债务人可以中止履行或者将标的物提存。	**第 70 条** 同《民法典》第 529 条	
第 530 条 债权人可以拒绝债务人提前履行债务,但**是**提前履行不损害债权人利益的除外。 债务人提前履行债务给债权人增加的费用,由债务人负担。	**第 71 条** 债权人可以拒绝债务人提前履行债务,但提前履行不损害债权人利益的除外。 债务人提前履行债务给债权人增加的费用,由债务人负担。	
第 531 条 债权人可以拒绝债务人部分履行债务,但**是**部分履行不损害债权人利益的除外。 债务人部分履行债务给债权人增加的费用,由债务人负担。	**第 72 条** 债权人可以拒绝债务人部分履行债务,但部分履行不损害债权人利益的除外。 债务人部分履行债务给债权人增加的费用,由债务人负担。	
第 532 条 合同生效后,当事人不得因姓名、名称的变更或者法定代表人、负责人、承办人的变动而不履行合同义务。	**第 76 条** 同《民法典》第 532 条	
第 533 条 合同成立后,合同的基础条件发生了当事人在订立合同时无法预见的、不属于商业风险的重大变化,继续履行合同对于当事人一方明显不公平的,受不利影响的当事人可以与对方重新协商;在合理期限内协商不成的,当事人可以请求人民法院或者仲裁机构变更或者解除合同。 人民法院或者仲裁机构应当结合案件的实际情况,根据公平原则变更或者解除合同。	(无)	《合同法解释(二)》第 26 条 合同成立以后客观情况发生了当事人在订立合同时无法预见的、非不可抗力造成的不属于商业风险的重大变化,继续履行合同对于一方当事人明显不公平或者不能实现合同目的,当事人请求人民法院变更或者解除合同的,人民法院应当根据公平原则,并结合案件的实际情况确定是否变更或者解除。

《民法典》	《合同法》	相关规范性法律文件
第 534 条 对当事人利用合同实施危害国家利益、社会公共利益行为的,市场监督管理和其他有关行政主管部门依照法律、行政法规的规定负责监督处理。	（无）	
第五章 合同的保全		
第 535 条 因债务人怠于行使其债权**或者与该债权有关的从权利,影响债权人的到期债权实现**的,债权人可以向人民法院请求以自己的名义代位行使债务人对相对人的权利,但是该**权利专属于债务人自身**的除外。 代位权的行使范围以债权人的**到期**债权为限。债权人行使代位权的必要费用,由债务人负担。 **相对人对债务人的抗辩,可以向债权人主张。**	**第 73 条** 因债务人怠于行使其**到期**债权,对债权人造成损害的,债权人可以向人民法院请求以自己的名义代位行使债务人的债权,但该债权专属于债务人自身的除外。 代位权的行使范围以债权人的债权为限。债权人行使代位权的必要费用,由债务人负担。	**《合同法解释（一）》第 18 条** 在代位权诉讼中,次债务人对债务人的抗辩,可以向债权人主张。 债务人在代位权诉讼中对债权人的债权提出异议,经审查异议成立的,人民法院应当裁定驳回债权人的起诉。
第 536 条 债权人的债权到期前,债务人的债权或者与该债权有关的从权利存在诉讼时效期间即将届满或者未及时申报破产债权等情形,影响债权人的债权实现的,债权人可以代位向债务人的相对人请求其向债务人履行、向破产管理人申报或者作出其他必要的行为。	（无）	
第 537 条 人民法院认定代位权成立的,由债务人的相对人向债权人履行义务,债权人接受履行后,债权人与债务人、债务人与相对人之间相应的权利义务终止。债务人对相对人的债权或者与该债权有关的从权利被采取保全、执行措施,或者债务人破产的,依照相关法律的规定处理。	（无）	**《合同法解释（一）》第 20 条** 债权人向次债务人提起的代位权诉讼经人民法院审理后认定代位权成立的,由次债务人向债权人履行清偿义务,债权人与债务人、债务人与次债务人之间相应的债权债务关系即予消灭。
第 538 条 债务人以放弃其债权、**放弃债权担保**、无偿转让财产等方式无偿处分财产权益,或者恶意延长其到期债权的履行期限,影响债权人的债权实现的,债权人可以请求人民法院撤销债务人的行为。	**第 74 条第 1 款前半句** 因债务人放弃其到期债权或者无偿转让财产,对债权人造成损害的,债权人可以请求人民法院撤销债务人的行为。	**《合同法解释（二）》第 18 条** 债务人放弃其未到期的债权或者放弃债权担保,或者恶意延长到期债权的履行期,对债权人造成损害,债权人依照合同法第七十四条的规定提起撤销权诉讼的,人民法院应当支持。

《民法典》	《合同法》	相关规范性法律文件
第539条　债务人以明显不合理的低价转让财产、以明显不合理的高价受让他人财产或者为他人的债务提供担保，影响债权人的债权实现，债务人的相对人知道或者应当知道该情形的，债权人可以请求人民法院撤销债务人的行为。	第74条第1款后半句　债务人以明显不合理的低价转让财产，对债权人造成损害，并且受让人知道该情形的，债权人也可以请求人民法院撤销债务人的行为。	《合同法解释（二）》第19条第3款　债务人以明显不合理的高价收购他人财产，人民法院可以根据债权人的申请，参照合同法第七十四条的规定予以撤销。
第540条　撤销权的行使范围以债权人的债权为限。债权人行使撤销权的必要费用，由债务人负担。	第74条第2款同《民法典》第540条	
第541条　撤销权自债权人知道或者应当知道撤销事由之日起一年内行使。自债务人的行为发生之日起五年内没有行使撤销权的，该撤销权消灭。	第75条同《民法典》第541条	
第542条　债务人影响债权人的债权实现的行为被撤销的，自始没有法律约束力。	（无）	《合同法解释（一）》第25条　债权人依照合同法第七十四条的规定提起撤销权诉讼，请求人民法院撤销债务人放弃债权或转让财产的行为，人民法院应当就债权人主张的部分进行审理，依法撤销的，该行为自始无效。两个或者两个以上债权人以同一债务人为被告，就同一标的提起撤销权诉讼的，人民法院可以合并审理。
第六章　合同的变更和转让	第五章　合同的变更和转让	
第543条　当事人协商一致，可以变更合同。	第77条　当事人协商一致，可以变更合同。法律、行政法规规定变更合同应当办理批准、登记等手续的，依照其规定。	
第544条　当事人对合同变更的内容约定不明确的，推定为未变更。	第78条同《民法典》第544条	
第545条　债权人可以将债权的全部或者部分转让给第三人，但是有下列情形之一的除外：	第79条　债权人可以将合同的权利全部或者部分转让给第三人，但有下列情形之一的除外：	

《民法典》	《合同法》	相关规范性法律文件
（一）根据**债权**性质不得转让； （二）按照当事人约定不得转让； （三）依照法律规定不得转让。 **当事人约定非金钱债权不得转让的,不得对抗善意第三人。当事人约定金钱债权不得转让的,不得对抗第三人。**	（一）根据合同性质不得转让； （二）按照当事人约定不得转让； （三）依照法律规定不得转让。	
第 546 条 债权人转让**债权**,未通知**债务人的**,该转让对债务人不发生效力。 债权转让的通知不得撤销,但是经受让人同意的除外。	**第 80 条** 债权人转让权利的,**应当**通知债务人。未经通知,该转让对债务人不发生效力。 债权人转让权利的通知不得撤销,但经受让人同意的除外。	
第 547 条 债权人转让**债权**的,受让人取得与债权有关的从权利,但**是**该从权利专属于债权人自身的除外。 **受让人取得从权利不因该从权利未办理转移登记手续或者未转移占有而受到影响。**	**第 81 条** 债权人转让权利的,受让人取得与债权有关的从权利,但该从权利专属于债权人自身的除外。	
第 548 条 债务人接到债权转让通知后,债务人对让与人的抗辩,可以向受让人主张。	**第 82 条** 同《民法典》第 548 条	
第 549 条 有下列情形之一的,债务人可以向受让人主张抵销： （一）债务人接到债权转让通知时,债务人对让与人享有债权,且债务人的债权先于转让的债权到期或同时到期； **（二）债务人的债权与转让的债权是基于同一合同产生。**	**第 83 条** 债务人接到债权转让通知时,债务人对让与人享有债权,并且债务人的债权先于转让的债权到期或者同时到期的,债务人可以向受让人主张抵销。	
第 550 条 因债权转让增加的履行费用,由让与人负担。	（无）	

《民法典》	《合同法》	相关规范性法律文件
第 551 条　债务人将**债务**的全部或者部分转移给第三人的,应当经债权人同意。 **债务人或者第三人可以催告债权人在合理期限内予以同意,债权人未作表示的,视为不同意。**	第 84 条　债务人将合同的义务全部或者部分转移给第三人的,应当经债权人同意。	
第 552 条　**第三人与债务人约定加入债务并通知债权人,或者第三人向债权人表示愿意加入债务,债权人未在合理期限内明确拒绝的,债权人可以请求第三人在其愿意承担的债务范围内和债务人承担连带债务。**	(无)	
第 553 条　债务人转移**债务**的,新债务人可以主张原债务人对债权人的抗辩;原债务人对债权人享有债权的,新债务人不得向债权人主张抵销。	第 85 条　债务人转移义务的,新债务人可以主张原债务人对债权人的抗辩。	
第 554 条　债务人转移**债务**的,新债务人应当承担与主债务有关的从债务,但**是**该从债务专属于原债务人自身的除外。	第 86 条　债务人转移义务的,新债务人应当承担与主债务有关的从债务,但该从债务专属于原债务人自身的除外。	
第 555 条　当事人一方经对方同意,可以将自己在合同中的权利和义务一并转让给第三人。	第 88 条 同《民法典》第 555 条	《民法通则》第 91 条　合同一方将合同的权利、义务全部或者部分转让给第三人的,应当取得合同另一方的同意,并不得牟利。依照法律规定应当由国家批准的合同,需经原批准机关批准。但是,法律另有规定或者原合同另有约定的除外。
第 556 条　合同的权利和义务一并转让的,**适用债权转让、债务转移的有关规定。**	第 89 条　权利和义务一并转让的,适用本法第七十九条、第八十一条至第八十三条、第八十五条至第八十七条的规定。	
第七章　合同的权利义务终止	第六章　合同的权利义务终止	
第 557 条　有下列情形之一的,**债权债务**终止: 　(一)**债务已经履行**; 　(二)债务相互抵销; 　(三)债务人依法将标的物提存;	第 91 条　有下列情形之一的,合同的权利义务终止: 　(一)债务已经**按照约定**履行; 　(二)**合同解除**; 　(三)债务相互抵销;	

《民法典》	《合同法》	相关规范性法律文件
（四）债权人免除债务； （五）债权债务同归于一人； （六）法律规定或者当事人约定终止的其他情形。 **合同解除的，该合同的权利义务关系终止。**	（四）债务人依法将标的物提存； （五）债权人免除债务； （六）债权债务同归于一人； （七）法律规定或者当事人约定终止的其他情形。	
第 558 条 债权债务终止后，当事人应当遵循**诚信等**原则，根据交易习惯履行通知、协助、保密、**旧物回收**等义务。	**第 92 条** 合同的权利义务终止后，当事人应当遵循诚实信用原则，根据交易习惯履行通知、协助、保密等义务。	
第 559 条 债权债务终止时，债权的从权利同时消灭，但是法律另有规定或者当事人另有约定的除外。	（无）	
第 560 条 债务人对同一债权人负担的数项债务种类相同，债务人的给付不足以清偿全部债务的，除当事人另有约定外，由债务人在清偿时指定其履行的债务。 **债务人未作指定的，应当优先履行已经到期的债务；数项债务均到期的，优先履行对债权人缺乏担保或者担保最少的债务；均无担保或者担保相等的，优先履行债务人负担较重的债务；负担相同的，按照债务到期的先后顺序履行；到期时间相同的，按照债务比例履行。**	（无）	《合同法解释（二）》第 20 条 债务人的给付不足以清偿其对同一债权人所负的数笔相同种类的全部债务，应当优先抵充已到期的债务；几项债务均到期的，优先抵充对债权人缺乏担保或者担保数额最少的债务；担保数额相同的，优先抵充债务负担较重的债务；负担相同的，按照债务到期的先后顺序抵充；到期时间相同的，按比例抵充。但是，债权人与债务人对清偿的债务或者清偿抵充顺序有约定的除外。
第 561 条 债务人在履行主债务外还应当支付利息和实现债权的有关费用，其给付不足以清偿全部债务的，除当事人另有约定外，应当按照下列顺序履行： **（一）实现债权的有关费用；** **（二）利息；** **（三）主债务。**	（无）	《合同法解释（二）》第 21 条 债务人除主债务之外还应当支付利息和费用，当其给付不足以清偿全部债务时，并且当事人没有约定的，人民法院应当按照下列顺序抵充： （一）实现债权的有关费用； （二）利息； （三）主债务。
第 562 条 当事人协商一致，可以解除合同。 当事人可以约定一方解除合同的**事由**。解除合同的**事由发生**时，解除权人可以解除合同。	**第 93 条** 当事人协商一致，可以解除合同。 当事人可以约定一方解除合同的条件。解除合同的条件成就时，解除权人可以解除合同。	

《民法典》	《合同法》	相关规范性法律文件
第 563 条　有下列情形之一的,当事人可以解除合同: （一）因不可抗力使不能实现合同目的; （二）在履行期限届满前,当事人一方明确表示或者以自己的行为表明不履行主要债务; （三）当事人一方迟延履行主要债务,经催告后在合理期限内仍未履行; （四）当事人一方迟延履行债务或者有其他违约行为致使不能实现合同目的; （五）法律规定的其他情形。 **以持续履行的债务为内容的不定期合同,当事人可以随时解除合同,但是应当在合理期限之前通知对方。**	第 94 条　有下列情形之一的,当事人可以解除合同: （一）因不可抗力致使不能实现合同目的; （二）在履行期限届满之前,当事人一方明确表示或者以自己的行为表明不履行主要债务; （三）当事人一方迟延履行主要债务,经催告后在合理期限内仍未履行; （四）当事人一方迟延履行债务或者有其他违约行为致使不能实现合同目的; （五）法律规定的其他情形。	
第 564 条　法律规定或者当事人约定解除权行使期限,期限届满当事人不行使的,该权利消灭。 法律没有规定或者当事人没有约定解除权行使期限,**自解除权人知道或者应当知道解除事由之日起一年内不行使,或者经对方催告后在合理期限内不行使的,**该权利消灭。	第 95 条　法律规定或者当事人约定解除权行使期限,期限届满当事人不行使的,该权利消灭。 法律没有规定或者当事人没有约定解除权行使期限,经对方催告后在合理期限内不行使的,该权利消灭。	
第 565 条　当事人一方**依法**主张解除合同的,应当通知对方。合同自通知到达对方时解除;**通知载明债务人在一定期限内不履行债务则合同自动解除,债务人在该期限内未履行债务的,合同自通知载明的期限届满时解除。**对方对解除合同有异议的,**任何一方当事人**均可以请求人民法院或者仲裁机构确认解除**行为的**效力。 **当事人一方未通知对方,直接以提起诉讼或者申请仲裁的方式依法主张解除合同,人民法院或者仲裁机构确认该主张的,合同自起诉状副本或者仲裁申请书副本送达对方时解除。**	第 96 条　当事人一方依照本法第九十三条第二款、第九十四条的规定主张解除合同的,应当通知对方。合同自通知到达对方时解除。对方有异议的,可以请求人民法院或者仲裁机构确认解除合同的效力。 法律、行政法规规定解除合同应当办理批准、登记等手续的,依照其规定。	

《民法典》	《合同法》	相关规范性法律文件
第 566 条 合同解除后,尚未履行的,终止履行;已经履行的,根据履行情况和合同性质,当事人可以**请求**恢复原状**或者**采取其他补救措施,并有权请求赔偿损失。 **合同因违约解除的,解除权人可以请求违约方承担违约责任,但是当事人另有约定的除外。** **主合同解除后,担保人对债务人应当承担的民事责任仍应当承担担保责任,但是担保合同另有约定的除外。**	第 97 条 合同解除后,尚未履行的,终止履行;已经履行的,根据履行情况和合同性质,当事人可以要求恢复原状、采取其他补救措施,并有权要求赔偿损失。	《民法通则》第 115 条 合同的变更或者解除,不影响当事人要求赔偿损失的权利。 《担保法解释》第 10 条 主合同解除后,担保人对债务人应当承担的民事责任仍应承担担保责任。但是,担保合同另有约定的除外。
第 567 条 合同的权利义务**关系**终止,不影响合同中结算和清理条款的效力。	第 98 条 合同的权利义务终止,不影响合同中结算和清理条款的效力。	
第 568 条 当事人**互负债务**,该债务的标的物种类、品质相同的,任何一方可以将自己的债务与对方的**到期债务**抵销;但是,**根据债务**性质、**按照当事人约定**或者依照法律规定不得抵销的除外。 当事人主张抵销的,应当通知对方。通知自到达对方时生效。抵销不得附条件或者附期限。	第 99 条 当事人互负到期债务,该债务的标的物种类、品质相同的,任何一方可以将自己的债务与对方的债务抵销,但依照法律规定或者按照合同性质不得抵销的除外。 当事人主张抵销的,应当通知对方。通知自到达对方时生效。抵销不得附条件或者附期限。	
第 569 条 当事人互负债务,标的物种类、品质不相同的,经协商一致,也可以抵销。	第 100 条 当事人互负债务,标的物种类、品质不相同的,经**双方**协商一致,也可以抵销。	
第 570 条 有下列情形之一,难以履行债务的,债务人可以将标的物提存: (一)债权人无正当理由拒绝受领; (二)债权人下落不明; (三)债权人死亡未确定继承人、**遗产管理人**,或者丧失民事行为能力未确定监护人; (四)法律规定的其他情形。 标的物不适于提存或者提存费用过高的,债务人依法可以拍卖或者变卖标的物,提存所得的价款。	第 101 条 有下列情形之一,难以履行债务的,债务人可以将标的物提存: (一)债权人无正当理由拒绝受领; (二)债权人下落不明; (三)债权人死亡未确定继承人或者丧失民事行为能力未确定监护人; (四)法律规定的其他情形。 标的物不适于提存或者提存费用过高的,债务人依法可以拍卖或者变卖标的物,提存所得的价款。	

《民法典》	《合同法》	相关规范性法律文件
第571条 债务人将标的物或者将标的物依法拍卖、变卖所得价款交付提存部门时,提存成立。 提存成立的,视为债务人在其提存范围内已经交付标的物。	(无)	《提存公证规则》第17条 公证处应当从提存之日起三日内出具提存公证书。提存之债从提存之日即告清偿。
第572条 标的物提存后,债务人应当及时通知债权人或者债权人的继承人、**遗产管理人**、监护人、**财产代管人**。	第102条 标的物提存后,除债权人下落不明的以外,债务人应当及时通知债权人或者债权人的继承人、监护人。	
第573条 标的物提存后,毁损、灭失的风险由债权人承担。提存期间,标的物的孳息归债权人所有。提存费用由债权人负担。	第103条 同《民法典》第573条	
第574条 债权人可以随时领取提存物。**但是**,债权人对债务人负有到期债务的,在债权人未履行债务或者提供担保之前,提存部门根据债务人的要求应当拒绝其领取提存物。 债权人领取提存物的权利,自提存之日起五年内不行使而消灭,提存物扣除提存费用后归国家所有。**但是,债权人未履行对债务人的到期债务,或者债权人向提存部门书面表示放弃领取提存物权利的,债务人负担提存费用后有权取回提存物。**	第104条 债权人可以随时领取提存物,但债权人对债务人负有到期债务的,在债权人未履行债务或者提供担保之前,提存部门根据债务人的要求应当拒绝其领取提存物。 债权人领取提存物的权利,自提存之日起五年内不行使而消灭,提存物扣除提存费用后归国家所有。	
第575条 债权人免除债务人部分或者全部债务的,**债权债务**部分或者全部终止,**但是债务人在合理期限内拒绝的除外。**	第105条 债权人免除债务人部分或者全部债务的,合同的权利义务部分或者全部终止。	
第576条 债权和债务同归于一人的,**债权债务**终止,**但是损害第三人利益的除外。**	第106条 债权和债务同归于一人的,合同的权利义务终止,但涉及第三人利益的除外。	

《民法典》	《合同法》	相关规范性法律文件
第八章　违约责任	第七章　违约责任	
第 577 条　当事人一方不履行合同义务或者履行合同义务不符合约定的,应当承担继续履行、采取补救措施或者赔偿损失等违约责任。	**第 107 条** 同《民法典》第 577 条	
第 578 条　当事人一方明确表示或者以自己的行为表明不履行合同义务的,对方可以在履行期限届满前**请求**其承担违约责任。	**第 108 条**　当事人一方明确表示或者以自己的行为表明不履行合同义务的,对方可以在履行期限届满之前要求其承担违约责任。	
第 579 条　当事人一方未支付价款、报酬、**租金、利息,或者不履行其他金钱债务的**,对方可以**请求**其支付。	**第 109 条**　当事人一方未支付价款或者报酬的,对方可以要求其支付价款或者报酬。	
第 580 条　当事人一方不履行非金钱债务或者履行非金钱债务不符合约定的,对方可以**请求**履行,**但是**有下列情形之一的除外: (一)法律上或者事实上不能履行; (二)债务的标的不适于强制履行或者履行费用过高; (三)债权人在合理期限内未**请求**履行。 **有前款规定的除外情形之一,致使不能实现合同目的的,人民法院或者仲裁机构可以根据当事人的请求终止合同权利义务关系,但是不影响违约责任的承担。**	**第 110 条**　当事人一方不履行非金钱债务或者履行非金钱债务不符合约定的,对方可以要求履行,但有下列情形之一的除外: (一)法律上或者事实上不能履行; (二)债务的标的不适于强制履行或者履行费用过高; (三)债权人在合理期限内未要求履行。	
第 581 条　当事人一方不**履行债务或者履行债务不符合约定,根据债务的性质不得强制履行的,对方可以请求其负担由第三人替代履行的费用。**	(无)	
第 582 条　**履行**不符合约定的,应当按照当事人的约定承担违约责任。对违约责任没有约定或者约定不明确,**依据本法第五百一十条**的规定仍不能确定的,受损害方根据标的的性质以及损失的大小,可以合理选择**请求**对方承担修理、**重作**、**更换**、退货、减少价款或者报酬等违约责任。	**第 111 条**　**质量**不符合约定的,应当按照当事人的约定承担违约责任。对违约责任没有约定或者约定不明确,依照本法第六十一条的规定仍不能确定的,受损害方根据标的的性质以及损失的大小,可以合理选择要求对方承担修理、更换、重作、退货、减少价款或者报酬等违约责任。	

《民法典》	《合同法》	相关规范性法律文件
第 583 条　当事人一方不履行合同义务或者履行合同义务不符合约定的,在履行义务或者采取补救措施后,对方还有其他损失的,应当赔偿损失。	**第 112 条** 同《民法典》第 583 条	
第 584 条　当事人一方不履行合同义务或者履行合同义务不符合约定,**造成对方**损失的,损失赔偿额应当相当于因违约所造成的损失,包括合同履行后可以获得的利益;**但是,**不得超过**违约**一方订立合同时预见到或者应当预见到的因**违约**可能造成的损失。	**第 113 条**　当事人一方不履行合同义务或者履行合同义务不符合约定,给对方造成损失的,损失赔偿额应当相当于因违约所造成的损失,包括合同履行后可以获得的利益,但不得超过违反合同一方订立合同时预见到或者应当预见到的因违反合同可能造成的损失。 **经营者对消费者提供商品或者服务有欺诈行为的,依照《中华人民共和国消费者权益保护法》的规定承担损害赔偿责任。**	
第 585 条　当事人可以约定一方违约时应当根据违约情况向对方支付一定数额的违约金,也可以约定因违约产生的损失赔偿额的计算方法。 　约定的违约金低于造成的损失的,**人民法院或者仲裁机构可以根据当事人的请求**予以增加;约定的违约金过分高于造成的损失的,**人民法院或者仲裁机构可以根据当事人的请求予以适当减少。** 　当事人就迟延履行约定违约金的,违约方支付违约金后,还应当履行债务。	**第 114 条**　当事人可以约定一方违约时应当根据违约情况向对方支付一定数额的违约金,也可以约定因违约产生的损失赔偿额的计算方法。 　约定的违约金低于造成的损失的,当事人可以请求人民法院或者仲裁机构予以增加;约定的违约金过分高于造成的损失的,当事人可以请求人民法院或者仲裁机构予以适当减少。 　当事人就迟延履行约定违约金的,违约方支付违约金后,还应当履行债务。	《民法通则》第 112 条　当事人一方违反合同的赔偿责任,应当相当于另一方因此所受到的损失。 　当事人可以在合同中约定,一方违反合同时,向另一方支付一定数额的违约金;也可以在合同中约定对于违反合同而产生的损失赔偿额的计算方法。
第 586 条　当事人可以约定一方向对方给付定金作为**债权的担保。定金合同自实**际交付定金时成立。 　定金的数额由当事人约定;**但是,不得超过主合同标的额的百分之二十,超过部分不产生定金的效力。实际交付的定金数额多于或者少于约定数额的,视为变更约定的定金数额。**	**第 115 条**　当事人可以依照《中华人民共和国担保法》约定一方向对方给付定金作为债权的担保。债务人履行债务后,定金应当抵作价款或者收回。给付定金的一方不履行约定的债务的,无权要求返还定金;收受定金的一方不履行约定的债务的,应当双倍返还定金。	《担保法》第 89 条　当事人可以约定一方向对方给付定金作为债权的担保。债务人履行债务后,定金应当抵作价款或者收回。给付定金的一方不履行约定的债务的,无权要求返还定金;收受定金的一方不履行约定的债务的,应当双倍返还定金。 　《担保法》第 90 条　定金应当以书面形式约定。当事人在定金合同中应当约定交付定金的期限。定金合同从实际交付定金之日起生效。 　《担保法》第 91 条　定金的数额由当事人约定,但不得超过主合同标的额的百分之二十。

《民法典》	《合同法》	相关规范性法律文件
第 587 条 债务人履行债务的,定金应当抵作价款或者收回。给付定金的一方不履行债务或者履行债务不符合约定,致使不能实现合同目的的,无权请求返还定金;收受定金的一方不履行债务或者履行债务不符合约定,致使不能实现合同目的的,应当双倍返还定金。	(无)	《担保法》第 89 条 当事人可以约定一方向对方给付定金作为债权的担保。债务人履行债务后,定金应当抵作价款或者收回。给付定金的一方不履行约定的债务的,无权要求返还定金;收受定金的一方不履行约定的债务的,应当双倍返还定金。
第 588 条 当事人既约定违约金,又约定定金的,一方违约时,对方可以选择适用违约金或者定金条款。 定金不足以弥补一方违约造成的损失的,对方可以请求赔偿超过定金数额的损失。	第 116 条 当事人既约定违约金,又约定定金的,一方违约时,对方可以选择适用违约金或者定金条款。	《买卖合同解释》第 28 条 买卖合同约定的定金不足以弥补一方违约造成的损失,对方请求赔偿超过定金部分的损失的,人民法院可以并处,但定金和损失赔偿的数额总和不应高于因违约造成的损失。
第 589 条 债务人按照约定履行债务,债权人无正当理由拒绝受领的,债务人可以请求债权人赔偿增加的费用。 在债权人受领迟延期间,债务人无须支付利息。	(无)	
第 590 条 当事人一方因不可抗力不能履行合同的,根据不可抗力的影响,部分或者全部免除责任,但是法律另有规定的除外。因不可抗力不能履行合同的,应当及时通知对方,以减轻可能给对方造成的损失,并应当在合理期限内提供证明。 当事人迟延履行后发生不可抗力的,不免除其违约责任。	第 117 条 因不可抗力不能履行合同的,根据不可抗力的影响,部分或者全部免除责任,但法律另有规定的除外。当事人迟延履行后发生不可抗力的,不能免除责任。 本法所称不可抗力,是指不能预见、不能避免并不能克服的客观情况。 第 118 条 当事人一方因不可抗力不能履行合同的,应当及时通知对方,以减轻可能给对方造成的损失,并应当在合理期限内提供证明。	
第 591 条 当事人一方违约后,对方应当采取适当措施防止损失的扩大;没有采取适当措施致使损失扩大的,不得就扩大的损失请求赔偿。 当事人因防止损失扩大而支出的合理费用,由违约方承担。	第 119 条 当事人一方违约后,对方应当采取适当措施防止损失的扩大;没有采取适当措施致使损失扩大的,不得就扩大的损失要求赔偿。 当事人因防止损失扩大而支出的合理费用,由违约方承担。	《民法通则》第 114 条 当事人一方因另一方违反合同受到损失的,应当及时采取措施防止损失的扩大;没有及时采取措施致使损失扩大的,无权就扩大的损失要求赔偿。

《民法典》	《合同法》	相关规范性法律文件
第 592 条 当事人都违反合同的,应当各自承担相应的责任。 　当事人一方违约造成对方损失,对方对损失的发生有过错,可以减少相应的损失赔偿额。	**第 120 条** 当事人双方都违反合同的,应当各自承担相应的责任。	《民法通则》**第 113 条** 当事人双方都违反合同的,应当分别承担各自应负的民事责任。 　《买卖合同解释》**第 30 条** 买卖合同当事人一方违约造成对方损失,对方对损失的发生也有过错,违约方主张扣减相应的损失赔偿额的,人民法院应予支持。
第 593 条 当事人一方因第三人的原因造成违约的,应当**依法**向对方承担违约责任。当事人一方和第三人之间的纠纷,依照法律规定或者按照约定**处理**。	**第 121 条** 当事人一方因第三人的原因造成违约的,应当向对方承担违约责任。当事人一方和第三人之间的纠纷,依照法律规定或者按照约定解决。	
第 594 条 因国际货物买卖合同和技术进出口合同争议提起诉讼或者申请仲裁的**时效期间**为四年。	**第 129 条** 因国际货物买卖合同和技术进出口合同争议提起诉讼或者申请仲裁的期限为四年,自当事人知道或者应当知道其权利受到侵害之日起计算。因其他合同争议提起诉讼或者申请仲裁的期限,依照有关法律的规定。	
第二分编　典型合同		
第九章　买卖合同	**第九章 买卖合同**	
第 595 条 买卖合同是出卖人转移标的物的所有权于买受人,买受人支付价款的合同。	**第 130 条** 同《民法典》第 595 条	
第 596 条 买卖合同的内容**一般包括标的物的名称、数量、质量、价款,履行期限**、履行地点和方式、包装方式、检验标准和方法、结算方式、合同使用的文字及其效力等条款。	**第 131 条** 买卖合同的内容除依照本法第十二条的规定以外,还可以包括包装方式、检验标准和方法、结算方式、合同使用的文字及其效力等条款。	
第 597 条 **因出卖人未取得处分权致使标的物所有权不能转移的,买受人可以解除合同并请求出卖人承担违约责任。** 　法律、行政法规禁止或者限制转让的标的物,依照其规定。	**第 132 条** 出卖的标的物,应当属于出卖人所有或者出卖人有权处分。 　法律、行政法规禁止或者限制转让的标的物,依照其规定。	《买卖合同解释》**第 3 条** 当事人一方以出卖人在缔约时对标的物没有所有权或者处分权为由主张合同无效的,人民法院不予支持。 　出卖人因未取得所有权或者处分权致使标的物所有权不能转移,买受人要求出卖人承担违约责任或者要求解除合同并主张损害赔偿的,人民法院应予支持。

《民法典》	《合同法》	相关规范性法律文件
		《合同法解释（二）》第 15 条 出卖人就同一标的物订立多重买卖合同,合同均不具有合同法第五十二条规定的无效情形,买受人因不能按照合同约定取得标的物所有权,请求追究出卖人违约责任的,人民法院应予支持。
第 598 条 出卖人应当履行向买受人交付标的物或者交付提取标的物的单证,并转移标的物所有权的义务。	**第 135 条** 同《民法典》第 598 条	
第 599 条 出卖人应当按照约定或者交易习惯向买受人交付提取标的物单证以外的有关单证和资料。	**第 136 条** 同《民法典》第 599 条	
第 600 条 出卖具有知识产权的标的物,除法律另有规定或者当事人另有约定**外**,该标的物的知识产权不属于买受人。	**第 137 条** 出卖具有知识产权的**计算机软件等**标的物的,除法律另有规定或者当事人另有约定**的**以外,该标的物的知识产权不属于买受人。	
第 601 条 出卖人应当按照约定的**时间**交付标的物。约定交付**期限**的,出卖人可以在该交付**期限**内的任何时间交付。	**第 138 条** 出卖人应当按照约定的期限交付标的物。约定交付期间的,出卖人可以在该交付期间内的任何时间交付。	
第 602 条 当事人没有约定标的物的交付期限或者约定不明确的,适用本法**第五百一十条、第五百一十一条**第四项的规定。	**第 139 条** 当事人没有约定标的物的交付期限或者约定不明确的,适用本法第六十一条、第六十二条第四项的规定。	
第 603 条 出卖人应当按照约定的地点交付标的物。 当事人没有约定交付地点或者约定不明确,**依据本法第五百一十条**的规定仍不能确定的,适用下列规定: (一)标的物需要运输的,出卖人应当将标的物交付给第一承运人以运交给买受人; (二)标的物不需要运输,出卖人和买受人订立合同时知道标的物在某一地点的,出卖人应当在该地点交付标的物;不知道标的物在某一地点的,应当在出卖人订立合同时的营业地交付标的物。	**第 141 条** 出卖人应当按照约定的地点交付标的物。 当事人没有约定交付地点或者约定不明确,依照本法第六十一条的规定仍不能确定的,适用下列规定: (一)标的物需要运输的,出卖人应当将标的物交付给第一承运人以运交给买受人; (二)标的物不需要运输,出卖人和买受人订立合同时知道标的物在某一地点的,出卖人应当在该地点交付标的物;不知道标的物在某一地点的,应当在出卖人订立合同时的营业地交付标的物。	

《民法典》	《合同法》	相关规范性法律文件
第 604 条　标的物毁损、灭失的风险，在标的物交付之前由出卖人承担，交付之后由买受人承担，**但是**法律另有规定或者当事人另有约定的除外。	**第 142 条**　标的物毁损、灭失的风险，在标的物交付之前由出卖人承担，交付之后由买受人承担，但法律另有规定或者当事人另有约定的除外。	**《买卖合同解释》第 12 条**　出卖人根据合同约定将标的物运送至买受人指定地点并交付给承运人后，标的物毁损、灭失的风险由买受人负担，但当事人另有约定的除外。
第 605 条　因买受人的原因致使标的物**未**按照约定的期限交付的，买受人应当自违反约定**时**起承担标的物毁损、灭失的风险。	**第 143 条**　因买受人的原因致使标的物不能按照约定的期限交付的，买受人应当自违反约定之日起承担标的物毁损、灭失的风险。	**《买卖合同解释》第 12 条**　出卖人根据合同约定将标的物运送至买受人指定地点并交付给承运人后，标的物毁损、灭失的风险由买受人负担，但当事人另有约定的除外。
第 606 条　出卖人出卖交由承运人运输的在途标的物，除当事人另有约定**外**，毁损、灭失的风险自合同成立时起由买受人承担。	**第 144 条**　出卖人出卖交由承运人运输的在途标的物，除当事人另有约定**的以外**，毁损、灭失的风险自合同成立时起由买受人承担。	
第 607 条　**出卖人按照约定将标的物运送至买受人指定地点并交付给承运人后，标的物毁损、灭失的风险由买受人承担。**　当事人没有约定交付地点或者约定不明确，**依据本法第六百零三条**第二款第一项的规定标的物需要运输的，出卖人将标的物交付给第一承运人后，标的物毁损、灭失的风险由买受人承担。	**第 145 条**　当事人没有约定交付地点或者约定不明确，依照本法第一百四十一条第二款第一项的规定，标的物需要运输的，出卖人将标的物交付给第一承运人后，标的物毁损、灭失的风险由买受人承担。	
第 608 条　出卖人按照约定或者**依据**本法**第六百零三条**第二款第二项的规定将标的物置于交付地点，买受人违反约定没有收取的，标的物毁损、灭失的风险自违反约定**时**起由买受人承担。	**第 146 条**　出卖人按照约定或者依照本法第一百四十一条第二款第二项的规定将标的物置于交付地点，买受人违反约定没有收取的，标的物毁损、灭失的风险自违反约定之日起由买受人承担。	
第 609 条　出卖人按照约定未交付有关标的物的单证和资料的，不影响标的物毁损、灭失风险的转移。	**第 147 条**　同《民法典》第 609 条	
第 610 条　因标的物不符合质量要求，致使不能实现合同目的的，买受人可以拒绝接受标的物或者解除合同。买受人拒绝接受标的物或者解除合同的，标的物毁损、灭失的风险由出卖人承担。	**第 148 条**　因标的物**质量**不符合质量要求，致使不能实现合同目的的，买受人可以拒绝接受标的物或者解除合同。买受人拒绝接受标的物或者解除合同的，标的物毁损、灭失的风险由出卖人承担。	

《民法典》	《合同法》	相关规范性法律文件
第 611 条 标的物毁损、灭失的风险由买受人承担的,不影响因出卖人履行**义务**不符合约定,买受人**请求**其承担违约责任的权利。	**第 149 条** 标的物毁损、灭失的风险由买受人承担的,不影响因出卖人履行债务不符合约定,买受人要求其承担违约责任的权利。	
第 612 条 出卖人就交付的标的物,负有保证第三人**对该标的物不享有**任何权利的义务,**但是**法律另有规定的除外。	**第 150 条** 出卖人就交付的标的物,负有保证第三人不得向买受人主张任何权利的义务,但法律另有规定的除外。	
第 613 条 买受人订立合同时知道或者应当知道第三人对买卖的标的物享有权利的,出卖人不承担**前条**规定的义务。	**第 151 条** 买受人订立合同时知道或者应当知道第三人对买卖的标的物享有权利的,出卖人不承担本法第一百五十条规定的义务。	
第 614 条 买受人有确切证据证明第三人**对标的物享有**权利的,可以中止支付相应的价款,**但是**出卖人提供适当担保的除外。	**第 152 条** 买受人有确切证据证明第三人可能就标的物主张权利的,可以中止支付相应的价款,但出卖人提供适当担保的除外。	
第 615 条 出卖人应当按照约定的质量要求交付标的物。出卖人提供有关标的物质量说明的,交付的标的物应当符合该说明的质量要求。	**第 153 条** 同《民法典》第 615 条	
第 616 条 当事人对标的物的质量要求没有约定或者约定不明确,**依据本法第五百一十条**的规定仍不能确定的,适用本法第**五百一十一条**第一项的规定。	**第 154 条** 当事人对标的物的质量要求没有约定或者约定不明确,依照本法第六十一条的规定仍不能确定的,适用本法第六十二条第一项的规定。	
第 617 条 出卖人交付的标的物不符合质量要求的,买受人可以**依据本法第五百八十二条至第五百八十四条**的规定**请求**承担违约责任。	**第 155 条** 出卖人交付的标的物不符合质量要求的,买受人可以依照本法第一百一十一条的规定要求承担违约责任。	《买卖合同解释》第 33 条 买受人在缔约时知道或者应当知道标的物质量存在瑕疵,主张出卖人承担瑕疵担保责任的,人民法院不予支持,但买受人在缔约时不知道该瑕疵会导致标的物的基本效用显著降低的除外。
第 618 条 当事人约定减轻或者免除出卖人对标的物瑕疵承担的责任,因出卖人故意或者重大过失不告知买受人标的物瑕疵的,出卖人无权主张减轻或者免除责任。	(无)	《买卖合同解释》第 32 条 合同约定减轻或者免除出卖人对标的物的瑕疵担保责任,但出卖人故意或者因重大过失不告知买受人标的物的瑕疵,出卖人主张依约减轻或者免除瑕疵担保责任的,人民法院不予支持。

《民法典》	《合同法》	相关规范性法律文件
第 619 条　出卖人应当按照约定的包装方式交付标的物。对包装方式没有约定或者约定不明确，**依据**本法**第五百一十条**的规定仍不能确定的，应当按照通用的方式包装；没有通用方式的，应当采取足以保护标的物**且有利于节约资源、保护生态环境**的包装方式。	第 156 条　出卖人应当按照约定的包装方式交付标的物。对包装方式没有约定或者约定不明确，依照本法第六十一条的规定仍不能确定的，应当按照通用的方式包装，没有通用方式的，应当采取足以保护标的物的包装方式。	
第 620 条　买受人收到标的物时应当在约定的检验**期限**内检验。没有约定检验**期限**的，应当及时检验。	第 157 条　买受人收到标的物时应当在约定的检验期间内检验。没有约定检验期间的，应当及时检验。	
第 621 条　当事人约定检验**期限**的，买受人应当在检验**期限**内将标的物的数量或者质量不符合约定的情形通知出卖人。买受人怠于通知的，视为标的物的数量或者质量符合约定。 当事人没有约定检验**期限**的，买受人应当在发现或者应当发现标的物的数量或者质量不符合约定的合理**期限**内通知出卖人。买受人在合理**期限**内未通知或者自**收到**标的物之日起**二年**内未通知出卖人的，视为标的物的数量或者质量符合约定；**但是，**对标的物有质量保证期的，适用质量保证期，不适用该二年的规定。 出卖人知道或者应当知道提供的标的物不符合约定的，买受人不受前两款规定的通知时间的限制。	第 158 条　当事人约定检验期间的，买受人应当在检验期间内将标的物的数量或者质量不符合约定的情形通知出卖人。买受人怠于通知的，视为标的物的数量或者质量符合约定。 当事人没有约定检验期间的，买受人应当在发现或者应当发现标的物的数量或者质量不符合约定的合理期间内通知出卖人。买受人在合理期间内未通知或者自标的物收到之日起两年内未通知出卖人的，视为标的物的数量或者质量符合约定，但对标的物有质量保证期的，适用质量保证期，不适用该两年的规定。 出卖人知道或者应当知道提供的标的物不符合约定的，买受人不受前两款规定的通知时间的限制。	
第 622 条　当事人约定的检验期限过短，根据标的物的性质和交易习惯，买受人在检验期限内难以完成全面检验的，该期限仅视为买受人对标的物的外观瑕疵提出异议的期限。 约定的检验期限或者质量保证期限短于法律、行政法规规定期限的，应当以法律、行政法规规定的期限为准。	（无）	《买卖合同解释》第 18 条　约定的检验期间过短，依照标的物的性质和交易习惯，买受人在检验期间内难以完成全面检验的，人民法院应当认定该期间为买受人对外观瑕疵提出异议的期间，并根据本解释第十七条第一款的规定确定买受人对隐蔽瑕疵提出异议的合理期间。

《民法典》	《合同法》	相关规范性法律文件
第623条 当事人对检验期限未作约定,买受人签收的送货单、确认单等载明标的物数量、型号、规格的,推定买受人已经对**数量和外观瑕疵进行检验**,但是有相关证据足以推翻的除外。	(无)	《买卖合同解释》第15条 当事人对标的物的检验期间未作约定,买受人签收的送货单、确认单等载明标的物的数量、型号、规格的,人民法院应当根据合同法第一百五十七条的规定,认定买受人已对数量和外观瑕疵进行了检验,但有相反证据足以推翻的除外。
第624条 出卖人依照买受人的指示向第三人交付标的物,出卖人和买受人约定的检验标准与买受人和第三人约定的检验标准不一致的,以出卖人和买受人约定的检验标准为准。	(无)	《买卖合同解释》第16条 出卖人依照买受人的指示向第三人交付标的物,出卖人和买受人之间约定的检验标准与买受人和第三人之间约定的检验标准不一致的,人民法院应当根据合同法第六十四条的规定,以出卖人和买受人之间约定的检验标准为标的物的检验标准。
第625条 依照法律、行政法规的规定或者按照当事人的约定,标的物在有效使用年限届满后应予回收的,出卖人负有自行或者委托第三人对标的物予以回收的义务。	(无)	
第626条 买受人应当按照约定的数额**和支付方式**支付价款。对价款**的数额和支付方式**没有约定或者约定不明确的,适用本法**第五百一十条、第五百一十一条第二项和第五项**的规定。	第159条 买受人应当按照约定的数额支付价款。对价款没有约定或者约定不明确的,适用本法第六十一条、第六十二条第二项的规定。	
第627条 买受人应当按照约定的地点支付价款。对支付地点没有约定或者约定不明确,**依据**本法**第五百一十条**的规定仍不能确定的,买受人应当在出卖人的营业地支付**;但是,**约定支付价款以交付标的物或者交付提取标的物单证为条件的,在交付标的物或者交付提取标的物单证的所在地支付。	第160条 买受人应当按照约定的地点支付价款。对支付地点没有约定或者约定不明确,依照本法第六十一条的规定仍不能确定的,买受人应当在出卖人的营业地支付,但约定支付价款以交付标的物或者交付提取标的物单证为条件的,在交付标的物或者交付提取标的物单证的所在地支付。	

《民法典》	《合同法》	相关规范性法律文件
第 628 条　买受人应当按照约定的时间支付价款。对支付时间没有约定或者约定不明确，**依据**本法**第五百一十条**的规定仍不能确定的，买受人应当在收到标的物或者提取标的物单证的同时支付。	**第 161 条**　买受人应当按照约定的时间支付价款。对支付时间没有约定或者约定不明确，依照本法第六十一条的规定仍不能确定的，买受人应当在收到标的物或者提取标的物单证的同时支付。	
第 629 条　出卖人多交标的物的，买受人可以接收或者拒绝接收多交部分的。买受人接收多交部分的，按照**约定**的价格支付价款；买受人拒绝接收多交部分的，应当及时通知出卖人。	**第 162 条**　出卖人多交标的物的，买受人可以接收或者拒绝接收多交的部分。买受人接收多交部分的，按照合同的价格支付价款；买受人拒绝接收多交部分的，应当及时通知出卖人。	
第 630 条　标的物在交付之前产生的孳息，归出卖人所有**；**交付之后产生的孳息，归买受人所有。**但是，当事人另有约定的除外。**	**第 163 条**　标的物在交付之前产生的孳息，归出卖人所有，交付之后产生的孳息，归买受人所有。	
第 631 条　因标的物的主物不符合约定而解除合同的，解除合同的效力及于从物。因标的物的从物不符合约定被解除的，解除的效力不及于主物。	**第 164 条** 同《民法典》第 631 条	
第 632 条　标的物为数物，其中一物不符合约定的，买受人可以就该物解除。**但是，**该物与他物分离使标的物的价值显受损害的，**买受人**可以就数物解除合同。	**第 165 条**　标的物为数物，其中一物不符合约定的，买受人可以就该物解除，但该物与他物分离使标的物的价值显受损害的，当事人可以就数物解除合同。	
第 633 条　出卖人分批交付标的物的，出卖人对其中一批标的物不交付或者交付不符合约定，致使该批标的物不能实现合同目的的，买受人可以就该批标的物解除。 出卖人不交付其中一批标的物或者交付不符合约定，致使**之**后其他各批标的物的交付不能实现合同目的的，买受人可以就该批以及**之**后其他各批标的物解除。 买受人如果就其中一批标的物解除，该批标的物与其他各批标的物相互依存的，可以就已经交付和未交付的各批标的物解除。	**第 166 条**　出卖人分批交付标的物的，出卖人对其中一批标的物不交付或者交付不符合约定，致使该批标的物不能实现合同目的的，买受人可以就该批标的物解除。 出卖人不交付其中一批标的物或者交付不符合约定，致使今后其他各批标的物的交付不能实现合同目的的，买受人可以就该批以及今后其他各批标的物解除。 买受人如果就其中一批标的物解除，该批标的物与其他各批标的物相互依存的，可以就已经交付和未交付的各批标的物解除。	

《民法典》	《合同法》	相关规范性法律文件
第634条 分期付款的买受人未支付到期价款的**数额**达到全部价款的五分之一,**经催告后在合理期限内仍未支付到期价款的**,出卖人可以**请求**买受人支付全部价款或者解除合同。 出卖人解除合同的,可以向买受人**请求**支付该标的物的使用费。	**第167条** 分期付款的买受人未支付到期价款的金额达到全部价款的五分之一的,出卖人可以要求买受人支付全部价款或者解除合同。 出卖人解除合同的,可以向买受人要求支付该标的物的使用费。	
第635条 凭样品买卖的当事人应当封存样品,并可以对样品质量予以说明。出卖人交付的标的物应当与样品及其说明的质量相同。	**第168条** 同《民法典》第635条	
第636条 凭样品买卖的买受人不知道样品有隐蔽瑕疵的,即使交付的标的物与样品相同,出卖人交付的标的物的质量仍然应当符合同种物的通常标准。	**第169条** 同《民法典》第636条	
第637条 试用买卖的当事人可以约定标的物的试用**期限**。对试用**期限**没有约定或者约定不明确,**依据**本法第**五百一十条**的规定仍不能确定的,由出卖人确定。	**第170条** 试用买卖的当事人可以约定标的物的试用期间。对试用期间没有约定或约定不明确,依照本法第六十一条的规定仍不能确定的,由出卖人确定。	
第638条 试用买卖的买受人在试用期内可以购买标的物,也可以拒绝购买。试用**期限**届满,买受人对是否购买标的物未作表示的,视为购买。 **试用买卖的买受人在试用期内已经支付部分价款或者对标的物实施出卖、出租、设定担保物权等行为的,视为同意购买。**	**第171条** 试用买卖的买受人在试用期内可以购买标的物,也可以拒绝购买。试用期间届满,买受人对是否购买标的物未作表示的,视为购买。	**《买卖合同解释》第41条** 试用买卖的买受人在试用期内已经支付一部分价款的,人民法院应当认定买受人同意购买,但合同另有约定的除外。 在试用期内,买受人对标的物实施了出卖、出租、设定担保物权等非试用行为的,人民法院应当认定买受人同意购买。
第639条 试用买卖的当事人对标的物使用费没有约定或者约定不明确的,出卖人无权请求买受人支付。	(无)	**《买卖合同解释》第43条** 试用买卖的当事人没有约定使用费或者约定不明确,出卖人主张买受人支付使用费的,人民法院不予支持。

《民法典》	《合同法》	相关规范性法律文件
第 640 条　标的物在试用期内毁损、灭失的风险由出卖人承担。	（无）	
第 641 条　当事人可以在买卖合同中约定买受人未履行支付价款或者其他义务的，标的物的所有权属于出卖人。 出卖人对标的物保留的所有权，未经登记，不得对抗善意第三人。	**第 134 条**　当事人可以在买卖合同中约定买受人未履行支付价款或者其他义务的，标的物的所有权属于出卖人。	**《买卖合同解释》第 34 条** 买卖合同当事人主张合同法第一百三十四条关于标的物所有权保留的规定适用于不动产的，人民法院不予支持。
第 642 条　当事人约定出卖人保留合同标的物的所有权，在标的物所有权转移前，买受人有下列情形之一，造成出卖人损害的，除当事人另有约定外，出卖人有权取回标的物： （一）未按照约定支付价款，经催告后在合理期限内仍未支付； （二）未按照约定完成特定条件； （三）将标的物出卖、出质或者作出其他不当处分。 出卖人可以与买受人协商取回标的物；协商不成的，可以参照适用担保物权的实现程序。	（无）	**《买卖合同解释》第 35 条** 当事人约定所有权保留，在标的物所有权转移前，买受人有下列情形之一，对出卖人造成损害，出卖人主张取回标的物的，人民法院应予支持： （一）未按约定支付价款的； （二）未按约定完成特定条件的； （三）将标的物出卖、出质或者作出其他不当处分的。 取回的标的物价值显著减少，出卖人要求买受人赔偿损失的，人民法院应予支持。
第 643 条　出卖人依据前条第一款的规定取回标的物后，买受人在双方约定或者出卖人指定的合理回赎期限内，消除出卖人取回标的物的事由的，可以请求回赎标的物。 买受人在回赎期限内没有回赎标的物，出卖人可以以合理价格将标的物出卖给第三人，出卖所得价款扣除买受人未支付的价款以及必要费用后仍有剩余的，应当返还买受人；不足部分由原买受人清偿。	（无）	**《买卖合同解释》第 37 条** 出卖人取回标的物后，买受人在双方约定的或者出卖人指定的回赎期间内，消除出卖人取回标的物的事由，主张回赎标的物的，人民法院应予支持。 买受人在回赎期间内没有回赎标的物的，出卖人可以另行出卖标的物。 出卖人另行出卖标的物的，出卖所得价款依次扣除取回和保管费用、再交易费用、利息、未清偿的价金后仍有剩余的，应返还原买受人；如有不

《民法典》	《合同法》	相关规范性法律文件
		足,出卖人要求原买受人清偿的,人民法院应予支持,但原买受人有证据证明出卖人另行出卖的价格明显低于市场价格的除外。
第 644 条 招标投标买卖的当事人的权利和义务以及招标投标程序等,依照有关法律、行政法规的规定。	**第 172 条** 同《民法典》第 644 条	
第 645 条 拍卖的当事人的权利和义务以及拍卖程序等,依照有关法律、行政法规的规定。	**第 173 条** 同《民法典》第 645 条	
第 646 条 法律对其他有偿合同有规定的,依照其规定;没有规定的,参照**适用**买卖合同的有关规定。	**第 174 条** 法律对其他有偿合同有规定的,依照其规定;没有规定的,参照买卖合同的有关规定。	
第 647 条 当事人约定易货交易,转移标的物的所有权的,参照**适用**买卖合同的有关规定。	**第 175 条** 当事人约定易货交易,转移标的物的所有权的,参照买卖合同的有关规定。	
第十章 供用电、水、气、热力合同	**第十章 供用电、水、气、热力合同**	
第 648 条 供用电合同是供电人向用电人供电,用电人支付电费的合同。 **向社会公众供电的供电人,不得拒绝用电人合理的订立合同要求。**	**第 176 条** 供用电合同是供电人向用电人供电,用电人支付电费的合同。	
第 649 条 供用电合同的内容**一般**包括供电的方式、质量、时间,用电容量、地址、性质,计量方式,电价、电费的结算方式,供用电设施的维护责任等条款。	**第 177 条** 供用电合同的内容包括供电的方式、质量、时间,用电容量、地址、性质,计量方式,电价、电费的结算方式,供用电设施的维护责任等条款。	
第 650 条 供用电合同的履行地点,按照当事人约定;当事人没有约定或者约定不明确的,供电设施的产权分界处为履行地点。	**第 178 条** 同《民法典》第 650 条	

《民法典》	《合同法》	相关规范性法律文件
第651条 供电人应当按照国家规定的供电质量标准和约定安全供电。供电人未按照国家规定的供电质量标准和约定安全供电,造成用电人损失的,应当承担赔偿责任。	第179条 供电人应当按照国家规定的供电质量标准和约定安全供电。供电人未按照国家规定的供电质量标准和约定安全供电,造成用电人损失的,应当承担**损害**赔偿责任。	
第652条 供电人因供电设施计划检修、临时检修、依法限电或者用电人违法用电等原因,需要中断供电时,应当按照国家有关规定事先通知用电人;未事先通知用电人中断供电,造成用电人损失的,应当承担赔偿责任。	第180条 供电人因供电设施计划检修、临时检修、依法限电或者用电人违法用电等原因,需要中断供电时,应当按照国家有关规定事先通知用电人。未事先通知用电人中断供电,造成用电人损失的,应当承担**损害**赔偿责任。	
第653条 因自然灾害等原因断电,供电人应当按照国家有关规定及时抢修;未及时抢修,造成用电人损失的,应当承担赔偿责任。	第181条 因自然灾害等原因断电,供电人应当按照国家有关规定及时抢修。未及时抢修,造成用电人损失的,应当承担**损害**赔偿责任。	
第654条 用电人应当按照国家有关规定和当事人的约定及时**支付**电费。用电人逾期不**支付**电费的,应当按照约定支付违约金。经催告用电人在合理期限内仍不**支付**电费和违约金的,供电人可以按照国家规定的程序中止供电。 **供电人依据前款规定中止供电的,应当事先通知用电人。**	第182条 用电人应当按照国家有关规定和当事人的约定及时交付电费。用电人逾期不交付电费的,应当按照约定支付违约金。经催告用电人在合理期限内仍不交付电费和违约金的,供电人可以按照国家规定的程序中止供电。	
第655条 用电人应当按照国家有关规定和当事人的约定安全、**节约和计划**用电。用电人未按照国家有关规定和当事人的约定用电,造成供电人损失的,应当承担赔偿责任。	第183条 用电人应当按照国家有关规定和当事人的约定安全用电。用电人未按照国家有关规定和当事人的约定用电,造成供电人损失的,应当承担损害赔偿责任。	
第656条 供用水、供用气、供用热力合同,参照**适用**供用电合同的有关规定。	第184条 供用水、供用气、供用热力合同,参照供用电合同的有关规定。	

《民法典》	《合同法》	相关规范性法律文件
第十一章 赠与合同	第十一章 赠与合同	
第 657 条 赠与合同是赠与人将自己的财产无偿给予受赠人,受赠人表示接受赠与的合同。	**第 185 条** 同《民法典》第 657 条	
第 658 条 赠与人在赠与财产的权利转移之前可以撤销赠与。 **经过公证的赠与合同或者依法不得撤销的**具有救灾、扶贫、**助残**等公益、道德义务性质的赠与合同,不适用前款规定。	**第 186 条** 赠与人在赠与财产的权利转移之前可以撤销赠与。 具有救灾、扶贫等社会公益、道德义务性质的赠与合同或者经过公证的赠与合同,不适用前款规定。	
第 659 条 赠与的财产依法需要办理登记**或者其他**手续的,应当办理有关手续。	**第 187 条** 赠与的财产依法需要办理登记**等**手续的,应当办理有关手续。	
第 660 条 经过公证的赠与合同或者依法不得撤销的具有救灾、扶贫、**助残**等公益、道德义务性质的赠与合同,赠与人不交付赠与财产的,受赠人可以**请求**交付。 **依据前款规定应当交付的赠与财产**因赠与人故意或者重大过失致使毁损、灭失的,赠与人应当承担赔偿责任。	**第 188 条** 具有救灾、扶贫等社会公益、道德义务性质的赠与合同或者经过公证的赠与合同,赠与人不交付赠与的财产的,受赠人可以要求交付。 **第 189 条** 因赠与人故意或者重大过失致使赠与的财产毁损、灭失的,赠与人应当承担损害赔偿责任。	
第 661 条 赠与可以附义务。 赠与附义务的,受赠人应当按照约定履行义务。	**第 190 条** 同《民法典》第 661 条	
第 662 条 赠与的财产有瑕疵的,赠与人不承担责任。附义务的赠与,赠与的财产有瑕疵的,赠与人在附义务的限度内承担与出卖人相同的责任。 赠与人故意不告知瑕疵或者保证无瑕疵,造成受赠人损失的,应当承担赔偿责任。	**第 191 条** 赠与的财产有瑕疵的,赠与人不承担责任。附义务的赠与,赠与的财产有瑕疵的,赠与人在附义务的限度内承担与出卖人相同的责任。 赠与人故意不告知瑕疵或者保证无瑕疵,造成受赠人损失的,应当承担**损害**赔偿责任。	

《民法典》	《合同法》	相关规范性法律文件
第 663 条　受赠人有下列情形之一的,赠与人可以撤销赠与: （一）严重侵害赠与人或者赠与人近亲属**的合法权益**; （二）对赠与人有扶养义务而不履行; （三）不履行赠与合同约定的义务。 赠与人的撤销权,自知道或者应当知道撤销**事由**之日起一年内行使。	**第 192 条**　受赠人有下列情形之一的,赠与人可以撤销赠与: （一）严重侵害赠与人或者赠与人的近亲属; （二）对赠与人有扶养义务而不履行; （三）不履行赠与合同约定的义务。 赠与人的撤销权,自知道或者应当知道撤销原因之日起一年内行使。	
第 664 条　因受赠人的违法行为致使赠与人死亡或者丧失民事行为能力的,赠与人的继承人或者法定代理人可以撤销赠与。 赠与人的继承人或者法定代理人的撤销权,自知道或者应当知道撤销**事由**之日起六个月内行使。	**第 193 条**　因受赠人的违法行为致使赠与人死亡或者丧失民事行为能力的,赠与人的继承人或者法定代理人可以撤销赠与。 赠与人的继承人或者法定代理人的撤销权,自知道或者应当知道撤销原因之日起六个月内行使。	
第 665 条　撤销权人撤销赠与的,可以向受赠人**请求**返还赠与的财产。	**第 194 条**　撤销权人撤销赠与的,可以向受赠人要求返还赠与的财产。	
第 666 条　赠与人的经济状况显著恶化,严重影响其生产经营或者家庭生活的,可以不再履行赠与义务。	**第 195 条** 同《民法典》第 666 条	
第十二章　借款合同	**第十二章　借款合同**	
第 667 条　借款合同是借款人向贷款人借款,到期返还借款并支付利息的合同。	**第 196 条** 同《民法典》第 667 条	
第 668 条　借款合同应当采用书面形式,**但是**自然人之间借款另有约定的除外。 借款合同的内容**一般**包括借款种类、币种、用途、数额、利率、期限和还款方式等条款。	**第 197 条**　借款合同采用书面形式,但自然人之间借款另有约定的除外。 借款合同的内容包括借款种类、币种、用途、数额、利率、期限和还款方式等条款。	
第 669 条　订立借款合同,借款人应当按照贷款人的要求提供与借款有关的业务活动和财务状况的真实情况。	**第 199 条** 同《民法典》第 669 条	

《民法典》	《合同法》	相关规范性法律文件
第 670 条 借款的利息不得预先在本金中扣除。利息预先在本金中扣除的,应当按照实际借款数额返还借款并计算利息。	**第 200 条** 同《民法典》第 670 条	**《民间借贷规定》第 27 条** 借据、收据、欠条等债权凭证载明的借款金额,一般认定为本金。预先在本金中扣除利息的,人民法院应当将实际出借的金额认定为本金。
第 671 条 贷款人未按照约定的日期、数额提供借款,造成借款人损失的,应当赔偿损失。 借款人未按照约定的日期、数额收取借款的,应当按照约定的日期、数额支付利息。	**第 201 条** 同《民法典》第 671 条	
第 672 条 贷款人按照约定可以检查、监督借款的使用情况。借款人应当按照约定向贷款人定期提供有关财务会计报表**或者其他**资料。	**第 202 条** 贷款人按照约定可以检查、监督借款的使用情况。借款人应当按照约定向贷款人定期提供有关财务会计报表等资料。	
第 673 条 借款人未按照约定的借款用途使用借款的,贷款人可以停止发放借款、提前收回借款或者解除合同。	**第 203 条** 同《民法典》第 673 条	
第 674 条 借款人应当按照约定的期限支付利息。对支付利息的期限没有约定或者约定不明确,**依据**本法**第五百一十条**的规定仍不能确定,借款期间不满一年的,应当在返还借款时一并支付;借款期间一年以上的,应当在每届满一年时支付,剩余期间不满一年的,应当在返还借款时一并支付。	**第 205 条** 借款人应当按照约定的期限支付利息。对支付利息的期限没有约定或者约定不明确,依照本法第六十一条的规定仍不能确定,借款期间不满一年的,应当在返还借款时一并支付;借款期间一年以上的,应当在每届满一年时支付,剩余期间不满一年的,应当在返还借款时一并支付。	**《民间借贷规定》第 25 条** 借贷双方没有约定利息,出借人主张支付借期内利息的,人民法院不予支持。 自然人之间借贷对利息约定不明,出借人主张支付利息的,人民法院不予支持。除自然人之间借贷的外,借贷双方对借贷利息约定不明,出借人主张利息的,人民法院应当结合民间借贷合同的内容,并根据当地或者当事人的交易方式、交易习惯、市场利率等因素确定利息。 **《民间借贷规定》第 31 条** 没有约定利息但借款人自愿支付,或者超过约定的利率自愿支付利息或违约金,且没有损害国家、集体和第三人利益,借款人又以不当得利为由要求出借人返还的,人民法院不予支持,但借款人要求返还超过年利率36%部分的利息除外。

《民法典》	《合同法》	相关规范性法律文件
第 675 条 借款人应当按照约定的期限返还借款。对借款期限没有约定或者约定不明确, **依据**本法**第五百一十条**的规定仍不能确定的, 借款人可以随时返还; 贷款人可以催告借款人在合理期限内返还。	**第 206 条** 借款人应当按照约定的期限返还借款。对借款期限没有约定或者约定不明确, 依照本法第六十一条的规定仍不能确定的, 借款人可以随时返还; 贷款人可以催告借款人在合理期限内返还。	
第 676 条 借款人未按照约定的期限返还借款的, 应当按照约定或者国家有关规定支付逾期利息。	**第 207 条** 同《民法典》第 676 条	**《民间借贷规定》第 29 条** 借贷双方对逾期利率有约定的, 从其约定, 但以不超过年利率 24% 为限。 未约定逾期利率或者约定不明的, 人民法院可以区分不同情况处理: (一)既未约定借期内的利率, 也未约定逾期利率, 出借人主张借款人自逾期还款之日起按照年利率 6% 支付资金占用期间利息的, 人民法院应予支持; (二)约定了借期内的利率但未约定逾期利率, 出借人主张借款人自逾期还款之日起按照借期内的利率支付资金占用期间利息的, 人民法院应予支持。 **《民间借贷规定》第 30 条** 出借人与借款人既约定了逾期利率, 又约定了违约金或者其他费用, 出借人可以选择主张逾期利息、违约金或者其他费用, 也可以一并主张, 但总计超过年利率 24% 的部分, 人民法院不予支持。
第 677 条 借款人提前**返还**借款的, 除当事人另有约定**外**, 应当按照实际借款的期间计算利息。	**第 208 条** 借款人提前偿还借款的, 除当事人另有约定的以外, 应当按照实际借款的期间计算利息。	**《民间借贷规定》第 32 条** 借款人可以提前偿还借款, 但当事人另有约定的除外。
第 678 条 借款人可以在还款期限届满前向贷款人申请展期; 贷款人同意的, 可以展期。	**第 209 条** 借款人可以在还款期限届满之前向贷款人申请展期。贷款人同意的, 可以展期。	

《民法典》	《合同法》	相关规范性法律文件
第 679 条 自然人之间的借款合同,自贷款人提供借款时**成立**。	**第 210 条** 自然人之间的借款合同,自贷款人提供借款时生效。	《民间借贷规定》第 9 条 具有下列情形之一,可以视为具备合同法第二百一十条关于自然人之间借款合同的生效要件: （一）以现金支付的,自借款人收到借款时; （二）以银行转账、网上电子汇款或者通过网络贷款平台等形式支付的,自资金到达借款人账户时; （三）以票据交付的,自借款人依法取得票据权利时; （四）出借人将特定资金账户支配权授权给借款人的,自借款人取得对该账户实际支配权时; （五）出借人以与借款人约定的其他方式提供借款并实际履行完成时。 **第 10 条** 除自然人之间的借款合同外,当事人主张民间借贷合同自合同成立时生效的,人民法院应予支持,但当事人另有约定或者法律、行政法规另有规定的除外。
第 680 条 禁止高利放贷,借款的利率不得违反国家有关规定。 借款合同对支付利息没有约定的,视为没有利息。 借款合同对支付利息约定不明确,当事人不能达成补充协议的,按照当地或者当事人的交易方式、交易习惯、市场利率等因素确定利息;自然人之间借款的,视为没有利息。	**第 211 条** 自然人之间的借款合同对支付利息没有约定或者约定不明确的,视为不支付利息。 自然人之间的借款合同约定支付利息的,借款的利率不得违反国家有关限制借款利率的规定。	《民间借贷规定》第 26 条 借贷双方约定的利率未超过年利率24%,出借人请求借款人按照约定的利率支付利息的,人民法院应予支持。 借贷双方约定的利率超过年利率36%,超过部分的利息约定无效。借款人请求出借人返还已支付的超过年利率36%部分的利息的,人民法院应予支持。
第十三章　保证合同		
第一节　一般规定		
第 681 条 保证合同是为保障债权的实现,保证人和债权人约定,当债务人不履行到期债务或者发生当事人约定的情形时,保证人履行债务或者承担责任的合同。	（无）	《担保法》第 6 条 本法所称保证,是指保证人和债权人约定,当债务人不履行债务时,保证人按照约定履行债务或者承担责任的行为。 《担保法》第 13 条 保证人与债权人应当以书面形式订立保证合同。
第 682 条 保证合同是主债权债务合同的从合同。主债权债务合同无效的,保证合同无效,但是法律另有规定的除外。	（无）	《担保法》第 5 条 担保合同是主合同的从合同,主合同无效,担保合同无效。 担保合同另有约定的,按照约定。

《民法典》	《合同法》	相关规范性法律文件
保证合同被确认无效后,债务人、保证人、债权人有过错的,应当根据其过错各自承担相应的民事责任。		担保合同被确认无效后,债务人、担保人、债权人有过错的,应当根据其过错各自承担相应的民事责任。
第683条 机关法人不得为保证人,但是经国务院批准为使用外国政府或者国际经济组织贷款进行转贷的除外。 以公益为目的的非营利法人、非法人组织不得为保证人。	（无）	《担保法》第8条 国家机关不得为保证人,但经国务院批准为使用外国政府或者国际经济组织贷款进行转贷的除外。 《担保法》第9条 学校、幼儿园、医院等以公益为目的的事业单位、社会团体不得为保证人。 《担保法》第10条 企业法人的分支机构、职能部门不得为保证人。 企业法人的分支机构有法人书面授权的,可以在授权范围内提供保证。
第684条 保证合同的内容一般包括被保证的主债权的种类、数额,债务人履行债务的期限,保证的方式、范围和期间等条款。	（无）	《担保法》第15条 保证合同应当包括以下内容: （一）被保证的主债权种类、数额; （二）债务人履行债务的期限; （三）保证的方式; （四）保证担保的范围; （五）保证的期间; （六）双方认为需要约定的其他事项。 保证合同不完全具备前款规定内容的,可以补正。
第685条 保证合同可以是单独订立的书面合同,也可以是主债权债务合同中的保证条款。 第三人单方以书面形式向债权人作出保证,债权人接收且未提出异议的,保证合同成立。	（无）	《担保法》第93条 本法所称保证合同、抵押合同、质押合同、定金合同可以是单独订立的书面合同,包括当事人之间的具有担保性质的信函、传真等,也可以是主合同中的担保条款。 《担保法解释》第22条 第三人单方以书面形式向债权人出具担保书,债权人接受且未提出异议的,保证合同成立。 主合同中虽然没有保证条款,但是,保证人在主合同上以保证人的身份签字或者盖章的,保证合同成立。

《民法典》	《合同法》	相关规范性法律文件
第 686 条 保证的方式包括一般保证和连带责任保证。 当事人在保证合同中对保证方式没有约定或者约定不明确的,按照一般保证承担保证责任。	(无)	《担保法》第 16 条 保证的方式有: (一)一般保证; (二)连带责任保证。 《担保法》第 19 条 当事人对保证方式没有约定或者约定不明确的,按照连带责任保证承担保证责任。
第 687 条 当事人在保证合同中约定,债务人不能履行债务时,由保证人承担保证责任的,为一般保证。 一般保证的保证人在主合同纠纷未经审判或者仲裁,并就债务人财产依法强制执行仍不能履行债务前,有权拒绝向债权人承担保证责任,但是有下列情形之一的除外: (一)债务人下落不明,且无财产可供执行; (二)人民法院已经受理债务人破产案件; (三)债权人有证据证明债务人的财产不足以履行全部债务或者丧失履行债务能力; (四)保证人书面表示放弃本款规定的权利。	(无)	《担保法》第 17 条 当事人在保证合同中约定,债务人不能履行债务时,由保证人承担保证责任的,为一般保证。 一般保证的保证人在主合同纠纷未经审判或者仲裁,并就债务人财产依法强制执行仍不能履行债务前,对债权人可以拒绝承担保证责任。 有下列情形之一的,保证人不得行使前款规定的权利: (一)债务人住所变更,致使债权人要求其履行债务发生重大困难的; (二)人民法院受理债务人破产案件,中止执行程序的; (三)保证人以书面形式放弃前款规定的权利的。
第 688 条 当事人在保证合同中约定保证人和债务人对债务承担连带责任的,为连带责任保证。 连带责任保证的债务人不履行到期债务或者发生当事人约定的情形时,债权人可以请求债务人履行债务,也可以请求保证人在其保证范围内承担保证责任。	(无)	《担保法》第 18 条 当事人在保证合同中约定保证人与债务人对债务承担连带责任的,为连带责任保证。 连带责任保证的债务人在主合同规定的债务履行期届满没有履行债务的,债权人可以要求债务人履行债务,也可以要求保证人在其保证范围内承担保证责任。
第 689 条 保证人可以要求债务人提供反担保。	(无)	《担保法》第 4 条 第三人为债务人向债权人提供担保时,可以要求债务人提供反担保。 反担保适用本法担保的规定。
第 690 条 保证人与债权人可以协商订立最高额保证的合同,约定在最高债权额限度内就一定期间连续发生的债权提供保证。 最高额保证除适用本章规定外,参照适用本法第二编最高额抵押权的有关规定。	(无)	《担保法》第 14 条 保证人与债权人可以就单个主合同分别订立保证合同,也可以协议在最高债权额限度内就一定期间连续发生的借款合同或者某项商品交易合同订立一个保证合同。

《民法典》	《合同法》	相关规范性法律文件
第二节 保证责任		
第 691 条 保证的范围包括主债权及其利息、违约金、损害赔偿金和实现债权的费用。当事人另有约定的,按照其约定。	(无)	《担保法》第 21 条 保证担保的范围包括主债权及利息、违约金、损害赔偿金和实现债权的费用。保证合同另有约定的,按照约定。 当事人对保证担保的范围没有约定或者约定不明确的,保证人应当对全部债务承担责任。
第 692 条 保证期间是确定保证人承担保证责任的期间,不发生中止、中断和延长。 债权人与保证人可以约定保证期间,但是约定的保证期间早于主债务履行期限或者与主债务履行期限同时届满的,视为没有约定;没有约定或者约定不明确的,保证期间为主债务履行期限届满之日起六个月。 债权人与债务人对主债务履行期限没有约定或者约定不明确的,保证期间自债权人请求债务人履行债务的宽限期届满之日起计算。	(无)	《担保法》第 25 条 一般保证的保证人与债权人未约定保证期间的,保证期间为主债务履行期届满之日起六个月。在合同约定的保证期间和前款规定的保证期间,债权人未对债务人提起诉讼或者申请仲裁的,保证人免除保证责任;债权人已提起诉讼或者申请仲裁的,保证期间适用诉讼时效中断的规定。 《担保法解释》第 31 条 保证期间不因任何事由发生中断、中止、延长的法律后果。 《担保法解释》第 32 条 保证合同约定的保证期间早于或者等于主债务履行期限的,视为没有约定,保证期间为主债务履行期届满之日起六个月。 保证合同约定保证人承担保证责任直至主债务本息还清时为止等类似内容的,视为约定不明,保证期间为主债务履行期届满之日起二年。 《担保法解释》第 33 条 主合同对主债务履行期限没有约定或者约定不明的,保证期间自债权人要求债务人履行义务的宽限期届满之日起计算。
第 693 条 一般保证的债权人未在保证期间对债务人提起诉讼或者申请仲裁的,保证人不再承担保证责任。 连带责任保证的债权人未在保证期间请求保证人承担保证责任的,保证人不再承担保证责任。	(无)	
第 694 条 一般保证的债权人在保证期间届满前对债务人提起诉讼或者申请仲裁的,从保证人拒绝承担保证责任的权利消灭之日起,开始计算保证债务的诉讼时效。	(无)	《担保法》第 26 条 连带责任保证的保证人与债权人未约定保证期间的,债权人有权自主债务履行期届满之日起六个月内要求保证人承担保证责任。

《民法典》	《合同法》	相关规范性法律文件
连带责任保证的债权人在保证期间届满前请求保证人承担保证责任的,从债权人请求保证人承担保证责任之日起,开始计算保证债务的诉讼时效。		在合同约定的保证期间和前款规定的保证期间,债权人未要求保证人承担保证责任的,保证人免除保证责任。 《担保法解释》第34条 一般保证的债权人在保证期间届满前对债务人提起诉讼或者申请仲裁的,从判决或者仲裁裁决生效之日起,开始计算保证合同的诉讼时效。 连带责任保证的债权人在保证期间届满前要求保证人承担保证责任的,从债权人要求保证人承担保证责任之日起,开始计算保证合同的诉讼时效。
第695条 债权人和债务人未经保证人书面同意,协商变更主债权债务合同内容,减轻债务的,保证人仍对变更后的债务承担保证责任;加重债务的,保证人对加重的部分不承担保证责任。 债权人和债务人变更主债权债务合同的履行期限,未经保证人书面同意的,保证期间不受影响。	(无)	《担保法》第24条 债权人与债务人协议变更主合同的,应当取得保证人书面同意,未经保证人书面同意的,保证人不再承担保证责任。保证合同另有约定的,按照约定。 《担保法解释》第30条 保证期间,债权人与债务人对主合同数量、价款、币种、利率等内容作了变动,未经保证人同意的,如果减轻债务人的债务的,保证人仍应当对变更后的合同承担保证责任;如果加重债务人的债务的,保证人对加重的部分不承担保证责任。 债权人与债务人对主合同履行期限作了变动,未经保证人书面同意的,保证期间为原合同约定的或者法律规定的期间。 债权人与债务人协议变动主合同内容,但并未实际履行的,保证人仍应当承担保证责任。
第696条 债权人转让全部或者部分债权,未通知保证人的,该转让对保证人不发生效力。 保证人与债权人约定禁止债权转让,债权人未经保证人书面同意转让债权的,保证人对受让人不再承担保证责任。	(无)	《担保法》第22条 保证期间,债权人依法将主债权转让给第三人的,保证人在原保证担保的范围内继续承担保证责任。保证合同另有约定的,按照约定。 《担保法解释》第28条 保证期间,债权人依法将主债权转让给第三人的,保证债权同时转让,保证人在原保证担保的范围内对受让人承担保证责任。但是保证人与债权人事先约定仅对特定的债权人承担保证责任或者禁止债权转让的,保证人不再承担保证责任。

《民法典》	《合同法》	相关规范性法律文件
第697条 债权人未经保证人书面同意,允许债务人转移全部或者部分债务,保证人对未经其同意转移的债务不再承担保证责任,但是债权人和保证人另有约定的除外。 第三人加入债务的,保证人的保证责任不受影响。	(无)	《担保法》第23条 保证期间,债权人许可债务人转让债务的,应当取得保证人书面同意,保证人对未经其同意转让的债务,不再承担保证责任。 《担保法解释》第29条 保证期间,债权人许可债务人转让部分债务未经保证人书面同意的,保证人对未经其同意转让部分的债务,不再承担保证责任。但是,保证人仍应当对未转让部分的债务承担保证责任。
第698条 一般保证的保证人在主债务履行期限届满后,向债权人提供债务人可供执行财产的真实情况,债权人放弃或者怠于行使权利致使该财产不能被执行的,保证人在其提供可供执行财产的价值范围内不再承担保证责任。	(无)	《担保法解释》第24条 一般保证的保证人在主债权履行期间届满后,向债权人提供了债务人可供执行财产的真实情况的,债权人放弃或者怠于行使权利致使该财产不能被执行,保证人可以请求人民法院在其提供可供执行财产的实际价值范围内免除保证责任。
第699条 同一债务有两个以上保证人的,保证人应当按照保证合同约定的保证份额,承担保证责任;没有约定保证份额的,债权人可以请求任何一个保证人在其保证范围内承担保证责任。	(无)	《担保法》第12条 同一债务有两个以上保证人的,保证人应当按照保证合同约定的保证份额,承担保证责任。没有约定保证份额的,保证人承担连带责任,债权人可以要求任何一个保证人承担全部保证责任,保证人都负有担保全部债权实现的义务。已经承担保证责任的保证人,有权向债务人追偿,或者要求承担连带责任的其他保证人清偿其应当承担的份额。 《担保法解释》第19条 两个以上保证人对同一债务同时或者分别提供保证时,各保证人与债权人没有约定保证份额的,应当认定为连带共同保证。 连带共同保证的保证人以其相互之间约定各自承担的份额对抗债权人的,人民法院不予支持。
第700条 保证人承担保证责任后,除当事人另有约定外,有权在其承担保证责任的范围内向债务人追偿,享有债权人对债务人的权利,但是不得损害债权人的利益。	(无)	《担保法》第31条 保证人承担保证责任后,有权向债务人追偿。 《担保法解释》第21条 按份共同保证的保证人按照保证合同约定的保证份额承担保证责任后,在其履行保证责任的范围内对债务人行使追偿权。

《民法典》	《合同法》	相关规范性法律文件
第 701 条　保证人可以主张债务人对债权人的抗辩。债务人放弃抗辩的，保证人仍有权向债权人主张抗辩。	（无）	《担保法》第 20 条　一般保证和连带责任保证的保证人享有债务人的抗辩权。债务人放弃对债务的抗辩权的，保证人仍有权抗辩。 　抗辩权是指债权人行使债权时，债务人根据法定事由，对抗债权人行使请求权的权利。
第 702 条　债务人对债权人享有抵销权或者撤销权的，保证人可以在相应范围内拒绝承担保证责任。	（无）	
第十四章　租赁合同	第十三章　租赁合同	
第 703 条　租赁合同是出租人将租赁物交付承租人使用、收益，承租人支付租金的合同。	**第 212 条** 同《民法典》第 703 条	
第 704 条　租赁合同的内容**一般**包括租赁物的名称、数量、用途、租赁期限、租金及其支付期限和方式、租赁物维修等条款。	**第 213 条**　租赁合同的内容包括租赁物的名称、数量、用途、租赁期限、租金及其支付期限和方式、租赁物维修等条款。	
第 705 条　租赁期限不得超过二十年。超过二十年的，超过部分无效。 　租赁**期限**届满，当事人可以续订租赁合同；但是，约定的租赁期限自续订之日起不得超过二十年。	**第 214 条**　租赁期限不得超过二十年。超过二十年的，超过部分无效。 　租赁期间届满，当事人可以续订租赁合同，但约定的租赁期限自续订之日起不得超过二十年。	
第 706 条　当事人未依照法律、行政法规规定办理租赁合同登记备案手续的，不影响合同的效力。	（无）	《城镇房屋租赁合同解释》第 4 条　当事人以房屋租赁合同未按照法律、行政法规规定办理登记备案手续为由，请求确认合同无效的，人民法院不予支持。 　当事人约定以办理登记备案手续为房屋租赁合同生效条件的，从其约定。但当事人一方已经履行主要义务，对方接受的除外。
第 707 条　租赁期限六个月以上的，应当采用书面形式。当事人未采用书面形式，**无法确定租赁期限的，**视为不定期租赁。	**第 215 条**　租赁期限六个月以上的，应当采用书面形式。当事人未采用书面形式**的**，视为不定期租赁。	
第 708 条　出租人应当按照约定将租赁物交付承租人，并在租赁**期限内**保持租赁物符合约定的用途。	**第 216 条**　出租人应当按照约定将租赁物交付承租人，并在租赁期间保持租赁物符合约定的用途。	

《民法典》	《合同法》	相关规范性法律文件
第 **709** 条　承租人应当按照约定的**方法**使用租赁物。对租赁物的使用方法没有约定或者约定不明确,**依据**本法**第五百一十条**的规定仍不能确定的,应当**根据**租赁物的性质使用。	第 **217** 条　承租人应当按照约定的方法使用租赁物。对租赁物的使用方法没有约定或者约定不明确,依照本法第六十一条的规定仍不能确定的,应当按照租赁物的性质使用。	
第 **710** 条　承租人按照约定的方法或者根据租赁物的性质使用租赁物,致使租赁物受到损耗的,不承担赔偿责任。	第 **218** 条　承租人按照约定的方法或者租赁物的性质使用租赁物,致使租赁物受到损耗的,不承担**损害**赔偿责任。	
第 **711** 条　承租人未**按照**约定的方法或者**未根据**租赁物的性质使用租赁物,致使租赁物受到损失的,出租人可以解除合同并**请求**赔偿损失。	第 **219** 条　承租人未按照约定的方法或者租赁物的性质使用租赁物,致使租赁物受到损失的,出租人可以解除合同并要求赔偿损失。	
第 **712** 条　出租人应当履行租赁物的维修义务,但是当事人另有约定的除外。	第 **220** 条　出租人应当履行租赁物的维修义务,但当事人另有约定的除外。	
第 **713** 条　承租人在租赁物需要维修时可以**请求**出租人在合理期限内维修。出租人未履行维修义务的,承租人可以自行维修,维修费用由出租人负担。因维修租赁物影响承租人使用的,应当相应减少租金或者延长租期。**因承租人的过错致使租赁物需要维修的,出租人不承担前款规定的维修义务。**	第 **221** 条　承租人在租赁物需要维修时可以要求出租人在合理期限内维修。出租人未履行维修义务的,承租人可以自行维修,维修费用由出租人负担。因维修租赁物影响承租人使用的,应当相应减少租金或者延长租期。	
第 **714** 条　承租人应当妥善保管租赁物,因保管不善造成租赁物毁损、灭失的,应当承担赔偿责任。	第 **222** 条　承租人应当妥善保管租赁物,因保管不善造成租赁物毁损、灭失的,应当承担**损害**赔偿责任。	
第 **715** 条　承租人经出租人同意,可以对租赁物进行改善或者增设他物。承租人未经出租人同意,对租赁物进行改善或者增设他物的,出租人可以**请求**承租人恢复原状或者赔偿损失。	第 **223** 条　承租人经出租人同意,可以对租赁物进行改善或者增设他物。承租人未经出租人同意,对租赁物进行改善或者增设他物的,出租人可以要求承租人恢复原状或者赔偿损失。	
第 **716** 条　承租人经出租人同意,可以将租赁物转租给第三人。承租人转租的,承租人与出租人之间的租赁合同继续有效;**第三人造成租赁物**损失的,承租人应当赔偿损失。承租人未经出租人同意转租的,出租人可以解除合同。	第 **224** 条　承租人经出租人同意,可以将租赁物转租给第三人。承租人转租的,承租人与出租人之间的租赁合同继续有效,第三人对租赁物造成损失的,承租人应当赔偿损失。承租人未经出租人同意转租的,出租人可以解除合同。	

《民法典》	《合同法》	相关规范性法律文件
第 717 条 承租人经出租人同意将租赁物转租给第三人,转租期限超过承租人剩余租赁期限的,超过部分的约定对出租人不具有法律约束力,但是出租人与承租人另有约定的除外。	(无)	《城镇房屋租赁合同解释》第 15 条 承租人经出租人同意将租赁房屋转租给第三人时,转租期限超过承租人剩余租赁期限的,人民法院应当认定超过部分的约定无效。但出租人与承租人另有约定的除外。
第 718 条 出租人知道或者应当知道承租人转租,但是在六个月内未提出异议的,视为出租人同意转租。	(无)	《城镇房屋租赁合同解释》第 16 条 出租人知道或者应当知道承租人转租,但在六个月内未提出异议,其以承租人未经同意为由请求解除合同或者认定转租合同无效的,人民法院不予支持。 因租赁合同产生的纠纷案件,人民法院可以通知次承租人作为第三人参加诉讼。
第 719 条 承租人拖欠租金的,次承租人可以代承租人支付其欠付的租金和违约金,但是转租合同对出租人不具有法律约束力的除外。 次承租人代为支付的租金和违约金,可以充抵次承租人应当向承租人支付的租金;超出其应付的租金数额的,可以向承租人追偿。	(无)	《城镇房屋租赁合同解释》第 17 条 因承租人拖欠租金,出租人请求解除合同时,次承租人请求代承租人支付欠付的租金和违约金以抗辩出租人合同解除权的,人民法院应予支持。但转租合同无效的除外。 次承租人代为支付的租金和违约金超出其应付的租金数额,可以折抵租金或者向承租人追偿。
第 720 条 在租赁期限内因占有、使用租赁物获得的收益,归承租人所有,但是当事人另有约定的除外。	第 225 条 在租赁期间因占有、使用租赁物获得的收益,归承租人所有,但当事人另有约定的除外。	
第 721 条 承租人应当按照约定的期限支付租金。对支付租金的期限没有约定或者约定不明确,依据本法第五百一十条的规定仍不能确定,租赁期限不满一年的,应当在租赁期限届满时支付;租赁期限一年以上的,应当在每届满一年时支付,剩余期限不满一年的,应当在租赁期限届满时支付。	第 226 条 承租人应当按照约定的期限支付租金。对支付期限没有约定或者约定不明确,依照本法第六十一条的规定仍不能确定,租赁期间不满一年的,应当在租赁期间届满时支付;租赁期间一年以上的,应当在每届满一年时支付,剩余期间不满一年的,应当在租赁期间届满时支付。	
第 722 条 承租人无正当理由未支付或者迟延支付租金的,出租人可以请求承租人在合理期限内支付;承租人逾期不支付的,出租人可以解除合同。	第 227 条 承租人无正当理由未支付或者迟延支付租金的,出租人可以要求承租人在合理期限内支付。承租人逾期不支付的,出租人可以解除合同。	

《民法典》	《合同法》	相关规范性法律文件
第 723 条 因第三人主张权利,致使承租人不能对租赁物使用、收益的,承租人可以**请求**减少租金或者不支付租金。 第三人主张权利的,承租人应当及时通知出租人。	**第 228 条** 因第三人主张权利,致使承租人不能对租赁物使用、收益的,承租人可以要求减少租金或者不支付租金。 第三人主张权利的,承租人应当及时通知出租人。	
第 724 条 有下列情形之一,非因承租人原因致使租赁物无法使用的,承租人可以解除合同: (一)租赁物被司法机关或者行政机关依法查封、扣押; (二)租赁物权属有争议; (三)租赁物具有违反法律、行政法规关于使用条件的强制性规定情形。	(无)	**《城镇房屋租赁合同解释》** **第 8 条** 因下列情形之一,导致租赁房屋无法使用,承租人请求解除合同的,人民法院应予支持: (一)租赁房屋被司法机关或者行政机关依法查封的; (二)租赁房屋权属有争议的; (三)租赁房屋具有违反法律、行政法规关于房屋使用条件强制性规定情况的。
第 725 条 租赁物在承租人按照租赁合同占有期限内发生所有权变动的,不影响租赁合同的效力。	**第 229 条** 租赁物在租赁期间发生所有权变动的,不影响租赁合同的效力。	
第 726 条 出租人出卖租赁房屋的,应当在出卖之前的合理期限内通知承租人,承租人享有以同等条件优先购买的权利;**但是,房屋按份共有人行使优先购买权或者出租人将房屋出卖给近亲属的除外。** 出租人履行通知义务后,承租人在十五日内未明确表示购买的,视为承租人放弃优先购买权。	**第 230 条** 出租人出卖租赁房屋的,应当在出卖之前的合理期限内通知承租人,承租人享有以同等条件优先购买的权利。	**《城镇房屋租赁合同解释》** **第 24 条** 具有下列情形之一,承租人主张优先购买房屋的,人民法院不予支持: (一)房屋共有人行使优先购买权的; (二)出租人将房屋出卖给近亲属,包括配偶、父母、子女、兄弟姐妹、祖父母、外祖父母、孙子女、外孙子女的; (三)出租人履行通知义务后,承租人在十五日内未明确表示购买的; (四)第三人善意购买租赁房屋并已经办理登记手续的。
第 727 条 出租人委托拍卖人拍卖租赁房屋的,应当在拍卖五日前通知承租人。承租人未参加拍卖的,视为放弃优先购买权。	(无)	**《城镇房屋租赁合同解释》** **第 23 条** 出租人委托拍卖人拍卖租赁房屋,应当在拍卖 5 日前通知承租人。承租人未参加拍卖的,人民法院应当认定承租人放弃优先购买权。
第 728 条 出租人未通知承租人或者有其他妨害承租人行使优先购买权情形的,承租人可以请求出租人承担赔偿责任。但是,出租人与第三人订立的房屋买卖合同的效力不受影响。	(无)	**《城镇房屋租赁合同解释》** **第 21 条** 出租人出卖租赁房屋未在合理期限内通知承租人或者存在其他侵害承租人优先购买权情形,承租人请求出租人承担赔偿责任的,人民法院应予支持。但请求确认出租人与第三人签订的房屋买卖合同无效的,人民法院不予支持。

《民法典》	《合同法》	相关规范性法律文件
第 729 条 因不可归责于承租人的事由，致使租赁物部分或者全部毁损、灭失的，承租人可以**请求**减少租金或者不支付租金；因租赁物部分或者全部毁损、灭失，致使不能实现合同目的的，承租人可以解除合同。	**第 231 条** 因不可归责于承租人的事由，致使租赁物部分或者全部毁损、灭失的，承租人可以要求减少租金或者不支付租金；因租赁物部分或者全部毁损、灭失，致使不能实现合同目的的，承租人可以解除合同。	
第 730 条 当事人对租赁期限没有约定或者约定不明确，**依据**本法**第五百一十条**的规定仍不能确定的，视为不定期租赁；当事人可以随时解除合同，但是应当在合理期限之前通知**对方**。	**第 232 条** 当事人对租赁期限没有约定或者约定不明确，依照本法第六十一条的规定仍不能确定的，视为不定期租赁。当事人可以随时解除合同，但出租人解除合同应当在合理期限之前通知承租人。	
第 731 条 租赁物危及承租人的安全或者健康的，即使承租人订立合同时明知该租赁物质量不合格，承租人仍然可以随时解除合同。	**第 233 条** 同《民法典》第 731 条	
第 732 条 承租人在房屋租赁**期限内**死亡的，与其生前共同居的住人**或者共同经营人**可以按照原租赁合同租赁该房屋。	**第 234 条** 承租人在房屋租赁期间死亡的，与其生前共同居住的人可以按照原租赁合同租赁该房屋。	
第 733 条 租赁**期限**届满，承租人应当返还租赁物。返还的租赁物应当符合按照约定或者根据租赁物的性质使用后的状态。	**第 235 条** 租赁期间届满，承租人应当返还租赁物。返还的租赁物应当符合按照约定或者租赁物的性质使用后的状态。	
第 734 条 租赁**期限**届满，承租人继续使用租赁物，出租人没有提出异议的，原租赁合同继续有效，但是租赁期限为不定期。 **租赁期限届满，房屋承租人享有以同等条件优先承租的权利。**	**第 236 条** 租赁期间届满，承租人继续使用租赁物，出租人没有提出异议的，原租赁合同继续有效，但租赁期限为不定期。	
第十五章　融资租赁合同	**第十四章　融资租赁合同**	
第 735 条 融资租赁合同是出租人根据承租人对出卖人、租赁物的选择，向出卖人购买租赁物，提供给承租人使用，承租人支付租金的合同。	**第 237 条** 同《民法典》第 735 条	**《融资租赁合同解释》第 2 条** 承租人将其自有物出卖给出租人，再通过融资租赁合同将租赁物从出租人处租回的，人民法院不应仅以承租人和出卖人系同一人为由认定不构成融资租赁法律关系。

《民法典》	《合同法》	相关规范性法律文件
第 736 条　融资租赁合同的内容一般包括租赁物的名称、数量、规格、技术性能、检验方法,租赁期限,租金构成及其支付期限和方式、币种,租赁**期限**届满租赁物的归属等条款。 融资租赁合同应当采用书面形式。	**第 238 条**　融资租赁合同的内容包括租赁物名称、数量、规格、技术性能、检验方法、租赁期限、租金构成及其支付期限和方式、币种、租赁期间届满租赁物的归属等条款。 融资租赁合同应当采用书面形式。	
第 737 条　当事人以虚构租赁物方式订立的融资租赁合同无效。	(无)	
第 738 条　依照法律、行政法规的规定,对于租赁物的经营使用应当取得行政许可的,出租人未取得行政许可不影响融资租赁合同的效力。	(无)	《融资租赁合同解释》第 3 条　根据法律、行政法规规定,承租人对于租赁物的经营使用应当取得行政许可的,人民法院不应仅以出租人未取得行政许可为由认定融资租赁合同无效。
第 739 条　出租人根据承租人对出卖人、租赁物的选择订立的买卖合同,出卖人应当按照约定向承租人交付标的物,承租人享有与受领标的物有关的买受人的权利。	**第 239 条** 同《民法典》第 739 条	
第 740 条　出卖人违反向承租人交付标的物的义务,有下列情形之一的,承租人可以拒绝受领出卖人向其交付的标的物: 　(一)标的物严重不符合约定; 　(二)未按照约定交付标的物,经承租人或者出租人催告后在合理期限内仍未交付。 　承租人拒绝受领标的物的,应当及时通知出租人。	(无)	《融资租赁合同解释》第 5 条　出卖人违反合同约定的向承租人交付标的物的义务,承租人因下列情形之一拒绝受领租赁物的,人民法院应予支持: 　(一)租赁物严重不符合约定的; 　(二)出卖人未在约定的交付期间或者合理期间内交付租赁物,经承租人或者出租人催告,在催告期满后仍未交付的。 　承租人拒绝受领租赁物,未及时通知出租人,或者无正当理由拒绝受领租赁物,造成出租人损失,出租人向承租人主张损害赔偿的,人民法院应予支持。
第 741 条　出租人、出卖人、承租人可以约定,出卖人不履行买卖合同义务的,由承租人行使索赔的权利。承租人行使索赔权利的,出租人应当协助。	**第 240 条** 同《民法典》第 741 条	

《民法典》	《合同法》	相关规范性法律文件
第 742 条 承租人对出卖人行使索赔权利,不影响其履行支付租金的义务。但是,承租人依赖出租人的技能确定租赁物或者出租人干预选择租赁物的,承租人可以请求减免相应租金。	(无)	《融资租赁合同解释》第 6 条 承租人对出卖人行使索赔权,不影响其履行融资租赁合同项下支付租金的义务,但承租人以依赖出租人的技能确定租赁物或者出租人干预选择租赁物为由,主张减轻或者免除相应租金支付义务的除外。
第 743 条 出租人有下列情形之一,致使承租人对出卖人行使索赔权利失败的,承租人有权请求出租人承担相应的责任: (一)明知租赁物有质量瑕疵而不告知承租人; (二)承租人行使索赔权利时,未及时提供必要协助。 出租人怠于行使只能由其对出卖人行使的索赔权利,造成承租人损失的,承租人有权请求出租人承担赔偿责任。	(无)	《融资租赁合同解释》第 18 条 出租人有下列情形之一,导致承租人对出卖人索赔逾期或者索赔失败,承租人要求出租人承担相应责任的,人民法院应予支持: (一)明知租赁物有质量瑕疵而不告知承租人的; (二)承租人行使索赔权时,未及时提供必要协助的; (三)怠于行使融资租赁合同中约定的只能由出租人行使对出卖人的索赔权的; (四)怠于行使买卖合同中约定的只能由出租人行使对出卖人的索赔权的。
第 744 条 出租人根据承租人对出卖人、租赁物的选择订立的买卖合同,未经承租人同意,出租人不得变更与承租人有关的合同内容。	第 241 条 同《民法典》第 744 条	
第 745 条 出租人对租赁物享有的所有权,**未经登记,不得对抗善意第三人。**	第 242 条 出租人享有租赁物的所有权。**承租人破产的,租赁物不属于破产财产。**	
第 746 条 融资租赁合同的租金,除当事人另有约定外,应当根据购买租赁物的大部分或者全部成本以及出租人的合理利润确定。	第 243 条 融资租赁合同的租金,除当事人另有约定的以外,应当根据购买租赁物的大部分或者全部成本以及出租人的合理利润确定。	
第 747 条 租赁物不符合约定或者不符合使用目的的,出租人不承担责任。但是,承租人依赖出租人的技能确定租赁物或者出租人干预选择租赁物的除外。	第 244 条 租赁物不符合约定或者不符合使用目的的,出租人不承担责任,但承租人依赖出租人的技能确定租赁物或者出租人干预选择租赁物的除外。	

《民法典》	《合同法》	相关规范性法律文件
第748条 出租人应当保证承租人对租赁物的占有和使用。 出租人有下列情形之一的,承租人有权请求其赔偿损失: (一)无正当理由收回租赁物; (二)无正当理由妨碍、干扰承租人对租赁物的占有和使用; (三)因出租人的原因致使第三人对租赁物主张权利; (四)不当影响承租人对租赁物占有和使用的其他情形。	第245条 出租人应当保证承租人对租赁物的占有和使用。	《融资租赁合同解释》第17条 出租人有下列情形之一,影响承租人对租赁物的占有和使用,承租人依照合同法第二百四十五条的规定,要求出租人赔偿相应损失的,人民法院应予支持: (一)无正当理由收回租赁物; (二)无正当理由妨碍、干扰承租人对租赁物的占有和使用; (三)因出租人的原因导致第三人对租赁物主张权利; (四)不当影响承租人对租赁物占有、使用的其他情形。
第749条 承租人占有租赁物期间,租赁物造成第三人人身损害或者财产损失的,出租人不承担责任。	第246条 承租人占有租赁物期间,租赁物造成第三人的人身伤害或者财产损害的,出租人不承担责任。	
第750条 承租人应当妥善保管、使用租赁物。 承租人应当履行占有租赁物期间的维修义务。	第247条 同《民法典》第750条	
第751条 承租人占有租赁物期间,租赁物毁损、灭失的,出租人有权请求承租人继续支付租金,但是法律另有规定或者当事人另有约定的除外。	(无)	《融资租赁合同解释》第7条 承租人占有租赁物期间,租赁物毁损、灭失的风险由承租人承担,出租人要求承租人继续支付租金的,人民法院应予支持。但当事人另有约定或者法律另有规定的除外。
第752条 承租人应当按照约定支付租金。承租人经催告后在合理期限内仍不支付租金的,出租人可以请求支付全部租金;也可以解除合同,收回租赁物。	第248条 承租人应当按照约定支付租金。承租人经催告后在合理期限内仍不支付租金的,出租人可以要求支付全部租金;也可以解除合同,收回租赁物。	
第753条 承租人未经出租人同意,将租赁物转让、抵押、质押、投资入股或者以其他方式处分的,出租人可以解除融资租赁合同。	(无)	《融资租赁合同解释》第12条 有下列情形之一,出租人请求解除融资租赁合同的,人民法院应予支持: (一)承租人未经出租人同意,将租赁物转让、转租、抵押、质押、投资入股或者以其他方式处分租赁物的;

《民法典》	《合同法》	相关规范性法律文件
		（二）承租人未按照合同约定的期限和数额支付租金，符合合同约定的解除条件，经出租人催告后在合理期限内仍不支付的； （三）合同对于欠付租金解除合同的情形没有明确约定，但承租人欠付租金达到两期以上，或者数额达到全部租金百分之十五以上，经出租人催告后在合理期限内仍不支付的； （四）承租人违反合同约定，致使合同目的不能实现的其他情形。
第 754 条　有下列情形之一的，出租人或者承租人可以解除融资租赁合同： （一）出租人与出卖人订立的买卖合同解除、被确认无效或者被撤销，且未能重新订立买卖合同； （二）租赁物因不可归责于当事人的原因毁损、灭失，且不能修复或者确定替代物； （三）因出卖人的原因致使融资租赁合同的目的不能实现。	（无）	《融资租赁合同解释》第 11 条　有下列情形之一，出租人请求解除融资租赁合同的，人民法院应予支持： （一）承租人未经出租人同意，将租赁物转让、转租、抵押、质押、投资入股或者以其他方式处分租赁物的； （二）承租人未按照合同约定的期限和数额支付租金，符合合同约定的解除条件，经出租人催告后在合理期限内仍不支付的； （三）合同对于欠付租金解除合同的情形没有明确约定，但承租人欠付租金达到两期以上，或者数额达到全部租金百分之十五以上，经出租人催告后在合理期限内仍不支付的； （四）承租人违反合同约定，致使合同目的不能实现的其他情形。
第 755 条　融资租赁合同因买卖合同解除、被确认无效或者被撤销而解除，出卖人、租赁物系由承租人选择的，出租人有权请求承租人赔偿相应损失；但是，因出租人原因致使买卖合同解除、被确认无效或者被撤销的除外。 出租人的损失已经在买卖合同解除、被确认无效或者被撤销时获得赔偿的，承租人不再承担相应的赔偿责任。	（无）	《融资租赁合同解释》第 16 条　融资租赁合同因买卖合同被解除、被确认无效或者被撤销而解除，出租人根据融资租赁合同约定，或者以融资租赁合同虽未约定或约定不明，但出卖人及租赁物系由承租人选择为由，主张承租人赔偿相应损失的，人民法院应予支持。 出租人的损失已经在买卖合同被解除、被确认无效或者被撤销时获得赔偿的，应当免除承租人相应的赔偿责任。

《民法典》	《合同法》	相关规范性法律文件
第 756 条 融资租赁合同因租赁物交付承租人后意外毁损、灭失等不可归责于当事人的原因解除的,出租人可以请求承租人按照租赁物折旧情况给予补偿。	（无）	《融资租赁合同解释》第 15 条 融资租赁合同因租赁物交付承租人后意外毁损、灭失等不可归责于当事人的原因而解除,出租人要求承租人按照租赁物折旧情况给予补偿的,人民法院应予支持。
第 757 条 出租人和承租人可以约定租赁期限届满租赁物的归属;对租赁物的归属没有约定或者约定不明确,依据本法第五百一十条的规定仍不能确定的,租赁物的所有权归出租人。	第 250 条 出租人和承租人可以约定租赁期间届满租赁物的归属。对租赁物的归属有约定或者约定不明确,依照本法第六十一条的规定仍不能确定的,租赁物的所有权归出租人。	
第 758 条 当事人约定租赁期限届满租赁物归承租人所有,承租人已经支付大部分租金,但是无力支付剩余租金,出租人因此解除合同收回租赁物,收回的租赁物的价值超过承租人欠付的租金以及其他费用的,承租人可以请求相应返还。 当事人约定租赁期限届满租赁物归出租人所有,因租赁物毁损、灭失或者附合、混同于他物致使承租人不能返还的,出租人有权请求承租人给予合理补偿。	第 249 条 当事人约定租赁期间届满租赁物归承租人所有,承租人已经支付大部分租金,但无力支付剩余租金,出租人因此解除合同收回租赁物的,收回的租赁物的价值超过承租人欠付的租金以及其他费用的,承租人可以要求部分返还。	《融资租赁合同解释》第 10 条 当事人约定租赁期间届满后租赁物归出租人的,因租赁物毁损、灭失或者附合、混同于他物导致承租人不能返还,出租人要求其给予合理补偿的,人民法院应予支持。
第 759 条 当事人约定租赁期限届满,承租人仅需向出租人支付象征性价款的,视为约定的租金义务履行完毕后租赁物的所有权归承租人。	（无）	
第 760 条 融资租赁合同无效,当事人就该情形下租赁物的归属有约定的,按照其约定;没有约定或者约定不明确的,租赁物应当返还出租人。但是,因承租人原因致使合同无效,出租人不请求返还或者返还后会显著降低租赁物效用的,租赁物的所有权归承租人,由承租人给予出租人合理补偿。	（无）	《融资租赁合同解释》第 4 条 融资租赁合同被认定无效,当事人就合同无效情形下租赁物归属有约定的,从其约定;未约定或者约定不成的,租赁物应当返还出租人。但因承租人原因导致合同无效,出租人不要求返还租赁物,或者租赁物正在使用,返还出租人后会显著降低租赁物价值和效用的,人民法院可以判决租赁物所有权归承租人,并根据合同履行情况和租金支付情况,由承租人就租赁物进行折价补偿。

《民法典》	《合同法》	相关规范性法律文件
第十六章　保理合同		
第761条　保理合同是应收账款债权人将现有的或者将有的应收账款转让给保理人,保理人提供资金融通、应收账款管理或者催收、应收账款债务人付款担保等服务的合同。	（无）	
第762条　保理合同的内容一般包括业务类型、服务范围、服务期限、基础交易合同情况、应收账款信息、保理融资款或者服务报酬及其支付方式等条款。 保理合同应当采用书面形式。	（无）	
第763条　应收账款债权人与债务人虚构应收账款作为转让标的,与保理人订立保理合同的,应收账款债务人不得以应收账款不存在为由对抗保理人,但是保理人明知虚构的除外。	（无）	
第764条　保理人向应收账款债务人发出应收账款转让通知的,应当表明保理人身份并附有必要凭证。	（无）	
第765条　应收账款债务人接到应收账款转让通知后,应收账款债权人与债务人无正当理由协商变更或者终止基础交易合同,对保理人产生不利影响的,对保理人不发生效力。	（无）	
第766条　当事人约定有追索权保理的,保理人可以向应收账款债权人主张返还保理融资款本息或者回购应收账款债权,也可以向应收账款债务人主张应收账款债权。保理人向应收账款债务人主张应收账款债权,在扣除保理融资款本息和相关费用后有剩余的,剩余部分应当返还给应收账款债权人。	（无）	

《民法典》	《合同法》	相关规范性法律文件
第767条 当事人约定无追索权保理的,保理人应当向应收账款债务人主张应收账款债权,保理人取得超过保理融资款本息和相关费用的部分,无需向应收账款债权人返还。	(无)	
第768条 应收账款债权人就同一应收账款订立多个保理合同,致使多个保理人主张权利的,已经登记的先于未登记的取得应收账款;均已经登记的,按照登记时间的先后顺序取得应收账款;均未登记的,由最先到达应收账款债务人的转让通知中载明的保理人取得应收账款;既未登记也未通知的,按照保理融资款或者服务报酬的比例取得应收账款。	(无)	
第769条 本章没有规定的,适用本编第六章债权转让的有关规定。	(无)	
第十七章 承揽合同	第十五章 承揽合同	
第770条 承揽合同是承揽人按照定作人的要求完成工作,交付工作成果,定作人支付报酬的合同。 承揽包括加工、定作、修理、复制、测试、检验等工作。	第251条 承揽合同是承揽人按照定作人的要求完成工作,交付工作成果,定作人给付报酬的合同。 承揽包括加工、定作、修理、复制、测试、检验等工作。	
第771条 承揽合同的内容一般包括承揽的标的、数量、质量、报酬,承揽方式,材料的提供,履行期限,验收标准和方法等条款。	第252条 承揽合同的内容包括承揽的标的、数量、质量、报酬、承揽方式、材料的提供、履行期限、验收标准和方法等条款。	
第772条 承揽人应当以自己的设备、技术和劳力,完成主要工作,但是当事人另有约定的除外。 承揽人将其承揽的主要工作交由第三人完成的,应当就该第三人完成的工作成果向定作人负责;未经定作人同意的,定作人也可以解除合同。	第253条 承揽人应当以自己的设备、技术和劳力,完成主要工作,但当事人另有约定的除外。 承揽人将其承揽的主要工作交由第三人完成的,应当就该第三人完成的工作成果向定作人负责;未经定作人同意的,定作人也可以解除合同。	

《民法典》	《合同法》	相关规范性法律文件
第 773 条 承揽人可以将其承揽的辅助工作交由第三人完成。承揽人将其承揽的辅助工作交由第三人完成的,应当就该第三人完成的工作成果向定作人负责。	**第 254 条** 同《民法典》第 773 条	
第 774 条 承揽人提供材料的,应当按照约定选用材料,并接受定作人检验。	**第 255 条** 同《民法典》第 774 条	
第 775 条 定作人提供材料的,应当按照约定提供材料。对定作人提供的材料应当及时检验,发现不符合约定时,应当及时通知定作人更换、补齐或者采取其他补救措施。 承揽人不得擅自更换定作人提供的材料,不得更换不需要修理的零部件。	**第 256 条** 定作人提供材料的,**定作人**应当按照约定提供材料。承揽人对定作人提供的材料,应当及时检验,发现不符合约定时,应当及时通知定作人更换、补齐或者采取其他补救措施。 承揽人不得擅自更换定作人提供的材料,不得更换不需要修理的零部件。	
第 776 条 承揽人发现定作人提供的图纸或者技术要求不合理的,应当及时通知定作人。因定作人怠于答复等原因造成承揽人损失的,应当赔偿损失。	**第 257 条** 同《民法典》第 776 条	
第 777 条 定作人中途变更承揽工作的要求,造成承揽人损失的,应当赔偿损失。	**第 258 条** 同《民法典》第 777 条	
第 778 条 承揽工作需要定作人协助的,定作人有协助的义务。定作人不履行协助义务致使承揽工作不能完成的,承揽人可以催告定作人在合理期限内履行义务,并可以顺延履行期限;定作人逾期不履行的,承揽人可以解除合同。	**第 259 条** 同《民法典》第 778 条	
第 779 条 承揽人在工作期间,应当接受定作人必要的监督检验。定作人不得因监督检验妨碍承揽人的正常工作。	**第 260 条** 同《民法典》第 779 条	

《民法典》	《合同法》	相关规范性法律文件
第 780 条　承揽人完成工作的,应当向定作人交付工作成果,并提交必要的技术资料和有关质量证明。定作人应当验收该工作成果。	第 261 条 同《民法典》第 780 条	
第 781 条　承揽人交付的工作成果不符合质量要求的,定作人可以**合理选择请求**承揽人承担修理、重作、减少报酬、赔偿损失等违约责任。	**第 262 条**　承揽人交付的工作成果不符合质量要求的,定作人可以要求承揽人承担修理、重作、减少报酬、赔偿损失等违约责任。	
第 782 条　定作人应当按照约定的期限支付报酬。对支付报酬的期限没有约定或者约定不明确,**依据本法第五百一十条**的规定仍不能确定的,定作人应当在承揽人交付工作成果时支付;工作成果部分交付的,定作人应当相应支付。	**第 263 条**　定作人应当按照约定的期限支付报酬。对支付报酬的期限没有约定或者约定不明确,依照本法第六十一条的规定仍不能确定的,定作人应当在承揽人交付工作成果时支付;工作成果部分交付的,定作人应当相应支付。	
第 783 条　定作人未向承揽人支付报酬或者材料费等价款的,承揽人对完成的工作成果享有留置权**或者有权拒绝交付**,但是当事人另有约定的除外。	**第 264 条**　定作人未向承揽人支付报酬或者材料费等价款的,承揽人对完成的工作成果享有留置权,但当事人另有约定的除外。	
第 784 条　承揽人应当妥善保管定作人提供的材料以及完成的工作成果,因保管不善造成毁损、灭失的,应当承担赔偿责任。	**第 265 条**　承揽人应当妥善保管定作人提供的材料以及完成的工作成果,因保管不善造成毁损、灭失的,应当承担**损害**赔偿责任。	
第 785 条　承揽人应当按照定作人的要求保守秘密,未经定作人许可,不得留存复制品或者技术资料。	第 266 条 同《民法典》第 785 条	
第 786 条　共同承揽人对定作人承担连带责任,但是当事人另有约定的除外。	**第 267 条**　共同承揽人对定作人承担连带责任,但当事人另有约定的除外。	
第 787 条　定作人**在承揽人完成工作前**可以随时解除合同,造成承揽人损失的,应当赔偿损失。	**第 268 条**　定作人可以随时解除承揽合同,造成承揽人损失的,应当赔偿损失。	

《民法典》	《合同法》	相关规范性法律文件
第十八章　建设工程合同	第十六章　建设工程合同	
第788条　建设工程合同是承包人进行工程建设,发包人支付价款的合同。 　　建设工程合同包括工程勘察、设计、施工合同。	第269条 同《民法典》第788条	
第789条　建设工程合同应当采用书面形式。	第270条 同《民法典》第789条	
第790条　建设工程的招标投标活动,应当依照有关法律的规定公开、公平、公正进行。	第271条 同《民法典》第790条	
第791条　发包人可以与总承包人订立建设工程合同,也可以分别与勘察人、设计人、施工人订立勘察、设计、施工承包合同。发包人不得将应当由一个承包人完成的建设工程**支**解成若干部分发包给**数**个承包人。 　　总承包人或者勘察、设计、施工承包人经发包人同意,可以将自己承包的部分工作交由第三人完成。第三人就其完成的工作成果与总承包人或者勘察、设计、施工承包人向发包人承担连带责任。承包人不得将其承包的全部建设工程转包给第三人或者将其承包的全部建设工程**支**解以后以分包的名义分别转包给第三人。 　　禁止承包人将工程分包给不具备相应资质条件的单位。禁止分包单位将其承包的工程再分包。建设工程主体结构的施工必须由承包人自行完成。	第272条　发包人可以与总承包人订立建设工程合同,也可以分别与勘察人、设计人、施工人订立勘察、设计、施工承包合同。发包人不得将应当由一个承包人完成的建设工程肢解成若干部分发包给几个承包人。 　　总承包人或者勘察、设计、施工承包人经发包人同意,可以将自己承包的部分工作交由第三人完成。第三人就其完成的工作成果与总承包人或者勘察、设计、施工承包人向发包人承担连带责任。承包人不得将其承包的全部建设工程转包给第三人或者将其承包的全部建设工程肢解以后以分包的名义分别转包给第三人。 　　禁止承包人将工程分包给不具备相应资质条件的单位。禁止分包单位将其承包的工程再分包。建设工程主体结构的施工必须由承包人自行完成。	
第792条　国家重大建设工程合同,应当按照国家规定的程序和国家批准的投资计划、可行性研究报告等文件订立。	第273条 同《民法典》第792条	

《民法典》	《合同法》	相关规范性法律文件
第793条 建设工程施工合同无效,但是建设工程经验收合格的,可以参照合同关于工程价款的约定折价补偿承包人。 建设工程施工合同无效,且建设工程经验收不合格的,按照以下情形处理: (一)修复后的建设工程经验收合格的,发包人可以请求承包人承担修复费用; (二)修复后的建设工程经验收不合格的,承包人无权请求参照合同关于工程价款的约定折价补偿。 发包人对因建设工程不合格造成的损失有过错的,应当承担相应的责任。	(无)	《建设工程施工合同解释(一)》第3条 建设工程施工合同无效,且建设工程经竣工验收不合格的,按照以下情形分别处理: (一)修复后的建设工程经竣工验收合格,发包人请求承包人承担修复费用的,应予支持; (二)修复后的建设工程经竣工验收不合格,承包人请求支付工程价款的,不予支持。 因建设工程不合格造成的损失,发包人有过错的,也应承担相应的民事责任。
第794条 勘察、设计合同的内容一般包括提交有关基础资料和概预算等文件的期限、质量要求、费用以及其他协作条件等条款。	第274条 勘察、设计合同的内容包括提交有关基础资料和文件(包括概预算)的期限、质量要求、费用以及其他协作条件等条款。	
第795条 施工合同的内容一般包括工程范围、建设工期、中间交工工程的开工和竣工时间、工程质量、工程造价、技术资料交付时间、材料和设备供应责任、拨款和结算、竣工验收、质量保修范围和质量保证期、相互协作等条款。	第275条 施工合同的内容包括工程范围、建设工期、中间交工工程的开工和竣工时间、工程质量、工程造价、技术资料交付时间、材料和设备供应责任、拨款和结算、竣工验收、质量保修范围和质量保证期、双方相互协作等条款。	
第796条 建设工程实行监理的,发包人应当与监理人采用书面形式订立委托监理合同。发包人与监理人的权利和义务以及法律责任,应当依照本编委托合同以及其他有关法律、行政法规的规定。	第276条 建设工程实行监理的,发包人应当与监理人采用书面形式订立委托监理合同。发包人与监理人的权利和义务以及法律责任,应当依照本法委托合同以及其他有关法律、行政法规的规定。	
第797条 发包人在不妨碍承包人正常作业的情况下,可以随时对作业进度、质量进行检查。	第277条 同《民法典》第797条	

《民法典》	《合同法》	相关规范性法律文件
第 798 条 隐蔽工程在隐蔽以前,承包人应当通知发包人检查。发包人没有及时检查的,承包人可以顺延工程日期,并有权**请求**赔偿停工、窝工等损失。	**第 278 条** 隐蔽工程在隐蔽以前,承包人应当通知发包人检查。发包人没有及时检查的,承包人可以顺延工程日期,并有权要求赔偿停工、窝工等损失。	
第 799 条 建设工程竣工后,发包人应当根据施工图纸及说明书、国家颁发的施工验收规范和质量检验标准及时进行验收。验收合格的,发包人应当按照约定支付价款,并接收该建设工程。 建设工程竣工经验收合格后,方可交付使用;未经验收或者验收不合格的,不得交付使用。	**第 279 条** 建设工程竣工后,发包人应当根据施工图纸及说明书、国家颁发的施工验收规范和质量检验标准及时进行验收。验收合格的,发包人应当按照约定支付价款,并接收该建设工程。建设工程竣工经验收合格后,方可交付使用;未经验收或者验收不合格的,不得交付使用。	
第 800 条 勘察、设计的质量不符合要求或者未按照期限提交勘察、设计文件拖延工期,造成发包人损失的,勘察人、设计人应当继续完善勘察、设计,减收或者免收勘察、设计费并赔偿损失。	**第 280 条** 同《民法典》第 800 条	
第 801 条 因施工人的原因致使建设工程质量不符合约定的,发包人有权**请求**施工人在合理期限内无偿修理或者返工、改建。经过修理或者返工、改建后,造成逾期交付的,施工人应当承担违约责任。	**第 281 条** 因施工人的原因致使建设工程质量不符合约定的,发包人有权要求施工人在合理期限内无偿修理或者返工、改建。经过修理或者返工、改建后,造成逾期交付的,施工人应当承担违约责任。	
第 802 条 因承包人的原因致使建设工程在合理使用期限内造成人身**损害**和财产**损失**的,承包人应当承担赔偿责任。	**第 282 条** 因承包人的原因致使建设工程在合理使用期限内造成人身和财产损害的,承包人应当承担**损害**赔偿责任。	
第 803 条 发包人未按照约定的时间和要求提供原材料、设备、场地、资金、技术资料的,承包人可以顺延工程日期,并有权**请求**赔偿停工、窝工等损失。	**第 283 条** 发包人未按照约定的时间和要求提供原材料、设备、场地、资金、技术资料的,承包人可以顺延工程日期,并有权要求赔偿停工、窝工等损失。	

《民法典》	《合同法》	相关规范性法律文件
第804条　因发包人的原因致使工程中途停建、缓建的,发包人应当采取措施弥补或者减少损失,赔偿承包人因此造成的停工、窝工、倒运、机械设备调迁、材料和构件积压等损失和实际费用。	**第284条** 同《民法典》第804条	
第805条　因发包人变更计划,提供的资料不准确,或者未按照期限提供必需的勘察、设计工作条件而造成勘察、设计的返工、停工或者修改设计,发包人应当按照勘察人、设计人实际消耗的工作量增付费用。	**第285条** 同《民法典》第805条	
第806条　承包人将建设工程转包、违法分包的,发包人可以解除合同。** 发包人提供的主要建筑材料、建筑构配件和设备不符合强制性标准或者不履行协助义务,致使承包人无法施工,经催告后在合理期限内仍未履行相应义务的,承包人可以解除合同。 合同解除后,已经完成的建设工程质量合格的,发包人应当按照约定支付相应的工程价款;已经完成的建设工程质量不合格的,参照本法第七百九十三条的规定处理。**	（无）	《建设工程施工合同解释(一)》第8条　承包人具有下列情形之一,发包人请求解除建设工程施工合同的,应予支持: (一)明确表示或者以行为表明不履行合同主要义务的; (二)合同约定的期限内没有完工,且在发包人催告的合理期限内仍未完工的; (三)已经完成的建设工程质量不合格,并拒绝修复的; (四)将承包的建设工程非法转包、违法分包的。
第807条　发包人未按照约定支付价款的,承包人可以催告发包人在合理期限内支付价款。发包人逾期不支付的,除**根据**建设工程的性质不宜折价、拍卖外,承包人可以与发包人协议将该工程折价,也可以**请求人民法院将该**工程依法拍卖。建设工程的价款就该工程折价或者拍卖的价款优先受偿。	**第286条**　发包人未按照约定支付价款的,承包人可以催告发包人在合理期限内支付价款。发包人逾期不支付的,除按照建设工程的性质不宜折价、拍卖**的**以外,承包人可以与发包人协议将该工程折价,也可以申请人民法院将该工程依法拍卖。建设工程的价款就该工程折价或者拍卖的价款优先受偿。	《建设工程施工合同解释(二)》第17条　与发包人订立建设工程施工合同的承包人,根据合同法第二百八十六条规定请求其承建工程的价款就工程折价或者拍卖的价款优先受偿的,人民法院应予支持。
第808条　本章没有规定的,适用承揽合同的有关规定。	**第287条** 同《民法典》第808条	

《民法典》	《合同法》	相关规范性法律文件
第十九章 运输合同	**第十七章 运输合同**	
第一节 一般规定	**第一节 一般规定**	
第 809 条 运输合同是承运人将旅客或者货物从起运地点运输到约定地点,旅客、托运人或者收货人支付票款或者运输费用的合同。	**第 288 条** 同《民法典》第 809 条	
第 810 条 从事公共运输的承运人不得拒绝旅客、托运人通常、合理的运输要求。	**第 289 条** 同《民法典》第 810 条	
第 811 条 承运人应当在约定**期限**或者合理**期限**内将旅客、货物安全运输到约定地点。	**第 290 条** 承运人应当在约定期间或者合理期间内将旅客、货物安全运输到约定地点。	
第 812 条 承运人应当按照约定的或者通常的运输路线将旅客、货物运输到约定地点。	**第 291 条** 同《民法典》第 812 条	
第 813 条 旅客、托运人或者收货人应当支付票款或者运输费用。承运人未按照约定路线或者通常路线运输增加票款或者运输费用的,旅客、托运人或者收货人可以拒绝支付增加部分的票款或者运输费用。	**第 292 条** 同《民法典》第 813 条	
第二节 客运合同	**第二节 客运合同**	
第 814 条 客运合同自承运人向旅客**出具**客票时成立,但是当事人另有约定或者另有交易习惯的除外。	**第 293 条** 客运合同自承运人向旅客交付客票时成立,但当事人另有约定或者另有交易习惯的除外。	
第 815 条 旅客应当按照有效客票记载的时间、**班次**和座位号乘坐。旅客无票乘坐、超程乘坐、越级乘坐或者**持不符合减价条件的优惠客票乘坐**的,应当补交票款,承运人可以按照规定加收票款;旅客不支付票款的,承运人可以拒绝运输。 实名制客运合同的旅客丢失客票的,可以请求承运人挂失补办,承运人不得再次收取票款和其他不合理费用。	**第 294 条** 旅客应当持有效客票乘运。旅客无票乘运、超程乘运、越级乘运或者持失效客票乘运的,应当补交票款,承运人可以按照规定加收票款。旅客不交付票款的,承运人可以拒绝运输。	《航空法》**第 109 条** 承运人运送旅客,应当出具客票。旅客乘坐民用航空器,应当交验有效客票。 《航空法》**第 111 条第 2 款** 旅客未能出示客票、客票不符合规定或者客票遗失,不影响运输合同的存在或者有效。

《民法典》	《合同法》	相关规范性法律文件
第 816 条 旅客因自己的原因不能按照客票记载的时间乘坐的,应当在约定的**期限**内办理退票或者变更手续;逾期办理的,承运人可以不退票款,并不再承担运输义务。	第 295 条 旅客因自己的原因不能按照客票记载的时间乘坐的,应当在约定的时间内办理退票或者变更手续。逾期办理的,承运人可以不退票款,并不再承担运输义务。	
第 817 条 旅客**随身携带行李应当符合约定的限量和品类要求;超过限量或者违反品类要求**携带行李的,应当办理托运手续。	第 296 条 旅客在运输中应当按照约定的限量携带行李。超过限量携带行李的,应当办理托运手续。	
第 818 条 旅客不得随身携带或者在行李中夹带易燃、易爆、有毒、有腐蚀性、有放射性以及可能危及运输工具上人身和财产安全的危险物品或者违禁物品。 旅客违反前款规定的,承运人可以将**危险物品或者**违禁物品卸下、销毁或者送交有关部门。旅客坚持携带或者夹带**危险物品或者**违禁物品的,承运人应当拒绝运输。	第 297 条 旅客不得随身携带或者在行李中夹带易燃、易爆、有毒、有腐蚀性、**有**可能危及运输工具上人身和财产安全的危险物品或者**其他**违禁物品。 旅客违反前款规定的,承运人可以将违禁物品卸下、销毁或者送交有关部门。旅客坚持携带或者夹带违禁物品的,承运人应当拒绝运输。	
第 819 条 承运人应当**严格履行安全运输义务,**及时告知旅客安全运输应当注意的事项。**旅客对承运人为安全运输所作的合理安排应当积极协助和配合。**	第 298 条 承运人应当**向旅客**及时告知**有关不能正常运输的重要事由和**安全运输应当注意的事项。	
第 820 条 承运人应当按照有效客票记载的时间、班次和**座位号**运输旅客。承运人迟延运输**或者有其他不能正常运输情形的,应当及时告知和提醒旅客,采取必要的安置措施,并根据旅客的要求安排改乘其他班次或者退票;由此造成旅客损失的,承运人应当承担赔偿责任,但是不可归责于承运人的除外。**	第 299 条 承运人应当按照客票载明的时间和班次运输旅客。承运人迟延运输的,应当根据旅客的要求安排改乘其他班次或者退票。	

《民法典》	《合同法》	相关规范性法律文件
第 821 条 承运人擅自**降低服务标准的,**应当根据旅客的**请求**退票或者减收票款;提高服务标准的,不**得**加收票款。	**第 300 条** 承运人擅自**变更**运**输**工具而降低服务标准的,应当根据旅客的要求退票或者减收票款;提高服务标准的,不应当加收票款。	
第 822 条 承运人在运输过程中,应当尽力救助患有急病、分娩、遇险的旅客。	**第 301 条** 同《民法典》第 822 条	
第 823 条 承运人应当对运输过程中旅客的伤亡承担赔偿责任;**但是,**伤亡是旅客自身健康原因造成的或者承运人证明伤亡是旅客故意、重大过失造成的除外。 前款规定适用于按照规定免票、持优待票或者经承运人许可搭乘的无票旅客。	**第 302 条** 承运人应当对运输过程中旅客的伤亡承担**损害**赔偿责任,但伤亡是旅客自身健康原因造成的或者承运人证明伤亡是旅客故意、重大过失造成的除外。 前款规定适用于按照规定免票、持优待票或者经承运人许可搭乘的无票旅客。	
第 824 条 在运输过程中旅客**随身携带**物品毁损、灭失,承运人有过错的,应当承担赔偿责任。 旅客托运的行李毁损、灭失的,适用货物运输的有关规定。	**第 303 条** 在运输过程中旅客**自带**物品毁损、灭失,承运人有过错的,应当承担**损害**赔偿责任。 旅客托运的行李毁损、灭失的,适用货物运输的有关规定。	
第三节 货运合同	**第三节 货运合同**	
第 825 条 托运人办理货物运输,应当向承运人准确表明收货人的**姓名**、**名称**或者凭指示的收货人,货物的名称、性质、重量、数量,收货地点等有关货物运输的必要情况。 因托运人申报不实或者遗漏重要情况,造成承运人损失的,托运人应当承担赔偿责任。	**第 304 条** 托运人办理货物运输,应当向承运人准确表明收货人的名称或者姓名或者凭指示的收货人,货物的名称、性质、重量、数量,收货地点等有关货物运输的必要情况。 因托运人申报不实或者遗漏重要情况,造成承运人损失的,托运人应当承担**损害**赔偿责任。	
第 826 条 货物运输需要办理审批、检验等手续的,托运人应当将办理完有关手续的文件提交承运人。	**第 305 条** 同《民法典》第 826 条	
第 827 条 托运人应当按照约定的方式包装货物。对包装方式没有约定或者约定不明确的,适用本**法第六百一十九条**的规定。 托运人违反前款规定的,承运人可以拒绝运输。	**第 306 条** 托运人应当按照约定的方式包装货物。对包装方式没有约定或者约定不明确的,适用本法第一百五十六条的规定。 托运人违反前款规定的,承运人可以拒绝运输。	

《民法典》	《合同法》	相关规范性法律文件
第 828 条　托运人托运易燃、易爆、有毒、有腐蚀性、有放射性等危险物品的,应当按照国家有关危险物品运输的规定对危险物品妥善包装,做出危险**物品**标志和标签,并将有关危险物品的名称、性质和防范措施的书面材料提交承运人。 　托运人违反前款规定的,承运人可以拒绝运输,也可以采取相应措施以避免损失的发生,因此产生的费用由托运人**负担**。	**第 307 条**　托运人托运易燃、易爆、有毒、有腐蚀性、有放射性等危险物品的,应当按照国家有关危险物品运输的规定对危险物品妥善包装,作出危险物标志和标签,并将有关危险物品的名称、性质和防范措施的书面材料提交承运人。 　托运人违反前款规定的,承运人可以拒绝运输,也可以采取相应措施以避免损失的发生,因此产生的费用由托运人承担。	
第 829 条　在承运人将货物交付收货人之前,托运人可以要求承运人中止运输、返还货物、变更到达地或者将货物交给其他收货人,**但是**应当赔偿承运人因此受到的损失。	**第 308 条**　在承运人将货物交付收货人之前,托运人可以要求承运人中止运输、返还货物、变更到达地或者将货物交给其他收货人,但应当赔偿承运人因此受到的损失。	
第 830 条　货物运输到达后,承运人知道收货人的,应当及时通知收货人,收货人应当及时提货。收货人逾期提货的,应当向承运人支付保管费等费用。	**第 309 条** 同《民法典》第 830 条	
第 831 条　收货人提货时应当按照约定的期限检验货物。对检验货物的期限没有约定或者约定不明,**依据本法第五百一十条**的规定仍不能确定的,应当在合理期限内检验货物。收货人在约定的期限或者合理期限内对货物的数量、毁损等未提出异议的,视为承运人已经按照运输单证的记载交付的初步证据。	**第 310 条**　收货人提货时应当按照约定的期限检验货物。对检验货物的期限没有约定或者约定不明确,依照本法第六十一条的规定仍不能确定的,应当在合理期限内检验货物。收货人在约定的期限或者合理期限内对货物的数量、毁损等未提出异议的,视为承运人已经按照运输单证的记载交付的初步证据。	
第 832 条　承运人对运输过程中货物的毁损、灭失承担赔偿责任。但是,承运人证明货物的毁损、灭失是因不可抗力、货物本身的自然性质或者合理损耗以及托运人、收货人的过错造成的,不承担赔偿责任。	**第 311 条**　承运人对运输过程中货物的毁损、灭失承担**损害**赔偿责任,但承运人证明货物的毁损、灭失是因不可抗力、货物本身的自然性质或者合理损耗以及托运人、收货人的过错造成的,不承担**损害**赔偿责任。	

《民法典》	《合同法》	相关规范性法律文件
第 833 条　货物的毁损、灭失的赔偿额,当事人有约定的,按照其约定;没有约定或者约定不明确,**依据**本法第**五百一十条**的规定仍不能确定的,按照交付或者应当交付时货物到达地的市场价格计算。法律、行政法规对赔偿额的计算方法和赔偿限额另有规定的,依照其规定。	第 312 条　货物的毁损、灭失的赔偿额,当事人有约定的,按照其约定;没有约定或者约定不明确,依照本法第六十一条的规定仍不能确定的,按照交付或者应当交付时货物到达地的市场价格计算。法律、行政法规对赔偿额的计算方法和赔偿限额另有规定的,依照其规定。	
第 834 条　两个以上承运人以同一运输方式联运的,与托运人订立合同的承运人应当对全程运输承担责任;损失发生在某一运输区段的,与托运人订立合同的承运人和该区段的承运人承担连带责任。	第 313 条 同《民法典》第 834 条	
第 835 条　货物在运输过程中因不可抗力灭失,未收取运费的,承运人不得**请求**支付运费;已**经**收取运费的,托运人可以**请求**返还。**法律另有规定的,依照其规定。**	第 314 条　货物在运输过程中因不可抗力灭失,未收取运费的,承运人不得要求支付运费;已收取运费的,托运人可以要求返还。	
第 836 条　托运人或者收货人不支付运费、保管费**或者**其他费用的,承运人对相应的运输货物享有留置权,但**是**当事人另有约定的除外。	第 315 条　托运人或者收货人不支付运费、保管费以及其他**运输**费用的,承运人对相应的运输货物享有留置权,但当事人另有约定的除外。	
第 837 条　收货人不明或者收货人无正当理由拒绝受领货物的,承运人**依法**可以提存货物。	第 316 条　收货人不明或者收货人无正当理由拒绝受领货物的,**依照本法第一百零一条的规定**,承运人可以提存货物。	
第四节　多式联运合同	**第四节　多式联运合同**	
第 838 条　多式联运经营人负责履行或者组织履行多式联运合同,对全程运输享有承运人的权利,承担承运人的义务。	第 317 条 同《民法典》第 838 条	
第 839 条　多式联运经营人可以与参加多式联运的各区段承运人就多式联运合同的各区段运输约定相互之间的责任;但**是**,该约定不影响多式联运经营人对全程运输承担的义务。	第 318 条　多式联运经营人可以与参加多式联运的各区段承运人就多式联运合同的各区段运输约定相互之间的责任,但该约定不影响多式联运经营人对全程运输承担的义务。	

《民法典》	《合同法》	相关规范性法律文件
第 840 条 多式联运经营人收到托运人交付的货物时,应当签发多式联运单据。按照托运人的要求,多式联运单据可以是可转让单据,也可以是不可转让单据。	**第 319 条** 同《民法典》第 840 条	
第 841 条 因托运人托运货物时的过错造成多式联运经营人损失的,即使托运人已经转让多式联运单据,托运人仍然应当承担赔偿责任。	**第 320 条** 因托运人托运货物时的过错造成多式联运经营人损失的,即使托运人已经转让多式联运单据,托运人仍然应当承担**损害**赔偿责任。	
第 842 条 货物的毁损、灭失发生于多式联运的某一运输区段的,多式联运经营人的赔偿责任和责任限额,适用调整该区段运输方式的有关法律规定;货物毁损、灭失发生的运输区段不能确定的,依照本章规定承担赔偿责任。	**第 321 条** 货物的毁损、灭失发生于多式联运的某一运输区段的,多式联运经营人的赔偿责任和责任限额,适用调整该区段运输方式的有关法律规定。货物毁损、灭失发生的运输区段不能确定的,依照本章规定承担**损害**赔偿责任。	
第二十章 技术合同	**第十八章 技术合同**	
第一节 一般规定	**第一节 一般规定**	
第 843 条 技术合同是当事人就技术开发、转让、**许可**、咨询或者服务订立的确立相互之间权利和义务的合同。	**第 322 条** 技术合同是当事人就技术开发、转让、咨询或者服务订立的确立相互之间权利和义务的合同。	
第 844 条 订立技术合同,应当有利于**知识产权的保护和科学技术的进步,促进科**学技术成果的**研发**、转化、应用和推广。	**第 323 条** 订立技术合同,应当有利于科学技术的进步,**加速**科学技术成果的转化、应用和推广。	
第 845 条 技术合同的内容一般包括项目**的**名称,标的的内容、范围和要求,履行的计划、地点和方式,技术**信息**和资料的保密,技术成果的归属和收益的**分配**办法,验收标准和方法,名词和术语的解释**等条款**。 与履行合同有关的技术背景资料、可行性论证和技术评价报告、项目任务书和计划书、技术标准、技术规范、原始设计和工艺文件,以及其他技	**第 324 条** 技术合同的内容由当事人约定,一般包括以下条款: (一) 项目名称; (二) 标的的内容、范围和要求; (三) 履行的计划、**进度**、**期限**、地点、**地域**和方式; (四) 技术情报和资料的保密; (五) **风险责任的承担**; (六) 技术成果的归属和收益的分成办法;	

《民法典》	《合同法》	相关规范性法律文件
术文档,按照当事人的约定可以作为合同的组成部分。 　技术合同涉及专利的,应当注明发明创造的名称、专利申请人和专利权人、申请日期、申请号、专利号以及专利权的有效期限。	（七）验收标准和方法； **（八）价款、报酬或者使用费及其支付方式；** **（九）违约金或者损失赔偿的计算方法；** **（十）解决争议的方法；** （十一）名词和术语的解释。 　与履行合同有关的技术背景资料、可行性论证和技术评价报告、项目任务书和计划书、技术标准、技术规范、原始设计和工艺文件,以及其他技术文档,按照当事人的约定可以作为合同的组成部分。 　技术合同涉及专利的,应当注明发明创造的名称、专利申请人和专利权人、申请日期、申请号、专利号以及专利权的有效期限。	
第 846 条　技术合同价款、报酬或者使用费的支付方式由当事人约定,可以采取一次总算、一次总付或者一次总算、分期支付,也可以采取提成支付或者提成支付附加预付入门费的方式。 　约定提成支付的,可以按照产品价格、实施专利和使用技术秘密后新增的产值、利润或者产品销售额的一定比例提成,也可以按照约定的其他方式计算。提成支付的比例可以采取固定比例、逐年递增比例或者逐年递减比例。 　约定提成支付的,当事人**可以约定**查阅有关会计**账**目的办法。	**第 325 条**　技术合同价款、报酬或者使用费的支付方式由当事人约定,可以采取一次总算、一次总付或者一次总算、分期支付,也可以采取提成支付或者提成支付附加预付入门费的方式。 　约定提成支付的,可以按照产品价格、实施专利和使用技术秘密后新增的产值、利润或者产品销售额的一定比例提成,也可以按照约定的其他方式计算。提成支付的比例可以采取固定比例、逐年递增比例或者逐年递减比例。 　约定提成支付的,当事人应当**在合同中**约定查阅有关会计帐目的办法。	
第 847 条　职务技术成果的使用权、转让权属于法人或者**非法人组织**的,法人或者**非法人组织**可以就该项职务技术成果订立技术合同。法人或者**非法人组织**订立技术合同转让职务技术成果时,职务技术成果的完成人享有以同等条件优先受让的权利。	**第 326 条**　职务技术成果的使用权、转让权属于法人或者其他组织的,法人或者其他组织可以就该项职务技术成果订立技术合同。**法人或者其他组织应当从使用和转让该项职务技术成果所得的收益中提取一定比例,对完成该项职务技术成果的个人给**	

《民法典》	《合同法》	相关规范性法律文件
职务技术成果是执行法人或者**非法人**组织的工作任务,或者主要是利用法人或者**非法人组织**的物质技术条件所完成的技术成果。	**予奖励或者报酬**。法人或者其他组织订立技术合同转让职务技术成果时,职务技术成果的完成人享有以同等条件优先受让的权利。 职务技术成果是执行法人或者其他组织的工作任务,或者主要是利用法人或者其他组织的物质技术条件所完成的技术成果。	
第848条 非职务技术成果的使用权、转让权属于完成技术成果的个人,完成技术成果的个人可以就该项非职务技术成果订立技术合同。	**第327条** 同《民法典》第848条	
第849条 完成技术成果的个人**享**有在有关技术成果文件上写明自己是技术成果完成者的权利和取得荣誉证书、奖励的权利。	**第328条** 完成技术成果的个人有在有关技术成果文件上写明自己是技术成果完成者的权利和取得荣誉证书、奖励的权利。	
第850条 非法垄断技术或者侵害他人技术成果的技术合同无效。	**第329条** 非法垄断技术、**妨碍技术进步**或者侵害他人技术成果的技术合同无效。	
第二节 技术开发合同	**第二节 技术开发合同**	
第851条 技术开发合同是当事人之间就新技术、新产品、新工艺、**新品种**或者新材料及其系统的研究开发所订立的合同。 技术开发合同包括委托开发合同和合作开发合同。 技术开发合同应当采用书面形式。 当事人之间就具有**实用**价值的科技成果实施转化订立的合同,参照**适用**技术开发合同的**有关**规定。	**第330条** 技术开发合同是**指**当事人之间就新技术、新产品、新工艺或者新材料及其系统的研究开发所订立的合同。 技术开发合同包括委托开发合同和合作开发合同。 技术开发合同应当采用书面形式。 当事人之间就具有**产业应用**价值的科技成果实施转化订立的合同,参照技术开发合同的规定。	
第852条 委托开发合同的委托人应当按照约定支付研究开发经费和报酬,提供技术资料,**提出研究开发要求,**完成协作事项,接受研究开发成果。	**第331条** 委托开发合同的委托人应当按照约定支付研究开发经费和报酬;提供技术资料、**原始数据**;完成协作事项;接受研究开发成果。	

《民法典》	《合同法》	相关规范性法律文件
第 853 条 委托开发合同的研究开发人应当按照约定制定和实施研究开发计划,合理使用研究开发经费,按期完成研究开发工作,交付研究开发成果,提供有关的技术资料和必要的技术指导,帮助委托人掌握研究开发成果。	**第 332 条** 委托开发合同的研究开发人应当按照约定制定和实施研究开发计划;合理使用研究开发经费;按期完成研究开发工作,交付研究开发成果,提供有关的技术资料和必要的技术指导,帮助委托人掌握研究开发成果。	
第 854 条 委托开发合同的当事人违反约定造成研究开发工作停滞、延误或者失败的,应当承担违约责任。	**第 333 条** 委托人违反约定造成研究开发工作停滞、延误或者失败的,应当承担违约责任。	
第 855 条 合作开发合同的当事人应当按照约定进行投资,包括以技术进行投资,分工参与研究开发工作,协作配合研究开发工作。	**第 335 条** 合作开发合同的当事人应当按照约定进行投资,包括以技术进行投资;分工参与研究开发工作;协作配合研究开发工作。	
第 856 条 合作开发合同的当事人违反约定造成研究开发工作停滞、延误或者失败的,应当承担违约责任。	**第 336 条** 同《民法典》第 856 条	
第 857 条 作为技术开发合同标的的技术已经由他人公开,致使技术开发合同的履行没有意义的,当事人可以解除合同。	**第 337 条** 因作为技术开发合同标的的技术已经由他人公开,致使技术开发合同的履行没有意义的,当事人可以解除合同。	
第 858 条 技术开发合同履行过程中,因出现无法克服的技术困难,致使研究开发失败或者部分失败的,该风险由当事人约定;没有约定或者约定不明确,**依据**本法**第五百一十条**的规定仍不能确定的,风险由当事人合理分担。 　　当事人一方发现前款规定的可能致使研究开发失败或者部分失败的情形时,应当及时通知另一方并采取适当措施减少损失;没有及时通知并采取适当措施,致使损失扩大的,应当就扩大的损失承担责任。	**第 338 条** 在技术开发合同履行过程中,因出现无法克服的技术困难,致使研究开发失败或者部分失败的,该风险**责任**由当事人约定。没有约定或者约定不明确,依照本法第六十一条的规定仍不能确定的,风险**责任**由当事人合理分担。 　　当事人一方发现前款规定的可能致使研究开发失败或者部分失败的情形时,应当及时通知另一方并采取适当措施减少损失。没有及时通知并采取适当措施,致使损失扩大的,应当就扩大的损失承担责任。	

《民法典》	《合同法》	相关规范性法律文件
第 859 条 委托开发完成的发明创造,除**法律另有规定或者**当事人另有约定外,申请专利的权利属于研究开发人。研究开发人取得专利权的,委托人可以**依法**实施该专利。 研究开发人转让专利申请权的,委托人享有以同等条件优先受让的权利。	**第 339 条** 委托开发完成的发明创造,除当事人另有约定**的**以外,申请专利的权利属于研究开发人。研究开发人取得专利权的,委托人可以免费实施该专利。 研究开发人转让专利申请权的,委托人享有以同等条件优先受让的权利。	
第 860 条 合作开发完成的发明创造,申请专利的权利属于合作开发的当事人共有;当事人一方转让其共有的专利申请权的,其他各方享有以同等条件优先受让的权利。**但是,当事人另有约定的除外。** 合作开发的当事人一方声明放弃其共有的专利申请权的,**除当事人另有约定外,**可以由另一方单独申请或者由其他各方共同申请。申请人取得专利权的,放弃专利申请权的一方可以免费实施该专利。 合作开发的当事人一方不同意申请专利的,另一方或者其他各方不得申请专利。	**第 340 条** 合作开发完成的发明创造,**除当事人另有约定的以外,**申请专利的权利属于合作开发的当事人共有。当事人一方转让其共有的专利申请权的,其他各方享有以同等条件优先受让的权利。 合作开发的当事人一方声明放弃其共有的专利申请权的,可以由另一方单独申请或者由其他各方共同申请。申请人取得专利权的,放弃专利申请权的一方可以免费实施该专利。 合作开发的当事人一方不同意申请专利的,另一方或者其他各方不得申请专利。	
第 861 条 委托开发或者合作开发完成的技术秘密成果的使用权、转让权以及**收益**的分配办法,由当事人约定;没有约定或者约定不明确,**依据**本法**第五百一十条**的规定仍不能确定的,**在没有相同技术方案被授予专利权前**,当事人均有使用和转让的权利。但**是,**委托开发的研究开发人不得在向委托人交付研究开发成果之前,将研究开发成果转让给第三人。	**第 341 条** 委托开发或者合作开发完成的技术秘密成果的使用权、转让权以及利益的分配办法,由当事人约定。没有约定或者约定不明确,依照本法第六十一条的规定仍不能确定的,当事人均有使用和转让的权利,但委托开发的研究开发人不得在向委托人交付研究开发成果之前,将研究开发成果转让给第三人。	

《民法典》	《合同法》	相关规范性法律文件
第三节　技术转让合同和技术许可合同	**第三节　技术转让合同**	
第 862 条　技术转让合同是合法拥有技术的权利人，将现有特定的专利、专利申请、技术秘密的相关权利让与他人所订立的合同。 **技术许可合同是合法拥有技术的权利人，将现有特定的专利、技术秘密的相关权利许可他人实施、使用所订立的合同。** 技术转让合同和技术许可合同中关于提供实施技术的专用设备、原材料或者提供有关的技术咨询、技术服务的约定，属于合同的组成部分。	**第 342 条**　技术转让合同包括专利权转让、专利申请权转让、技术秘密转让、专利实施许可合同。 　技术转让合同应当采用书面形式。	
第 863 条　技术转让合同包括专利权转让、专利申请权转让、技术秘密转让等合同。 **技术许可合同包括专利实施许可、技术秘密使用许可等合同。** 技术转让合同**和技术许可合同**应当采用书面形式。		
第 864 条　技术转让合同**和技术许可合同**可以约定实施专利或者使用技术秘密的范围，但**是**不得限制技术竞争和技术发展。	**第 343 条**　技术转让合同可以约定**让与人和受让人**实施专利或者使用技术秘密的范围，但不得限制技术竞争和技术发展。	
第 865 条　专利实施许可合同**仅**在该专利权的存续**期限**内有效。专利权有效期限届满或者专利权被宣告无效的，专利权人不得就该专利与他人订立专利实施许可合同。	**第 344 条**　专利实施许可合同只在该专利权的存续期间内有效。专利权有效期限届满或者专利权被宣布无效的，专利权人不得就该专利与他人订立专利实施许可合同。	
第 866 条　专利实施许可合同的**许可人**应当按照约定**许可被许可人**实施专利，交付实施专利有关的技术资料，提供必要的技术指导。	**第 345 条**　专利实施许可合同的让与人应当按照约定许可受让人实施专利，交付实施专利有关的技术资料，提供必要的技术指导。	

《民法典》	《合同法》	相关规范性法律文件
第 867 条 专利实施许可合同的**被许可人**应当按照约定实施专利,不得许可约定以外的第三人实施该专利,并按照约定支付使用费。	**第 346 条** 专利实施许可合同的受让人应当按照约定实施专利,不得许可约定以外的第三人实施该专利;并按照约定支付使用费。	
第 868 条 技术秘密转让合同的让与人**和技术秘密使用许可合同的许可人**应当按照约定提供技术资料,进行技术指导,保证技术的实用性、可靠性,承担保密义务。 **前款规定的保密义务,不限制许可人申请专利,但是当事人另有约定的除外。**	**第 347 条** 技术秘密转让合同的让与人应当按照约定提供技术资料,进行技术指导,保证技术的实用性、可靠性,承担保密义务。	
第 869 条 技术秘密转让合同的受让人和**技术秘密使用许可合同的被许可人**应当按照约定使用技术,支付**转让费**、使用费,承担保密义务。	**第 348 条** 技术秘密转让合同的受让人应当按照约定使用技术,支付使用费,承担保密义务。	
第 870 条 技术转让合同的让与人**和技术许可合同的许可人**应当保证自己是所提供的技术的合法拥有者,并保证所提供的技术完整、无误、有效,能够达到约定的目标。	**第 349 条** 技术转让合同的让与人应当保证自己是所提供的技术的合法拥有者,并保证所提供的技术完整、无误、有效,能够达到约定的目标。	
第 871 条 技术转让合同的受让人**和技术许可合同的被许可人**应当按照约定的范围和期限,对让与人、**许可人**提供的技术中尚未公开的秘密部分,承担保密义务。	**第 350 条** 技术转让合同的受让人应当按照约定的范围和期限,对让与人提供的技术中尚未公开的秘密部分,承担保密义务。	
第 872 条 **许可人**未按照约定**许可**技术的,应当返还部分或者全部使用费,并应当承担违约责任;实施专利或者使用技术秘密超越约定的范围的,违反约定擅自许可第三人实施该项专利或者使用该项技术秘密的,应当停止违约行为,承担违约责任;违反约定的保密义务的,应当承担违约责任。 **让与人承担违约责任,参照适用前款规定。**	**第 351 条** 让与人未按照约定转让技术的,应当返还部分或者全部使用费,并应当承担违约责任;实施专利或者使用技术秘密超越约定的范围的,违反约定擅自许可第三人实施该项专利或者使用该项技术秘密的,应当停止违约行为,承担违约责任;违反约定的保密义务的,应当承担违约责任。	

《民法典》	《合同法》	相关规范性法律文件
第 873 条 被许可人未按照约定支付使用费的,应当补交使用费并按照约定支付违约金;不补交使用费或者支付违约金的,应当停止实施专利或者使用技术秘密,交还技术资料,承担违约责任;实施专利或者使用技术秘密超越约定的范围的,未经**许可人**同意擅自许可第三人实施该专利或者使用该技术秘密的,应当停止违约行为,承担违约责任;违反约定的保密义务的,应当承担违约责任。**受让人承担违约责任,参照适用前款规定。**	**第 352 条** 受让人未按照约定支付使用费的,应当补交使用费并按照约定支付违约金;不补交使用费或者支付违约金的,应当停止实施专利或者使用技术秘密,交还技术资料,承担违约责任;实施专利或者使用技术秘密超越约定的范围的,未经让与人同意擅自许可第三人实施该专利或者使用该技术秘密的,应当停止违约行为,承担违约责任;违反约定的保密义务的,应当承担违约责任。	
第 874 条 受让人**或者被许可人**按照约定实施专利、使用技术秘密侵害他人合法权益的,由让与人**或者许可人**承担责任,但**是**当事人另有约定的除外。	**第 353 条** 受让人按照约定实施专利、使用技术秘密侵害他人合法权益的,由让与人承担责任,但当事人另有约定的除外。	
第 875 条 当事人可以按照互利的原则,在合同中约定实施专利、使用技术秘密后续改进的技术成果的分享办法;没有约定或者约定不明确,**依据**本法**第五百一十条**的规定仍不能确定的,一方后续改进的技术成果,其他各方无权分享。	**第 354 条** 当事人可以按照互利的原则,在**技术转让**合同中约定实施专利、使用技术秘密后续改进的技术成果的分享办法。没有约定或者约定不明确,依据本法第六十一条的规定仍不能确定的,一方后续改进的技术成果,其他各方无权分享。	
第 876 条 集成电路布图设计专有权、植物新品种权、计算机软件著作权等其他知识产权的转让和许可,参照适用本节的有关规定。	(无)	
第 877 条 法律、行政法规对技术进出口合同或者专利、专利申请合同另有规定的,依照其规定。	**第 355 条** 同《民法典》第 877 条	
第四节 技术咨询合同和技术服务合同	**第四节 技术咨询合同和技术服务合同**	
第 878 条 技术咨询合同**是当事人一方以技术知识为对方就特定技术项目**提供可行性论证、技术预测、专题技	**第 356 条** 技术咨询合同包括就特定技术项目提供可行性论证、技术预测、专题技术调查、分析评价报告等合同。	

《民法典》	《合同法》	相关规范性法律文件
术调查、分析评价报告等**所订立**的合同。 　技术服务合同是当事人一方以技术知识为**对方**解决特定技术问题所订立的合同,不包括**承揽合同和建设工程合同**。	技术服务合同是**指**当事人一方以技术知识为另一方解决特定技术问题所订立的合同,不包括建设工程合同和承揽合同。	
第 879 条　技术咨询合同的委托人应当按照约定阐明咨询的问题,提供技术背景材料及有关技术资料,接受受托人的工作成果,支付报酬。	**第 357 条**　技术咨询合同的委托人应当按照约定阐明咨询的问题,提供技术背景材料及有关技术资料、**数据**;接受受托人的工作成果,支付报酬。	
第 880 条　技术咨询合同的受托人应当按照约定的期限完成咨询报告或者解答问题,提出的咨询报告应当达到约定的要求。	**第 358 条**　技术咨询合同的受托人应当按照约定的期限完成咨询报告或者解答问题;提出的咨询报告应当达到约定的要求。	
第 881 条　技术咨询合同的委托人未按照约定提供必要的资料,影响工作进度和质量,不接受或者逾期接受工作成果的,支付的报酬不得追回,未支付的报酬应当支付。 　技术咨询合同的受托人未按期提出咨询报告或者提出的咨询报告不符合约定的,应当承担减收或者免收报酬等违约责任。 　技术咨询合同的委托人按照受托人符合约定要求的咨询报告和意见作出决策所造成的损失,由委托人承担,但是当事人另有约定的除外。	**第 359 条**　技术咨询合同的委托人未按照约定提供必要的资料**和数据**,影响工作进度和质量,不接受或者逾期接受工作成果的,支付的报酬不得追回,未支付的报酬应当支付。 　技术咨询合同的受托人未按期提出咨询报告或者提出的咨询报告不符合约定的,应当承担减收或者免收报酬等违约责任。 　技术咨询合同的委托人按照受托人符合约定要求的咨询报告和意见作出决策所造成的损失,由委托人承担,但当事人另有约定的除外。	
第 882 条　技术服务合同的委托人应当按照约定提供工作条件,完成配合事项,接受工作成果并支付报酬。	**第 360 条**　技术服务合同的委托人应当按照约定提供工作条件,完成配合事项;接受工作成果并支付报酬。	
第 883 条　技术服务合同的受托人应当按照约定完成服务项目,解决技术问题,保证工作质量,并传授解决技术问题的知识。	**第 361 条** 同《民法典》第 883 条	

《民法典》	《合同法》	相关规范性法律文件
第 884 条 技术服务合同的委托人不履行合同义务或者履行合同义务不符合约定,影响工作进度和质量,不接受或者逾期接受工作成果的,支付的报酬不得追回,未支付的报酬应当支付。 技术服务合同的受托人未按照约定完成服务工作的,应当承担免收报酬等违约责任。	**第 362 条** 技术服务合同的委托人不履行合同义务或者履行合同义务不符合约定,影响工作进度和质量,不接受或者逾期接受工作成果的,支付的报酬不得追回,未支付的报酬应当支付。 技术服务合同的受托人未按照**合同**约定完成服务工作的,应当承担免收报酬等违约责任。	
第 885 条 技术咨询合同、技术服务合同履行过程中,受托人利用委托人提供的技术资料和工作条件完成的新的技术成果,属于受托人。委托人利用受托人的工作成果完成的新的技术成果,属于委托人。当事人另有约定的,按照其约定。	**第 363 条** 在技术咨询合同、技术服务合同履行过程中,受托人利用委托人提供的技术资料和工作条件完成的新的技术成果,属于受托人。委托人利用受托人的工作成果完成的新的技术成果,属于委托人。当事人另有约定的,按照其约定。	
第 886 条 技术咨询合同和技术服务合同对受托人正常开展工作所需费用的负担没有约定或者约定不明确的,由受托人负担。	(无)	
第 887 条 法律、行政法规对技术中介合同、技术培训合同另有规定的,依照其规定。	**第 364 条** 同《民法典》第 887 条	
第二十一章 保管合同	第十九章 保管合同	
第 888 条 保管合同是保管人保管寄存人交付的保管物,并返还该物的合同。 **寄存人到保管人处从事购物、就餐、住宿等活动,将物品存放在指定场所的,视为保管,但是当事人另有约定或者另有交易习惯的除外。**	**第 365 条** 保管合同是保管人保管寄存人交付的保管物,并返还该物的合同。	
第 889 条 寄存人应当按照约定向保管人支付保管费。 当事人对保管费没有约定或者约定不明确,**依据本法第五百一十条**的规定仍不能确定的,**视为无偿保管。**	**第 366 条** 寄存人应当按照约定向保管人支付保管费。 当事人对保管费没有约定或者约定不明确,依照本法第六十一条的规定仍不能确定的,保管是无偿的。	

《民法典》	《合同法》	相关规范性法律文件
第 890 条 保管合同自保管物交付时成立,但是当事人另有约定的除外。	**第 367 条** 保管合同自保管物交付时成立,但当事人另有约定的除外。	
第 891 条 寄存人向保管人交付保管物的,保管人应当**出具**保管凭证,但**是**另有交易习惯的除外。	**第 368 条** 寄存人向保管人交付保管物的,保管人应当给付保管凭证,但另有交易习惯的除外。	
第 892 条 保管人应当妥善保管保管物。 当事人可以约定保管场所或者方法。除紧急情况或者为维护寄存人利益外,不得擅自改变保管场所或者方法。	**第 369 条** 保管人应当妥善保管保管物。 当事人可以约定保管场所或者方法。除紧急情况或者为了维护寄存人利益**的以**外,不得擅自改变保管场所或者方法。	
第 893 条 寄存人交付的保管物有瑕疵或者**根据**保管物的性质需要采取特殊保管措施的,寄存人应当将有关情况告知保管人。寄存人未告知,致使保管物受损失的,保管人不承担赔偿责任;保管人因此受损失的,除保管人知道或者应当知道且未采取补救措施外,寄存人应当承担赔偿责任。	**第 370 条** 寄存人交付的保管物有瑕疵或者按照保管物的性质需要采取特殊保管措施的,寄存人应当将有关情况告知保管人。寄存人未告知,致使保管物受损失的,保管人不承担**损害**赔偿责任;保管人因此受损失的,除保管人知道或者应当知道**并且**未采取补救措施**的以**外,寄存人应当承担**损害**赔偿责任。	
第 894 条 保管人不得将保管物转交第三人保管,但**是**当事人另有约定的除外。 保管人违反前款规定,将保管物转交第三人保管,**造成**保管物损失的,应当承担赔偿责任。	**第 371 条** 保管人不得将保管物转交第三人保管,但当事人另有约定的除外。 保管人违反前款规定,将保管物转交第三人保管,对保管物造成损失的,应当承担**损害**赔偿责任。	
第 895 条 保管人不得使用或者许可第三人使用保管物,但**是**当事人另有约定的除外。	**第 372 条** 保管人不得使用或者许可第三人使用保管物,但当事人另有约定的除外。	
第 896 条 第三人对保管物主张权利的,除依法对保管物采取保全或者执行**措施**外,保管人应当履行向寄存人返还保管物的义务。 第三人对保管人提起诉讼或者对保管物申请扣押的,保管人应当及时通知寄存人。	**第 373 条** 第三人对保管物主张权利的,除依法对保管物采取保全或者执行**的以**外,保管人应当履行向寄存人返还保管物的义务。 第三人对保管人提起诉讼或者对保管物申请扣押的,保管人应当及时通知寄存人。	

《民法典》	《合同法》	相关规范性法律文件
第897条 保管期内,因保管人保管不善造成保管物毁损、灭失的,保管人应当承担赔偿责任。**但是,无偿**保管人证明自己**没有故意或者**重大过失的,不承担赔偿责任。	**第374条** 保管期间,因保管人保管不善造成保管物毁损、灭失的,保管人应当承担**损害**赔偿责任,但保管是无偿的,保管人证明自己没有重大过失的,不承担**损害**赔偿责任。	
第898条 寄存人寄存货币、有价证券或者其他贵重物品的,应当向保管人声明,由保管人验收或者封存;寄存人未声明的,该物品毁损、灭失后,保管人可以按照一般物品予以赔偿。	**第375条** 同《民法典》第898条	
第899条 寄存人可以随时领取保管物。 当事人对保管**期限**没有约定或者约定不明确的,保管人可以随时**请求**寄存人领取保管物;约定保管**期限**的,保管人无特别事由,**不得请求**寄存人提前领取保管物。	**第376条** 寄存人可以随时领取保管物。 当事人对保管期间没有约定或者约定不明确的,保管人可以随时要求寄存人领取保管物;约定保管期间的,保管人无特别事由,不得要求寄存人提前领取保管物。	
第900条 保管**期限**届满或者寄存人提前领取保管物的,保管人应当将原物及其孳息归还寄存人。	**第377条** 保管期间届满或者寄存人提前领取保管物的,保管人应当将原物及其孳息归还寄存人。	
第901条 保管人保管货币的,可以返还相同种类、数量的货币;保管其他可替代物的,可以按照约定返还相同种类、品质、数量的物品。	**第378条** 保管人保管货币的,可以返还相同种类、数量的货币。保管其他可替代物的,可以按照约定返还相同种类、品质、数量的物品。	
第902条 有偿的保管合同,寄存人应当按照约定的期限向保管人支付保管费。 当事人对支付期限没有约定或者约定不明确,**依据**本法**第五百一十条**的规定仍不能确定的,应当在领取保管物的同时支付。	**第379条** 有偿的保管合同,寄存人应当按照约定的期限向保管人支付保管费。 当事人对支付期限没有约定或者约定不明确,依照本法第六十一条的规定仍不能确定的,应当在领取保管物的同时支付。	
第903条 寄存人未按照约定支付保管费**或者**其他费用的,保管人对保管物享有留置权,但**是**当事人另有约定的除外。	**第380条** 寄存人未按照约定支付保管费以及其他费用的,保管人对保管物享有留置权,但当事人另有约定的除外。	

《民法典》	《合同法》	相关规范性法律文件
第二十二章 仓储合同	第二十章 仓储合同	
第 904 条 仓储合同是保管人储存存货人交付的仓储物，存货人支付仓储费的合同。	**第 381 条** 同《民法典》第 904 条	
第 905 条 仓储合同<u>自保管人和存货人意思表示一致时成立。</u>	**第 382 条** 仓储合同自**成立时生效。**	
第 906 条 储存易燃、易爆、有毒、有腐蚀性、有放射性等危险物品或者易变质物品的，存货人应当说明该物品的性质，提供有关资料。 存货人违反前款规定的，保管人可以拒收仓储物，也可以采取相应措施以避免损失的发生，因此产生的费用由存货人**负担**。 保管人储存易燃、易爆、有毒、有腐蚀性、有放射性等危险物品的，应当具备相应的保管条件。	**第 383 条** 储存易燃、易爆、有毒、有腐蚀性、有放射性等危险物品或者易变质物品，存货人应当说明该物的性质，提供有关资料。 存货人违反前款规定的，保管人可以拒收仓储物，也可以采取相应措施以避免损失的发生，因此产生的费用由存货人承担。 保管人储存易燃、易爆、有毒、有腐蚀性、有放射性等危险物品的，应当具备相应的保管条件。	
第 907 条 保管人应当按照约定对入库仓储物进行验收。保管人验收时发现入库仓储物与约定不符合的，应当及时通知存货人。保管人验收后，发生仓储物的品种、数量、质量不符合约定的，保管人应当承担赔偿责任。	**第 384 条** 保管人应当按照约定对入库仓储物进行验收。保管人验收时发现入库仓储物与约定不符合的，应当及时通知存货人。保管人验收后，发生仓储物的品种、数量、质量不符合约定的，保管人应当承担**损害**赔偿责任。	
第 908 条 存货人交付仓储物的，保管人应当**出具**仓单、**入库单等凭证。**	**第 385 条** 存货人交付仓储物的，保管人应当给付仓单。	
第 909 条 保管人应当在仓单上签名或者盖章。仓单包括下列事项： （一）存货人的**姓名或者名称**和住所； （二）仓储物的品种、数量、质量、包装**及其件数和标记；** （三）仓储物的损耗标准； （四）储存场所； （五）储存**期限；** （六）仓储费；	**第 386 条** 保管人应当在仓单上签字或者盖章。仓单包括下列事项： （一）存货人的名称或者姓名和住所； （二）仓储物的品种、数量、质量、包装、件数和标记； （三）仓储物的损耗标准； （四）储存场所； （五）储存期间； （六）仓储费；	

《民法典》	《合同法》	相关规范性法律文件
（七）仓储物已经办理保险的，其保险金额、期间以及保险人的名称； （八）填发人、填发地和填发日期。	（七）仓储物已经办理保险的，其保险金额、期间以及保险人的名称； （八）填发人、填发地和填发日期。	
第 910 条 仓单是提取仓储物的凭证。存货人或者仓单持有人在仓单上背书并经保管人**签名**或者盖章的，可以转让提取仓储物的权利。	**第 387 条** 仓单是提取仓储物的凭证。存货人或者仓单持有人在仓单上背书并经保管人签字或者盖章的，可以转让提取仓储物的权利。	
第 911 条 保管人根据存货人或者仓单持有人的要求，应当同意其检查仓储物或者提取样品。	**第 388 条** 同《民法典》第 911 条	
第 912 条 保管人**发现**入库仓储物有变质或者其他损坏的，应当及时通知存货人或者仓单持有人。	**第 389 条** 保管人对入库仓储物发现有变质或者其他损坏的，应当及时通知存货人或者仓单持有人。	
第 913 条 保管人**发现**入库仓储物有变质或者其他损坏，危及其他仓储物的安全和正常保管的，应当催告存货人或者仓单持有人作出必要的处置。因情况紧急，保管人可以作出必要的处置；**但是**，事后应当将该情况及时通知存货人或者仓单持有人。	**第 390 条** 保管人对入库仓储物发现有变质或者其他损坏，危及其他仓储物的安全和正常保管的，应当催告存货人或者仓单持有人作出必要的处置。因情况紧急，保管人可以作出必要的处置，但事后应当将该情况及时通知存货人或者仓单持有人。	
第 914 条 当事人对储存**期限**没有约定或者约定不明确的，存货人或者仓单持有人可以随时提取仓储物，保管人也可以随时**请求**存货人或者仓单持有人提取仓储物，但**是**应当给予必要的准备时间。	**第 391 条** 当事人对储存期间没有约定或者约定不明确的，存货人或者仓单持有人可以随时提取仓储物，保管人也可以随时要求存货人或者仓单持有人提取仓储物，但应当给予必要的准备时间。	
第 915 条 储存**期限**届满，存货人或者仓单持有人应当凭仓单、**入库单等**提取仓储物。存货人或者仓单持有人逾期提取的，应当加收仓储费；提前提取的，不减收仓储费。	**第 392 条** 储存期间届满，存货人或者仓单持有人应当凭仓单提取仓储物。存货人或者仓单持有人逾期提取的，应当加收仓储费；提前提取的，不减收仓储费。	

《民法典》	《合同法》	相关规范性法律文件
第 916 条 储存期限届满,存货人或者仓单持有人不提取仓储物的,保管人可以催告其在合理期限内提取;逾期不提取的,保管人可以提存仓储物。	**第 393 条** 储存期间届满,存货人或者仓单持有人不提取仓储物的,保管人可以催告其在合理期限内提取;逾期不提取的,保管人可以提存仓储物。	
第 917 条 储存期**内**,因保管不善造成仓储物毁损、灭失的,保管人应当承担赔偿责任。因仓储物**本身的自然**性质、包装不符合约定或者超过有效储存期造成仓储物变质、损坏的,保管人不承担赔偿责任。	**第 394 条** 储存期间,因**保管人**保管不善造成仓储物毁损、灭失的,保管人应当承担**损害**赔偿责任。因仓储物的性质、包装不符合约定或者超过有效储存期造成仓储物变质、损坏的,保管人不承担**损害**赔偿责任。	
第 918 条 本章没有规定的,适用保管合同的有关规定。	**第 395 条** 同《民法典》第 918 条	
第二十三章 委托合同	**第二十一章 委托合同**	
第 919 条 委托合同是委托人和受托人约定,由受托人处理委托人事务的合同。	**第 396 条** 同《民法典》第 919 条	
第 920 条 委托人可以特别委托受托人处理一项或者数项事务,也可以概括委托人处理一切事务。	**第 397 条** 同《民法典》第 920 条	
第 921 条 委托人应当预付处理委托事务的费用。受托人为处理委托事务垫付的必要费用,委托人应当偿还该费用**并支付**利息。	**第 398 条** 委托人应当预付处理委托事务的费用。受托人为处理委托事务垫付的必要费用,委托人应当偿还该费用及其利息。	
第 922 条 受托人应当按照委托人的指示处理委托事务。需要变更委托人指示的,应当经委托人同意;因情况紧急,难以和委托人取得联系的,受托人应当妥善处理委托事务,但**是**事后应当将该情况及时报告委托人。	**第 399 条** 受托人应当按照委托人的指示处理委托事务。需要变更委托人指示的,应当经委托人同意;因情况紧急,难以和委托人取得联系的,受托人应当妥善处理委托事务,但事后应当将该情况及时报告委托人。	
第 923 条 受托人应当亲自处理委托事务。经委托人同意,受托人可以转委托。转委托经同意**或者追认**的,委托人可以就委托事务直接指示	**第 400 条** 受托人应当亲自处理委托事务。经委托人同意,受托人可以转委托。转委托经同意的,委托人可以就委托事务直接指示转委托的	

《民法典》	《合同法》	相关规范性法律文件
转委托的第三人,受托人仅就第三人的选任及其对第三人的指示承担责任。转委托未经同意**或者追认**的,受托人应当对转委托的第三人的行为承担责任**;但是,**在紧急情况下受托人为**了**维护委托人的利益需要转委托**第三人**的除外。	第三人,受托人仅就第三人的选任及其对第三人的指示承担责任。转委托未经同意的,受托人应当对转委托的第三人的行为承担责任,但在紧急情况下受托人为维护委托人的利益需要转委托的除外。	
第 924 条 受托人应当按照委托人的要求,报告委托事务的处理情况。委托合同终止时,受托人应当报告委托事务的结果。	**第 401 条** 同《民法典》第 924 条	
第 925 条 受托人以自己的名义,在委托人的授权范围内与第三人订立的合同,第三人在订立合同时知道受托人与委托人之间的代理关系的,该合同直接约束委托人和第三人**;但是,**有**确切**证据证明该合同只约束受托人和第三人的除外。	**第 402 条** 受托人以自己的名义,在委托人的授权范围内与第三人订立的合同,第三人在订立合同时知道受托人与委托人之间的代理关系的,该合同直接约束委托人和第三人,但有确切证据证明该合同只约束受托人和第三人的除外。	
第 926 条 受托人以自己的名义与第三人订立合同时,第三人不知道受托人与委托人之间的代理关系的,受托人因第三人的原因对委托人不履行义务,受托人应当向委托人披露第三人,委托人因此可以行使受托人对第三人的权利。**但是,**第三人与受托人订立合同时如果知道该委托人就不会订立合同的除外。 受托人因委托人的原因对第三人不履行义务,受托人应当向第三人披露委托人,第三人因此可以选择受托人或者委托人作为相对人主张其权利,但**是**第三人不得变更选定的相对人。 委托人行使受托人对第三人的权利的,第三人可以向委托人主张其对受托人的抗辩。第三人选定委托人作为其相对人的,委托人可以向第三人主张其对受托人的抗辩以及受托人对第三人的抗辩。	**第 403 条** 受托人以自己的名义与第三人订立合同时,第三人不知道受托人与委托人之间的代理关系的,受托人因第三人的原因对委托人不履行义务,受托人应当向委托人披露第三人,委托人因此可以行使受托人对第三人的权利,但第三人与受托人订立合同时如果知道该委托人就不会订立合同的除外。 受托人因委托人的原因对第三人不履行义务,受托人应当向第三人披露委托人,第三人因此可以选择受托人或者委托人作为相对人主张其权利,但第三人不得变更选定的相对人。 委托人行使受托人对第三人的权利的,第三人可以向委托人主张其对受托人的抗辩。第三人选定委托人作为其相对人的,委托人可以向第三人主张其对受托人的抗辩以及受托人对第三人的抗辩。	

《民法典》	《合同法》	相关规范性法律文件
第 927 条 受托人处理委托事务取得的财产,应当转交给委托人。	第 404 条 同《民法典》第 927 条	
第 928 条 受托人完成委托事务的,委托人应当**按照约定**向其支付报酬。 因不可归责于受托人的事由,委托合同解除或者委托事务不能完成的,委托人应当向受托人支付相应的报酬。当事人另有约定的,按照其约定。	第 405 条 受托人完成委托事务的,委托人应当向其支付报酬。因不可归责于受托人的事由,委托合同解除或者委托事务不能完成的,委托人应当向受托人支付相应的报酬。当事人另有约定的,按照其约定。	
第 929 条 有偿的委托合同,因受托人的过错**造成委托人损失的,**委托人可以**请求**赔偿损失。无偿的委托合同,因受托人的故意或者重大过失**造成委托人损失的,**委托人可以**请求**赔偿损失。 受托人超越权限**造成委托人损失**的,应当赔偿损失。	第 406 条 有偿的委托合同,因受托人的过错给委托人造成损失的,委托人可以要求赔偿损失。无偿的委托合同,因受托人的故意或者重大过失给委托人造成损失的,委托人可以要求赔偿损失。 受托人超越权限给委托人造成损失的,应当赔偿损失。	
第 930 条 受托人处理委托事务时,因不可归责于自己的事由受到损失的,可以向委托人**请求**赔偿损失。	第 407 条 受托人处理委托事务时,因不可归责于自己的事由受到损失的,可以向委托人要求赔偿损失。	
第 931 条 委托人经受托人同意,可以在受托人之外委托第三人处理委托事务。因此**造成受托人损失**的,受托人可以向委托人**请求**赔偿损失。	第 408 条 委托人经受托人同意,可以在受托人之外委托第三人处理委托事务。因此给受托人造成损失的,受托人可以向委托人要求赔偿损失。	
第 932 条 两个以上的受托人共同处理委托事务的,对委托人承担连带责任。	第 409 条 同《民法典》第 932 条	
第 933 条 委托人或者受托人可以随时解除委托合同。因解除合同**造成对方损失**的,除不可归责于该当事人的事由外,**无偿委托合同的解除方应当赔偿因解除时间不当造成的直接损失,有偿委托合同的解除方应当赔偿对方的直接损失和合同履行后可以获得的利益。**	第 410 条 委托人或者受托人可以随时解除委托合同。因解除合同给对方造成损失的,除不可归责于该当事人的事由以外,应当赔偿损失。	

《民法典》	《合同法》	相关规范性法律文件
第 934 条 委托人死亡、终止或者受托人死亡、丧失民事行为能力、终止的,委托合同终止;但是,当事人另有约定或者根据委托事务的性质不宜终止的除外。	第 411 条 委托人或者受托人死亡、丧失民事行为能力或者破产的,委托合同终止,但当事人另有约定或者根据委托事务的性质不宜终止的除外。	
第 935 条 因委托人死亡或者被宣告破产、解散,致使委托合同终止将损害委托人利益的,在委托人的继承人、遗产管理人或者清算人承受委托事务之前,受托人应当继续处理委托事务。	第 412 条 因委托人死亡、丧失民事行为能力或者破产,致使委托合同终止将损害委托人利益的,在委托人的继承人、法定代理人或者清算组织承受委托事务之前,受托人应当继续处理委托事务。	
第 936 条 因受托人死亡、丧失民事行为能力或者被宣告破产、解散,致使委托合同终止的,受托人的继承人、遗产管理人、法定代理人或者清算人应当及时通知委托人。因委托合同终止将损害委托人利益的,在委托人作出善后处理之前,受托人的继承人、遗产管理人、法定代理人或者清算人应当采取必要措施。	第 413 条 因受托人死亡、丧失民事行为能力或者破产,致使委托合同终止的,受托人的继承人、法定代理人或者清算组织应当及时通知委托人。因委托合同终止将损害委托人利益的,在委托人作出善后处理之前,受托人的继承人、法定代理人或者清算组织应当采取必要措施。	
第二十四章 物业服务合同		
第 937 条 物业服务合同是物业服务人在物业服务区域内,为业主提供建筑物及其附属设施的维修养护、环境卫生和相关秩序的管理维护等物业服务,业主支付物业费的合同。 物业服务人包括物业服务企业和其他管理人。	(无)	
第 938 条 物业服务合同的内容一般包括服务事项、服务质量、服务费用的标准和收取办法、维修资金的使用、服务用房的管理和使用、服务期限、服务交接等条款。 物业服务人公开作出的有利于业主的服务承诺,为物业服务合同的组成部分。 物业服务合同应当采用书面形式。	(无)	

《民法典》	《合同法》	相关规范性法律文件
第 939 条　建设单位依法与物业服务人订立的前期物业服务合同,以及业主委员会与业主大会依法选聘的物业服务人订立的物业服务合同,对业主具有法律约束力。	(无)	《物业服务纠纷解释》第 1 条　建设单位依法与物业服务企业签订的前期物业服务合同,以及业主委员会与业主大会依法选聘的物业服务企业签订的物业服务合同,对业主具有约束力。业主以其并非合同当事人为由提出抗辩的,人民法院不予支持。
第 940 条　建设单位依法与物业服务人订立的前期物业服务合同约定的服务期限届满前,业主委员会或者业主与新物业服务人订立的物业服务合同生效的,前期物业服务合同终止。	(无)	
第 941 条　物业服务人将物业服务区域内的部分专项服务事项委托给专业性服务组织或者其他第三人的,应当就该部分专项服务事项向业主负责。 　　物业服务人不得将其应当提供的全部物业服务转委托给第三人,或者将全部物业服务支解后分别转委托给第三人。	(无)	
第 942 条　物业服务人应当按照约定和物业的使用性质,妥善维修、养护、清洁、绿化和经营管理物业服务区域内的业主共有部分,维护物业服务区域内的基本秩序,采取合理措施保护业主的人身、财产安全。 　　对物业服务区域内违反有关治安、环保、消防等法律法规的行为,物业服务人应当及时采取合理措施制止、向有关行政主管部门报告并协助处理。	(无)	《物业服务纠纷解释》第 3 条　物业服务企业不履行或者不完全履行物业服务合同约定的或者法律、法规规定以及相关行业规范确定的维修、养护、管理和维护义务,业主请求物业服务企业承担继续履行,采取补救措施或者赔偿损失等违约责任的,人民法院应予支持。
第 943 条　物业服务人应当定期将服务的事项、负责人员、质量要求、收费项目、收费标准、履行情况,以及维修资金使用情况、业主共有部分的经营与收益情况等以合理方式向业主公开并向业主大会、业主委员会报告。	(无)	

《民法典》	《合同法》	相关规范性法律文件
第 944 条 业主应当按照约定向物业服务人支付物业费。物业服务人已经按照约定和有关规定提供服务的,业主不得以未接受或者无需接受相关物业服务为由拒绝支付物业费。 业主违反约定逾期不支付物业费的,物业服务人可以催告其在合理期限内支付;合理期限届满仍不支付的,物业服务人可以提起诉讼或者申请仲裁。 物业服务人不得采取停止供电、供水、供热、供燃气等方式催交物业费。	(无)	《物业服务纠纷解释》第 6 条 经书面催交,业主无正当理由拒绝交纳或者在催告的合理期限内仍未交纳物业费,物业服务企业请求业主支付物业费的,人民法院应予支持。物业服务企业已经按照合同约定以及相关规定提供服务,业主仅以未享受或者无需接受相关物业服务为抗辩理由的,人民法院不予支持。
第 945 条 业主装饰装修房屋的,应当事先告知物业服务人,遵守物业服务人提示的合理注意事项,并配合其进行必要的现场检查。 业主转让、出租物业专有部分、设立居住权或者依法改变共有部分用途的,应当及时将相关情况告知物业服务人。	(无)	
第 946 条 业主依照法定程序共同决定解聘物业服务人的,可以解除物业服务合同。决定解聘的,应当提前六十日书面通知物业服务人,但是合同对通知期限另有约定的除外。 依据前款规定解除合同造成物业服务人损失的,除不可归责于业主的事由外,业主应当赔偿损失。	(无)	
第 947 条 物业服务期限届满前,业主依法共同决定续聘的,应当与原物业服务人在合同期限届满前续订物业服务合同。 物业服务期限届满前,物业服务人不同意续聘的,应当在合同期限届满前九十日书面通知业主或者业主委员会,但是合同对通知期限另有约定的除外。	(无)	

《民法典》	《合同法》	相关规范性法律文件
物业服务期限届满前,物业服务人不愿续聘的,应当在物业服务合同期限届满九十日前书面通知业主或者业主委员会,但合同对通知期限另有约定的除外。		
第948条 物业服务期限届满后,业主没有依法作出续聘或者另聘物业服务人的决定,物业服务人继续提供物业服务的,原物业服务合同继续有效,但是服务期限为不定期。 当事人可以随时解除不定期物业服务合同,但是应当提前六十日书面通知对方。	(无)	
第949条 物业服务合同终止的,原物业服务人应当在约定期限或者合理期限内退出物业服务区域,将物业服务用房、相关设施、物业服务所必需的相关资料等交还给业主委员会、决定自行管理的业主或者其指定的人,配合新物业服务人做好交接工作,并如实告知物业的使用和管理状况。 原物业服务人违反前款规定的,不得请求业主支付物业服务合同终止后的物业费;造成业主损失的,应当赔偿损失。	(无)	《物业服务纠纷解释》第10条 物业服务合同的权利义务终止后,业主委员会请求物业服务企业退出物业服务区域,移交物业服务用房和相关设施,以及物业服务所必需的相关资料和由其代管的专项维修资金的,人民法院应予支持。 物业服务企业拒绝退出、移交,并以存在事实上的物业服务关系为由,请求业主支付物业服务合同权利义务终止后的物业费的,人民法院不予支持。
第950条 物业服务合同终止后,在业主或者业主大会选聘的新物业服务人或者决定自行管理的业主接管之前,原物业服务人应当继续处理物业服务事项,并可以请求业主支付该期间的物业费。	(无)	
第二十五章 行纪合同	第二十二章 行纪合同	
第951条 行纪合同是行纪人以自己的名义为委托人从事贸易活动,委托人支付报酬的合同。	第414条 同《民法典》第951条	
第952条 行纪人处理委托事务支出的费用,由行纪人负担,但是当事人另有约定的除外。	第415条 行纪人处理委托事务支出的费用,由行纪人负担,但当事人另有约定的除外。	

《民法典》	《合同法》	相关规范性法律文件
第 953 条 行纪人占有委托物的,应当妥善保管委托物。	**第 416 条** 同《民法典》第 953 条	
第 954 条 委托物交付给行纪人时有瑕疵或者容易腐烂、变质的,经委托人同意,行纪人可以处分该物;不能与委托人及时取得联系的,行纪人可以合理处分。	**第 417 条** 委托物交付给行纪人时有瑕疵或者容易腐烂、变质的,经委托人同意,行纪人可以处分该物;**和**委托人**不能**及时取得联系的,行纪人可以合理处分。	
第 955 条 行纪人低于委托人指定的价格卖出或者高于委托人指定的价格买入的,应当经委托人同意;未经委托人同意,行纪人补偿其差额的,该买卖对委托人发生效力。 行纪人高于委托人指定的价格卖出或者低于委托人指定的价格买入的,可以按照约定增加报酬;没有约定或者约定不明确,依**据**本法**第五百一十条**的规定仍不能确定的,该利益属于委托人。 委托人对价格有特别指示的,行纪人不得违背该指示卖出或者买入。	**第 418 条** 行纪人低于委托人指定的价格卖出或者高于委托人指定的价格买入的,应当经委托人同意。未经委托人同意,行纪人补偿其差额的,该买卖对委托人发生效力。 行纪人高于委托人指定的价格卖出或者低于委托人指定的价格买入的,可以按照约定增加报酬。没有约定或者约定不明确,依照本法第六十一条的规定仍不能确定的,该利益属于委托人。 委托人对价格有特别指示的,行纪人不得违背该指示卖出或者买入。	
第 956 条 行纪人卖出或者买入具有市场定价的商品,除委托人有相反的意思表示外,行纪人自己可以作为买受人或者出卖人。 行纪人有前款规定情形的,仍然可以**请求**委托人支付报酬。	**第 419 条** 行纪人卖出或者买入具有市场定价的商品,除委托人有相反的意思表示的以外,行纪人自己可以作为买受人或者出卖人。 行纪人有前款规定情形的,仍然可以要求委托人支付报酬。	
第 957 条 行纪人按照约定买入委托物,委托人应当及时受领。经行纪人催告,委托人无正当理由拒绝受领的,行纪人**依法**可以提存委托物。 委托物不能卖出或者委托人撤回出卖,经行纪人催告,委托人不取回或者不处分该物的,行纪人**依法**可以提存委托物。	**第 420 条** 行纪人按照约定买入委托物,委托人应当及时受领。经行纪人催告,委托人无正当理由拒绝受领的,行纪人依照**本法第一百零一条的规定**可以提存委托物。 委托物不能卖出或者委托人撤回出卖,经行纪人催告,委托人不取回或者不处分该物的,行纪人**依照本法第一百零一条的规定**可以提存委托物。	

《民法典》	《合同法》	相关规范性法律文件
第 958 条 行纪人与第三人订立合同的,行纪人对该合同直接享有权利、承担义务。 第三人不履行义务致使委托人受到损害的,行纪人应当承担赔偿责任,但**是**行纪人与委托人另有约定的除外。	**第 421 条** 行纪人与第三人订立合同的,行纪人对该合同直接享有权利、承担义务。 第三人不履行义务致使委托人受到损害的,行纪人应当承担**损害**赔偿责任,但行纪人与委托人另有约定的除外。	
第 959 条 行纪人完成或者部分完成委托事务的,委托人应当向其支付相应的报酬。委托人逾期不支付报酬的,行纪人对委托物享有留置权,但**是**当事人另有约定的除外。	**第 422 条** 行纪人完成或者部分完成委托事务的,委托人应当向其支付相应的报酬。委托人逾期不支付报酬的,行纪人对委托物享有留置权,但当事人另有约定的除外。	
第 960 条 本章没有规定的,**参照**适用委托合同的有关规定。	**第 423 条** 本章没有规定的,适用委托合同的有关规定。	
第二十六章 中介合同	**第二十三章 居间合同**	
第 961 条 **中介**合同是**中介**人向委托人报告订立合同的机会或者提供订立合同的媒介服务,委托人支付报酬的合同。	**第 424 条** 居间合同是居间人向委托人报告订立合同的机会或者提供订立合同的媒介服务,委托人支付报酬的合同。	
第 962 条 **中介**人应当就有关订立合同的事项向委托人如实报告。 **中介**人故意隐瞒与订立合同有关的重要事实或者提供虚假情况,损害委托人利益的,不得**请求**支付报酬并应当承担赔偿责任。	**第 425 条** 居间人应当就有关订立合同的事项向委托人如实报告。 居间人故意隐瞒与订立合同有关的重要事实或者提供虚假情况,损害委托人利益的,不得要求支付报酬并应当承担**损害**赔偿责任。	
第 963 条 **中介**人促成合同成立的,委托人应当按照约定支付报酬。对**中介**人的报酬没有约定或者约定不明确,**依据本法第五百一十条**的规定仍不能确定的,根据**中介**人的劳务合理确定。因**中介**人提供订立合同的媒介服务而促成合同成立的,由该合同的当事人平均负担中介人的报酬。 **中介**人促成合同成立的,**中介**活动的费用,由**中介**人负担。	**第 426 条** 居间人促成合同成立的,委托人应当按照约定支付报酬。对居间人的报酬没有约定或者约定不明确,依照本法第六十一条的规定仍不能确定的,根据居间人的劳务合理确定。因居间人提供订立合同的媒介服务而促成合同成立的,由该合同的当事人平均负担居间人的报酬。 居间人促成合同成立的,居间活动的费用,由居间人负担。	

《民法典》	《合同法》	相关规范性法律文件
第 964 条 中介人未促成合同成立的,不得**请求**支付报酬;**但是,可以按照约定请求**委托人支付从事中介活动支出的必要费用。	第 427 条 居间人未促成合同成立的,不得要求支付报酬,但可以要求委托人支付从事居间活动支出的必要费用。	
第 965 条 委托人在接受中介人的服务后,利用中介人提供的交易机会或者媒介服务,绕开中介人直接订立合同的,应当向中介人支付报酬。	(无)	
第 966 条 本章没有规定的,参照适用委托合同的有关规定。	(无)	
第二十七章 合伙合同		
第 967 条 合伙合同是两个以上合伙人为了共同的事业目的,订立的共享利益、共担风险的协议。	(无)	《民法通则》第 30 条 个人合伙是指两个以上公民按照协议,各自提供资金、实物、技术等,合伙经营,共同劳动。
第 968 条 合伙人应当按照约定的出资方式、数额和缴付期限,履行出资义务。	(无)	《合伙企业法》第 17 条 合伙人应当按照合伙协议约定的出资方式、数额和缴付期限,履行出资义务。 以非货币财产出资的,依照法律、行政法规的规定,需要办理财产权转移手续的,应当依法办理。
第 969 条 合伙人的出资、因合伙事务依法取得的收益和其他财产,属于合伙财产。 合伙合同终止前,合伙人不得请求分割合伙财产。	(无)	《民法通则》第 32 条 合伙人投入的财产,由合伙人统一管理和使用。 合伙经营积累的财产,归合伙人共有。 《合伙企业法》第 20 条 合伙人的出资、以合伙企业名义取得的收益和依法取得的其他财产,均为合伙企业的财产。 《合伙企业法》第 21 条 合伙人在合伙企业清算前,不得请求分割合伙企业的财产;但是,本法另有规定的除外。 合伙人在合伙企业清算前私自转移或者处分合伙企业财产的,合伙企业不得以此对抗善意第三人。
第 970 条 合伙人就合伙事务作出决定的,除合伙合同另有约定外,应当经全体合伙人一致同意。	(无)	《民法通则》第 34 条 个人合伙的经营活动,由合伙人共同决定,合伙人有执行或监督的权利。

《民法典》	《合同法》	相关规范性法律文件
合伙事务由全体合伙人共同执行。按照合伙合同的约定或者全体合伙人的决定，可以委托一个或者数个合伙人执行合伙事务；其他合伙人不再执行合伙事务，但是有权监督执行情况。 合伙人分别执行合伙事务的，执行事务合伙人可以对其他合伙人执行的事务提出异议；提出异议后，其他合伙人应当暂停该项事务的执行。		合伙人可以推举负责人。合伙负责人和其他人员的经营活动，由全体合伙人承担民事责任。 《合伙企业法》第 26 条 合伙人对执行合伙事务享有同等的权利。 按照合伙协议的约定或者经全体合伙人决定，可以委托一个或者数个合伙人对外代表合伙企业，执行合伙事务。 作为合伙人的法人、其他组织执行合伙事务的，由其委派的代表执行。 《合伙企业法》第 27 条 依照本法第二十六条第二款规定委托一个或者数个合伙人执行合伙事务的，其他合伙人不再执行合伙事务。 不执行合伙事务的合伙人有权监督执行事务合伙人执行合伙事务的情况。 《合伙企业法》第 29 条 合伙人分别执行合伙事务的，执行事务合伙人可以对其他合伙人执行的事务提出异议。提出异议时，应当暂停该项事务的执行。如果发生争议，依照本法第三十条规定作出决定。 受委托执行合伙事务的合伙人不按照合伙协议或者全体合伙人的决定执行事务的，其他合伙人可以决定撤销该委托。
第 971 条 合伙人不得因执行合伙事务而请求支付报酬，但是合伙合同另有约定的除外。	（无）	
第 972 条 合伙的利润分配和亏损分担，按照合伙合同的约定办理；合伙合同没有约定或者约定不明确的，由合伙人协商决定；协商不成的，由合伙人按照实缴出资比例分配、分担；无法确定出资比例的，由合伙人平均分配、分担。	（无）	《民法通则》第 35 条第 1 款 合伙的债务，由合伙人按照出资比例或者协议的约定，以各自的财产承担清偿责任。 《合伙企业法》第 33 条 合伙企业的利润分配、亏损分担，按照合伙协议的约定办理；合伙协议未约定或者约定不明确的，由合伙人协商决定；协商不成的，由合伙人按照实缴出资比例分配、分担；无法确定出资比例的，由合伙人平均分配、分担。

《民法典》	《合同法》	相关规范性法律文件
		合伙协议不得约定将全部利润分配给部分合伙人或者由部分合伙人承担全部亏损。
第 973 条　合伙人对合伙债务承担连带责任。清偿合伙债务超过自己应当承担份额的合伙人，有权向其他合伙人追偿。	（无）	《民法通则》第 35 条第 2 款　合伙人对合伙的债务承担连带责任，法律另有规定的除外。偿还合伙债务超过自己应当承担数额的合伙人，有权向其他合伙人追偿。 《民通意见》第 47 条　全体合伙人对合伙经营的亏损额，对外应当负连带责任；对内则应按照协议约定的债务承担比例或者出资比例分担；协议未规定债务承担比例或者出资比例的，可以按照约定的或者实际的盈余分配比例承担。但是对造成合伙经营亏损有过错的合伙人，应当根据其过错程度相应的多承担责任。
第 974 条　除合伙合同另有约定外，合伙人向合伙人以外的人转让其全部或者部分财产份额的，须经其他合伙人一致同意。	（无）	《民通意见》第 51 条　在合伙经营过程中增加合伙人，书面协议有约定的，按照协议处理；书面协议未约定的，须经全体合伙人同意，未经全体合伙人同意的，应当认定入伙无效。 《合伙企业法》第 22 条　除合伙协议另有约定外，合伙人向合伙人以外的人转让其在合伙企业中的全部或者部分财产份额时，须经其他合伙人一致同意。 合伙人之间转让在合伙企业中的全部或者部分财产份额时，应当通知其他合伙人。
第 975 条　合伙人的债权人不得代位行使合伙人依照本章规定和合伙合同享有的权利，但是合伙人享有的利益分配请求权除外。	（无）	
第 976 条　合伙人对合伙期限没有约定或者约定不明确，依据本法第五百一十条的规定仍不能确定的，视为不定期合伙。 合伙期限届满，合伙人继续执行合伙事务，其他合伙人没有提出异议的，原合伙合同继续有效，但是合伙期限为不定期。	（无）	

《民法典》	《合同法》	相关规范性法律文件
合伙人可以随时解除不定期合伙合同,但是应当在合理期限之前通知其他合伙人。		
第 977 条　合伙人死亡、丧失民事行为能力或者终止的,合伙合同终止;但是,合伙合同另有约定或者根据合伙事务的性质不宜终止的除外。	(无)	
第 978 条　合伙合同终止后,合伙财产在支付因终止而产生的费用以及清偿合伙债务后有剩余的,依据本法第九百七十二条的规定进行分配。	(无)	《民通意见》第 55 条　合伙终止时,对合伙财产的处理,有书面协议的,按协议处理;没有书面协议,又协商不成的,如果合伙人出资额相等,应当考虑多数人意见酌情处理;合伙人出资额不等的,可以按出资额占全部合伙额多的合伙人意见处理,但要保护其他合伙人的利益。 《合伙企业法》第 89 条　合伙企业财产在支付清算费用和职工工资、社会保险费用、法定补偿金以及缴纳所欠税款、清偿债务后的剩余财产,依照本法第三十三条第一款的规定进行分配。
第三分编　准合同		
第二十八章　无因管理		
第 979 条　管理人没有法定的或者约定的义务,为避免他人利益受损失而管理他人事务的,可以请求受益人偿还因管理事务而支出的必要费用;管理人因管理事务受到损失的,可以请求受益人给予适当补偿。 管理事务不符合受益人真实意思的,管理人不享有前款规定的权利;但是,受益人的真实意思违反法律或者违背公序良俗的除外。	(无)	《民法总则》第 121 条　没有法定的或者约定的义务,为避免他人利益受损失而进行管理的人,有权请求受益人偿还由此支出的必要费用。 《民法通则》第 93 条　没有法定的或者约定的义务,为避免他人利益受损失进行管理或者服务的,有权要求受益人偿付由此而支付的必要费用。 《民通意见》第 132 条　民法通则第九十三条规定的管理人或者服务人可以要求受益人偿付的必要费用,包括在管理或者服务活动中直接支出的费用,以及在该活动中受到的实际损失。
第 980 条　管理人管理事务不属于前条规定的情形,但是受益人享有管理利益的,受益人应当在其获得的利益范	(无)	

《民法典》	《合同法》	相关规范性法律文件
围内向管理人承担前条第一款规定的义务。		
第981条 管理人管理他人事务,应当采取有利于受益人的方法。中断管理对受益人不利的,无正当理由不得中断。	（无）	
第982条 管理人管理他人事务,能够通知受益人的,应当及时通知受益人。管理的事务不需要紧急处理的,应当等待受益人的指示。	（无）	
第983条 管理结束后,管理人应当向受益人报告管理事务的情况。管理人管理事务取得的财产,应当及时转交给受益人。	（无）	
第984条 管理人管理事务经受益人事后追认的,从管理事务开始时起,适用委托合同的有关规定,但是管理人另有意思表示的除外。	（无）	
第二十九章 不当得利		
第985条 得利人没有法律根据取得不当利益的,受损失的人可以请求得利人返还取得的利益,但是有下列情形之一的除外: (一)为履行道德义务进行的给付; (二)债务到期之前的清偿; (三)明知无给付义务而进行的债务清偿。	（无）	《民法总则》第122条 因他人没有法律根据,取得不当利益,受损失的人有权请求其返还不当利益。 《民法通则》第92条 没有合法根据,取得不当利益,造成他人损失的,应当将取得的不当利益返还受损失的人。
第986条 得利人不知道且不应当知道取得的利益没有法律根据,取得的利益已经不存在的,不承担返还该利益的义务。	（无）	
第987条 得利人知道或者应当知道取得的利益没有法律根据的,受损失的人可以请求得利人返还其取得的利益并依法赔偿损失。	（无）	
第988条 得利人已经将取得的利益无偿转让给第三人的,受损失的人可以请求第三人在相应范围内承担返还义务。	（无）	

第四编　人格权

《民法典》	相关法律	其他规范性法律文件
第四编　人格权		
第一章　一般规定		
第 989 条　本编调整因人格权的享有和保护产生的民事关系。	（无）	
第 990 条　人格权是民事主体享有的生命权、身体权、健康权、姓名权、名称权、肖像权、名誉权、荣誉权、隐私权等权利。 　　除前款规定的人格权外，自然人享有基于人身自由、人格尊严产生的其他人格权益。	《宪法》第 38 条　中华人民共和国公民的人格尊严不受侵犯。禁止用任何方法对公民进行侮辱、诽谤和诬告陷害。 《民法总则》第 109 条　自然人的人身自由、人格尊严受法律保护。 《民法总则》第 110 条　自然人享有生命权、身体权、健康权、姓名权、肖像权、名誉权、荣誉权、隐私权、婚姻自主权等权利。 　　**法人、非法人组织享有名称权、名誉权、荣誉权等权利。**	《精神损害赔偿解释》第 1 条　自然人因下列人格权利遭受非法侵害，向人民法院起诉请求赔偿精神损害的，人民法院应当依法予以受理： 　　（一）生命权、健康权、身体权； 　　（二）姓名权、肖像权、名誉权、荣誉权； 　　（三）人格尊严权、人身自由权。 　　违反社会公共利益、社会公德侵害他人隐私或者其他人格利益，受害人以侵权为由向人民法院起诉请求赔偿精神损害的，人民法院应当依法予以受理。
第 991 条　民事主体的人格权受法律保护，任何组织或者个人不得侵害。	《民法总则》第 109 条　自然人的人身自由、人格尊严受法律保护。	
第 992 条　人格权不得放弃、转让或者继承。	（无）	
第 993 条　民事主体可以将自己的姓名、名称、肖像等许可他人使用，但是依照法律规定或者根据其性质不得许可的除外。	《民法通则》第 99 条　公民享有姓名权，有权决定、使用和依照规定改变自己的姓名，禁止他人干涉、盗用、假冒。 　　法人、个体工商户、个人合伙享有名称权。企业法人、个体工商户、个人合伙有权使用、依法转让自己的名称。	

《民法典》	相关法律	其他规范性法律文件
第994条 死者的姓名、肖像、名誉、荣誉、隐私、遗体等受到侵害的,其配偶、子女、父母有权依法请求行为人承担民事责任;死者没有配偶、子女且父母已经死亡的,其他近亲属有权依法请求行为人承担民事责任。	(无)	《精神损害赔偿解释》第3条 自然人死亡后,其近亲属因下列侵权行为遭受精神痛苦,向人民法院起诉请求赔偿精神损害的,人民法院应当依法予以受理: (一)以侮辱、诽谤、贬损、丑化或者违反社会公共利益、社会公德的其他方式,侵害死者姓名、肖像、名誉、荣誉; (二)非法披露、利用死者隐私,或者以违反社会公共利益、社会公德的其他方式侵害死者隐私; (三)非法利用、损害遗体、遗骨,或者以违反社会公共利益、社会公德的其他方式侵害遗体、遗骨。 《名誉权解答》 五、问:死者名誉受到损害,哪些人可以作为原告提起民事诉讼? 答:死者名誉受到损害的,其近亲属有权向人民法院起诉。近亲属包括:配偶、父母、子女、兄弟姐妹、祖父母、外祖父母、孙子女、外孙子女。
第995条 人格权受到侵害的,受害人有权依照本法和其他法律的规定请求行为人承担民事责任。受害人的停止侵害、排除妨碍、消除危险、消除影响、恢复名誉、赔礼道歉请求权,不适用诉讼时效的规定。	《民法通则》第120条 公民的姓名权、肖像权、名誉权、荣誉权受到侵害的,有权要求停止侵害,恢复名誉,消除影响,赔礼道歉,并可以要求赔偿损失。 法人的名称权、名誉权、荣誉权受到侵害的,适用前款规定。	《精神损害赔偿解释》第1条 自然人因下列人格权利遭受非法侵害,向人民法院起诉请求赔偿精神损害的,人民法院应当依法予以受理: (一)生命权、健康权、身体权; (二)姓名权、肖像权、名誉权、荣誉权; (三)人格尊严权、人身自由权。 违反社会公共利益、社会公德侵害他人隐私或者其他人格利益,受害人以侵权为由向人民法院起诉请求赔偿精神损害的,人民法院应当依法予以受理。 《名誉权解答》 十、问:侵害名誉权的责任承担形式如何掌握?

《民法典》	相关法律	其他规范性法律文件
		答:人民法院依照《中华人民共和国民法通则》第一百二十条和第一百三十四条的规定,可以责令侵权人停止侵害、恢复名誉、消除影响、赔礼道歉、赔偿损失。 　　恢复名誉、消除影响、赔礼道歉可以书面或口头的方式进行,内容须事先经人民法院审查。 　　恢复名誉、消除影响的范围,一般应与侵权所造成不良影响的范围相当。 　　公民、法人因名誉权受到侵害要求赔偿的,侵权人应赔偿侵权行为造成的经济损失;公民并提出精神损害赔偿要求的,人民法院可根据侵权人的过错程度、侵权行为的具体情节、给受害人造成精神损害的后果等情况酌定。
第996条　因当事人一方的违约行为,损害对方人格权并造成严重精神损害,受损害方选择请求其承担违约责任的,不影响受损害方请求精神损害赔偿。	(无)	《旅游纠纷解释》第21条 　　旅游者提起违约之诉,主张精神损害赔偿的,人民法院应告知其变更为侵权之诉;旅游者仍坚持提起违约之诉的,对于其精神损害赔偿的主张,人民法院不予支持。
第997条　民事主体有证据证明行为人正在实施或者即将实施侵害其人格权的违法行为,不及时制止将使其合法权益受到难以弥补的损害的,有权依法向人民法院申请采取责令行为人停止有关行为的措施。	(无)	
第998条　认定行为人承担侵害除生命权、身体权和健康权外的人格权的民事责任,应当考虑行为人和受害人的职业、影响范围、过错程度,以及行为的目的、方式、后果等因素。	(无)	《精神损害赔偿解释》第10条　精神损害的赔偿数额根据以下因素确定: 　　(一)侵权人的过错程度,法律另有规定的除外; 　　(二)侵害的手段、场合、行为方式等具体情节; 　　(三)侵权行为所造成的后果;

《民法典》	相关法律	其他规范性法律文件
		（四）侵权人的获利情况； （五）侵权人承担责任的经济能力； （六）受诉法院所在地平均生活水平。 　法律、行政法规对残疾赔偿金、死亡赔偿金等有明确规定的，适用法律、行政法规的规定。
第999条　为公共利益实施新闻报道、舆论监督等行为的，可以合理使用民事主体的姓名、名称、肖像、个人信息等；使用不合理侵害民事主体人格权的，应当依法承担民事责任。	（无）	《网络侵害人身权益规定》 第12条　网络用户或者网络服务提供者利用网络公开自然人基因信息、病历资料、健康检查资料、犯罪记录、家庭住址、私人活动等个人隐私和其他个人信息，造成他人损害，被侵权人请求其承担侵权责任的，人民法院应予支持。但下列情形除外： 　（一）经自然人书面同意且在约定范围内公开； 　（二）为促进社会公共利益且在必要范围内； 　（三）学校、科研机构等基于公共利益为学术研究或者统计的目的，经自然人书面同意，且公开的方式不足以识别特定自然人； 　（四）自然人自行在网络上公开的信息或者其他已合法公开的个人信息； 　（五）以合法渠道获取的个人信息； 　（六）法律或者行政法规另有规定。 　网络用户或者网络服务提供者以违反社会公共利益、社会公德的方式公开前款第四项、第五项规定的个人信息，或者公开该信息侵害权利人值得保护的重大利益，权利人请求网络用户或者网络服务提供者承担侵权责任的，人民法院应予支持。 　国家机关行使职权公开个人信息的，不适用本条规定。

《民法典》	相关法律	其他规范性法律文件
第 1000 条　行为人因侵害人格权承担消除影响、恢复名誉、赔礼道歉等民事责任的,应当与行为的具体方式和造成的影响范围相当。 行为人拒不承担前款规定的民事责任的,人民法院可以采取在报刊、网络等媒体上发布公告或者公布生效裁判文书等方式执行,产生的费用由行为人负担。	（无）	《网络侵害人身权益规定》 第 12 条　网络用户或者网络服务提供者利用网络公开自然人基因信息、病历资料、健康检查资料、犯罪记录、家庭住址、私人活动等个人隐私和其他个人信息,造成他人损害,被侵权人请求其承担侵权责任的,人民法院应予支持。但下列情形除外: 　（一）经自然人书面同意且在约定范围内公开; 　（二）为促进社会公共利益且在必要范围内; 　（三）学校、科研机构等基于公共利益为学术研究或者统计的目的,经自然人书面同意,且公开的方式不足以识别特定自然人; 　（四）自然人自行在网络上公开的信息或者其他已合法公开的个人信息; 　（五）以合法渠道获取的个人信息; 　（六）法律或者行政法规另有规定。 网络用户或者网络服务提供者以违反社会公共利益、社会公德的方式公开前款第四项、第五项规定的个人信息,或者公开该信息侵害权利人值得保护的重大利益,权利人请求网络用户或者网络服务提供者承担侵权责任的,人民法院应予支持。 国家机关行使职权公开个人信息的,不适用本条规定。
第 1001 条　对自然人因婚姻家庭关系等产生的身份权利的保护,适用本法第一编、第五编和其他法律的相关规定;没有规定的可以根据其性质,参照适用本编人格权保护的有关规定。	（无）	

《民法典》	相关法律	其他规范性法律文件
第二章　生命权、身体权和健康权		
第1002条　自然人享有生命权。自然人的生命安全和生命尊严受法律保护。任何组织或者个人不得侵害他人的生命权。	《民法通则》第98条　公民享有生命健康权。	
第1003条　自然人享有身体权。自然人的身体完整和行动自由受法律保护。任何组织或者个人不得侵害他人的身体权。	（无）	
第1004条　自然人享有健康权。自然人的身心健康受法律保护。任何组织或者个人不得侵害他人的健康权。	《民法通则》第98条　公民享有生命健康权。	
第1005条　自然人的生命权、身体权、健康权受到侵害或者处于其他危难情形的,负有法定救助义务的组织或者个人应当及时施救。	（无）	
第1006条　完全民事行为能力人有权依法自主决定无偿捐献其人体细胞、人体组织、人体器官、遗体。任何组织或者个人不得强迫、欺骗、利诱其捐献。　完全民事行为能力人依据前款规定同意捐献的,应当采用书面形式也可以订立遗嘱。　自然人生前未表示不同意捐献的,该自然人死亡后,其配偶、成年子女、父母可以共同决定捐献,决定捐献应当采用书面形式。	（无）	《人体器官移植条例》第7条　人体器官捐献应当遵循自愿、无偿的原则。　公民享有捐献或者不捐献其人体器官的权利;任何组织或者个人不得强迫、欺骗或者利诱他人捐献人体器官。　第8条　捐献人体器官的公民应当具有完全民事行为能力。公民捐献其人体器官应当有书面形式的捐献意愿,对已经表示捐献其人体器官的意愿,有权予以撤销。　公民生前表示不同意捐献其人体器官的,任何组织或者个人不得捐献、摘取该公民的人体器官;公民生前未表示不同意捐献其人体器官的,该公民死亡后,其配偶、成年子女、父母可以以书面形式共同表示同意捐献该公民人体器官的意愿。　第9条　任何组织或者个人不得摘取未满18周岁公民的活体器官用于移植。

《民法典》	相关法律	其他规范性法律文件
第1007条　禁止以任何形式买卖人体细胞、人体组织、人体器官遗体。 违反前款规定的买卖行为无效。	（无）	《人体器官移植条例》第3条　任何组织或者个人不得以任何形式买卖人体器官,不得从事与买卖人体器官有关的活动。
第1008条　为研制新药、医疗器械或者发展新的预防和治疗方法,需要进行临床试验的,应当依法经相关主管部门批准并经伦理委员会审查同意,向受试者或者受试者的监护人告知试验目的、用途和可能产生的风险等详细情况,并经其书面同意。 进行临床试验的,不得向受试者收取试验费用。	（无）	
第1009条　从事与人体基因、人体胚胎等有关的医学和科研活动,应当遵守法律、行政法规和国家有关规定,不得危害人体健康,不得违背伦理道德,不得损害公共利益。	（无）	
第1010条　违背他人意愿,以言语、文字、图像、肢体行为等方式对他人实施性骚扰的,受害人有权依法请求行为人承担民事责任。 机关、企业、学校等单位应当采取合理的预防、受理投诉、调查处置等措施,防止和制止利用职权、从属关系等实施性骚扰。	《妇女权益保障法》第40条 　禁止对妇女实施性骚扰。受害妇女有权向单位和有关机关投诉。	
第1011条　以非法拘禁等方式剥夺、限制他人的行动自由,或者非法搜查他人身体的,受害人有权依法请求行为人承担民事责任。	《宪法》第37条　中华人民共和国公民的人身自由不受侵犯。 　任何公民,非经人民检察院批准或者决定或者人民法院决定,并由公安机关执行,不受逮捕。 　禁止非法拘禁和以其他方法非法剥夺或者限制公民的人身自由,禁止非法搜查公民的身体。	

《民法典》	相关法律	其他规范性法律文件
第三章 姓名权和名称权		
第1012条 自然人享有姓名权,有权依法决定、使用、变更或者许可他人使用自己的姓名,但是不得违背公序良俗。	《民法通则》第99条 公民享有姓名权,有权决定、使用和依照规定改变自己的姓名,禁止他人干涉、盗用、假冒。	《姓名权解释》 公民依法享有姓名权。公民行使姓名权,还应当尊重社会公德,不得损害社会公共利益。
第1013条 法人、非法人组织享有名称权,有权依法决定、使用、变更、转让或者许可他人使用自己的名称。	法人、个体工商户、个人合伙享有名称权。企业法人、个体工商户、个人合伙有权使用、依法转让自己的名称。	
第1014条 任何组织或者个人不得以干涉、盗用、假冒等方式侵害他人的姓名权或者名称权。		《民通意见》第141条 盗用、假冒他人姓名、名称造成损害的,应当认定为侵犯姓名权、名称权的行为。
第1015条 自然人应当随父姓或者母姓,但是有下列情形之一的,可以在父姓和母姓之外选取姓氏: (一)选取其他直系长辈血亲的姓氏; (二)因由法定扶养人以外的人扶养而选取扶养人姓氏; (三)有不违背公序良俗的其他正当理由。 少数民族自然人的姓氏可以遵从本民族的文化传统和风俗习惯。	《婚姻法》第22条 子女可以随父姓,可以随母姓。	《姓名权解释》 公民原则上应当随父姓或者母姓。有下列情形之一的,可以在父姓和母姓之外选取姓氏: (一)选取其他直系长辈血亲的姓氏; (二)因由法定扶养人以外的人扶养而选取扶养人姓氏; (三)有不违反公序良俗的其他正当理由。 少数民族公民的姓氏可以从本民族的文化传统和风俗习惯。
第1016条 自然人决定、变更姓名,或者法人、非法人组织决定、变更、转让名称的,应当依法向有关机关办理登记手续,但是法律另有规定的除外。 民事主体变更姓名、名称的,变更前实施的民事法律行为对其具有法律约束力。	(无)	
第1017条 具有一定社会知名度,被他人使用足以造成公众混淆的笔名、艺名、网名、译名、字号、姓名和名称的简称等,参照适用姓名权和名称权保护的有关规定。	(无)	

《民法典》	相关法律	其他规范性法律文件
第四章　肖像权		
第 1018 条　自然人享有肖像权,有权依法制作、使用、公开或者许可他人使用自己的肖像。 肖像是通过影像、雕塑、绘画等方式在一定载体上所反映的特定自然人可以被识别的外部形象。	《民法通则》第 100 条　公民享有肖像权,未经本人同意,不得以营利为目的使用公民的肖像。	
第 1019 条　任何组织或者个人不得以丑化、污损,或者利用信息技术手段伪造等方式侵害他人的肖像权。未经肖像权人同意,不得制作、使用、公开肖像权人的肖像,但是法律另有规定的除外。 未经肖像权人同意,肖像作品权利人不得以发表、复制、发行、出租、展览等方式使用或者公开肖像权人的肖像。	《妇女权益保障法》第 42 条　妇女的名誉权、荣誉权、隐私权、肖像权等人格权受法律保护。 禁止用侮辱、诽谤等方式损害妇女的人格尊严。禁止通过大众传播媒介或者其他方式贬低损害妇女人格。未经本人同意,不得以营利为目的,通过广告、商标、展览橱窗、报纸、期刊、图书、音像制品、电子出版物、网络等形式使用妇女肖像。	《民通意见》第 139 条　以营利为目的,未经公民同意利用其肖像做广告、商标、装饰橱窗等,应当认定为侵犯公民肖像权的行为。
第 1020 条　合理实施下列行为的,可以不经肖像权人同意: (一)为个人学习、艺术欣赏、课堂教学或者科学研究,在必要范围内使用肖像权人已经公开的肖像; (二)为实施新闻报道,不可避免地制作、使用、公开肖像权人的肖像; (三)为依法履行职责,国家机关在必要范围内制作、使用、公开肖像权人的肖像; (四)为展示特定公共环境,不可避免地制作、使用、公开肖像权人的肖像; (五)为维护公共利益或者肖像权人合法权益,制作、使用、公开肖像权人的肖像的其他行为。	(无)	
第 1021 条　当事人对肖像许可使用合同中关于肖像使用条款的理解有争议的,应当作出有利于肖像权人的解释。	(无)	

《民法典》	相关法律	其他规范性法律文件
第1022条 当事人对肖像许可使用期限没有约定或者约定不明确的,任何一方当事人可以随时解除肖像许可使用合同,但是应当在合理期限之前通知对方。 当事人对肖像许可使用期限有明确约定,肖像权人有正当理由的,可以解除肖像许可使用合同,但是应当在合理期限之前通知对方。因解除合同造成对方损失的,除不可归责于肖像权人的事由外,应当赔偿损失。	(无)	
第1023条 对姓名等的许可使用,参照适用肖像许可使用的有关规定。 对自然人声音的保护,参照适用肖像权保护的有关规定。	(无)	
第五章 名誉权和荣誉权		
第1024条 民事主体享有名誉权。任何组织或者个人不得以侮辱、诽谤等方式侵害他人的名誉权。 名誉是对民事主体的品德、声望、才能、信用等的社会评价。	《宪法》第38条 中华人民共和国公民的人格尊严不受侵犯。禁止用任何方法对公民进行侮辱、诽谤和诬告陷害。 《民法通则》第101条 公民、法人享有名誉权,公民的人格尊严受法律保护,禁止用侮辱、诽谤等方式损害公民、法人的名誉。 《妇女权益保障法》第42条 妇女的名誉权、荣誉权、隐私权、肖像权等人格权受法律保护。 禁止用侮辱、诽谤等方式损害妇女的人格尊严。禁止通过大众传播媒介或者其他方式贬低损害妇女人格。未经本人同意,不得以营利为目的,通过广告、商标、展览橱窗、报纸、期刊、图书、音像制品、电子出版物、网络等形式使用妇女肖像。	《网络侵害人身权益规定》第11条 网络用户或者网络服务提供者采取诽谤、诋毁等手段,损害公众对经营主体的信赖,降低其产品或者服务的社会评价,经营主体请求网络用户或者网络服务提供者承担侵权责任的,人民法院应依法予以支持。 《名誉权解释》 八、问:因医疗卫生单位公开患者患有淋病、梅毒、麻风病、爱滋病等病情引起的名誉纠纷,如何认定是否构成侵权? 答:医疗卫生单位的工作人员擅自公开患者患有淋病、麻风病、梅毒、爱滋病等病情,致使患者名誉受到损害的,应当认定为侵害患者名誉权。 医疗卫生单位向患者或其家属通报病情,不应当认定为侵害患者名誉权。 《名誉权解答》 七、问:侵害名誉权责任应如何认定? 答:是否构成侵害名誉权的责任,应当根据受害人确有名

《民法典》	相关法律	其他规范性法律文件
		誉被损害的事实、行为人行为违法、违法行为与损害后果之间有因果关系、行为人主观上有过错来认定。 以书面或口头形式侮辱或者诽谤他人,损害他人名誉的,应认定为侵害他人名誉权。 对未经他人同意,擅自公布他人的隐私材料或以书面、口头形式宣扬他人隐私,致他人名誉受到损害的,按照侵害他人名誉权处理。 因新闻报道严重失实,致他人名誉受到损害的,应按照侵害他人名誉权处理。 八、问:因撰写、发表批评文章引起的名誉权纠纷,应如何认定是否构成侵权? 答:因撰写、发表批评文章引起的名誉权纠纷,人民法院应根据不同情况处理: 文章反映的问题基本真实,没有侮辱他人人格的内容的,不应认定为侵害他人名誉权。 文章反映的问题虽基本属实,但有侮辱他人人格的内容,使他人名誉受到损害的,应认定为侵害他人名誉权。 文章的基本内容失实,使他人名誉受到损害的,应认定为侵害他人名誉权。
第 1025 条　行为人为公共利益实施新闻报道、舆论监督等行为,影响他人名誉的,不承担民事责任,但是有下列情形之一的除外: 　(一)捏造、歪曲事实; 　(二)对他人提供的严重失实内容未尽到合理核实义务; 　(三)使用侮辱性言辞等贬损他人名誉。	(无)	《民通意见》第 140 条　以书面、口头等形式宣扬他人的隐私,或者捏造事实公然丑化他人人格,以及用侮辱、诽谤等方式损害他人名誉,造成一定影响的,应当认定为侵害公民名誉权的行为。 以书面、口头等形式诋毁、诽谤法人名誉,给法人造成损害的,应当认定为侵害法人名誉权的行为。

《民法典》	相关法律	其他规范性法律文件
		《名誉权解释》 六、问:新闻单位报道国家机关的公开的文书和职权行为引起的名誉以纠纷,是否认定为构成侵权? 答:新闻单位根据国家机关依职权制作的公开的文书和实施的公开的职权行为所作的报道,其报道客观准确的,不应当认定为侵害他人名誉权;其报道失实,或者前述文书和职权行为已公开纠正而拒绝更正报道,致使他人名誉受到损害的,应当认定为侵害他人名誉权。 七、问:因提供新闻材料引起的名誉权纠纷,如何认定是否构成侵权? 答:因提供新闻材料引起的名誉权纠纷,认定是否构成侵权,应区分以下两种情况: (一)主动提供新闻材料,致使他人名誉受到损害的,应当认定为侵害他人名誉权。 (二)因被动采访而提供新闻材料,且未经提供者同意公开,新闻单位擅自发表,致使他人名誉受到损害的,对提供者一般不应当认定为侵害名誉权;虽系被动提供新闻材料,但发表时得到提供者同意或者默许,致使他人名誉受到损害的,应当认定为侵害名誉权。
第1026条 认定行为人是否尽到前条第二项规定的合理核实义务,应当考虑下列因素: (一)内容来源的可信度; (二)对明显可能引发争议的内容是否进行了必要的调查; (三)内容的时限性; (四)内容与公序良俗的关联性; (五)受害人名誉受贬损的可能性; (六)核实能力和核实成本。	(无)	

《民法典》	相关法律	其他规范性法律文件
第1027条　行为人发表的文学、艺术作品以真人真事或者特定人为描述对象,含有侮辱、诽谤内容,侵害他人名誉权的,受害人有权依法请求该行为人承担民事责任。 行为人发表的文学、艺术作品不以特定人为描述对象,仅其中的情节与该特定人的情况相似的,不承担民事责任。	(无)	《名誉权解答》　九、问:因文学作品引起的名誉权纠纷,应如何认定是否构成侵权? 答:撰写、发表文学作品,不是以生活中特定的人为描写对象,仅是作品的情节与生活中某人的情况相似,不应认定为侵害他人名誉权。 描写真人真事的文学作品,对特定人进行侮辱、诽谤或披露隐私损害其名誉的;或者虽未写明真实姓名和住址,但事实是以特定人为描写对象,文中有侮辱、诽谤或披露隐私的内容,致其名誉受到损害的,应认定为侵害他人名誉权。 编辑出版单位在作品已被认定为侵害他人名誉权或被告知明显属于侵害他人名誉权后,应刊登声明消除影响或采取其他补救措施;拒不刊登声明,不采取其他补救措施,或继续刊登、出版侵权作品的,应认定为侵权。
第1028条　民事主体有证据证明报刊、网络等媒体报道的内容失实,侵害其名誉权的,有权请求该媒体及时采取更正或者删除等必要措施。	(无)	
第1029条　民事主体可以依法查询自己的信用评价;发现信用评价不当的,有权提出异议并请求采取更正、删除等必要措施。信用评价人应当及时核查,经核查属实的,应当及时采取必要措施。	(无)	《征信业管理条例》第17条 信息主体可以向征信机构查询自身信息。个人信息主体有权每年两次免费获取本人的信用报告。 《征信业管理条例》第25条 信息主体认为征信机构采集、保存、提供的信息存在错误、遗漏的,有权向征信机构或者信息提供者提出异议,要求更正。 征信机构或者信息提供者收到异议,应当按照国务院征信业监督管理部门的规定对相关信息作出存在异议的标注,自收到异议之日起20日内进行核查和处理,并将结果书面答复异议人。

《民法典》	相关法律	其他规范性法律文件
		经核查,确认相关信息确有错误、遗漏的,信息提供者、征信机构应当予以更正;确认不存在错误、遗漏的,应当取消异议标注;经核查仍不能确认的,对核查情况和异议内容应当予以记载。
第1030条 民事主体与征信机构等信用信息处理者之间的关系,适用本编有关个人信息保护的规定和其他法律、行政法规的有关规定。	(无)	
第1031条 民事主体享有荣誉权。任何组织或者个人不得非法剥夺他人的荣誉称号,不得诋毁、贬损他人的荣誉。 获得的荣誉称号应当记载而没有记载的,民事主体可以请求记载;获得的荣誉称号记载错误的,民事主体可以请求更正。	《民法通则》第102条 公民、法人享有荣誉权,禁止非法剥夺公民、法人的荣誉称号。	
第六章 隐私权和 个人信息保护		
第1032条 自然人享有隐私权。任何组织或者个人不得以刺探、侵扰、泄露、公开等方式侵害他人的隐私权。 隐私是自然人的私人生活安宁和不愿为他人知晓的私密空间、私密活动、私密信息。	《宪法》第39条 中华人民共和国公民的住宅不受侵犯。禁止非法搜查或者非法侵入公民的住宅。	
第1033条 除法律另有规定或者权利人明确同意外,任何组织或者个人不得实施下列行为: (一)以电话、短信、即时通讯工具、电子邮件、传单等方式侵扰他人的私人生活安宁; (二)进入、拍摄、窥视他人的住宅、宾馆房间等私密空间; (三)拍摄、窥视、窃听、公开他人的私密活动; (四)拍摄、窥视他人身体的私密部位; (五)处理他人的私密信息; (六)以其他方式侵害他人的隐私权。	(无)	

《民法典》	相关法律	其他规范性法律文件
第 1034 条　自然人的个人信息受法律保护。 个人信息是以电子或者其他方式记录的能够单独或者与其他信息结合识别特定自然人的各种信息，包括自然人的姓名、出生日期、身份证件号码、生物识别信息、住址、电话号码、电子邮箱、健康信息、行踪信息等。 个人信息中的私密信息，适用有关隐私权的规定；没有规定的，适用有关个人信息保护的规定。	《民法总则》第 111 条第 1 句　自然人的个人信息受法律保护。	《旅游纠纷解释》第 9 条 旅游经营者、旅游辅助服务者泄露旅游者个人信息或者未经旅游者同意公开其个人信息，旅游者请求其承担相应责任的，人民法院应予支持。
第 1035 条　处理个人信息的，应当遵循合法、正当、必要原则，不得过度处理，并符合下列条件： （一）征得该自然人或者其监护人同意，但是法律、行政法规另有规定的除外； （二）公开处理信息的规则； （三）明示处理信息的目的、方式和范围； （四）不违反法律、行政法规的规定和双方的约定。 个人信息的处理包括个人信息的收集、存储、使用、加工、传输、提供、公开等。	《民法总则》第 111 条第 2 句　任何组织和个人需要获取他人个人信息的，应当依法取得并确保信息安全，不得非法收集、使用、加工、传输他人个人信息，不得非法买卖、提供或者公开他人个人信息。 《网络安全法》第 41 条　网络运营者收集、使用个人信息，应当遵循合法、正当、必要的原则，公开收集、使用规则，明示收集、使用信息的目的、方式和范围，并经被收集者同意。 网络运营者不得收集与其提供的服务无关的个人信息，不得违反法律、行政法规的规定和双方的约定收集、使用个人信息，并应当依照法律、行政法规的规定和与用户的约定，处理其保存的个人信息。	《征信业管理条例》第 13 条 采集个人信息应当经信息主体本人同意，未经本人同意不得采集。但是，依照法律、行政法规规定公开的信息除外。 企业的董事、监事、高级管理人员与其履行职务相关的信息，不作为个人信息。
第 1036 条　处理个人信息，有下列情形之一的，行为人不承担民事责任： （一）在该自然人或者其监护人同意的范围内合理实施的行为； （二）合理处理该自然人自行公开的或者其他已经合法公开的信息，但是该自然人明确拒绝或者处理该信息侵害其重大利益的除外； （三）为维护公共利益或者该自然人合法权益，合理实施的其他行为。	（无）	《网络侵害人身权益规定》第 12 条　网络用户或者网络服务提供者利用网络公开自然人基因信息、病历资料、健康检查资料、犯罪记录、家庭住址、私人活动等个人隐私和其他个人信息，造成他人损害，被侵权人请求其承担侵权责任的，人民法院应予支持。但下列情形除外： （一）经自然人书面同意且在约定范围内公开； （二）为促进社会公共利益且在必要范围内； （三）学校、科研机构等基于公共利益为学术研究或者统计的目的，经自然人书面同意，且公开的方式不足以识别特定自然人；

《民法典》	相关法律	其他规范性法律文件
		（四）自然人自行在网络上公开的信息或者其他已合法公开的个人信息； （五）以合法渠道获取的个人信息； （六）法律或者行政法规另有规定。 　　网络用户或者网络服务提供者以违反社会公共利益、社会公德的方式公开前款第四项、第五项规定的个人信息，或者公开该信息侵害权利人值得保护的重大利益，权利人请求网络用户或者网络服务提供者承担侵权责任的，人民法院应予支持。 　　国家机关行使职权公开个人信息的，不适用本条规定。
第 1037 条　自然人可以依法向信息处理者查阅或者复制其个人信息；发现信息有错误的，有权提出异议并请求及时采取更正等必要措施。 　　**自然人发现信息处理者违反法律、行政法规的规定或者双方的约定处理其个人信息的，有权请求信息处理者及时删除。**	《网络安全法》第 43 条　个人发现网络运营者违反法律、行政法规的规定或者双方的约定收集、使用其个人信息的，有权要求网络运营者删除其个人信息；发现网络运营者收集、存储的其个人信息有错误的，有权要求网络运营者予以更正。网络运营者应当采取措施予以删除或者更正。	**《网络侵害人身权益规定》第 14 条**　被侵权人与构成侵权的网络用户或者网络服务提供者达成一方支付报酬，另一方提供删除、屏蔽、断开链接等服务的协议，人民法院应认定为无效。 　　擅自篡改、删除、屏蔽特定网络信息或者以断开链接的方式阻止他人获取网络信息，发布该信息的网络用户或者网络服务提供者请求侵权人承担侵权责任的，人民法院应予支持。接受他人委托实施该行为的，委托人与受托人承担连带责任。 　　**《征信业管理条例》第 17 条**　信息主体可以向征信机构查询自身信息。个人信息主体有权每年两次免费获取本人的信用报告。 　　**《征信业管理条例》第 25 条**　信息主体认为征信机构采集、保存、提供的信息存在错误、遗漏的，有权向征信机构或者信息提供者提出异议，要求更正。 　　征信机构或者信息提供者收到异议，应当按照国务院征信业监督管理部门的规定对相关信息作出存在异议的标注，自收到异议之日起 20 日内进行核查和处理，并将结果书面答复异议人。

《民法典》	相关法律	其他规范性法律文件
		经核查,确认相关信息确有错误、遗漏的,信息提供者、征信机构应当予以更正;确认不存在错误、遗漏的,应当取消异议标注;经核查仍不能确认的,对核查情况和异议内容应当予以记载。
第1038条　信息处理者不得泄露或者篡改其收集、存储的个人信息;未经自然人同意,不得向他人非法提供其个人信息,但是经过加工无法识别特定个人且不能复原的除外。 信息处理者应当采取技术措施和其他必要措施,确保其收集、存储的个人信息安全,防止信息泄露、篡改、丢失;发生或者可能发生个人信息泄露、篡改、丢失的,应当及时采取补救措施,按照规定告知自然人并向有关主管部门报告。	《网络安全法》第42条　网络运营者不得泄露、篡改、毁损其收集的个人信息;未经被收集者同意,不得向他人提供个人信息。但是,经过处理无法识别特定个人且不能复原的除外。 网络运营者应当采取技术措施和其他必要措施,确保其收集的个人信息安全,防止信息泄露、毁损、丢失。在发生或者可能发生个人信息泄露、毁损、丢失的情况时,应当立即采取补救措施,按照规定及时告知用户并向有关主管部门报告。	《网络侵害人身权益规定》第14条　被侵权人与构成侵权的网络用户或者网络服务提供者达成一方支付报酬,另一方提供删除、屏蔽、断开链接等服务的协议,人民法院应认定为无效。 擅自篡改、删除、屏蔽特定网络信息或者以断开链接的方式阻止他人获取网络信息,发布该信息的网络用户或者网络服务提供者请求侵权人承担侵权责任的,人民法院应予支持。接受他人委托实施该行为的,委托人与受托人承担连带责任。 《旅游纠纷解释》第9条　旅游经营者、旅游辅助服务者泄露旅游者个人信息或者未经旅游者同意公开其个人信息,旅游者请求其承担相应责任的,人民法院应予支持。
第1039条　国家机关、承担行政职能的法定机构及其工作人员对于履行职责过程中知悉的自然人的隐私和个人信息,应当予以保密,不得泄露或者向他人非法提供。	《网络安全法》第45条　依法负有网络安全监督管理职责的部门及其工作人员,必须对在履行职责中知悉的个人信息、隐私和商业秘密严格保密,不得泄露、出售或者非法向他人提供。	《征信业管理条例》第3条　从事征信业务及相关活动,应当遵守法律法规,诚实守信,不得危害国家秘密,不得侵犯商业秘密和个人隐私。

第五编　婚姻家庭

《民法典》	《婚姻法》	相关规范性法律文件
第五编　婚姻家庭		
第一章　一般规定	第一章　一般规定	
第 1040 条　本编调整因婚姻家庭产生的民事关系。	**第 1 条**　本法是婚姻家庭关系的基本准则。	
第 1041 条　婚姻家庭受国家保护。 实行婚姻自由、一夫一妻、男女平等的婚姻制度。 保护妇女、**未成年人**、老年人、**残疾人**的合法权益。	**第 2 条**　实行婚姻自由、一夫一妻、男女平等的婚姻制度。 保护妇女、儿童和老人的合法权益。 **实行计划生育。**	
第 1042 条　禁止包办、买卖婚姻和其他干涉婚姻自由的行为。禁止借婚姻索取财物。 禁止重婚。禁止有配偶者与他人同居。 禁止家庭暴力。禁止家庭成员间的虐待和遗弃。	**第 3 条**　禁止包办、买卖婚姻和其他干涉婚姻自由的行为。禁止借婚姻索取财物。 禁止重婚。禁止有配偶者与他人同居。禁止家庭暴力。禁止家庭成员间的虐待和遗弃。	**《婚姻法解释（二）》第 1 条第 1 款**　当事人起诉请求解除同居关系的，人民法院不予受理。但当事人请求解除的同居关系，属于婚姻法第三条、第三十二条、第四十六条规定的"有配偶者与他人同居"的，人民法院应当受理并依法予以解除。 **《婚姻法解释（一）》第 1 条**　婚姻法第三条、第三十二条、第四十三条、第四十五条、第四十六条所称的"家庭暴力"，是指行为人以殴打、捆绑、残害、强行限制人身自由或者其他手段，给其家庭成员的身体、精神等方面造成一定伤害后果的行为。持续性、经常性的家庭暴力，构成虐待。 **《婚姻法解释（一）》第 2 条**　婚姻法第三条、第三十二条、第四十六条规定的"有配偶者与他人同居"的情形，是指有配偶者与婚外异性，不以夫妻名义，持续、稳定地共同居住。

《民法典》	《婚姻法》	相关规范性法律文件
第 1043 条 家庭应当树立优良家风,弘扬家庭美德,重视家庭文明建设。 夫妻应当互相忠实,互相尊重,互相关爱;家庭成员应当敬老爱幼,互相帮助,维护平等、和睦、文明的婚姻家庭关系。	第 4 条 夫妻应当互相忠实,互相尊重;家庭成员间应当敬老爱幼,互相帮助,维护平等、和睦、文明的婚姻家庭关系。	《婚姻法解释(一)》第 3 条 当事人仅以婚姻法第四条为依据提起诉讼的,人民法院不予受理;已经受理的,裁定驳回起诉。
第 1044 条 收养应当遵循最有利于被收养人的原则,保障被收养人和收养人的合法权益。 禁止借收养名义买卖未成年人。	(无)	
第 1045 条 亲属包括配偶、血亲和姻亲。 配偶、父母、子女、兄弟姐妹、祖父母、外祖父母、孙子女、外孙子女为近亲属。 配偶、父母、子女和其他共同生活的近亲属为家庭成员。	(无)	
第二章 结婚	第二章 结婚	
第 1046 条 结婚应当男女双方完全自愿,禁止任何一方对另一方加以强迫,禁止任何组织或者个人加以干涉。	第 5 条 结婚必须男女双方完全自愿,不许任何一方对他方加以强迫或任何第三者加以干涉。	
第 1047 条 结婚年龄,男不得早于二十二周岁,女不得早于二十周岁。	第 6 条 结婚年龄,男不得早于二十二周岁,女不得早于二十周岁。晚婚晚育应予鼓励。	
第 1048 条 直系血亲或者三代以内的旁系血亲禁止结婚。	第 7 条 有下列情形之一的,禁止结婚: (一)直系血亲和三代以内的旁系血亲; (二)患有医学上认为不应当结婚的疾病。	

《民法典》	《婚姻法》	相关规范性法律文件
第1049条 要求结婚的男女双方**应当**亲自到婚姻登记机关**申请**结婚登记。符合本法规定的,予以登记,发给结婚证。**完成结婚登记,**即确立婚姻关系。未办理结婚登记的,应当补办登记。	**第8条** 要求结婚的男女双方必须亲自到婚姻登记机关进行结婚登记。符合本法规定的,予以登记,发给结婚证。取得结婚证,即确立夫妻关系。未办理结婚登记的,应当补办登记。	**《婚姻法解释(一)》第4条** 男女双方根据婚姻法第八条规定补办结婚登记的,婚姻关系的效力从双方均符合婚姻法所规定的结婚的实质要件时起算。 **《婚姻法解释(一)》第5条** 未按婚姻法第八条规定办理结婚登记而以夫妻名义共同生活的男女,起诉到人民法院要求离婚的,应当区别对待: (一)1994年2月1日民政部《婚姻登记管理条例》公布实施以前,男女双方已经符合结婚实质要件的,按事实婚姻处理。 (二)1994年2月1日民政部《婚姻登记管理条例》公布实施以后,男女双方符合结婚实质要件的,人民法院应当告知其在案件受理前补办结婚登记;未补办结婚登记的,按解除同居关系处理。 **《婚姻法解释(一)》第6条** 未按婚姻法第八条规定办理结婚登记而以夫妻名义共同生活的男女,一方死亡,另一方以配偶身份主张享有继承权的,按照本解释第五条的原则处理。
第1050条 登记结婚后,**按照**男女双方约定,女方可以成为男方家庭的成员,男方可以成为女方家庭的成员。	**第9条** 登记结婚后,根据男女双方约定,女方可以成为男方家庭的成员,男方可以成为女方家庭的成员。	
第1051条 有下列情形之一的,婚姻无效: (一)重婚; (二)有禁止结婚的亲属关系; (三)未到法定婚龄。	**第10条** 有下列情形之一的,婚姻无效: (一)重婚的; (二)有禁止结婚的亲属关系的; (三)**婚前患有医学上认为**	**《婚姻法解释(二)》第5条** 夫妻一方或者双方死亡后一年内,生存一方或者利害关系人依据婚姻法第十条的规定申请宣告婚姻无效的,人民法院应当受理。

《民法典》	《婚姻法》	相关规范性法律文件
	不应当结婚的疾病,婚后尚未治愈的; （四）未到法定婚龄的。	**《婚姻法解释（二）》第6条**　利害关系人依据婚姻法第十条的规定,申请人民法院宣告婚姻无效的,利害关系人为申请人,婚姻关系当事人双方为被申请人。 　夫妻一方死亡的,生存一方为被申请人。 　夫妻双方均已死亡的,不列被申请人。 　**《婚姻法解释（三）》第1条前半段**　当事人以婚姻法第十条规定以外的情形申请宣告婚姻无效的,人民法院应当判决驳回当事人的申请。 　**《婚姻法解释（一）》第7条**　有权依据婚姻法第十条规定向人民法院就已办理结婚登记的婚姻申请宣告婚姻无效的主体,包括婚姻当事人及利害关系人。利害关系人包括： 　（一）以重婚为由申请宣告婚姻无效的,为当事人的近亲属及基层组织。 　（二）以未到法定婚龄为由申请宣告婚姻无效的,为未达法定婚龄者的近亲属。 　（三）以有禁止结婚的亲属关系为由申请宣告婚姻无效的,为当事人的近亲属。 　（四）以婚前患有医学上认为不应当结婚的疾病,婚后尚未治愈为由申请宣告婚姻无效的,为与患病者共同生活的近亲属。 　**《婚姻法解释（一）》第8条**　当事人依据婚姻法第十条规定向人民法院申请宣告婚姻无效的,申请时,法定的无效婚姻情形已经消失的,人民法院不予支持。

《民法典》	《婚姻法》	相关规范性法律文件
第 1052 条　因胁迫结婚的,受胁迫的一方可以向人民法院请求撤销婚姻。 请求撤销婚姻的,应当自<u>胁迫行为终止</u>之日起一年内提出。 被非法限制人身自由的当事人请求撤销婚姻的,应当自恢复人身自由之日起一年内提出。	第 11 条　因胁迫结婚的,受胁迫的一方可以向**婚姻登记机关或**人民法院请求撤销该婚姻。受胁迫的一方撤销婚姻的请求,应当自结婚登记之日起一年内提出。被非法限制人身自由的当事人请求撤销婚姻的,应当自恢复人身自由之日起一年内提出。	《婚姻法解释(一)》第 10条　婚姻法第十一条所称的"胁迫",是指行为人以给另一方当事人或者其近亲属的生命、身体健康、名誉、财产等方面造成损害为要挟,迫使另一方当事人违背真实意愿结婚的情况。 因受胁迫而请求撤销婚姻的,只能是受胁迫一方的婚姻关系当事人本人。 《婚姻法解释(一)》第 12条　婚姻法第十一条规定的"一年",不适用诉讼时效中止、中断或者延长的规定。
第 1053 条　<u>一方患有重大疾病的,应当在结婚登记前如实告知另一方;不如实告知的,另一方可以向人民法院请求撤销婚姻。</u> <u>请求撤销婚姻的,应当自知道或者应当知道撤销事由之日起一年内提出。</u>	(无)	
第 1054 条　无效的或者被撤销的婚姻**自始没有法律约束力**,当事人不具有夫妻的权利和义务。同居期间所得的财产,由当事人协议处理;协议不成**的**,由人民法院根据照顾无过错方的原则判决。对重婚导致的无效婚姻的财产处理,不得侵害合法婚姻当事人的财产权益。当事人所生的子女,适用本法关于父母子女的规定。 <u>婚姻无效或者被撤销的,无过错方有权请求损害赔偿。</u>	第 12 条　无效或被撤销的婚姻,自始无效。当事人不具有夫妻的权利和义务。同居期间所得的财产,由当事人协议处理;协议不成时,由人民法院根据照顾无过错方的原则判决。对重婚导致的婚姻无效的财产处理,不得侵害合法婚姻当事人的财产权益。当事人所生的子女,适用本法有关父母子女的规定。	《婚姻法解释(一)》第 14条　人民法院根据当事人的申请,依法宣告婚姻无效或者撤销婚姻的,应当收缴双方的结婚证书并将生效的判决书寄送当地婚姻登记管理机关。 《婚姻法解释(一)》第 15条　被宣告无效或被撤销的婚姻,当事人同居期间所得的财产,按共同共有处理。但有证据证明为当事人一方所有的除外。 《婚姻法解释(二)》第 1 条第 2 款　当事人因同居期间财产分割或者子女抚养纠纷提起诉讼的,人民法院应当受理。
第三章　家庭关系	第三章　家庭关系	
第一节　夫妻关系	第一节　夫妻关系	
第 1055 条　夫妻在**婚姻**家庭中地位平等。	第 13 条　夫妻在家庭中地位平等。	
第 1056 条　夫妻双方都有<u>各自使用</u>自己姓名的权利。	第 14 条　夫妻双方都有各自用自己姓名的权利。	

《民法典》	《婚姻法》	相关规范性法律文件
第 1057 条　夫妻双方都有参加生产、工作、学习和社会活动的自由，一方不得对另一方加以限制或干涉。	第 15 条　夫妻双方都有参加生产、工作、学习和社会活动的自由，一方不得对他方加以限制或干涉。	
第 1058 条　夫妻双方平等享有对未成年子女抚养、教育和保护的权利，共同承担对未成年子女抚养、教育和保护的义务。	（无）	
第 1059 条　夫妻有相互扶养的义务。 需要扶养的一方，在另一方不履行扶养义务时，有要求其给付扶养费的权利。	第 20 条　夫妻有互相扶养的义务。 一方不履行扶养义务时，需要扶养的一方，有要求对方付给扶养费的权利。	
第 1060 条　夫妻一方因家庭日常生活需要而实施的民事法律行为，对夫妻双方发生效力，但是夫妻一方与相对人另有约定的除外。 夫妻之间对一方可以实施的民事法律行为范围的限制，不得对抗善意相对人。	（无）	
第 1061 条　夫妻有相互继承遗产的权利。	第 24 条第 1 款 同《民法典》第 1061 条	《婚姻法解释（三）》第 15 条　婚姻关系存续期间，夫妻一方作为继承人依法可以继承的遗产，在继承人之间尚未实际分割，起诉离婚时另一方请求分割的，人民法院应当告知当事人在继承人之间实际分割遗产后另行起诉。
第 1062 条　夫妻在婚姻关系存续期间所得的下列财产，为夫妻的共同财产，归夫妻共同所有： （一）工资、奖金、劳务报酬； （二）生产、经营、投资的收益； （三）知识产权的收益； （四）继承或者受赠的财产，但是本法第一千零六十三条第三项规定的除外； （五）其他应当归共同所有的财产。 夫妻对共同财产，有平等的处理权。	第 17 条　夫妻在婚姻关系存续期间所得的下列财产，归夫妻共同所有： （一）工资、奖金； （二）生产、经营的收益； （三）知识产权的收益； （四）继承或赠与所得的财产，但本法第十八条第三项规定的除外； （五）其他应当归共同所有的财产。 夫妻对共同所有的财产，有平等的处理权。	《婚姻法解释（三）》第 5 条　夫妻一方个人财产在婚后产生的收益，除孳息和自然增值外，应认定为夫妻共同财产。 《婚姻法解释（三）》第 11 条　一方未经另一方同意出售夫妻共同共有的房屋，第三人善意购买、支付合理对价并办理产权登记手续，另一方主张追回该房屋的，人民法院不予支持。 夫妻一方擅自处分共同共有的房屋造成另一方损失，离婚时另一方请求赔偿损失的，人民法院应予支持。 《婚姻法解释（三）》第 12 条　婚姻关系存续期间，双方用夫妻共同财产出资购买以

《民法典》	《婚姻法》	相关规范性法律文件
		一方父母名义参加房改的房屋,产权登记在一方父母名下,离婚时另一方主张按照夫妻共同财产对该房屋进行分割的,人民法院不予支持。购买该房屋时的出资,可以作为债权处理。 　**《婚姻法解释(三)》第13条**　离婚时夫妻一方尚未退休、不符合领取养老保险金条件,另一方请求按照夫妻共同财产分割养老保险金的,人民法院不予支持;婚后以夫妻共同财产缴付养老保险费,离婚时一方主张将养老金账户中婚姻关系存续期间个人实际缴付部分作为夫妻共同财产分割的,人民法院应予支持。 　**《婚姻法解释(三)》第16条**　夫妻之间订立借款协议,以夫妻共同财产出借给一方从事个人经营活动或用于其他个人事务的,应视为双方约定处分夫妻共同财产的行为,离婚时可按照借款协议的约定处理。 　**《婚姻法解释(三)》第18条**　离婚后,一方以尚有夫妻共同财产未处理为由向人民法院起诉请求分割的,经审查该财产确属离婚时未涉及的夫妻共同财产,人民法院应当依法予以分割。 　**《婚姻法解释(二)》第11条**　婚姻关系存续期间,下列财产属于婚姻法第十七条规定的"其他应当归共同所有的财产": 　(一)一方以个人财产投资取得的收益; 　(二)男女双方实际取得或者应当取得的住房补贴、住房公积金; 　(三)男女双方实际取得或者应当取得的养老保险金、破产安置补偿费。 　**《婚姻法解释(二)》第12条**　婚姻法第十七条第三项规定的"知识产权的收益",是指婚姻关系存续期间,实际取得或者已经明确可以取得的财产性收益。

《民法典》	《婚姻法》	相关规范性法律文件
		《婚姻法解释（一）》第17条　婚姻法第十七条关于"夫或妻对夫妻共同所有的财产，有平等的处理权"的规定，应当理解为： （一）夫或妻在处理夫妻共同财产上的权利是平等的。因日常生活需要而处理夫妻共同财产的，任何一方均有权决定。 （二）夫或妻非因日常生活需要对夫妻共同财产做重要处理决定，夫妻双方应当平等协商，取得一致意见。他人有理由相信其为夫妻双方共同意思表示的，另一方不得以不同意或不知道为由对抗善意第三人。
第1063条　下列财产为夫妻一方的个人财产： （一）一方的婚前财产； （二）一方因受到人身损害获得的赔偿或者补偿； （三）遗嘱或者赠与合同中确定只归一方的财产； （四）一方专用的生活用品； （五）其他应当归一方的财产。	第18条　有下列情形之一的，为夫妻一方的财产： （一）一方的婚前财产； （二）一方因身体受到伤害获得的医疗费、残疾人生活补助费等费用； （三）遗嘱或赠与合同中确定只归夫或妻一方的财产； （四）一方专用的生活用品； （五）其他应当归一方的财产。	《婚姻法解释（三）》第7条第1款　婚后由一方父母出资为子女购买的不动产，产权登记在出资人子女名下的，可按照婚姻法第十八条第（三）项的规定，视为只对自己子女一方的赠与，该不动产应认定为夫妻一方的个人财产。 《婚姻法解释（二）》第13条　军人的伤亡保险金、伤残补助金、医药生活补助费属于个人财产。 《婚姻法解释（二）》第22条第1款　当事人结婚前，父母为双方购置房屋出资的，该出资应当认定为对自己子女的个人赠与，但父母明确表示赠与双方的除外。 《婚姻法解释（一）》第19条　婚姻法第十八条规定为夫妻一方的所有的财产，不因婚姻关系的延续而转化为夫妻共同财产。但当事人另有约定的除外。
第1064条　夫妻双方共同签名或者夫妻一方事后追认等共同意思表示所负的债务，以及夫妻一方在婚姻关系存续期间以个人名义为家庭日常生活需要所负的债务，属于夫妻共同债务。	（无）	《婚姻法解释（二）》第23条　债权人就一方婚前所负个人债务向债务人的配偶主张权利的，人民法院不予支持。但债权人能够证明所负债务用于婚后家庭共同生活的除外。

《民法典》	《婚姻法》	相关规范性法律文件
夫妻一方在婚姻关系存续期间以个人名义超出家庭日常生活需要所负的债务,不属于夫妻共同债务;但是,债权人能够证明该债务用于夫妻共同生活、共同生产经营或者基于夫妻双方共同意思表示的除外。		《夫妻债务纠纷解释》第1条　夫妻双方共同签字或者夫妻一方事后追认等共同意思表示所负的债务,应当认定为夫妻共同债务。 　　《夫妻债务纠纷解释》第2条　夫妻一方在婚姻关系存续期间以个人名义为家庭日常生活需要所负的债务,债权人以属于夫妻共同债务为由主张权利的,人民法院应予支持。 　　《夫妻债务纠纷解释》第3条　夫妻一方在婚姻关系存续期间以个人名义超出家庭日常生活需要所负的债务,债权人以属于夫妻共同债务为由主张权利的,人民法院不予支持,但债权人能够证明该债务用于夫妻共同生活、共同生产经营或者基于夫妻双方共同意思表示的除外。
第1065条　男女双方可以约定婚姻关系存续期间所得的财产以及婚前财产归各自所有、共同所有或者部分各自所有、部分共同所有。约定应当采用书面形式。没有约定或者约定不明确的,适用本法第一千零六十二条、第一千零六十三条的规定。 　　夫妻对婚姻关系存续期间所得的财产以及婚前财产的约定,对双方具有法律约束力。 　　夫妻对婚姻关系存续期间所得的财产约定归各自所有,夫或者妻一方对外所负的债务,相对人知道该约定的,以夫或者妻一方的个人财产清偿。	第19条　夫妻可以约定婚姻关系存续期间所得的财产以及婚前财产归各自所有、共同所有或部分各自所有、部分共同所有。约定应当采用书面形式。没有约定或约定不明确的,适用本法第十七条、第十八条的规定。 　　夫妻对婚姻关系存续期间所得的财产以及婚前财产的约定,对双方具有约束力。 　　夫妻对婚姻关系存续期间所得的财产约定归各自所有的,夫或妻一方对外所负的债务,第三人知道该约定的,以夫或妻一方所有的财产清偿。	《婚姻法解释(二)》第24条第1款　债权人就婚姻关系存续期间夫妻一方以个人名义所负债务主张权利的,应当按夫妻共同债务处理。但夫妻一方能够证明债权人与债务人明确约定为个人债务,或者能够证明属于婚姻法第十九条第三款规定情形的除外。 　　《婚姻法解释(二)》第25条　当事人的离婚协议或者人民法院的判决书、裁定书、调解书已经对夫妻财产分割问题作出处理的,债权人仍有权就夫妻共同债务向男女双方主张权利。 　　一方就共同债务承担连带清偿责任后,基于离婚协议或者人民法院的法律文书向另一方主张追偿的,人民法院应当支持。 　　《婚姻法解释(一)》第18条　婚姻法第十九条所称"第三人知道该约定的",夫妻一方对此负有举证责任。

《民法典》	《婚姻法》	相关规范性法律文件
第1066条　婚姻关系存续期间，有下列情形之一的，夫妻一方可以向人民法院请求分割共同财产： （一）一方有隐藏、转移、变卖、毁损、挥霍夫妻共同财产或者伪造夫妻共同债务等严重损害夫妻共同财产利益的行为； （二）一方负有法定扶养义务的人患重大疾病需要医治，另一方不同意支付相关医疗费用。	（无）	《婚姻法解释（三）》第4条　婚姻关系存续期间，夫妻一方请求分割共同财产的，人民法院不予支持，但有下列重大理由且不损害债权人利益的除外： （一）一方有隐藏、转移、变卖、毁损、挥霍夫妻共同财产或者伪造夫妻共同债务等严重损害夫妻共同财产利益行为的； （二）一方负有法定扶养义务的人患重大疾病需要医治，另一方不同意支付相关医疗费用的。
第二节　父母子女关系 和其他近亲属关系	第二节　父母子女关系 和其他近亲属关系	
第1067条　父母不履行抚养义务的，未成年子女或者不能独立生活的成年子女，有要求父母给付抚养费的权利。 成年子女不履行赡养义务的，缺乏劳动能力或者生活困难的父母，有要求成年子女给付赡养费的权利。	第21条第2-4款　父母不履行抚养义务时，未成年的或不能独立生活的子女，有要求父母付给抚养费的权利。 子女不履行赡养义务时，无劳动能力的或生活困难的父母，有要求子女付给赡养费的权利。 禁止溺婴、弃婴和其他残害婴儿的行为。	《婚姻法解释（三）》第3条　婚姻关系存续期间，父母双方或者一方拒不履行抚养子女义务，未成年或者不能独立生活的子女请求支付抚养费的，人民法院应予支持。 《婚姻法解释（一）》第20条　婚姻法第二十一条规定的"不能独立生活的子女"，是指尚在校接受高中及其以下学历教育，或者丧失或未完全丧失劳动能力等非因主观原因而无法维持正常生活的成年子女。 《婚姻法解释（一）》第21条　婚姻法第二十一条所称"抚养费"，包括子女生活费、教育费、医疗费等费用。
第1068条　父母有教育、保护未成年子女的权利和义务。未成年子女造成他人损害的，父母应当依法承担民事责任。	第23条　父母有保护和教育未成年子女的权利和义务。在未成年子女对国家、集体或他人造成损害时，父母有承担民事责任的义务。	
第1069条　子女应当尊重父母的婚姻权利，不得干涉父母离婚、再婚以及婚后的生活。子女对父母的赡养义务，不因父母的婚姻关系变化而终止。	第30条　子女应当尊重父母的婚姻权利，不得干涉父母再婚以及婚后的生活。子女对父母的赡养义务，不因父母的婚姻关系变化而终止。	
第1070条　父母和子女有相互继承遗产的权利。	第24条第2款 同《民法典》第1070条	

《民法典》	《婚姻法》	相关规范性法律文件
第 1071 条 非婚生子女享有与婚生子女同等的权利,任何<u>组织或者个人</u>不得加以危害和歧视。 不直接抚养非婚生子女的生父<u>或者</u>生母,<u>应当负担未成年子女或者不能独立生活的成年子女的抚养费。</u>	**第 25 条** 非婚生子女享有与婚生子女同等的权利,任何人不得加以危害和歧视。 不直接抚养非婚生子女的生父或生母,应当负担子女的**生活费和教育费**,直至子女能独立生活为止。	
第 1072 条 继父母与继子女间,不得虐待<u>或者</u>歧视。 继父或者继母和受其抚养教育的继子女间的权利义务关系,适用本法<u>关于</u>父母子女关系的规定。	**第 27 条** 继父母与继子女间,不得虐待或歧视。 继父或继母和受其抚养教育的继子女间的权利和义务,适用本法对父母子女关系的**有关**规定。	
第 1073 条 对亲子关系有异议且有正当理由的,父或者母可以向人民法院提起诉讼,请求确认或者否认亲子关系。 **对亲子关系有异议且有正当理由的,成年子女可以向人民法院提起诉讼,请求确认亲子关系。**	（无）	**《婚姻法解释(三)》第 2 条** 夫妻一方向人民法院起诉请求确认亲子关系不存在,并已提供必要证据予以证明,另一方没有相反证据又拒绝做亲子鉴定的,人民法院可以推定请求确认亲子关系不存在一方的主张成立。 当事人一方起诉请求确认亲子关系,并提供必要证据予以证明,另一方没有相反证据又拒绝做亲子鉴定的,人民法院可以推定请求确认亲子关系一方的主张成立。
第 1074 条 有负担能力的祖父母、外祖父母,对于父母已经死亡或者父母无力抚养的未成年孙子女、外孙子女,有抚养的义务。 有负担能力的孙子女、外孙子女,对于子女已经死亡或子女无力赡养的祖父母、外祖父母,有赡养的义务。	**第 28 条** 有负担能力的祖父母、外祖父母,对于父母已经死亡或父母无力抚养的未成年的孙子女、外孙子女,有抚养的义务。有负担能力的孙子女、外孙子女,对于子女已经死亡或子女无力赡养的祖父母、外祖父母,有赡养的义务。	
第 1075 条 有负担能力的兄、姐,对于父母已经死亡或者父母无力抚养的未成年的弟、妹,有扶养的义务。 由兄、姐扶养长大的有负担能力的弟、妹,对于缺乏劳动能力又缺乏生活来源的兄、姐,有扶养的义务。	**第 29 条** 有负担能力的兄、姐,对于父母已经死亡或父母无力抚养的未成年的弟、妹,有扶养的义务。由兄、姐扶养长大的有负担能力的弟、妹,对于缺乏劳动能力又缺乏生活来源的兄、姐,有扶养的义务。	

《民法典》	《婚姻法》	相关规范性法律文件
第四章　离婚	第四章　离婚	
第1076条　**夫妻**双方自愿离婚的,应当签订书面离婚协议,并亲自到婚姻登记机关申请离婚登记。 离婚协议应当载明双方自愿离婚的意思表示和对子女抚养、财产以及债务处理等事项协商一致的意见。	第31条第1句、第2句　男女双方自愿离婚的,**准予离婚**。双方必须到婚姻登记机关申请离婚。	《婚姻法解释(三)》第14条　当事人达成的以登记离婚或者到人民法院协议离婚为条件的财产分割协议,如果双方协议离婚未成,一方在离婚诉讼中反悔的,人民法院应当认定该财产分割协议没有生效,并根据实际情况依法对夫妻共同财产进行分割。 《婚姻登记条例》第11条第3款　离婚协议书应当载明双方当事人自愿离婚的意思表示以及对子女抚养、财产及债务处理等事项协商一致的意见。
第1077条　自婚姻登记机关收到离婚登记申请之日起三十日内,任何一方不愿意离婚的,可以向婚姻登记机关撤回离婚登记申请。 前款规定期限届满后三十日内,双方应当亲自到婚姻登记机关申请发给离婚证;未申请的,视为撤回离婚登记申请。	(无)	
第1078条　婚姻登记机关查明双方确实是自愿**离婚**,并已经对子女**抚养**、财产以及债务处理等事项协商一致的,予以登记,发给离婚证。	第31条第3句　婚姻登记机关查明双方确实是自愿并对子女和财产问题已有适当处理时,发给离婚证。	
第1079条　夫妻一方要求离婚的,可以由有关**组织**进行调解或者直接向人民法院**提起**离婚诉讼。 人民法院审理离婚案件,应当进行调解;如果感情确已破裂,调解无效的,应**当准予**离婚。 有下列情形之一,调解无效的,应**当**准予离婚: (一)重婚或者与他人同居; (二)实施家庭暴力或者虐待、遗弃家庭成员; (三)有赌博、吸毒等恶习屡教不改;	第32条　男女一方要求离婚的,可由有关部门进行调解或直接向人民法院提出离婚诉讼。 人民法院审理离婚案件,应当进行调解;如感情确已破裂,调解无效,应准予离婚。 有下列情形之一,调解无效的,应准予离婚: (一)重婚或**有配偶者**与他人同居的; (二)实施家庭暴力或虐待、遗弃家庭成员的; (三)有赌博、吸毒等恶习屡教不改的;	《婚姻法解释(三)》第8条　无民事行为能力人的配偶有虐待、遗弃等严重损害无民事行为能力一方的人身权利或者财产权益行为,其他有监护资格的人可以依照特别程序要求变更监护关系;变更后的监护人代理无民事行为能力一方提起离婚诉讼的,人民法院应予受理。 《婚姻法解释(一)》第22条　人民法院审理离婚案件,符合第三十二条第二款规定"应准予离婚"情形的,不应当因当事人有过错而判决不

《民法典》	《婚姻法》	相关规范性法律文件
（四）因感情不和分居满二年； （五）其他导致夫妻感情破裂的情形。 　一方被宣告失踪，另一方提起离婚诉讼的，应当准予离婚。 　**经人民法院判决不准离婚后，双方又分居满一年，一方再次提起离婚诉讼的，应当准予离婚。**	（四）因感情不和分居满二年的； （五）其他导致夫妻感情破裂的情形。 　一方被宣告失踪，另一方提出离婚诉讼的，应准予离婚。	准离婚。 **《婚姻法解释（三）》第9条** 　夫以妻擅自中止妊娠侵犯其生育权为由请求损害赔偿的，人民法院不予支持；夫妻双方因是否生育发生纠纷，致使感情确已破裂，一方请求离婚的，人民法院经调解无效，应依照婚姻法第三十二条第三款第（五）项的规定处理。
第1080条　完成离婚登记，或者离婚判决书、调解书生效，即解除婚姻关系。	（无）	
第1081条　现役军人的配偶要求离婚，应当征得军人同意，但是军人一方有重大过错的除外。	**第33条　现役军人的配偶要求离婚，须得军人同意，但军人一方有重大过错的除外。**	**《婚姻法解释（一）》第23条**　婚姻法第三十三条所称的"军人一方有重大过错"，可以依据婚姻法第三十二条第二款前三项规定及军人有其他重大过错导致夫妻感情破裂的情形予以判断。
第1082条　女方在怀孕期间、分娩后一年内或者终止妊娠后六个月内，男方不得提出离婚；但是，女方提出离婚或者人民法院认为确有必要受理男方离婚请求的除外。	**第34条　女方在怀孕期间、分娩后一年内或中止妊娠后六个月内，男方不得提出离婚。女方提出离婚的，或人民法院认为确有必要受理男方离婚请求的，不在此限。**	
第1083条　离婚后，男女双方自愿恢复婚姻关系的，应当到婚姻登记机关重新进行结婚登记。	**第35条　离婚后，男女双方自愿恢复夫妻关系的，必须到婚姻登记机关进行复婚登记。**	
第1084条　父母与子女间的关系，不因父母离婚而消除。离婚后，子女无论由父或者母直接抚养，仍是父母双方的子女。 　离婚后，父母对于子女仍有抚养、教育、**保护**的权利和义务。 　离婚后，**不满两周岁的子女，以由母亲直接抚养为原则。已满两周岁的子女，父母双方对抚养问题协议不成的，由人民法院根据双方的具体情况，按照最有利于未成年子女的原则判决。子女已满八周岁的，应当尊重其真实意愿。**	**第36条　父母与子女间的关系，不因父母离婚而消除。离婚后，子女无论由父或母直接抚养，仍是父母双方的子女。** 　离婚后，父母对于子女仍有抚养和教育的权利和义务。 　离婚后，哺乳期内的子女，以随哺乳的母亲抚养为原则。哺乳期后的子女，如双方因抚养问题发生争执不能达成协议时，由人民法院根据子女的权益和双方的具体情况判决。	

《民法典》	《婚姻法》	相关规范性法律文件
第 1085 条　离婚后，子女由一方直接抚养的，另一方应当负担部分或者全部抚养费。负担费用的多少和期限的长短，由双方协议；协议不成的，由人民法院判决。 前款规定的协议或者判决，不妨碍子女在必要时向父母任何一方提出超过协议或者判决原定数额的合理要求。	**第 37 条**　离婚后，一方抚养的子女，另一方应负担必要的生活费和教育费的一部或全部，负担费用的多少和期限的长短，由双方协议；协议不成时，由人民法院判决。 关于子女生活费和教育费的协议或判决，不妨碍子女在必要时向父母任何一方提出超过协议或判决原定数额的合理要求。	
第 1086 条　离婚后，不直接抚养子女的父或者母，有探望子女的权利，另一方有协助的义务。 行使探望权利的方式、时间由当事人协议；协议不成的，由人民法院判决。 父或者母探望子女，不利于子女身心健康的，由人民法院依法中止探望；中止的事由消失后，应当恢复探望。	**第 38 条**　离婚后，不直接抚养子女的父或母，有探望子女的权利，另一方有协助的义务。 行使探望权利的方式、时间由当事人协议；协议不成时，由人民法院判决。 父或母探望子女，不利于子女身心健康的，由人民法院依法中止探望的权利；中止的事由消失后，应当恢复探望的权利。	**《婚姻法解释（一）》第 24 条**　人民法院作出的生效的离婚判决中未涉及探望权，当事人就探望权问题单独提起诉讼的，人民法院应予受理。 **《婚姻法解释（一）》第 25 条**　当事人在履行生效判决、裁定或者调解书的过程中，请求中止行使探望权的，人民法院在征询双方当事人意见后，认为需要中止行使探望权的，依法作出裁定。中止探望的情形消失后，人民法院应当根据当事人的申请通知其恢复探望权的行使。 **《婚姻法解释（一）》第 26 条**　未成年子女、直接抚养子女的父或母及其他对未成年子女负担抚养、教育义务的法定监护人，有权向人民法院提出中止探望权的请求。 **《婚姻法解释（一）》第 32 条**　婚姻法第四十八条关于对拒不执行有关探望子女等判决和裁定的，由人民法院依法强制执行的规定，是指对拒不履行协助另一方行使探望权的有关个人和单位采取拘留、罚款等强制措施，不能对子女的人身、探望行为进行强制执行。
第 1087 条　离婚时，夫妻的共同财产由双方协议处理；协议不成的，由人民法院根据财产的具体情况，按照照顾子女、女方和无过错方权益的原则判决。 对夫或者妻在家庭土地承包经营中享有的权益等，应当依法予以保护。	**第 39 条**　离婚时，夫妻的共同财产由双方协议处理；协议不成时，由人民法院根据财产的具体情况，照顾子女和女方权益的原则判决。 夫或妻在家庭土地承包经营中享有的权益等，应当依法予以保护。	**《婚姻法解释（二）》第 9 条**　男女双方协议离婚后一年内就财产分割问题反悔，请求变更或者撤销财产分割协议的，人民法院应当受理。 人民法院审理后，未发现订立财产分割协议时存在欺诈、胁迫等情形的，应当依法驳回当事人的诉讼请求。

《民法典》	《婚姻法》	相关规范性法律文件
		《婚姻法解释（三）》第10条 夫妻一方婚前签订不动产买卖合同，以个人财产支付首付款并在银行贷款，婚后用夫妻共同财产还贷，不动产登记于首付款支付方名下的，离婚时该不动产由双方协议处理。 依前款规定不能达成协议的，人民法院可以判决该不动产归产权登记一方，尚未归还的贷款为产权登记一方的个人债务。双方婚后共同还贷支付的款项及其相对应财产增值部分，离婚时应根据婚姻法第三十九条第一款规定的原则，由产权登记一方对另一方进行补偿。
第1088条 夫妻一方因抚育子女、照料老年人、协助另一方工作等**负担**较多义务的，离婚时有权向另一方请求补偿，另一方应当**给予**补偿。**具体办法由双方协议；协议不成的，由人民法院判决。**	第40条 夫妻书面约定婚姻关系存续期间所得的财产归各自所有，一方因抚育子女、照料老人、协助另一方工作等付出较多义务的，离婚时有权向另一方请求补偿，另一方应当予以补偿。	
第1089条 离婚时，夫妻**共同债务**应当共同偿还。共同财产不足清偿或者财产归各自所有的，由双方协议清偿；协议不成**的**，由人民法院判决。	第41条 离婚时，原为夫妻共同生活所负的债务，应当共同偿还。共同财产不足清偿的，或财产归各自所有的，由双方协议清偿；协议不成时，由人民法院判决。	
第1090条 离婚时，如果一方生活困难，**有负担能力的**另一方应当**给予适当帮助**。具体办法由双方协议；协议不成**的**，由人民法院判决。	第42条 离婚时，如一方生活困难，另一方应**从其住房等个人财产中**给予适当帮助。具体办法由双方协议；协议不成时，由人民法院判决。	《婚姻法解释（一）》第27条 婚姻法第四十二条所称"一方生活困难"，是指依靠个人财产和离婚时分得的财产无法维持当地基本生活水平。 一方离婚后没有住处的，属于生活困难。 离婚时，一方以个人财产中的住房对生活困难者进行帮助的形式，可以是房屋的居住权或者房屋的所有权。
第1091条 有下列情形之一，导致离婚的，无过错方有权请求损害赔偿： （一）重婚； （二）与他人同居； （三）实施家庭暴力； （四）虐待、遗弃家庭成员； **（五）有其他重大过错。**	第46条 有下列情形之一，导致离婚的，无过错方有权请求损害赔偿： （一）重婚的； （二）**有配偶者**与他人同居的； （三）实施家庭暴力的； （四）虐待、遗弃家庭成员的。	《婚姻法解释（一）》第28条 婚姻法第四十六条规定的"损害赔偿"，包括物质损害赔偿和精神损害赔偿。涉及精神损害赔偿的，适用最高人民法院《关于确定民事侵权精神损害赔偿责任若干问题的解释》的有关规定。

《民法典》	《婚姻法》	相关规范性法律文件
		《婚姻法解释（一）》第29条　承担婚姻法第四十六条规定的损害赔偿责任的主体，为离婚诉讼当事人中无过错方的配偶。 人民法院判决不准离婚的案件，对于当事人基于婚姻法第四十六条提出的损害赔偿请求，不予支持。 在婚姻关系存续期间，当事人不起诉离婚而单独依据该条规定提起损害赔偿请求的，人民法院不予受理。 **《婚姻法解释（一）》第30条**　人民法院受理离婚案件时，应当将婚姻法第四十六条等规定中当事人的有关权利义务，书面告知当事人。在适用婚姻法第四十六条时，应当区分以下不同情况： （一）符合婚姻法第四十六条规定的无过错方作为原告基于该条规定向人民法院提起损害赔偿请求的，必须在离婚诉讼的同时提出。 （二）符合婚姻法第四十六条规定的无过错方作为被告的离婚诉讼案件，如果被告不同意离婚也不基于该条规定提起损害赔偿请求的，可以在离婚后一年内就此单独提起诉讼。 （三）无过错方作为被告的离婚诉讼案件，一审时被告未基于婚姻法第四十六条规定提出损害赔偿请求，二审期间提出的，人民法院应当进行调解，调解不成的，告知当事人在离婚后一年内另行起诉。 **《婚姻法解释（二）》第27条**　当事人在婚姻登记机关办理离婚登记手续后，以婚姻法第四十六条规定为由向人民法院提出损害赔偿请求的，人民法院应当受理。但当事人在协议离婚时已经明确表示放弃该项请求，或者在办理离婚登记手续一年后提出的，不予支持。

《民法典》	《婚姻法》	相关规范性法律文件
第 1092 条　夫妻一方隐藏、转移、变卖、毁损、**挥霍**夫妻共同财产，或者伪造**夫妻共同债务企图侵占另一方财产**的，在离婚分割夫妻共同财产时，对**该方**可以少分或者不分。离婚后，另一方发现有上述行为的，可以向人民法院提起诉讼，请求再次分割夫妻共同财产。	第 47 条　离婚时，一方隐藏、转移、变卖、毁损夫妻共同财产，或伪造债务企图侵占另一方财产的，分割夫妻共同财产时，对隐藏、转移、变卖、毁损夫妻共同财产或伪造债务的一方，可以少分或不分。离婚后，另一方发现有上述行为的，可以向人民法院提起诉讼，请求再次分割夫妻共同财产。 　　人民法院对前款规定的妨害民事诉讼的行为，依照民事诉讼法的规定予以制裁。	《婚姻法解释（一）》第 31 条　当事人依据婚姻法第四十七条的规定向人民法院提起诉讼，请求再次分割夫妻共同财产的诉讼时效为两年，从当事人发现之次日起计算。

《民法典》	《收养法》	相关规范性法律文件
第五章　收养	第五章　收养	
第一节　收养关系的成立	第一节　收养关系的成立	
第 1093 条　下列**未成年人**，可以被收养： 　　（一）丧失父母的孤儿； 　　（二）查找不到生父母的**未成年人**； 　　（三）生父母有特殊困难无力抚养的子女。	第 4 条　下列**不满十四周岁**的未成年人可以被收养： 　　（一）丧失父母的孤儿； 　　（二）查找不到生父母的弃婴和儿童； 　　（三）生父母有特殊困难无力抚养的子女。	
第 1094 条　下列**个人**、组织可以作送养人： 　　（一）孤儿的监护人； 　　（二）**儿童**福利机构； 　　（三）有特殊困难无力抚养子女的生父母。	第 5 条　下列公民、组织可以作送养人： 　　（一）孤儿的监护人； 　　（二）社会福利机构； 　　（三）有特殊困难无力抚养子女的生父母。	
第 1095 条　未成年人的父母均不具备完全民事行为能力**且可能严重危害该未成年人**的，该未成年人的监护人**可以将其送养**。	第 12 条　未成年人的父母均不具备完全民事行为能力的，该未成年人的监护人不得将其送养，但父母对该未成年人有严重危害可能的除外。	
第 1096 条　监护人送养**孤儿**的，**应当**征得有抚养义务的人同意。有抚养义务的人不同意送养、监护人不愿意继续履行监护职责的，应当依照**本法第一编**的规定**另行确定**监护人。	第 13 条　监护人送养未成年孤儿的，须征得有抚养义务的人同意。有抚养义务的人不同意送养、监护人不愿意继续履行监护职责的，应当依照《中华人民共和国民法通则》的规定变更监护人。	

《民法典》	《收养法》	相关规范性法律文件
第1097条　生父母送养子女,应当双方共同送养。生父母一方不明或者查找不到的,可以单方送养。	第10条第1款 同《民法典》第1097条	
第1098条　收养人应当同时具备下列条件: (一)无子女或者只有一名子女; (二)有抚养、教育和保护被收养人的能力; (三)未患有在医学上认为不应当收养子女的疾病; (四)无不利于被收养人健康成长的违法犯罪记录; (五)年满三十周岁。	第6条　收养人应当同时具备下列条件: (一)无子女; (二)有抚养教育被收养人的能力; (三)未患有在医学上认为不应当收养子女的疾病; (四)年满三十周岁。	
第1099条　收养三代以内旁系同辈血亲的子女,可以不受本法第一千零九十三条第三项、第一千零九十四条第三项和第一千一百零二条规定的限制。 华侨收养三代以内旁系同辈血亲的子女,还可以不受本法第一千零九十八条第一项规定的限制	第7条　收养三代以内同辈旁系血亲的子女,可以不受本法第四条第三项、第五条第三项、第九条和被收养人不满十四周岁的限制。 华侨收养三代以内同辈旁系血亲的子女,还可以不受收养人无子女的限制。	
第1100条　无子女的收养人可以收养两名子女;有子女的收养人只能收养一名子女。 收养孤儿、残疾未成年人或者儿童福利机构抚养的查找不到生父母的未成年人,可以不受前款和本法第一千零九十八条第一项规定的限制。	第8条　收养人只能收养一名子女。收养孤儿、残疾儿童或者社会福利机构抚养的查找不到生父母的弃婴和儿童,可以不受收养人无子女和收养一名的限制。	
第1101条　有配偶者收养子女,应当夫妻共同收养。	第10条第2款　有配偶者收养子女,须夫妻共同收养。	
第1102条　无配偶者收养异性子女的,收养人与被收养人的年龄应当相差四十周岁以上。	(无)	
第1103条　继父或者继母经继子女的生父母同意,可以收养继子女,并可以不受本法第一千零九十三条第三项、第一千零九十四条第三项、第一千零九十八条和第一千一百条第一款规定的限制。	第14条　继父或者继母经继子女的生父母同意,可以收养继子女,并可以不受本法第四条第三项、第五条第三项、第六条和被收养人不满十四周岁以及收养一名的限制。	

《民法典》	《收养法》	相关规范性法律文件
第 1104 条 收养人收养与送养人送养,<u>应当</u>双方自愿。收养八周岁以上未成年人的,应当征得被收养人的同意。	**第 11 条** 收养人收养与送养人送养,须双方自愿。收养**年满**十周岁以上未成年人的,应当征得被收养人的同意。	
第 1105 条 收养应当向县级以上人民政府民政部门登记。收养关系自登记之日起成立。 收养查找不到生父母的**未成年人**的,办理登记的民政部门应当在登记前予以公告。 收养关系当事人愿意签订收养协议的,可以签订收养协议。 收养关系当事人各方或者一方要求办理收养公证的,应当办理收养公证。 **县级以上人民政府民政部门应当依法进行收养评估。**	**第 15 条** 收养应当向县级以上人民政府民政部门登记。收养关系自登记之日起成立。 收养查找不到生父母的**弃婴和儿童**的,办理登记的民政部门应当在登记前予以公告。 收养关系当事人愿意订立收养协议的,可以订立收养协议。 收养关系当事人各方或者一方要求办理收养公证的,应当办理收养公证。	
第 1106 条 收养关系成立后,公安**机关**应当按照国家有关规定为被收养人办理户口登记。	**第 16 条** 收养关系成立后,公安部门应当依照国家有关规定为被收养人办理户口登记。	
第 1107 条 孤儿或者生父母无力抚养的子女,可以由生父母的亲属、朋友抚养;抚养人与被抚养人的关系不适用**本章规定。**	**第 17 条** 孤儿或者生父母无力抚养的子女可以由生父母的亲属、朋友抚养。 抚养人与被抚养人的关系不适用收养关系。	
第 1108 条 配偶一方死亡,另一方送养未成年子女的,死亡一方的父母有优先抚养的权利。	**第 18 条** 同《民法典》第 1108 条	
第 1109 条 外国人**依法**可以在中华人民共和国收养子女。 外国人在中华人民共和国收养子女,应当经其所在国主管机关依照该国法律审查同意。收养人应当提供由其所在国有权机构出具的有关**其年龄、婚姻、职业、财产、健康、有无受过刑事处罚等状况的证明材料,并**与送养人**签订**书面协议,亲自向省、**自治区、直辖市**人民政府民政部门登记。	**第 21 条** 外国人依照本法可以在中华人民共和国收养子女。 外国人在中华人民共和国收养子女,应当经其所在国主管机关依照该国法律审查同意。收养人应当提供由其所在国有权机构出具的有关收养人的年龄、婚姻、职业、财产、健康、有无受过刑事处罚等状况的证明材料,该证明材料应当经其所在国外交机关或者外交机关授权的机构认	

《民法典》	《收养法》	相关规范性法律文件
前款规定的证明材料应当经收养人所在国外交机关或者外交机关授权的机构认证,并经中华人民共和国驻该国使领馆认证,但是国家另有规定的除外。	证,并经中华人民共和国驻该国使领馆认证。该收养人应当与送养人订立书面协议,亲自向省级人民政府民政部门登记。 收养关系当事人各方或者一方要求办理收养公证的,应当到国务院司法行政部门认定的具有办理涉外公证资格的公证机构办理收养公证。	
第1110条 收养人、送养人要求保守收养秘密的,其他人应当尊重其意愿,不得泄露。	第22条 同《民法典》第1110条	
第二节 收养的效力	第二节 收养的效力	
第1111条 自收养关系成立之日起,养父母与养子女间的权利义务关系,适用本法关于父母子女关系的规定;养子女与养父母的近亲属间的权利义务关系,适用本法关于子女与父母的近亲属关系的规定。 养子女与生父母以及其他近亲属间的权利义务关系,因收养关系的成立而消除。	第23条 自收养关系成立之日起,养父母与养子女间的权利义务关系,适用法律关于父母子女关系的规定;养子女与养父母的近亲属间的权利义务关系,适用法律关于子女与父母的近亲属关系的规定。 养子女与生父母及其他近亲属间的权利义务关系,因收养关系的成立而消除。	
第1112条 养子女可以随养父或者养母的姓氏,经当事人协商一致,也可以保留原姓氏。	第24条 养子女可以随养父或者养母的姓,经当事人协商一致,也可以保留原姓。	
第1113条 有本法第一编关于民事法律行为无效规定情形或者违反本编规定的收养行为无效。 无效的收养行为自始没有法律约束力。	第25条 违反《中华人民共和国民法通则》第五十五条和本法规定的收养行为无法律效力。 收养行为被人民法院确认无效的,从行为开始时起就没有法律效力。	
第三节 收养关系的解除	第三节 收养关系的解除	
第1114条 收养人在被收养人成年以前,不得解除收养关系,但是收养人、送养人双方协议解除的除外。养子女八周岁以上的,应当征得本人同意。	第26条 收养人在被收养人成年以前,不得解除收养关系,但收养人、送养人双方协议解除的除外,养子女年满十周岁以上的,应当征得本人同意。	

《民法典》	《收养法》	相关规范性法律文件
收养人不履行抚养义务，有虐待、遗弃等侵害未成年养子女合法权益行为的，送养人有权要求解除养父母与养子女间的收养关系。送养人、收养人不能达成解除收养关系协议的，可以向人民法院**提起诉讼**。	收养人不履行抚养义务，有虐待、遗弃等侵害未成年养子女合法权益行为的，送养人有权要求解除养父母与养子女间的收养关系。送养人、收养人不能达成解除收养关系协议的，可以向人民法院起诉。	
第1115条 养父母与成年养子女关系恶化、无法共同生活的，可以协议解除收养关系。不能达成协议的，可以向人民法院**提起诉讼**。	**第27条** 养父母与成年养子女关系恶化、无法共同生活的，可以协议解除收养关系。不能达成协议的，可以向人民法院起诉。	
第1116条 当事人协议解除收养关系的，应当到民政部门办理解除收养关系登记。	**第28条** 当事人协议解除收养关系的，应当到民政部门办理解除收养关系**的**登记。	
第1117条 收养关系解除后，养子女与养父母**以及**其他近亲属间的权利义务关系即行消除，与生父母**以及**其他近亲属间的权利义务关系自行恢复。但**是,**成年养子女与生父母**以及**其他近亲属间的权利义务关系是否恢复，可以协商确定。	**第29条** 收养关系解除后，养子女与养父母及其他近亲属间的权利义务关系即行消除，与生父母及其他近亲属间的权利义务关系自行恢复，但成年养子女与生父母及其他近亲属间的权利义务关系是否恢复，可以协商确定。	
第1118条 收养关系解除后，经养父母抚养的成年养子女，对缺乏劳动能力又缺乏生活来源的养父母，应当给付生活费。因养子女成年后虐待、遗弃养父母而解除收养关系的，养父母可以要求养子女补偿收养期间支出的**抚养费**。 生父母要求解除收养关系的，养父母可以要求生父母适当补偿收养期间支出的**抚养费**;但是，因养父母虐待、遗弃养子女而解除收养关系的除外。	**第30条** 收养关系解除后，经养父母抚养的成年养子女，对缺乏劳动能力又缺乏生活来源的养父母，应当给付生活费。因养子女成年后虐待、遗弃养父母而解除收养关系的，养父母可以要求养子女补偿收养期间支出的**生活费和教育费**。 生父母要求解除收养关系的，养父母可以要求生父母适当补偿收养期间支出的**生活费和教育费**，但因养父母虐待、遗弃养子女而解除收养关系的除外。	

第六编 继 承

《民法典》	《继承法》	相关规范性法律文件
第六编 继 承		
第一章 一般规定	第一章 总则	
第1119条 本编调整因继承产生的民事关系。	（无）	
第1120条 国家保护自然人的继承权。	（无）	
第1121条 继承从被继承人死亡时开始。 相互有继承关系的数人在同一事件中死亡，难以确定死亡时间的，推定没有其他继承人的人先死亡。都有其他继承人，辈份不同的，推定长辈先死亡；辈份相同的，推定同时死亡，相互不发生继承。	第2条 继承从被继承人死亡时开始。	《继承法解释》第1条 继承从被继承人生理死亡或被宣告死亡时开始。 失踪人被宣告死亡的，以法院判决中确定的失踪人的死亡日期，为继承开始的时间。 《继承法解释》第2条 相互有继承关系的几个人在同一事件中死亡，如不能确定死亡先后时间的，推定没有继承人的人先死亡。死亡人各自都有继承人的，如几个死亡人辈份不同，推定长辈先死亡；几个死亡人辈份相同，推定同时死亡，彼此不发生继承，由他们各自的继承人分别继承。
第1122条 遗产是自然人死亡时遗留的个人合法财产。 依照法律规定或者根据其性质不得继承的遗产，不得继承。	第3条 遗产是公民死亡时遗留的个人合法财产，包括： （一）公民的收入； （二）公民的房屋、储蓄和生活用品； （三）公民的林木、牲畜和家禽； （四）公民的文物、图书资料； （五）法律允许公民所有的生产资料； （六）公民的著作权、专利权中的财产权利 （七）公民的其他合法财产。	《继承法解释》第3条 公民可继承的其他合法财产包括有价证券和履行标的为财物的债权等。 《继承法解释》第4条 承包人死亡时尚未取得承包收益的，可把死者生前对承包所投入的资金和所付出的劳动及其增值和孳息，由发包单位或者接续承包合同的人合理折价、补偿，其价额作为遗产。

《民法典》	《继承法》	相关规范性法律文件
第1123条 继承开始后,按照法定继承办理;有遗嘱的,按照遗嘱继承或者遗赠办理;有遗赠扶养协议的,按照协议办理。	**第5条** 同《民法典》第1123条	《继承法解释》第5条 被继承人生前与他人订有遗赠扶养协议,同时又立有遗嘱的,继承开始后,如果遗赠扶养协议与遗嘱没有抵触,遗产分别按协议和遗嘱处理;如果有抵触,按协议处理,与协议抵触的遗嘱全部或部分无效。
第1124条 继承开始后,继承人放弃继承的,应当在遗产处理前,**以书面形式**作出放弃继承的表示;没有表示的,视为接受继承。 受遗赠人应当在知道受遗赠后六十日内,作出接受或者放弃受遗赠的表示;到期没有表示的,视为放弃受遗赠。	**第25条** 继承开始后,继承人放弃继承的,应当在遗产处理前,作出放弃继承的表示。没有表示的,视为接受继承。 受遗赠人应当在知道受遗赠后两个月内,作出接受或者放弃受遗赠的表示。到期没有表示的,视为放弃受遗赠。	《继承法解释》第47条 继承人放弃继承应当以书面形式向其他继承人表示。用口头方式表示放弃继承,本人承认,或有其它充分证据证明的,也应当认定其有效。 《继承法解释》第48条 在诉讼中,继承人向人民法院以口头方式表示放弃继承的,要制作笔录,由放弃继承的人签名。 《继承法解释》第49条 继承人放弃继承的意思表示,应当在继承开始后、遗产分割前作出。遗产分割后表示放弃的不再是继承权,而是所有权。 《继承法解释》第50条 遗产处理前或在诉讼进行中,继承人对放弃继承翻悔的,由人民法院根据其提出的具体理由,决定是否承认。遗产处理后,继承人对放弃继承翻悔的,不予承认。 《继承法解释》第51条 放弃继承的效力,追溯到继承开始的时间。
第1125条 继承人有下列行为之一的,丧失继承权: (一)故意杀害被继承人; (二)为争夺遗产而杀害其他继承人; (三)遗弃被继承人,或者虐待被继承人情节严重; (四)伪造、篡改、隐匿或者销毁遗嘱,情节严重; (五)以欺诈、胁迫手段迫使或者妨碍被继承人设立、变更或者撤回遗嘱,情节严重。 继承人有前款第三项至第五项行为,确有悔改表现,被继承人表示宽恕或者事后在遗嘱中将其列为继承人的,该继承人不丧失继承权。	**第7条** 继承人有下列行为之一的,丧失继承权: (一)故意杀害被继承人的; (二)为争夺遗产而杀害其他继承人的; (三)遗弃被继承人的,或者虐待被继承人情节严重的; (四)伪造、篡改或者销毁遗嘱,情节严重的。	《继承法解释》第9条 在遗产继承中,继承人之间因是否丧失继承权发生纠纷,诉讼到人民法院的,由人民法院根据继承法第七条的规定,判决确认其是否丧失继承权。 《继承法解释》第10条 继承人虐待被继承人情节是否严重,可以从实施虐待行为的时间、手段、后果和社会影响等方面认定。 虐待被继承人情节严重的,不论是否追究刑事责任,均可确认其丧失继承权。 《继承法解释》第11条 继承人故意杀害被继承人的,不

《民法典》	《继承法》	相关规范性法律文件
受遗赠人有本条第一款规定行为的,丧失受遗赠权。		论是既遂还是未遂,均应确认其丧失继承权。 **《继承法解释》第 12 条** 继承人有继承法第七条第(一)项或第(二)项所列之行为,而被继承人以遗嘱将遗产指定由该继承人继承的,可确认遗嘱无效,并按继承法第七条的规定处理。 **《继承法解释》第 13 条** 继承人虐待被继承人情节严重的,或者遗弃被继承人的,如以后确有悔改表现,而且被虐待人、被遗弃人生前又表示宽恕,可不确认其丧失继承权。 **《继承法解释》第 14 条** 继承人伪造、篡改或者销毁遗嘱,侵害了缺乏劳动能力又无生活来源的继承人的利益,并造成其生活困难的,应认定其行为情节严重。 **《继承法解释》第 59 条** 人民法院对故意隐匿、侵吞或争抢遗产的继承人,可以酌情减少其应继承的遗产。
第二章 法定继承	第二章 法定继承	
第 1126 条 继承权男女平等。	**第 9 条** 同《民法典》第 1126 条	
第 1127 条 遗产按照下列顺序继承: (一)第一顺序:配偶、子女、父母; (二)第二顺序:兄弟姐妹、祖父母、外祖父母。 继承开始后,由第一顺序继承人继承,第二顺序继承人不继承;没有第一顺序继承人继承的,由第二顺序继承人继承。 **本编所称**子女,包括婚生子女、非婚生子女、养子女和有扶养关系的继子女。 **本编所称**父母,包括生父母、养父母和有扶养关系的继父母。 **本编所称**兄弟姐妹,包括同父母的兄弟姐妹、同父异母或者同母异父的兄弟姐妹、养兄弟姐妹、有扶养关系的继兄弟姐妹。	**第 10 条** 遗产按照下列顺序继承: 第一顺序:配偶、子女、父母。 第二顺序:兄弟姐妹、祖父母、外祖父母。 继承开始后,由第一顺序继承人继承,第二顺序继承人不继承。没有第一顺序继承人继承的,由第二顺序继承人继承。 本法所说**的**子女,包括婚生子女、非婚生子女、养子女和有扶养关系的继子女。 本法所说**的**父母,包括生父母、养父母和有扶养关系的继父母。 本法所说**的**兄弟姐妹,包括同父母的兄弟姐妹、同父异母或者同母异父的兄弟姐妹、养兄弟姐妹、有扶养关系的继兄弟姐妹。	**《继承法解释》第 20 条** 在旧社会形成的一夫多妻家庭中,子女与生母以外的父亲的其他配偶之间形成扶养关系的,互有继承权。 **《继承法解释》第 21 条** 继子女继承了继父母遗产的,不影响其继承生父母的遗产。 继父母继承了继子女遗产的,不影响其继承生子女的遗产。 **《继承法解释》第 22 条** 收养他人为养孙子女,视为养父母与养子女关系的,可互为第一顺序继承人。 **《继承法解释》第 23 条** 养子女与生子女之间,养子女与养子女之间,系养兄弟姐妹,可互为第二顺序继承人。 被收养人与其亲兄弟姐妹之间的权利义务关系,因收养关系的成立而消除,不能互为第二顺序继承人。

《民法典》	《继承法》	相关规范性法律文件
		《继承法解释》第 24 条　继兄弟姐妹之间的继承权,因继兄弟姐妹之间的扶养关系而发生。没有扶养关系的,不能互为第二顺序继承人。 　继兄弟姐妹之间相互继承了遗产的,不影响其继承亲兄弟姐妹的遗产。
第 1128 条　被继承人的子女先于被继承人死亡的,由被继承人的子女的直系晚辈血亲代位继承。 　**被继承人的兄弟姐妹先于被继承人死亡的,由被继承人的兄弟姐妹的子女代位继承。** 　代位继承人一般只能继承**被代位继承人**有权继承的遗产份额。	第 11 条　被继承人的子女先于被继承人死亡的,由被继承人的子女的晚辈直系血亲代位继承。代位继承人一般只能继承**他的父亲或者母亲**有权继承的遗产份额。	《继承法解释》第 25 条　被继承人的孙子女、外孙子女、曾孙子女、外曾孙子女都可以代位继承,代位继承人不受辈数的限制。 　《继承法解释》第 26 条　被继承人的养子女、已形成扶养关系的继子女的生子女可代位继承;被继承人亲生子女的养子女可代位继承;被继承人养子女的养子女可代位继承;与被继承人已形成扶养关系的继子女的养子女也可以代位继承。 　《继承法解释》第 27 条　代位继承人缺乏劳动能力又没有生活来源,或者对被继承人尽过主要赡养义务的,分配遗产时,可以多分。 　《继承法解释》第 28 条　继承人丧失继承权的,其晚辈直系血亲不得代位继承。如该代位继承人缺乏劳动能力又没有生活来源,或对被继承人尽赡养义务较多的,可适当分给遗产。 　《继承法解释》第 29 条　丧偶儿媳对公婆、丧偶女婿对岳父、岳母,无论其是否再婚,依继承法第十二条规定作为第一顺序继承人时,不影响其子女代位继承。
第 1129 条　丧偶儿媳对公**婆**,丧偶女婿对**岳父母**,尽了主要赡养义务的,作为第一顺序继承人。	第 12 条　丧偶儿媳对公、婆,丧偶女婿对岳父、岳母,尽了主要赡养义务的,作为第一顺序继承人。	《继承法解释》第 30 条　对被继承人生活提供了主要经济来源,或在劳务等方面给予了主要扶助的,应当认定其尽了主要赡养义务或主要扶养义务。 　《继承法解释》第 31 条　依继承法第十四条规定可以分给适当遗产的人,分给他们遗产时,按具体情况可多于或少于继承人。 　《继承法解释》第 32 条　依

《民法典》	《继承法》	相关规范性法律文件
		继承法第十四条规定可以分给适当遗产的人,在其依法取得被继承人遗产的权利受到侵犯时,本人有权以独立的诉讼主体的资格向人民法院提起诉讼。但在遗产分割时,明知而未提出请求的,一般不予受理;不知而未提出请求,在二年以内起诉的,应予受理。
第1130条 同一顺序继承人继承遗产的份额,一般应当均等。 对生活有特殊困难**又缺乏**劳动能力的继承人,分配遗产时,应当予以照顾。 对被继承人尽了主要扶养义务或者与被继承人共同生活的继承人,分配遗产时,可以多分。 有扶养能力和有扶养条件的继承人,不尽扶养义务的,分配遗产时,应当不分或者少分。 继承人协商同意的,也可以不均等。	**第13条** 同一顺序继承人继承遗产的份额,一般应当均等; 对生活有特殊困难的缺乏劳动能力的继承人,分配遗产时,应当予以照顾; 对被继承人尽了主要扶养义务或者与被继承人共同生活的继承人,分配遗产时,可以多分。 有扶养能力和有扶养条件的继承人,不尽扶养义务的,分配遗产时,应当不分或者少分。 继承人协商同意的,也可以不均等。	**《继承法解释》第6条** 遗嘱继承人依遗嘱取得遗产后,仍有权依继承法第十三条的规定取得遗嘱未处分的遗产。 **《继承法解释》第33条** 继承人有扶养能力和扶养条件,愿意尽扶养义务,但被继承人因有固定收入和劳动能力,明确表示不要求其扶养的,分配遗产时,一般不应因此而影响其继承份额。 **《继承法解释》第34条** 有扶养能力和扶养条件的继承人虽然与被继承人共同生活,但对需要扶养的被继承人不尽扶养义务,分配遗产时,可以少分或者不分。
第1131条 对继承人以外的依靠被继承人扶养的人,或者继承人以外的对被继承人扶养较多的人,可以分给适当的遗产。	**第14条** 对继承人以外的依靠被继承人扶养的**缺乏劳动能力又没有生活来源的**人,或者继承人以外的对被继承人扶养较多的人,可以分给**他们**适当的遗产。	**《继承法解释》第19条** 被收养人对养父母尽了赡养义务,同时又对生父母扶养较多的,除可依继承法第十条的规定继承养父母的遗产外,还可依继承法第十四条的规定分得生父母的适当的遗产。 **《继承法解释》第57条** 遗产因无人继承收归国家或集体组织所有时,按继承法第十四条规定可以分给遗产的人提出取得遗产的要求,人民法院应视情况适当分给遗产。
第1132条 继承人应当本着互谅互让、和睦团结的精神,协商处理继承问题。遗产分割的时间、办法和份额,由继承人协商确定;协商不成的,可以由人民调解委员会调解或者向人民法院提起诉讼。	**第15条** 继承人应当本着互谅互让、和睦团结的精神,协商处理继承问题。遗产分割的时间、办法和份额,由继承人协商确定。协商不成的,可以由人民调解委员会调解或者向人民法院提起诉讼。	

《民法典》	《继承法》	相关规范性法律文件
第三章　遗嘱继承和遗赠	第三章　遗嘱继承和遗赠	
第1133条　**自然人**可以依照本法规定立遗嘱处分个人财产,并可以指定遗嘱执行人。 　　**自然人**可以立遗嘱将个人财产指定由法定继承人中的一人或者数人继承。 　　**自然人**可以立遗嘱将个人财产**赠与**国家、集体或者法定继承人以外的**组织、个人**。 　　**自然人可以依法设立遗嘱信托。**	第16条　公民可以依照本法规定立遗嘱处分个人财产,并可以指定遗嘱执行人。 　　公民可以立遗嘱将个人财产指定由法定继承人的一人或者数人继承。 　　公民可以立遗嘱将个人财产赠给国家、集体或者法定继承人以外的人。	《继承法解释》第35条　继承法实施前订立的,形式上稍有欠缺的遗嘱,如内容合法,又有充分证据证明确为遗嘱人真实意思表示的,可以认定遗嘱有效。
第1134条　自书遗嘱由遗嘱人亲笔书写,签名,注明年、月、日。	第17条　公证遗嘱由遗嘱人经公证机关办理。 　　自书遗嘱由遗嘱人亲笔书写,签名,注明年、月、日。 　　代书遗嘱应当有两个以上见证人在场见证,由其中一人代书,注明年、月、日,并由代书人、其他见证人和遗嘱人签名。 　　以录音形式立的遗嘱,应当有两个以上见证人在场见证。 　　遗嘱人在危急情况下,可以立口头遗嘱。口头遗嘱应当有两个以上见证人在场见证。危急情况解除后,遗嘱人能够用书面或者录音形式立遗嘱的,所立的口头遗嘱无效。	《继承法解释》第40条　公民在遗书中涉及死后个人财产处分的内容,确为死者真实意思的表示,有本人签名并注明了年、月、日,又无相反证据的,可按自书遗嘱对待。
第1135条　代书遗嘱应当有两个以上见证人在场见证,由其中一人代书,并由遗嘱、代书人和其他见证人签名,注明年、月、日。		
第1136条　**打印遗嘱应当有两个以上见证人在场见证。遗嘱人和见证人应当在遗嘱每一页签名**,注明年、月、日。		
第1137条　以录音录像形式立的遗嘱,应当有两个以上见证人在场见证。**遗嘱人和见证人应当在录音录像中记录其姓名或者肖像,以及年、月、日。**		
第1138条　遗嘱人在危急情况下,可以立口头遗嘱。口头遗嘱应当有两个以上见证人在场见证。危急情况消除后,遗嘱人能够以书面或者录音录像形式立遗嘱的,所立的口头遗嘱无效。		
第1139条　公证遗嘱由遗嘱人经公证**机构**办理。		

《民法典》	《继承法》	相关规范性法律文件
第1140条 下列人员不能作为遗嘱见证人： （一）无民事行为能力人、限制民事行为能力人**以及其他不具有见证能力的人**； （二）继承人、受遗赠人； （三）与继承人、受遗赠人有利害关系的人。	第18条 下列人员不能作为遗嘱见证人： （一）无行为能力人、限制行为能力人； （二）继承人、受遗赠人； （三）与继承人、受遗赠人有利害关系的人。	《继承法解释》第36条 继承人、受遗赠人的债权人、债务人，共同经营的合伙人，也应当视为与继承人、受遗赠人有利害关系，不能作为遗嘱的见证人。
第1141条 遗嘱应当**为**缺乏劳动能力又没有生活来源的继承人保留必要的遗产份额。	第19条 遗嘱应当对缺乏劳动能力又没有生活来源的继承人保留必要的遗产份额。	《继承法解释》第37条 遗嘱人未保留缺乏劳动能力又没有生活来源的继承人的遗产份额，遗产处理时，应当为该继承人留下必要的遗产，所剩余的部分，才可参照遗嘱确定的分配原则处理。 继承人是否缺乏劳动能力又没有生活来源，应按遗嘱生效时该继承人的具体情况确定。
第1142条 遗嘱人可以**撤回**变更自己所立的遗嘱。 **立遗嘱后，遗嘱人实施与遗嘱内容相反的民事法律行为的，视为对遗嘱相关内容的撤回。** 立有数份遗嘱，内容相抵触的，以最后的遗嘱为准。	第20条 遗嘱人可以撤销、变更自己所立的遗嘱。 立有数份遗嘱，内容相抵触的，以最后的遗嘱为准。 **自书、代书、录音、口头遗嘱，不得撤销、变更公证遗嘱。**	《继承法解释》第39条 遗嘱人生前的行为与遗嘱的意思表示相反，而使遗嘱处分的财产在继承开始前灭失、部分灭失或所有权转移、部分转移的，遗嘱视为被撤销或部分被撤销。 《继承法解释》第42条 遗嘱人以不同形式立有数份内容相抵触的遗嘱，其中有公证遗嘱的，以最后所立公证遗嘱为准；没有公证遗嘱的，以最后所立的遗嘱为准。
第1143条 无民事行为能力人或者限制民事行为能力人所立的遗嘱无效。 遗嘱必须表示遗嘱人的真实意思，受**欺诈、胁迫**所立的遗嘱无效。 伪造的遗嘱无效。 遗嘱被篡改的，篡改的内容无效。	第22条 无行为能力人或者限制行为能力人所立的遗嘱无效。 遗嘱必须表示遗嘱人的真实意思，受胁迫、欺骗所立的遗嘱无效。 伪造的遗嘱无效。 遗嘱被篡改的，篡改的内容无效。	《继承法解释》第38条 遗嘱人以遗嘱处分了属于国家、集体或他人所有的财产，遗嘱的这部分，应认定无效。 《继承法解释》第41条 遗嘱人立遗嘱时必须有行为能力。无行为能力人所立的遗嘱，即使其本人后来有了行为能力，仍属无效遗嘱。遗嘱人立遗嘱时有行为能力，后来丧失了行为能力，不影响遗嘱的效力。
第1144条 遗嘱继承或者遗赠附有义务的，继承人或者受遗赠人应当履行义务。没有正当理由不履行义务的，经**利害关系人或者有关组织请求**，人民法院可以取消**其接受附义务部分**遗产的权利。	第21条 遗嘱继承或者遗赠附有义务的，继承人或者受遗赠人应当履行义务。没有正当理由不履行义务的，经有关单位或者个人请求，人民法院可以取消他接受遗产的权利。	《继承法解释》第43条 附义务的遗嘱继承或遗赠，如义务能够履行，而继承人、受遗赠人无正当理由不履行，经受益人或其他继承人请求，人民法院可以取消他接受附义务那部分遗产的权利，由提出请

《民法典》	《继承法》	相关规范性法律文件
		求的继承人或受益人负责按遗嘱人的意愿履行义务,接受遗产。
第四章　遗产的处理	第四章　遗产的处理	
第 1145 条　继承开始后,遗嘱执行人为遗产管理人;没有遗嘱执行人的,继承人应当及时推选遗产管理人;继承人未推选的,由继承人共同担任遗产管理人;没有继承人或者继承人均放弃继承的,由被继承人生前住所地的民政部门或者村民委员会担任遗产管理人。	(无)	《继承法解释》第 44 条　人民法院在审理继承案件时,如果知道有继承人而无法通知的,分割遗产时,要保留其应继承的遗产,并确定该遗产的保管人或保管单位。
第 1146 条　对遗产管理人的确定有争议的,利害关系人可以向人民法院申请指定遗产管理人。	(无)	
第 1147 条　遗产管理人应当履行下列职责: (一)清理遗产并制作遗产清单; (二)向继承人报告遗产情况; (三)采取必要措施防止遗产毁损、灭失; (四)处理被继承人的债权债务; (五)按照遗嘱或者依照法律规定分割遗产; (六)实施与管理遗产有关的其他必要行为。	(无)	
第 1148 条　遗产管理人应当依法履行职责,因故意或者重大过失造成继承人、受遗赠人、债权人损害的,应当承担民事责任。	(无)	
第 1149 条　遗产管理人可以依照法律规定或者按照约定获得报酬	(无)	
第 1150 条　继承开始后,知道被继承人死亡的继承人应当及时通知其他继承人和遗嘱执行人。继承人中无人知道被继承人死亡或者知	第 23 条 同《民法典》第 1150 条	

《民法典》	《继承法》	相关规范性法律文件
道被继承人死亡而不能通知的,由被继承人生前所在单位或者住所地的居民委员会、村民委员会负责通知。		
第 1151 条 存有遗产的人,应当妥善保管遗产,任何**组织或者个人**不得侵吞或者争抢。	第 24 条 存有遗产的人,应当妥善保管遗产,任何人不得侵吞或者争抢。	
第 1152 条 继承开始后,继承人于遗产分割前死亡,并没有放弃继承的,该继承人应当继承的遗产转给其继承人,但是遗嘱另有安排的除外。	(无)	《继承法解释》第 52 条 继承开始后,继承人没有表示放弃继承,并于遗产分割前死亡的,其继承遗产的权利转移给他的合法继承人。
第 1153 条 夫妻共同所有的财产,除有约定的外,遗产分割时,应当先将共同所有的财产的一半分出为配偶所有,其余的为被继承人的遗产。 遗产在家庭共有财产之中的,遗产分割时,应当先分出他人的财产。	第 26 条 夫妻**在婚姻关系存续期间所得**的共同所有的财产,除有约定的以外,**如果分割遗产**,应当先将共同所有的财产的一半分出为配偶所有,其余的为被继承人的遗产。 遗产在家庭共有财产之中的,遗产分割时,应当先分出他人的财产。	
第 1154 条 有下列情形之一的,遗产中的有关部分按照法定继承办理: (一)遗嘱继承人放弃继承或者受遗赠人放弃受遗赠; (二)遗嘱继承人丧失继承权**或者受遗赠人丧失受遗赠权**; (三)遗嘱继承人、受遗赠人先于遗嘱人死亡**或者终止**; (四)遗嘱无效部分所涉及的遗产; (五)遗嘱未处分的遗产。	第 27 条 有下列情形之一的,遗产中的有关部分按照法定继承办理: (一)遗嘱继承人放弃继承或者受遗赠人放弃受遗赠**的**; (二)遗嘱继承人丧失继承权**的**; (三)遗嘱继承人、受遗赠人先于遗嘱人死亡**的**; (四)遗嘱无效部分所涉及的遗产; (五)遗嘱未处分的遗产。	
第 1155 条 遗产分割时,应当保留胎儿的继承份额。胎儿**娩出**时是死体的,保留的份额按照法定继承办理。	第 28 条 遗产分割时,应当保留胎儿的继承份额。胎儿出生时是死体的,保留的份额按照法定继承办理。	《继承法解释》第 45 条 应当为胎儿保留的遗产份额没有保留的应从继承人所继承的遗产中扣回。 为胎儿保留的遗产份额,如胎儿出生后死亡的,由其继承人继承;如胎儿出生时就是死体的,由被继承人的继承人继承。

《民法典》	《继承法》	相关规范性法律文件
第 1156 条　遗产分割应当有利于生产和生活需要，不损害遗产的效用。 不宜分割的遗产，可以采取折价、适当补偿或者共有等方法处理。	第 29 条 同《民法典》第 1156 条	《继承法解释》第 58 条　人民法院在分割遗产中的房屋、生产资料和特定职业所需要的财产时，应依据有利于发挥其使用效益和继承人的实际需要，兼顾各继承人的利益进行处理。
第 1157 条　夫妻一方死亡后另一方再婚的，有权处分所继承的财产，任何**组织或者个人**不得干涉。	第 30 条　夫妻一方死亡后另一方再婚的，有权处分所继承的财产，任何人不得干涉。	
第 1158 条　**自然人**可以与**继承人以外的组织或者个人**签订遗赠扶养协议。按照协议，**该组织或者个人**承担该**自然人**生养死葬的义务，享有受遗赠的权利。	第 31 条　公民可以与扶养人签订遗赠扶养协议。按照协议，扶养人承担该公民生养死葬的义务，享有受遗赠的权利。 **公民可以与集体所有制组织签订遗赠扶养协议。按照协议，集体所有制组织承担该公民生养死葬的义务，享有受遗赠的权利。**	《继承法解释》第 56 条　扶养人或集体组织与公民订有遗赠扶养协议，扶养人或集体组织无正当理由不履行，致协议解除的，不能享有受遗赠的权利，其支付的供养费用一般不予补偿；遗赠人无正当理由不履行，致协议解除的，则应偿还扶养人或集体组织已支付的供养费用。
第 1159 条　分割遗产，应当清偿被继承人依法应当缴纳的税款和债务；但是，应当为缺乏劳动能力又没有生活来源的继承人保留必要的遗产。	（无）	《继承法解释》第 61 条　继承人中有缺乏劳动能力又没有生活来源的人，即使遗产不足清偿债务，也应为其保留适当遗产，然后再按继承法第三十三条和民事诉讼法第一百八十条的规定清偿债务。
第 1160 条　无人继承又无人受遗赠的遗产，归国家所有，**用于公益事业**；死者生前是集体所有制组织成员的，归所在集体所有制组织所有。	第 32 条　无人继承又无人受遗赠的遗产，归国家所有；死者生前是集体所有制组织成员的，归所在集体所有制组织所有。	《继承法解释》第 57 条　遗产因无人继承收归国家或集体组织所有时，按继承法第十四条规定可以分给遗产的人提出取得遗产的要求，人民法院应视情况适当分给遗产。
第 1161 条　继承人以所得**遗产实际价值为限**清偿被继承人依法应当缴纳的税款和债务。超过遗产实际价值部分，继承人自愿偿还的不在此限。 继承人放弃继承的，对被继承人依法应当缴纳的税款和债务可以不负**清偿**责任。	第 33 条　继承遗产应当清偿被继承人依法应当缴纳的税款和债务，缴纳税款和清偿债务以他的遗产实际价值为限。超过遗产实际价值部分，继承人自愿偿还的不在此限。 继承人放弃继承的，对被继承人依法应当缴纳的税款和债务可以不负偿还责任。	《继承法解释》第 46 条　继承人因放弃继承权，致其不能履行法定义务的，放弃继承权的行为无效。

《民法典》	《继承法》	相关规范性法律文件
第 1162 条 执行遗赠不得妨碍清偿遗赠人依法应当缴纳的税款和债务。	**第 34 条** 同《民法典》第 1162 条	
第 1163 条 既有法定继承又有遗嘱继承、遗赠的,由法定继承人清偿被继承人依法应当缴纳的税款和债务;超过法定继承遗产实际价值部分,由遗嘱继承人和受遗赠人按比例以所得遗产清偿。	(无)	《继承法解释》第 62 条 遗产已被分割而未清偿债务时,如有法定继承又有遗嘱继承和遗赠的,首先由法定继承人用其所得遗产清偿债务;不足清偿时,剩余的债务由遗嘱继承人和受遗赠人按比例用所得遗产偿还;如果只有遗嘱继承和遗赠的,由遗嘱继承人和受遗赠人按比例用所得遗产偿还。

第七编　侵权责任

《民法典》	《侵权责任法》	相关规范性法律文件
第七编　侵权责任		
第一章　一般规定	第一章　一般规定	
第1164条　本编调整因侵害民事权益产生的民事关系。	**第2条**　侵害民事权益,应当依照本法承担侵权责任。 本法所称民事权益,包括生命权、健康权、姓名权、名誉权、荣誉权、肖像权、隐私权、婚姻自主权、监护权、所有权、用益物权、担保物权、著作权、专利权、商标专用权、发现权、股权、继承权等人身、财产权益。	**《民法总则》第120条**　民事权益受到侵害的,被侵权人有权请求侵权人承担侵权责任。
	第二章　责任构成和责任方式	
第1165条　行为人因过错侵害他人民事权益**造成损害的**,应当承担侵权责任。 **依照**法律规定推定行为人有过错,其不能证明自己没有过错的,应当承担侵权责任。	**第6条**　行为人因过错侵害他人民事权益,应当承担侵权责任。 根据法律规定推定行为人有过错,行为人不能证明自己没有过错的,应当承担侵权责任。	**《民法通则》第106条第2款**　公民、法人由于过错侵害国家的、集体的财产,侵害他人财产、人身的应当承担民事责任。
第1166条　行为人**造成他人民事权益损害**,不论行为人有无过错,法律规定应当承担侵权责任的,依照其规定。	**第7条**　行为人损害他人民事权益,不论行为人有无过错,法律规定应当承担侵权责任的,依照其规定。	**《民法通则》第106条第3款**　没有过错,但法律规定应当承担民事责任的,应当承担民事责任。
第1167条　侵权行为危及他人人身、财产安全的,被侵权人**有权**请求侵权人承担停止侵害、排除妨碍、消除危险等侵权责任。	**第21条**　侵权行为危及他人人身、财产安全的,被侵权人可以请求侵权人承担停止侵害、排除妨碍、消除危险等侵权责任。	
第1168条　二人以上共同实施侵权行为,造成他人损害的,应当承担连带责任。	**第8条** 同《民法典》第1168条	**《民法通则》第130条**　二人以上共同侵权造成他人损害的,应当承担连带责任。 **《人身损害赔偿解释》第3条第1款**　二人以上共同故意或者共同过失致人损害,或者虽无共同故意、共同过失,

《民法典》	《侵权责任法》	相关规范性法律文件
		但其侵害行为直接结合发生同一损害后果的,构成共同侵权,应当依照民法通则第一百三十条规定承担连带责任。 **《环境侵权责任解释》第2条** 两个以上污染者共同实施污染行为造成损害,被侵权人根据侵权责任法第八条规定请求污染者承担连带责任的,人民法院应予支持。 **《医疗损害责任解释》第19条** 两个以上医疗机构的诊疗行为造成患者同一损害,患者请求医疗机构承担赔偿责任的,应当区分不同情况,依照侵权责任法第八条、第十一条或者第十二条的规定,确定各医疗机构承担的赔偿责任。
第1169条 教唆、帮助他人实施侵权行为的,应当与行为人承担连带责任。 教唆、帮助无民事行为能力人、限制民事行为能力人实施侵权行为的,应当承担侵权责任;该无民事行为能力人、限制民事行为能力人的监护人未尽到监护**职责**的,应当承担相应的责任。	**第9条** 教唆、帮助他人实施侵权行为的,应当与行为人承担连带责任。 教唆、帮助无民事行为能力人、限制民事行为能力人实施侵权行为的,应当承担侵权责任;该无民事行为能力人、限制民事行为能力人的监护人未尽到监护责任的,应当承担相应的责任。	**《民通意见》第148条** 教唆、帮助他人实施侵权行为的人,为共同侵权人,应当承担连带民事责任。 教唆、帮助无民事行为能力人实施侵权行为的人,为侵权人,应当承担民事责任。 教唆、帮助限制民事行为能力人实施侵权行为的人,为共同侵权人,应当承担主要民事责任。 **《侵犯专利权解释(二)》第21条** 明知有关产品系专门用于实施专利的材料、设备、零部件、中间物等,未经专利权人许可,为生产经营目的将该产品提供给他人实施了侵犯专利权的行为,权利人主张该提供者的行为属于侵权责任法第九条规定的帮助他人实施侵权行为的,人民法院应予支持。 明知有关产品、方法被授予专利权,未经专利权人许可,为生产经营目的积极诱导

《民法典》	《侵权责任法》	相关规范性法律文件
		他人实施了侵犯专利权的行为,权利人主张该诱导者的行为属于侵权责任法第九条规定的教唆他人实施侵权行为的,人民法院应予支持。
第 1170 条 二人以上实施危及他人人身、财产安全的行为,其中一人或者数人的行为造成他人损害,能够确定具体侵权人的,由侵权人承担责任;不能确定具体侵权人的,行为人承担连带责任。	**第 10 条** 同《民法典》第 1170 条	《**人身损害赔偿解释**》**第 4 条** 二人以上共同实施危及他人人身安全的行为并造成损害后果,不能确定实际侵害行为人的,应当依照民法通则第一百三十条规定承担连带责任。共同危险行为人能够证明损害后果不是由其行为造成的,不承担赔偿责任。 《**交通事故损害赔偿解释**》**第 13 条** 多辆机动车发生交通事故造成第三人损害,当事人请求多个侵权人承担赔偿责任的,人民法院应当区分不同情况,依照侵权责任法第十条、第十一条或者第十二条的规定,确定侵权人承担连带责任或者按份责任。
第 1171 条 二人以上分别实施侵权行为造成同一损害,每个人的侵权行为都足以造成全部损害的,行为人承担连带责任。	**第 11 条** 同《民法典》第 1171 条	《**医疗损害责任解释**》**第 19 条** 两个以上医疗机构的诊疗行为造成患者同一损害,患者请求医疗机构承担赔偿责任的,应当区分不同情况,依照侵权责任法第八条、第十一条或者第十二条的规定,确定各医疗机构承担的赔偿责任。 《**交通事故损害赔偿解释**》**第 13 条** 多辆机动车发生交通事故造成第三人损害,当事人请求多个侵权人承担赔偿责任的,人民法院应当区分不同情况,依照侵权责任法第十条、第十一条或者第十二条的规定,确定侵权人承担连带责任或者按份责任。 《**环境侵权责任解释**》**第 3 条** 两个以上污染者分别实施污染行为造成同一损害,每

《民法典》	《侵权责任法》	相关规范性法律文件
		一个污染者的污染行为都足以造成全部损害,被侵权人根据侵权责任法第十一条规定请求污染者承担连带责任的,人民法院应予支持。 两个以上污染者分别实施污染行为造成同一损害,部分污染者的污染行为足以造成全部损害,部分污染者的污染行为只造成部分损害,被侵权人根据侵权责任法第十一条规定请求足以造成全部损害的污染者与其他污染者就共同造成的损害部分承担连带责任,并对全部损害承担责任的,人民法院应予支持。
第1172条　二人以上分别实施侵权行为造成同一损害,能够确定责任大小的,各自承担相应的责任;难以确定责任大小的,平均承担责任。	**第12条**　二人以上分别实施侵权行为造成同一损害,能够确定责任大小的,各自承担相应的责任;难以确定责任大小的,平均承担**赔偿**责任。	《人身损害赔偿解释》第3条第2款　二人以上没有共同故意或者共同过失,但其分别实施的数个行为间接结合发生同一损害后果的,应当根据过失大小或者原因力比例各自承担相应的赔偿责任。 《医疗损害责任解释》第19条　两个以上医疗机构的诊疗行为造成患者同一损害,患者请求医疗机构承担赔偿责任的,应当区分不同情况,依照侵权责任法第八条、第十一条或者第十二条的规定,确定各医疗机构承担的赔偿责任。 《交通事故损害赔偿解释》第13条　多辆机动车发生交通事故造成第三人损害,当事人请求多个侵权人承担赔偿责任的,人民法院应当区分不同情况,依照侵权责任法第十条、第十一条或者第十二条的规定,确定侵权人承担连带责任或者按份责任。

《民法典》	《侵权责任法》	相关规范性法律文件
	第三章 不承担责任和减轻责任的情形	
第 1173 条 被侵权人对同一损害的发生**或者扩大**有过错的,可以减轻侵权人的责任。	**第 26 条** 被侵权人对损害的发生也有过错的,可以减轻侵权人的责任。	《民法通则》第 131 条 受害人对于损害的发生也有过错的,可以减轻侵害人的民事责任。 《人身损害赔偿解释》第 2 条 受害人对同一损害的发生或者扩大有故意、过失的,依照民法通则第一百三十一条的规定,可以减轻或者免除赔偿义务人的赔偿责任。但侵权人因故意或者重大过失致人损害,受害人只有一般过失的,不减轻赔偿义务人的赔偿责任。 适用民法通则第一百零六条第三款规定确定赔偿义务人的赔偿责任时,受害人有重大过失的,可以减轻赔偿义务人的赔偿责任。
第 1174 条 损害是因受害人故意造成的,行为人不承担责任。	**第 27 条** 同《民法典》第 1174 条	
第 1175 条 损害是因第三人造成的,第三人应当承担侵权责任。	**第 28 条** 同《民法典》第 1175 条	
第 1176 条 自愿参加具有一定风险的文体活动,因其他参加者的行为受到损害的,受害人不得请求其他参加者承担侵权责任;但是,其他参加者对损害的发生有故意或者重大过失的除外。 **活动组织者的责任适用本法第一千一百九十八条至第一千二百零一条的规定。**	（无）	
第 1177 条 合法权益受到侵害,情况紧迫且不能及时获得国家机关保护,不立即采取措施将使其合法权益受到难以弥补的损害的,受害人可以在保护自己合法权益的必要范围内采取扣留侵权人的财物等合理措施;但是,应当立即请求有关国家机关处理。 **受害人采取的措施不当造成他人损害的,应当承担侵权责任。**	（无）	

《民法典》	《侵权责任法》	相关规范性法律文件
第 1178 条　本法和其他法律对不承担责任或者减轻责任的情形另有规定的,依照其规定。	（无）	
第二章　损害赔偿	**第二章　责任构成和责任方式**	
第 1179 条　侵害他人造成人身损害的,应当赔偿医疗费、护理费、交通费、**营养费、住院伙食补助费**等为治疗和康复支出的合理费用,以及因误工减少的收入。造成残疾的,还应当赔偿辅助器具费和残疾赔偿金;造成死亡的,还应当赔偿丧葬费和死亡赔偿金。	**第 16 条**　侵害他人造成人身损害的,应当赔偿医疗费、护理费、交通费等为治疗和康复支出的合理费用,以及因误工减少的收入。造成残疾的,还应当赔偿**残疾生活**辅助具费和残疾赔偿金。造成死亡的,还应当赔偿丧葬费和死亡赔偿金。	**《民法通则》第 119 条**　侵害公民身体造成伤害的,应当赔偿医疗费、因误工减少的收入、残废者生活补助费等费用;造成死亡的,并应当支付丧葬费、死者生前扶养的人必要的生活费等费用。 **《人身损害赔偿解释》第 17条第 1、2 款**　受害人遭受人身损害,因就医治疗支出的各项费用以及因误工减少的收入,包括医疗费、误工费、护理费、交通费、住宿费、住院伙食补助费、必要的营养费,赔偿义务人应当予以赔偿。 　　受害人因伤致残的,其因增加生活上需要所支出的必要费用以及因丧失劳动能力导致的收入损失,包括残疾赔偿金、残疾辅助器具费、被扶养人生活费,以及因康复护理、继续治疗实际发生的必要的康复费、护理费、后续治疗费,赔偿义务人也应当予以赔偿。
第 1180 条　因同一侵权行为造成多人死亡的,可以以相同数额确定死亡赔偿金。	**第 17 条** 同《民法典》第 1180 条	
第 1181 条　被侵权人死亡的,其近亲属有权请求侵权人承担侵权责任。被侵权人为**组织**,该**组织**分立、合并的,承继权利的**组织**有权请求侵权人承担侵权责任。 　　被侵权人死亡的,支付被侵权人医疗费、丧葬费等合理费用的人有权请求侵权人赔偿费用,**但是**侵权人已**经**支付该费用的除外。	**第 18 条**　被侵权人死亡的,其近亲属有权请求侵权人承担侵权责任。被侵权人为单位,该单位分立、合并的,承继权利的单位有权请求侵权人承担侵权责任。 　　被侵权人死亡的,支付被侵权人医疗费、丧葬费等合理费用的人有权请求侵权人赔偿费用,但侵权人已支付该费用的除外。	**《人身损害赔偿解释》第 17条第 3 款**　受害人死亡的,赔偿义务人除应当根据抢救治疗情况赔偿本条第一款规定的相关费用外,还应当赔偿丧葬费、被扶养人生活费、死亡补偿费以及受害人亲属办理丧葬事宜支出的交通费、住宿费和误工损失等其他合理费用。

《民法典》	《侵权责任法》	相关规范性法律文件
第1182条 侵害他人人身权益造成财产损失的，按照被侵权人因此受到的损失**或者侵权人因此获得的利益**赔偿；**被侵权人因此受到的损失以及侵权人因此获得的利益难以确定**，被侵权人和侵权人就赔偿数额协商不一致，向人民法院提起诉讼的，由人民法院根据实际情况确定赔偿数额。	**第20条** 侵害他人人身权益造成财产损失的，按照被侵权人因此受到的损失赔偿；被侵权人的损失难以确定，**侵权人因此获得利益的，按照其获得的利益赔偿；侵权人因此获得的利益难以确定**，被侵权人和侵权人就赔偿数额协商不一致，向人民法院提起诉讼的，由人民法院根据实际情况确定赔偿数额。	《网络侵害人身权益规定》**第18条第1、2款** 被侵权人为制止侵权行为所支付的合理开支，可以认定为侵权责任法第二十条规定的财产损失。合理开支包括被侵权人或者委托代理人对侵权行为进行调查、取证的合理费用。人民法院根据当事人的请求和具体案情，可以将符合国家有关部门规定的律师费用计算在赔偿范围内。 　被侵权人因人身权益受侵害造成的财产损失或者侵权人因此获得的利益无法确定的，人民法院可以根据具体案情在50万元以下的范围内确定赔偿数额。
第1183条 侵害**自然人**人身权益造成严重精神损害的，被侵权人有权请求精神损害赔偿。 　**因故意或者重大过失侵害自然人具有人身意义的特定物造成严重精神损害的，被侵权人有权请求精神损害赔偿。**	**第22条** 侵害他人人身权益，造成他人严重精神损害的，被侵权人可以请求精神损害赔偿。	《精神损害赔偿解释》**第1条** 自然人因下列人格权利遭受非法侵害，向人民法院起诉请求赔偿精神损害的，人民法院应当依法予以受理： 　（一）生命权、健康权、身体权； 　（二）姓名权、肖像权、名誉权、荣誉权； 　（三）人格尊严权、人身自由权。 　违反社会公共利益、社会公德侵害他人隐私或者其他人格利益，受害人以侵权为由向人民法院起诉请求赔偿精神损害的，人民法院应当依法予以受理。 《精神损害赔偿解释》**第4条** 具有人格象征意义的特定纪念物品，因侵权行为而永久性灭失或者毁损，物品所有人以侵权为由，向人民法院起诉请求赔偿精神损害的，人民法院应当依法予以受理。
第1184条 侵害他人财产的，财产损失按照损失发生时的市场价格或者其他**合理**方式计算。	**第19条** 侵害他人财产的，财产损失按照损失发生时的市场价格或者其他方式计算。	

《民法典》	《侵权责任法》	相关规范性法律文件
第 1185 条 故意侵害他人知识产权,情节严重的,被侵权人有权请求相应的惩罚性赔偿。	(无)	《商标法》第 63 条第 1 款第 2、3 句 对恶意侵犯商标专用权,情节严重的,可以在按照上述方法确定数额的一倍以上五倍以下确定赔偿数额。赔偿数额应当包括权利人为制止侵权行为所支付的合理开支。
第 1186 条 受害人和行为人对损害的发生都没有过错的,**依照法律的规定**由双方分担损失。	第 24 条 受害人和行为人对损害的发生都没有过错的,**可以根据实际情况**,由双方分担损失。	《民法通则》第 132 条 当事人对造成损害都没有过错的,可以根据实际情况,由当事人分担民事责任。
第 1187 条 损害发生后,当事人可以协商赔偿费用的支付方式。协商不一致的,赔偿费用应当一次性支付;一次性支付确有困难的,可以分期支付,**但是被侵权人有权请求提供相应的担保。**	第 25 条 损害发生后,当事人可以协商赔偿费用的支付方式。协商不一致的,赔偿费用应当一次性支付;一次性支付确有困难的,可以分期支付,但应当提供相应的担保。	
第三章 责任主体的特殊规定	**第四章 关于责任主体的特殊规定**	
第 1188 条 无民事行为能力人、限制民事行为能力人造成他人损害的,由监护人承担侵权责任。监护人尽到监护**职责**的,可以减轻其侵权责任。 有财产的无民事行为能力人、限制民事行为能力人造成他人损害的,从本人财产中支付赔偿费用;不足部分,由监护人赔偿。	第 32 条 无民事行为能力人、限制民事行为能力人造成他人损害的,由监护人承担侵权责任。监护人尽到监护责任的,可以减轻其侵权责任。 有财产的无民事行为能力人、限制民事行为能力人造成他人损害的,从本人财产中支付赔偿费用。不足部分,由监护人赔偿。	《民法通则》第 133 条 无民事行为能力人、限制民事行为能力人造成他人损害的,由监护人承担民事责任。监护人尽了监护责任的,可以适当减轻他的民事责任。 有财产的无民事行为能力人、限制民事行为能力人造成他人损害的,从本人财产中支付赔偿费用。不足部分,由监护人适当赔偿,但单位担任监护人的除外。 《民通意见》第 159 条 被监护人造成他人损害的,有明确的监护人时,由监护人承担民事责任;监护人不明确的,由顺序在前的有监护能力的人承担民事责任。
第 1189 条 无民事行为能力人、限制民事行为能力人造成他人损害,监护人将监护职责委托给他人的,监护人应当承担侵权责任;受托人有过错的,承担相应的责任。	(无)	《民通意见》第 22 条 监护人可以将监护职责部分或者全部委托给他人。因被监护人的侵权行为需要承担民事责任的,应当由监护人承担,但另有约定的除外;被委托人确有过错的,负连带责任。

《民法典》	《侵权责任法》	相关规范性法律文件
第 1190 条 完全民事行为能力人对自己的行为暂时没有意识或者失去控制造成他人损害有过错的,应当承担侵权责任;没有过错的,根据行为人的经济状况对受害人适当补偿。 完全民事行为能力人因醉酒、滥用麻醉药品或者精神药品对自己的行为暂时没有意识或者失去控制造成他人损害的,应当承担侵权责任。	**第 33 条** 同《民法典》第 1190 条	
第 1191 条 用人单位的工作人员因执行工作任务造成他人损害的,由用人单位承担侵权责任。**用人单位承担侵权责任后,可以向有故意或者重大过失的工作人员追偿。** 劳务派遣期间,被派遣的工作人员因执行工作任务造成他人损害的,由接受劳务派遣的用工单位承担侵权责任;劳务派遣单位有过错的,承担相应的责任。	**第 34 条** 用人单位的工作人员因执行工作任务造成他人损害的,由用人单位承担侵权责任。 劳务派遣期间,被派遣的工作人员因执行工作任务造成他人损害的,由接受劳务派遣的用工单位承担侵权责任;劳务派遣单位有过错的,承担相应的**补充**责任。	**《民法通则》第 121 条** 国家机关或者国家机关工作人员在执行职务中,侵犯公民、法人的合法权益造成损害的,应当承担民事责任。 **《人身损害赔偿解释》第 8 条第 1 款** 法人或者其他组织的法定代表人、负责人以及工作人员,在执行职务中致人损害的,依照民法通则第一百二十一条的规定,由该法人或者其他组织承担民事责任。上述人员实施与职务无关的行为致人损害的,应当由行为人承担赔偿责任。
第 1192 条 个人之间形成劳务关系,提供劳务一方因劳务造成他人损害的,由接受劳务一方承担侵权责任。**接受劳务一方承担侵权责任后,可以向有故意或者重大过失的提供劳务一方追偿。**提供劳务一方因劳务受到损害的,根据双方各自的过错承担相应的责任。 **提供劳务期间,因第三人的行为造成提供劳务一方损害的,提供劳务一方有权请求第三人承担侵权责任,也有权请求接受劳务一方给予补偿。接受劳务一方补偿后,可以向第三人追偿。**	**第 35 条** 个人之间形成劳务关系,提供劳务一方因劳务造成他人损害的,由接受劳务一方承担侵权责任。提供劳务一方因劳务自己受到损害的,根据双方各自的过错承担相应的责任。	**《人身损害赔偿解释》第 9 条** 雇员在从事雇佣活动中致人损害的,雇主应当承担赔偿责任;雇员因故意或者重大过失致人损害的,应当与雇主承担连带赔偿责任。雇主承担连带赔偿责任的,可以向雇员追偿。 前款所称"从事雇佣活动",是指从事雇主授权或者指示范围内的生产经营活动或者其他劳务活动。雇员的行为超出授权范围,但其表现形式是履行职务或者与履行职务有内在联系的,应当认定为"从事雇佣活动"。 **《人身损害赔偿解释》第 11 条第 1 款、第 2 款** 雇员在从事雇佣活动中遭受人身损害,雇主应当承担赔偿责任。雇佣关系以外的第三人造成雇员人身损害的,赔偿权利人可以请求第三人承担赔偿责

《民法典》	《侵权责任法》	相关规范性法律文件
		任,也可以请求雇主承担赔偿责任。雇主承担赔偿责任后,可以向第三人追偿。 雇员在从事雇佣活动中因安全生产事故遭受人身损害,发包人、分包人知道或者应当知道接受发包或者分包业务的雇主没有相应资质或者安全生产条件的,应当与雇主承担连带赔偿责任。
第1193条　承揽人在完成工作过程中造成第三人损害或者自己损害的,定作人不承担侵权责任。但是,定作人对定作、指示或者选任有过错的,应当承担相应的责任。	（无）	《人身损害赔偿解释》第10条　承揽人在完成工作过程中对第三人造成损害或者造成自身损害的,定作人不承担赔偿责任。但定作人对定作、指示或者选任有过失的,应当承担相应的赔偿责任。
第1194条　网络用户、网络服务提供者利用网络侵害他人民事权益的,应当承担侵权责任。**法律另有规定的,依照其规定。**	第36条第1款　网络用户、网络服务提供者利用网络侵害他人民事权益的,应当承担侵权责任。	《侵害信息网络传播权解释》第3条第1款　网络用户、网络服务提供者未经许可,通过信息网络提供权利人享有信息网络传播权的作品、表演、录音录像制品,除法律、行政法规另有规定外,人民法院应当认定其构成侵害信息网络传播权行为。
第1195条　网络用户利用网络服务实施侵权行为的,**权利人**有权通知网络服务提供者采取删除、屏蔽、断开链接等必要措施。**通知应当包括构成侵权的初步证据及权利人的真实身份信息。** 网络服务提供者接到通知后,应当及时将该通知转送相关网络用户,**并根据构成侵权的初步证据和服务类型采取**必要措施;未及时采取必要措施的,对损害的扩大部分与该网络用户承担连带责任。 **权利人因错误通知造成网络用户或者网络服务提供者损害的,应当承担侵权责任。法律另有规定的,依照其规定。**	第36条第2款　网络用户利用网络服务实施侵权行为的,被侵权人有权通知网络服务提供者采取删除、屏蔽、断开链接等必要措施。网络服务提供者接到通知后未及时采取必要措施的,对损害的扩大部分与该网络用户承担连带责任。	《网络侵害人身权益规定》第3条　原告依据侵权责任法第三十六条第二款、第三款的规定起诉网络用户或者网络服务提供者的,人民法院应予受理。 原告仅起诉网络用户,网络用户请求追加涉嫌侵权的网络服务提供者为共同被告或者第三人的,人民法院应予准许。 原告仅起诉网络服务提供者,网络服务提供者请求追加可以确定的网络用户为共同被告或者第三人的,人民法院应予准许。 《网络侵害人身权益规定》第8条第1款　因通知人的通知导致网络服务提供者错误采取删除、屏蔽、断开链接等措施,被采取措施的网络用户请求通知人承担侵权责任的,人民法院应予支持。

《民法典》	《侵权责任法》	相关规范性法律文件
		《电子商务法》第42条 知识产权权利人认为其知识产权受到侵害的,有权通知电子商务平台经营者采取删除、屏蔽、断开链接、终止交易和服务等必要措施。通知应当包括构成侵权的初步证据。 　　电子商务平台经营者接到通知后,应当及时采取必要措施,并将该通知转送平台内经营者;未及时采取必要措施的,对损害的扩大部分与平台内经营者承担连带责任。 　　因通知错误造成平台内经营者损害的,依法承担民事责任。恶意发出错误通知,造成平台内经营者损失的,加倍承担赔偿责任。
第1196条　网络用户接到转送的通知后,可以向网络服务提供者提交不存在侵权行为的声明。声明应当包括不存在侵权行为的初步证据及网络用户的真实身份信息。 　　网络服务提供者接到声明后,应当将该声明转送发出通知的权利人,并告知其可以向有关部门投诉或者向人民法院提起诉讼。网络服务提供者在转送声明到达权利人后的合理期限内,未收到权利人已经投诉或者提起诉讼通知的,应当及时终止所采取的措施。	（无）	
第1197条　网络服务提供者知道或者应当知道网络用户利用其网络服务侵害他人民事权益,未采取必要措施的,与该网络用户承担连带责任。	第36条第3款　网络服务提供者知道网络用户利用其网络服务侵害他人民事权益,未采取必要措施的,与该网络用户承担连带责任。	《网络侵害人身权益规定》第9条　人民法院依据侵权责任法第三十六条第三款认定网络服务提供者是否"知道",应当综合考虑下列因素: 　　(一)网络服务提供者是否以人工或者自动方式对侵权网络信息以推荐、排名、选择、编辑、整理、修改等方式作出处理; 　　(二)网络服务提供者应当具备的管理信息的能力,以及所提供服务的性质、方式及其引发侵权的可能性大小; 　　(三)该网络信息侵害人身权益的类型及明显程度; 　　(四)该网络信息的社会影响程度或者一定时间内的浏览量;

《民法典》	《侵权责任法》	相关规范性法律文件
		（五）网络服务提供者采取预防侵权措施的技术可能性及其是否采取了相应的合理措施； （六）网络服务提供者是否针对同一网络用户的重复侵权行为或者同一侵权信息采取了相应的合理措施； （七）与本案相关的其他因素。 **《电子商务法》第45条** 电子商务平台经营者知道或者应当知道平台内经营者侵犯知识产权的，应当采取删除、屏蔽、断开链接、终止交易和服务等必要措施；未采取必要措施的，与侵权人承担连带责任。
第1198条 宾馆、商场、银行、车站、**机场**、**体育场馆**、娱乐场所等经营场所、公共场所的**经营者**、管理者或者群众性活动的组织者，未尽到安全保障义务，造成他人损害的，应当承担侵权责任。 因第三人的行为造成他人损害的，由第三人承担侵权责任；**经营者**、**管理者**或者组织者未尽到安全保障义务的，承担相应的补充责任。**经营者、管理者或者组织者承担补充责任后，可以向第三人追偿。**	**第37条** 宾馆、商场、银行、车站、娱乐场所等公共场所的管理人或者群众性活动的组织者，未尽到安全保障义务，造成他人损害的，应当承担侵权责任。 因第三人的行为造成他人损害的，由第三人承担侵权责任；管理人或者组织者未尽到安全保障义务的，承担相应的补充责任。	
第1199条 无民事行为能力人在幼儿园、学校或者其他教育机构学习、生活期间受到人身损害的，幼儿园、学校或者其他教育机构应当承担**侵权**责任；但是，能够证明尽到教育、管理职责的，不承担**侵权**责任。	**第38条** 无民事行为能力人在幼儿园、学校或者其他教育机构学习、生活期间受到人身损害的，幼儿园、学校或者其他教育机构应当承担责任，但能够证明尽到教育、管理职责的，不承担责任。	
第1200条 限制民事行为能力人在学校或者其他教育机构学习、生活期间受到人身损害，学校或者其他教育机构未尽到教育、管理职责的，应当承担**侵权**责任。	**第39条** 限制民事行为能力人在学校或者其他教育机构学习、生活期间受到人身损害，学校或者其他教育机构未尽到教育、管理职责的，应当承担责任。	
第1201条 无民事行为能力人或者限制民事行为能力人在幼儿园、学校或者其他教育机构学习、生活期间，受到幼儿园、学校或者其他教育机构以外的**第三人人身损害**的，由**第三人**承担侵权责任；幼儿园、学校或者其他教育机	**第40条** 无民事行为能力人或者限制民事行为能力人在幼儿园、学校或者其他教育机构学习、生活期间，受到幼儿园、学校或者其他教育机构以外的人员人身损害的，由侵权人承担侵权责任；幼儿园、学校或者其他教育机构未尽	

《民法典》	《侵权责任法》	相关规范性法律文件
构未尽到管理职责的,承担相应的补充责任。 **幼儿园、学校或者其他教育机构承担补充责任后,可以向第三人追偿。**	到管理职责的,承担相应的补充责任。	
第四章　产品责任	第五章　产品责任	
第 1202 条　因产品存在缺陷造成他人损害的,生产者应当承担侵权责任。	**第 41 条**　同《民法典》第 1202 条	《民法通则》第 122 条　因产品质量不合格造成他人财产、人身损害的,产品制造者、销售者应当依法承担民事责任。运输者仓储者对此负有责任的,产品制造者、销售者有权要求赔偿损失。 《产品质量法》第 41 条第 1 款　因产品存在缺陷造成人身、缺陷产品以外的其他财产损害的,生产者应当承担赔偿责任。
第 1203 条　因产品存在缺陷造成他人损害的,被侵权人可以向产品的生产者请求赔偿,也可以向产品的销售者请求赔偿。 　产品缺陷由生产者造成的,销售者赔偿后,有权向生产者追偿。因销售者的过错使产品存在缺陷的,生产者赔偿后,有权向销售者追偿。	**第 43 条**　因产品存在缺陷造成损害的,被侵权人可以向产品的生产者请求赔偿,也可以向产品的销售者请求赔偿。 　产品缺陷由生产者造成的,销售者赔偿后,有权向生产者追偿。 　因销售者的过错使产品存在缺陷的,生产者赔偿后,有权向销售者追偿。	《产品质量法》第 43 条　因产品存在缺陷造成人身、他人财产损害的,受害人可以向产品的生产者要求赔偿,也可以向产品的销售者要求赔偿。属于产品的生产者的责任,产品的销售者赔偿的,产品的销售者有权向产品的生产者追偿。属于产品的销售者的责任,产品的生产者赔偿的,产品的生产者有权向产品的销售者追偿。 《消费者权益保护法》第 40 条　消费者在购买、使用商品时,其合法权益受到损害的,可以向销售者要求赔偿。销售者赔偿后,属于生产者的责任或者属于向销售者提供商品的其他销售者的责任的,销售者有权向生产者或者其他销售者追偿。 　消费者或者其他受害人因商品缺陷造成人身、财产损害的,可以向销售者要求赔偿,也可以向生产者要求赔偿。属于生产者责任的,销售者赔偿后,有权向生产者追偿。属于销售者责任的,生产者赔偿后,有权向销售者追偿。 　消费者在接受服务时,其合法权益受到损害的,可以向服务者要求赔偿。

《民法典》	《侵权责任法》	相关规范性法律文件
第1204条　因运输者、仓储者等第三人的过错使产品存在缺陷，造成他人损害的，产品的生产者、销售者赔偿后，有权向第三人追偿。	第44条　同《民法典》第1204条	《民法通则》第122条　因产品质量不合格造成他人财产、人身损害的，产品制造者、销售者应当依法承担民事责任。运输者仓储者对此负有责任的，产品制造者、销售者有权要求赔偿损失。 《食品安全法》第148条第1款　消费者因不符合食品安全标准的食品受到损害的，可以向经营者要求赔偿损失，也可以向生产者要求赔偿损失。接到消费者赔偿要求的生产经营者，应当实行首负责任制，先行赔付，不得推诿；属于生产者责任的，经营者赔偿后有权向生产者追偿；属于经营者责任的，生产者赔偿后有权向经营者追偿。
第1205条　因产品缺陷危及他人人身、财产安全的，被侵权人有权请求生产者、销售者承担**停止侵害**、排除妨碍、消除危险等侵权责任。	第45条　因产品缺陷危及他人人身、财产安全的，被侵权人有权请求生产者、销售者承担排除妨碍、消除危险等侵权责任。	
第1206条　产品投入流通后发现存在缺陷的，生产者、销售者应当及时采取**停止销售**、警示、召回等补救措施；未及时采取补救措施或者补救措施不力造成损害**扩大的，对扩大的损害也**应当承担侵权责任。**依照前款规定采取召回措施的，生产者、销售者应当负担被侵权人因此支出的必要费用。**	第46条　产品投入流通后发现存在缺陷的，生产者、销售者应当及时采取警示、召回等补救措施。未及时采取补救措施或者补救措施不力造成损害的，应当承担侵权责任。	《消费者权益保护法》第19条　经营者发现其提供的商品或者服务存在缺陷，有危及人身、财产安全危险的，应当立即向有关行政部门报告和告知消费者，并采取停止销售、警示、召回、无害化处理、销毁、停止生产或者服务等措施。采取召回措施的，经营者应当承担消费者因商品被召回支出的必要费用。
第1207条　明知产品存在缺陷仍然生产、销售，**或者没有依据前条规定采取有效补救措施**，造成他人死亡或者健康严重损害的，被侵权人有权请求相应的惩罚性赔偿。	第47条　明知产品存在缺陷仍然生产、销售，造成他人死亡或者健康严重损害的，被侵权人有权请求相应的惩罚性赔偿。	《消费者权益保护法》第55条　经营者提供商品或者服务有欺诈行为的，应当按照消费者的要求增加赔偿其受到的损失，增加赔偿的金额为消费者购买商品的价款或者接受服务的费用的三倍；增加赔偿的金额不足五百元的，为五百元。法律另有规定的，依照其规定。 经营者明知商品或者服务存在缺陷，仍然向消费者提供，造成消费者或者其他受害人死亡或者健康严重损害的，受害人有权要求经营者依照本法第四十九条、第五十一条等法律规定赔偿损失，并有权要求所受损失二倍以下的惩罚性赔偿。 《食品安全法》第148条第2

《民法典》	《侵权责任法》	相关规范性法律文件
		款 生产不符合食品安全标准的食品或者经营明知是不符合食品安全标准的食品,消费者除要求赔偿损失外,还可以向生产者或者经营者要求支付价款十倍或者损失三倍的赔偿金;增加赔偿的金额不足一千元的,为一千元。但是,食品的标签、说明书存在不影响食品安全且不会对消费者造成误导的瑕疵的除外。
第五章 机动车 交通事故责任	**第六章 机动车 交通事故责任**	
第1208条 机动车发生交通事故造成损害的,依照道路交通安全**法律和本法的**有关规定承担赔偿责任。	**第48条** 机动车发生交通事故造成损害的,依照道路交通安全法的有关规定承担赔偿责任。	
第1209条 因租赁、借用等情形机动车所有人、**管理人**与使用人不是同一人时,发生交通事故**造成损害**,属于该机动车一方责任的,由机动车使用人承担赔偿责任;机动车所有人、**管理人**对损害的发生有过错的,承担相应的赔偿责任。	**第49条** 因租赁、借用等情形机动车所有人与使用人不是同一人时,发生交通事故后属于该机动车一方责任的,**由保险公司在机动车强制保险责任限额范围内予以赔偿。不足部分**,由机动车使用人承担赔偿责任;机动车所有人对损害的发生有过错的,承担相应的赔偿责任。	《交通事故损害赔偿解释》第**1条** 机动车发生交通事故造成损害,机动车所有人或者管理人有下列情形之一,人民法院应当认定其对损害的发生有过错,并适用侵权责任法第四十九条的规定确定其相应的赔偿责任: (一)知道或者应当知道机动车存在缺陷,且该缺陷是交通事故发生原因之一的; (二)知道或者应当知道驾驶人无驾驶资格或者未取得相应驾驶资格的; (三)知道或者应当知道驾驶人因饮酒、服用国家管制的精神药品或者麻醉药品,或者患有妨碍安全驾驶机动车的疾病等依法不能驾驶机动车的; (四)其它应当认定机动车所有人或者管理人有过错的。
第1210条 当事人之间已经以买卖或者其他方式转让并交付机动车但是未办理登记,发生交通事故**造成损害**,属于该机动车一方责任的,由受让人承担赔偿责任。	**第50条** 当事人之间已经以买卖等方式转让并交付机动车但未办理**所有权转移**登记,发生交通事故后属于该机动车一方责任的,**由保险公司在机动车强制保险责任限额范围内予以赔偿。不足部分**,由受让人承担赔偿责任。	
第1211条 以挂靠形式从事道路运输经营活动的机动车,发生交通事故造成损害,属于该机动车一方责任的,由挂靠人和被挂靠人承担连带责任。	(无)	《交通事故损害赔偿解释》第**3条** 以挂靠形式从事道路运输经营活动的机动车发生交通事故造成损害,属于该机动车一方责任,当事人请求由挂靠人和被挂靠人承担连带责任的,人民法院应予支持。

《民法典》	《侵权责任法》	相关规范性法律文件
第1212条 未经允许驾驶他人机动车,发生交通事故造成损害,属于该机动车一方责任的,由机动车使用人承担赔偿责任;机动车所有人、管理人对损害的发生有过错的,承担相应的赔偿责任,但是本章另有规定的除外。	(无)	《交通事故损害赔偿解释》第2条 未经允许驾驶他人机动车发生交通事故造成损害,当事人依照侵权责任法第四十九条的规定请求由机动车驾驶人承担赔偿责任的,人民法院应予支持。机动车所有人或者管理人有过错的,承担相应的赔偿责任,但具有侵权责任法第五十二条规定情形的除外。
第1213条 机动车发生交通事故造成损害,属于该机动车一方责任的,先由承保机动车强制保险的保险人在强制保险责任限额范围内予以赔偿;不足部分,由承保机动车商业保险的保险人按照保险合同的约定予以赔偿;仍然不足或者没有投保机动车商业保险的,由侵权人赔偿。	(无)	《交通事故损害赔偿解释》第16条 同时投保机动车第三者责任强制保险(以下简称"交强险")和第三者责任商业保险(以下简称"商业三者险")的机动车发生交通事故造成损害,当事人同时起诉侵权人和保险公司的,人民法院应当按照下列规则确定赔偿责任: (一)先由承保交强险的保险公司在责任限额范围内予以赔偿; (二)不足部分,由承保商业三者险的保险公司根据保险合同予以赔偿; (三)仍有不足的,依照道路交通安全法和侵权责任法的相关规定由侵权人予以赔偿。 被侵权人或者其近亲属请求承保交强险的保险公司优先赔偿精神损害的,人民法院应予支持。
第1214条 以买卖或者其它方式转让拼装或者已经达到报废标准的机动车,发生交通事故造成损害的,由转让人和受让人承担连带责任。	第51条 以买卖等方式转让拼装或者已达到报废标准的机动车,发生交通事故造成损害的,由转让人和受让人承担连带责任。	
第1215条 盗窃、抢劫或者抢夺的机动车发生交通事故造成损害的,由盗窃人、抢劫人或者抢夺人承担赔偿责任。盗窃人、抢劫人或者抢夺人与机动车使用人不是同一人,发生交通事故造成损害,属于该机动车一方责任的,盗窃人、抢劫人或者抢夺人与机动车使用人承担连带责任。保险人在机动车强制保险责任限额范围内垫付抢救费用的,有权向交通事故责任人追偿。	第52条 盗窃、抢劫或者抢夺的机动车发生交通事故造成损害的,由盗窃人、抢劫人或者抢夺人承担赔偿责任。保险公司在机动车强制保险责任限额范围内垫付抢救费用的,有权向交通事故责任人追偿。	《交通事故损害赔偿解释》第2条 未经允许驾驶他人机动车发生交通事故造成损害,当事人依照侵权责任法第四十九条的规定请求由机动车驾驶人承担赔偿责任的,人民法院应予支持。机动车所有人或者管理人有过错的,承担相应的赔偿责任,但具有侵权责任法第五十二条规定情形的除外。

《民法典》	《侵权责任法》	相关规范性法律文件
第1216条 机动车驾驶人发生交通事故后逃逸,该机动车参加强制保险的,由保险人在机动车强制保险责任限额范围内予以赔偿;机动车不明、该机动车未参加强制保险**或者抢救费用超过机动车强制保险责任限额**,需要支付被侵权人人身伤亡的抢救、丧葬等费用的,由道路交通事故社会救助基金垫付。道路交通事故社会救助基金垫付后,其管理机构有权向交通事故责任人追偿。	第53条 机动车驾驶人发生交通事故后逃逸,该机动车参加强制保险的,由保险公司在机动车强制保险责任限额范围内予以赔偿;机动车不明或者该机动车未参加强制保险,需要支付被侵权人人身伤亡的抢救、丧葬等费用的,由道路交通事故社会救助基金垫付。道路交通事故社会救助基金垫付后,其管理机构有权向交通事故责任人追偿。	
第1217条 非营运机动车发生交通事故造成无偿搭乘人损害,属于该机动车一方责任的,应当减轻其赔偿责任,但是机动车使用人有故意或者重大过失的除外。	(无)	
第六章 医疗损害责任	第七章 医疗损害责任	
第1218条 患者在诊疗活动中受到损害,医疗机构**或者**其医务人员有过错的,由医疗机构承担赔偿责任。	第54条 患者在诊疗活动中受到损害,医疗机构及其医务人员有过错的,由医疗机构承担赔偿责任。	《医疗损害责任解释》第1条第1款 患者以在诊疗活动中受到人身或者财产损害为由请求医疗机构,医疗产品的生产者、销售者或者血液提供机构承担侵权责任的案件,适用本解释。 《医疗损害责任解释》第4条第1款 患者依据侵权责任法第五十四条规定主张医疗机构承担赔偿责任的,应当提交到该医疗机构就诊、受到损害的证据。
第1219条 医务人员在诊疗活动中应当向患者说明病情和医疗措施。需要实施手术、特殊检查、特殊治疗的,医务人员应当及时向患者**具体**说明医疗风险、替代医疗方案等情况,并取得其**明确**同意;**不能或者**不宜向患者说明的,应当向患者的近亲属说明,并取得其**明确**同意。 医务人员未尽到前款义务,造成患者损害的,医疗机构应当承担赔偿责任。	第55条 医务人员在诊疗活动中应当向患者说明病情和医疗措施。需要实施手术、特殊检查、特殊治疗的,医务人员应当及时向患者说明医疗风险、替代医疗方案等情况,并取得其**书面**同意;不宜向患者说明的,应当向患者的近亲属说明,并取得其**书面**同意。 医务人员未尽到前款义务,造成患者损害的,医疗机构应当承担赔偿责任。	《医疗损害责任解释》第5条第2款 实施手术、特殊检查、特殊治疗的,医疗机构应当承担说明义务并取得患者或者患者近亲属书面同意,但属于侵权责任法第五十六条规定情形的除外。医疗机构提交患者或者患者近亲属书面同意证据的,人民法院可以认定医疗机构尽到说明义务,但患者有相反证据足以反驳的除外。
第1220条 因抢救生命垂危的患者等紧急情况,不能取得患者或者其近亲属意见的,经医疗机构负责人或者授权的负责人批准,可以立即实施相应的医疗措施。	第56条 同《民法典》第1220条	《医疗损害责任解释》第18条 因抢救生命垂危的患者等紧急情况且不能取得患者意见时,下列情形可以认定为侵权责任法第五十六条规定的不能取得患者近亲属意见;

《民法典》	《侵权责任法》	相关规范性法律文件
		（一）近亲属不明的； （二）不能及时联系到近亲属的； （三）近亲属拒绝发表意见的； （四）近亲属达不成一致意见的； （五）法律、法规规定的其他情形。 　　前款情形，医务人员经医疗机构负责人或者授权的负责人批准立即实施相应医疗措施，患者因此请求医疗机构承担赔偿责任的，不予支持；医疗机构及其医务人员怠于实施相应医疗措施造成损害，患者请求医疗机构承担赔偿责任的，应予支持。
第1221条　医务人员在诊疗活动中未尽到与当时的医疗水平相应的诊疗义务，造成患者损害的，医疗机构应当承担赔偿责任。	**第57条** 同《民法典》第1221条	《医疗损害责任解释》第16条　对医疗机构及其医务人员的过错，应当依据法律、行政法规、规章以及其他有关诊疗规范进行认定，可以综合考虑患者病情的紧急程度、患者个体差异、当地的医疗水平、医疗机构与医务人员资质等因素。
第1222条　患者**在诊疗活动中受到损害，有**下列情形之一的，推定医疗机构有过错： 　　（一）**违反法律、行政法规、规章以及其他有关诊疗规范的规定； 　　（二）隐匿或者拒绝提供与纠纷有关的病历资料； 　　（三）**遗失**、伪造、篡改或者**违法**销毁病历资料。	**第58条**　患者有损害，因下列情形之一的，推定医疗机构有过错： 　　（一）违反法律、行政法规、规章以及其他有关诊疗规范的规定； 　　（二）隐匿或者拒绝提供与纠纷有关的病历资料； 　　（三）伪造、篡改或者销毁病历资料。	
第1223条　因药品、消毒**产品**、医疗器械的缺陷，或者输入不合格的血液造成患者损害的，患者可以向**药品上市许可持有人**、生产者、血液提供机构请求赔偿，也可以向医疗机构请求赔偿。患者向医疗机构请求赔偿的，医疗机构赔偿后，有权向负有责任的**药品上市许可持有人**、生产者、血液提供机构追偿。	**第59条**　因药品、消毒药剂、医疗器械的缺陷，或者输入不合格的血液造成患者损害的，患者可以向生产者或者血液提供机构请求赔偿，也可以向医疗机构请求赔偿。患者向医疗机构请求赔偿的，医疗机构赔偿后，有权向负有责任的生产者或者血液提供机构追偿。	《医疗损害责任解释》第21条　因医疗产品的缺陷或者输入不合格血液受到损害，患者请求医疗机构、缺陷医疗产品的生产者、销售者或者血液提供机构承担赔偿责任的，应予支持。 　　医疗机构承担赔偿责任后，向缺陷医疗产品的生产者、销售者或者血液提供机构追偿的，应予支持。 　　因医疗机构的过错使医疗产品存在缺陷或者血液不合格，医疗产品的生产者、销售者或者血液提供机构承担赔偿责任后，向医疗机构追偿的，应予支持。

《民法典》	《侵权责任法》	相关规范性法律文件
第 1224 条 患者在**诊疗活动**中受到损害,有下列情形之一的,医疗机构不承担赔偿责任: (一)患者或者其近亲属不配合医疗机构进行符合诊疗规范的诊疗; (二)医务人员在抢救生命垂危的患者等紧急情况下已经尽到合理诊疗义务; (三)限于当时的医疗水平难以诊疗。 前款第一项情形中,医疗机**构或者其**医务人员也有过错的,应当承担相应的赔偿责任。	**第 60 条** 患者有损害,因下列情形之一的,医疗机构不承担赔偿责任: (一)患者或者其近亲属不配合医疗机构进行符合诊疗规范的诊疗; (二)医务人员在抢救生命垂危的患者等紧急情况下已经尽到合理诊疗义务; (三)限于当时的医疗水平难以诊疗。 前款第一项情形中,医疗机构及其医务人员也有过错的,应当承担相应的赔偿责任。	
第 1225 条 医疗机构及其医务人员应当按照规定填写并妥善保管住院志、医嘱单、检验报告、手术及麻醉记录、病理资料、护理记录等病历资料。 患者要求查阅、复制前款规定的病历资料的,医疗机构应当及时提供。	**第 61 条** 医疗机构及其医务人员应当按照规定填写并妥善保管住院志、医嘱单、检验报告、手术及麻醉记录、病理资料、护理记录、**医疗费用**等病历资料。 患者要求查阅、复制前款规定的病历资料的,医疗机构应当提供。	
第 1226 条 医疗机构及其医务人员应当对患者的隐私**和个人信息**保密。泄露患者的隐私**和个人信息**,或者未经患者同意公开其病历资料的,应当承担侵权责任。	**第 62 条** 医疗机构及其医务人员应当对患者的隐私保密。泄露患者隐私或者未经患者同意公开其病历资料,**造成患者损害的,**应当承担侵权责任。	
第 1227 条 医疗机构及其医务人员不得违反诊疗规范实施不必要的检查。	**第 63 条** 同《民法典》第 1227 条	
第 1228 条 医疗机构及其医务人员的合法权益受法律保护。 干扰医疗秩序,妨害医务人员工作、生活,**侵害医务人员合法权益的,**应当依法承担法律责任。	**第 64 条** 医疗机构及其医务人员的合法权益受法律保护。干扰医疗秩序,妨害医务人员工作、生活的,应当依法承担法律责任。	
第七章 环境污染**和生态破坏责任**	**第八章 环境污染责任**	
第 1229 条 因污染环境、**破坏生态**造成**他人**损害的,**侵权人**应当承担侵权责任。	**第 65 条** 因污染环境造成损害的,污染者应当承担侵权责任。	《民法通则》第 124 条 违反国家保护环境防止污染的规定,污染环境造成他人损害的,应当依法承担民事责任。 《环境侵权责任解释》第 1 条 因污染环境造成损害,不论污染者有无过错,污染者应当承担侵权责任。污染者以排污符合国家或者地方污染

《民法典》	《侵权责任法》	相关规范性法律文件
		物排放标准为由主张不承担责任的,人民法院不予支持。 污染者不承担责任或者减轻责任的情形,适用海洋环境保护法、水污染防治法、大气污染防治法等环境保护单行法的规定;相关环境保护单行法没有规定的,适用侵权责任法的规定。
第 1230 条 因污染环境、**破坏生态**发生纠纷,**行为人应**当就法律规定的不承担责任或者减轻责任的情形及其行为与损害之间不存在因果关系承担举证责任。	**第 66 条** 因污染环境发生纠纷,污染者应当就法律规定的不承担责任或者减轻责任的情形及其行为与损害之间不存在因果关系承担举证责任。	《环境侵权责任解释》第 7条 污染者举证证明下列情形之一的,人民法院应当认定其污染行为与损害之间不存在因果关系: (一)排放的污染物没有造成该损害可能的; (二)排放的可造成该损害的污染物未到达该损害发生地的; (三)该损害于排放污染物之前已发生的; (四)其他可以认定污染行为与损害之间不存在因果关系的情形。
第 1231 条 两个以上侵权人污染环境、**破坏生态**的,承担责任的大小,根据污染物的种类、**浓度**、排放量、**破坏生态的方式、范围、程度,以及行为**对损害后果所起的作用等因素确定。	**第 67 条** 两个以上污染者污染环境,污染者承担责任的大小,根据污染物的种类、排放量等因素确定。	《环境侵权责任解释》第 4条 两个以上污染者污染环境,对污染者承担责任的大小,人民法院应当根据污染物的种类、排放量、危害性以及有无排污许可证、是否超过污染物排放标准、是否超过重点污染物排放总量控制指标等因素确定。
第 1232 条 侵权人违反法律规定故意污染环境、破坏生态造成严重后果的,被侵权人有权请求相应的惩罚性赔偿。	(无)	
第 1233 条 因第三人的过错污染环境、**破坏生态**的,被侵权人可以向**侵权人**请求赔偿,也可以向第三人请求赔偿。**侵权人**赔偿后,有权向第三人追偿。	**第 68 条** 因第三人的过错污染环境**造成损害**的,被侵权人可以向污染者请求赔偿,也可以向第三人请求赔偿。污染者赔偿后,有权向第三人追偿。	《环境侵权责任解释》第 5条 被侵权人根据侵权责任法第六十八条规定分别或者同时起诉污染者、第三人的,人民法院应予受理。 被侵权人请求第三人承担赔偿责任的,人民法院应当根据第三人的过错程度确定其相应赔偿责任。 污染者以第三人的过错污染环境造成损害为由主张不承担责任或者减轻责任的,人民法院不予支持。

《民法典》	《侵权责任法》	相关规范性法律文件
第1234条 违反国家规定造成生态环境损害,生态环境能够修复的,国家规定的机关或者法律规定的组织有权请求侵权人在合理期限内承担修复责任。侵权人在期限内未修复的,国家规定的机关或者法律规定的组织可以自行或者委托他人进行修复,所需费用由侵权人承担。	（无）	《生态环境损害赔偿规定》第12条 受损生态环境能够修复的,人民法院应当依法判决被告承担修复责任,并同时确定被告不履行修复义务时应承担的生态环境修复费用。 生态环境修复费用包括制定、实施修复方案的费用,修复期间的监测、监管费用,以及修复完成后的验收费用、修复效果后评估费用等。 原告请求被告赔偿生态环境受到损害至修复完成期间服务功能损失的,人民法院根据具体案情予以判决。 《环境侵权责任解释》第14条 被侵权人请求恢复原状的,人民法院可以依法裁判污染者承担环境修复责任,并同时确定被告不履行环境修复义务时应当承担的环境修复费用。 污染者在生效裁判确定的期限内未履行环境修复义务的,人民法院可以委托其他人进行环境修复,所需费用由污染者承担。
第1235条 违反国家规定造成生态环境损害的,国家规定的机关或者法律规定的组织有权请求侵权人赔偿下列损失和费用: （一）生态环境受到损害至修复完成期间服务功能丧失导致的损失; （二）生态环境功能永久性损害造成的损失; （三）生态环境损害调查、鉴定评估等费用; （四）清除污染、修复生态环境费用; （五）防止损害的发生和扩大所支出的合理费用。	（无）	《生态环境损害赔偿规定》第12条 受损生态环境能够修复的,人民法院应当依法判决被告承担修复责任,并同时确定被告不履行修复义务时应承担的生态环境修复费用。 生态环境修复费用包括制定、实施修复方案的费用,修复期间的监测、监管费用,以及修复完成后的验收费用、修复效果后评估费用等。 原告请求被告赔偿生态环境受到损害至修复完成期间服务功能损失的,人民法院根据具体案情予以判决。 《生态环境损害赔偿规定》第14条 原告请求被告承担下列费用的,人民法院根据具体案情予以判决: （一）实施应急方案以及为防止生态环境损害的发生和扩大采取合理预防、处置措施发生的应急处置费用; （二）为生态环境损害赔偿磋商和诉讼支出的调查、检验、鉴定、评估等费用; （三）合理的律师费以及其他为诉讼支出的合理费用。

《民法典》	《侵权责任法》	相关规范性法律文件
第八章　高度危险责任	**第九章　高度危险责任**	
第 1236 条　从事高度危险作业造成他人损害的,应当承担侵权责任。	**第 69 条** 同《民法典》第 1236 条	
第 1237 条　民用核设施**或者运入运出核设施的核材料**发生核事故造成他人损害的,民用核设施的**营运单位**应当承担侵权责任;但**是**,能够证明损害是因战争、**武装冲突、暴乱**等情形或者受害人故意造成的,不承担责任。	**第 70 条**　民用核设施发生核事故造成他人损害的,民用核设施的经营者应当承担侵权责任,但能够证明损害是因战争等情形或者受害人故意造成的,不承担责任。	
第 1238 条　民用航空器造成他人损害的,民用航空器的经营者应当承担侵权责任;但**是**,能够证明损害是因受害人故意造成的,不承担责任。	**第 71 条**　民用航空器造成他人损害的,民用航空器的经营者应当承担侵权责任,但能够证明损害是因受害人故意造成的,不承担责任。	
第 1239 条　占有或者使用易燃、易爆、剧毒、**高放射性、强腐蚀性、高致病性**等高度危险物造成他人损害的,占有人或者使用人应当承担侵权责任;但**是**,能够证明损害是因受害人故意或者不可抗力造成的,不承担责任。被侵权人对损害的发生有重大过失的,可以减轻占有人或者使用人的责任。	**第 72 条**　占有或者使用易燃、易爆、剧毒、放射性等高度危险物造成他人损害的,占有人或者使用人应当承担侵权责任,但能够证明损害是因受害人故意或者不可抗力造成的,不承担责任。被侵权人对损害的发生有重大过失的,可以减轻占有人或者使用人的责任。	
第 1240 条　从事高空、高压、地下挖掘活动或者使用高速轨道运输工具造成他人损害的,经营者应当承担侵权责任;但**是**,能够证明损害是因受害人故意或者不可抗力造成的,不承担责任。被侵权人对损害的发生有**重大过失**的,可以减轻经营者的责任。	**第 73 条**　从事高空、高压、地下挖掘活动或者使用高速轨道运输工具造成他人损害的,经营者应当承担侵权责任,但能够证明损害是因受害人故意或者不可抗力造成的,不承担责任。被侵权人对损害的发生有过失的,可以减轻经营者的责任。	
第 1241 条　遗失、抛弃高度危险物造成他人损害的,由所有人承担侵权责任。所有人将高度危险物交由他人管理的,由管理人承担侵权责任;所有人有过错的,与管理人承担连带责任。	**第 74 条** 同《民法典》第 1241 条	

《民法典》	《侵权责任法》	相关规范性法律文件
第1242条 非法占有高度危险物造成他人损害的,由非法占有人承担侵权责任。所有人、管理人不能证明对防止非法占有尽到高度注意义务的,与非法占有人承担连带责任。	**第75条** 非法占有高度危险物造成他人损害的,由非法占有人承担侵权责任。所有人、管理人不能证明对防止他人非法占有尽到高度注意义务的,与非法占有人承担连带责任。	
第1243条 未经许可进入高度危险活动区域或者高度危险物存放区域受到损害,管理人**能够证明已经**采取**足够**安全措施并尽到**充分**警示义务的,可以减轻或者不承担责任。	**第76条** 未经许可进入高度危险活动区域或者高度危险物存放区域受到损害,管理人已经采取安全措施并尽到警示义务的,可以减轻或者不承担责任。	
第1244条 承担高度危险责任,法律规定赔偿限额的,依照其规定,**但是行为人有故意或者重大过失的除外。**	**第77条** 承担高度危险责任,法律规定赔偿限额的,依照其规定。	
第九章 饲养动物损害责任	**第十章 饲养动物损害责任**	
第1245条 饲养的动物造成他人损害的,动物饲养人或者管理人应当承担侵权责任;**但是,**能够证明损害是因被侵权人故意或者重大过失造成的,可以不承担或者减轻责任。	**第78条** 饲养的动物造成他人损害的,动物饲养人或者管理人应当承担侵权责任,但能够证明损害是因被侵权人故意或者重大过失造成的,可以不承担或减轻责任。	《民法通则》**第127条** 饲养的动物造成他人损害的,动物饲养人或者管理人应当承担民事责任;由于受害人的过错造成损害的,动物饲养人或者管理人不承担民事责任;由于第三人的过错造成损害的,第三人应当承担民事责任。
第1246条 违反管理规定,未对动物采取安全措施造成他人损害的,动物饲养人或者管理人应当承担侵权责任;**但是能够证明损害是因被侵权人故意造成的,可以减轻责任。**	**第79条** 违反管理规定,未对动物采取安全措施造成他人损害的,动物饲养人或者管理人应当承担侵权责任。	
第1247条 禁止饲养的烈性犬等危险动物造成他人损害的,动物饲养人或者管理人应当承担侵权责任。	**第80条** 同《民法典》第1247条	
第1248条 动物园的动物造成他人损害的,动物园应当承担侵权责任;**但是,**能够证明尽到管理职责的,不承担侵权责任。	**第81条** 动物园的动物造成他人损害的,动物园应当承担侵权责任,但能够证明尽到管理职责的,不承担侵权责任。	

《民法典》	《侵权责任法》	相关规范性法律文件
第1249条　遗弃、逃逸的动物在遗弃、逃逸期间造成他人损害的,由**动物**原饲养人或者管理人承担侵权责任。	**第82条**　遗弃、逃逸的动物在遗弃、逃逸期间造成他人损害的,由原动物饲养人或者管理人承担侵权责任。	
第1250条　因第三人的过错致使动物造成他人损害的,被侵权人可以向动物饲养人或者管理人请求赔偿,也可以向第三人请求赔偿。动物饲养人或者管理人赔偿后,有权向第三人追偿。	**第83条** 同《民法典》第1250条	
第1251条　饲养动物应当遵守法律**法规**,尊重社会公德,不得妨碍他人生活。	**第84条**　饲养动物应当遵守法律,尊重社会公德,不得妨害他人生活。	
第十章　建筑物和物件损害责任	**第十一章　物件损害责任**	
第1252条　建筑物、构筑物或者其他设施倒塌、**塌陷**造成他人损害的,由建设单位与施工单位承担连带责任,**但是建设单位与施工单位能够证明不存在质量缺陷的除外**。建设单位、施工单位赔偿后,有其他责任人的,有权向其他责任人追偿。 因**所有人、管理人、使用人或者第三人**的原因,建筑物、构筑物或者其他设施倒塌、**塌陷**造成他人损害的,由**所有人、管理人、使用人或者第三人**承担侵权责任。	**第86条**　建筑物、构筑物或者其他设施倒塌造成他人损害的,由建设单位与施工单位承担连带责任。建设单位、施工单位赔偿后,有其他责任人的,有权向其他责任人追偿。 因其他责任人的原因,建筑物、构筑物或者其他设施倒塌造成他人损害的,由其他责任人承担侵权责任。	
第1253条　建筑物、构筑物或者其他设施及其搁置物、悬挂物发生脱落、坠落造成他人损害,所有人、管理人或者使用人不能证明自己没有过错的,应当承担侵权责任。所有人、管理人或者使用人赔偿后,有其他责任人的,有权向其他责任人追偿。	**第85条** 同《民法典》第1253条	《民法通则》第126条　建筑物或者其他设施以及建筑物上的搁置物、悬挂物发生倒塌、脱落、坠落造成他人损害的,它的所有人或者管理人应当承担民事责任,但能够证明自己没有过错的除外。
第1254条　**禁止从建筑物中抛掷物品**。从建筑物中抛掷物品或者从建筑物上坠落的物品造成他人损害的,**由侵权人依法承担侵权责任;经调查**难以确定具体侵权人的,除	**第87条**　从建筑物中抛掷物品或者从建筑物上坠落的物品造成他人损害,难以确定具体侵权人的,除能够证明自己不是侵权人的外,由可能加害的建筑物使用人给予补偿。	

《民法典》	《侵权责任法》	相关规范性法律文件
能够证明自己不是侵权人的外，由可能加害的建筑物使用人给予补偿。**可能加害的建筑物使用人补偿后，有权向侵权人追偿。** **物业服务企业等建筑物管理人应当采取必要的安全保障措施防止前款规定情形的发生；未采取必要的安全保障措施的，应当依法承担未履行安全保障义务的侵权责任。** **发生本条第一款规定的情形，公安等机关应当依法及时调查，查清责任人。**		
第 1255 条 堆放物倒塌、**滚落或者滑落**造成他人损害，堆放人不能证明自己没有过错的，应当承担侵权责任。	**第 88 条** 堆放物倒塌造成他人损害，堆放人不能证明自己没有过错的，应当承担侵权责任。	
第 1256 条 在公共道路上堆放、倾倒、遗撒妨碍通行的物品造成他人损害的，由行为人承担侵权责任。**公共道路管理人不能证明已经尽到清理、防护、警示等义务的，应当承担相应的责任。**	**第 89 条** 在公共道路上堆放、倾倒、遗撒妨碍通行的物品造成他人损害的，有关单位或者个人应当承担侵权责任。	
第 1257 条 因林木折断、**倾倒或者果实坠落等**造成他人损害，林木的所有人或者管理人不能证明自己没有过错的，应当承担侵权责任。	**第 90 条** 因林木折断造成他人损害，林木的所有人或者管理人不能证明自己没有过错的，应当承担侵权责任。	
第 1258 条 在公共场所或者道路上挖掘、修缮安装地下设施等造成他人损害，**施工人不能证明**已经设置明显标志和采取安全措施的，应当承担侵权责任。 窨井等地下设施造成他人损害，管理人不能证明尽到管理职责的，应当承担侵权责任。	**第 91 条** 在公共场所或者道路上挖坑、修缮安装地下设施等，没有设置明显标志和采取安全措施造成他人损害的，施工人应当承担侵权责任。 窨井等地下设施造成他人损害，管理人不能证明尽到管理职责的，应当承担侵权责任。	《民法通则》第 125 条 在公共场所、道旁或者通道上挖坑、修缮安装地下设施等，没有设置明显标志和采取安全措施造成他人损害的，施工人应当承担民事责任。

附　则

附则	相关法律	其他规范性法律文件
第 1259 条　民法所称的"以上"、"以下"、"以内"、"届满"，包括本数；所称的"不满"、"超过"、"以外"，不包括本数。	《民法总则》第 205 条　民法所称的"以上""以下""以内""届满"，包括本数；所称的"不满""超过""以外"，不包括本数。	《民法通则》第 155 条　民法所称的"以上"、"以下"、"以内"、"届满"，包括本数；所称的"不满"、"以外"，不包括本数。
第 1260 条　本法自 2021 年 1 月 1 日起施行。《中华人民共和国婚姻法》《中华人民共和国继承法》《中华人民共和国民法通则》《中华人民共和国收养法》《中华人民共和国担保法》《中华人民共和国合同法》《中华人民共和国物权法》《中华人民共和国侵权责任法》《中华人民共和国民法总则》同时废止。	（九）	

第三部分

既有民事法律
与《中华人民共和国民法典》对照表

一、《民法通则》《民法总则》与《民法典》对照表

《民法通则》	《民法总则》	《民法典》
第 1 条	第 1 条	第 1 条
第 2 条	第 2 条	第 2 条
第 3 条	第 4 条	第 4 条
第 4 条	第 6 条	第 6 条
第 5 条	第 7 条	第 7 条
第 6 条	第 10 条	第 10 条
第 7 条	第 8 条	第 8 条
第 8 条	第 12 条	第 12 条
第 9 条	第 13 条	第 13 条
第 10 条	第 14 条	第 14 条
第 11 条	第 17 条	第 17 条
	第 18 条	第 18 条
第 12 条	第 19 条	第 19 条
	第 20 条	第 20 条
第 13 条	第 21 条	第 21 条
	第 22 条	第 22 条
第 14 条	第 23 条	第 23 条
第 15 条	第 25 条	第 25 条
第 16 条	第 27 条	第 27 条
第 17 条	第 28 条	第 28 条
第 18 条	第 34 条	第 34 条
	第 35 条	第 35 条
	第 36 条	第 36 条
第 19 条	第 24 条	第 24 条
第 20 条	第 40 条	第 40 条
	第 41 条	第 41 条
第 21 条	第 42 条	第 42 条
	第 43 条	第 43 条
第 22 条	第 45 条	第 45 条

《民法通则》	《民法总则》	《民法典》
第 23 条	第 46 条	第 46 条
第 24 条	第 49 条	第 49 条
第 25 条	第 53 条	第 53 条
第 26 条	第 54 条	第 54 条
第 27 条	第 55 条	第 55 条
第 28 条	（删除）	（删除）
第 29 条	第 56 条	第 56 条
第 30 条	（删除）	第 967 条
第 31 条	（删除）	（删除）
第 32 条	（删除）	第 969 条
第 33 条	（删除）	（删除）
第 34 条	（删除）	第 970 条
第 35 条	（删除）	第 972 条
		第 973 条
第 36 条	第 57 条	第 57 条
	第 59 条	第 59 条
第 37 条	第 58 条	第 58 条
	第 60 条	第 60 条
第 38 条	第 61 条	第 61 条
第 39 条	第 63 条	第 63 条
第 40 条	第 72 条	第 72 条
第 41 条	第 76 条	第 76 条
	第 77 条	第 77 条
第 42 条	（删除）	（删除）
第 43 条	第 62 条	第 62 条
第 44 条	第 67 条	第 67 条
第 45 条	第 68 条	第 68 条
	第 69 条	第 69 条
第 46 条	第 72 条	第 72 条
第 47 条	第 70 条	第 70 条
第 48 条	（删除）	（删除）
第 49 条	（删除）	（删除）
第 50 条	第 88 条	第 88 条
	第 89 条	第 89 条
	第 90 条	第 90 条
第 51 条	（删除）	（删除）
第 52 条	（删除）	（删除）

《民法通则》	《民法总则》	《民法典》
第 53 条	（删除）	（删除）
第 54 条	第 133 条	第 133 条
第 55 条	第 143 条	第 143 条
第 56 条	第 135 条	第 135 条
第 57 条	第 136 条	第 136 条
第 58 条	第 144 条	第 144 条
	第 145 条	第 145 条
	第 146 条	第 146 条
	第 148 条	第 148 条
	第 149 条	第 149 条
	第 150 条	第 150 条
	第 153 条	第 153 条
	第 154 条	第 154 条
	第 155 条	第 155 条
第 59 条	第 147 条	第 147 条
	第 151 条	第 151 条
第 60 条	第 156 条	第 156 条
第 61 条	第 157 条	第 157 条
第 62 条	第 158 条	第 158 条
第 63 条	第 161 条	第 161 条
	第 162 条	的 162 条
第 64 条	第 163 条	第 163 条
第 65 条	第 165 条	第 165 条
第 66 条	第 164 条	第 164 条
	第 171 条	第 171 条
第 67 条	第 167 条	第 167 条
第 68 条	第 169 条	第 169 条
第 69 条	第 173 条	第 173 条
第 70 条	第 175 条	第 175 条
第 71 条	（删除）	（删除）
第 72 条	（删除）	（删除）
第 73 条	（删除）	（删除）
第 74 条	（删除）	（删除）
第 75 条	（删除）	（删除）
第 76 条	第 124 条	第 124 条
第 77 条	（删除）	（删除）

《民法通则》	《民法总则》	《民法典》
第 78 条	第 93 条	第 297 条
	第 101 条	第 305 条
第 79 条	（删除）	第 319 条
第 80 条	（删除）	（删除）
第 81 条	（删除）	（删除）
第 82 条	（删除）	（删除）
第 83 条	第 84 条	第 288 条
第 84 条	（删除）	（删除）
第 85 条	（删除）	第 465 条
第 86 条	（删除）	第 517 条
第 87 条	（删除）	第 518 条
第 88 条	（删除）	第 509 条
第 89 条	（删除）	（删除）
第 90 条	（删除）	（删除）
第 91 条	（删除）	第 555 条
第 92 条	（删除）	第 985 条
第 93 条	（删除）	第 979 条
第 94 条	第 123 条	第 123 条
第 95 条	（删除）	（删除）
第 96 条	（删除）	（删除）
第 97 条	（删除）	（删除）
第 98 条	第 110 条	第 110 条
第 99 条		
第 100 条		
第 101 条		
第 102 条		
第 103 条		
第 104 条	第 128 条	第 128 条
第 105 条	（删除）	（删除）
第 106 条	第 176 条	第 176 条
第 107 条	第 180 条	第 180 条
第 108 条	（删除）	（删除）
第 109 条	第 183 条	第 183 条
第 110 条	（删除）	（删除）
第 111 条	（删除）	第 566 条
第 112 条	（删除）	第 585 条
第 113 条	（删除）	第 592 条

《民法通则》	《民法总则》	《民法典》
第 114 条	（删除）	第 591 条
第 115 条	（删除）	第 566 条
第 116 条	（删除）	（删除）
第 117 条	（删除）	（删除）
第 118 条	（删除）	（删除）
第 119 条	（删除）	第 1179 条
第 120 条	（删除）	第 995 条
第 121 条	（删除）	第 1191 条
第 122 条	（删除）	第 1202 条
第 123 条	（删除）	第 1240 条
第 124 条	（删除）	第 1229 条
第 125 条	（删除）	第 1258 条
第 126 条	（删除）	第 1253 条
第 127 条	（删除）	第 1245 条
第 128 条	第 181 条	第 181 条
第 129 条	第 182 条	第 182 条
第 130 条	（删除）	第 1168 条
第 131 条	（删除）	第 1173 条
第 132 条	（删除）	第 1186 条
第 133 条	（删除）	第 1188 条
第 134 条	第 179 条	第 179 条
第 135 条	第 188 条	第 188 条
第 136 条	（删除）	（删除）
第 137 条	第 188 条	第 188 条
第 138 条	第 193 条	第 193 条
第 139 条	第 194 条	第 194 条
第 140 条	第 195 条	第 195 条
第 141 条	第 204 条	第 204 条
第 142 条	（删除）	（删除）
第 143 条	（删除）	（删除）
第 144 条	（删除）	（删除）
第 145 条	（删除）	（删除）
第 146 条	（删除）	（删除）
第 147 条	（删除）	（删除）
第 148 条	（删除）	（删除）
第 149 条	（删除）	（删除）
第 150 条	（删除）	（删除）

《民法通则》	《民法总则》	《民法典》
第 151 条	（删除）	（删除）
第 152 条	（删除）	（删除）
第 153 条	第 180 条	第 180 条
第 154 条	第 200 条	第 200 条
	第 201 条	第 201 条
	第 202 条	第 202 条
	第 203 条	第 203 条
	第 204 条	第 204 条
第 155 条	第 205 条	第 1259 条
第 156 条	第 206 条	（删除）

二、《物权法》与《民法典》对照表

《物权法》	《民法典》	《物权法》	《民法典》
第 1 条	（删除）	第 40 条	第 241 条
第 2 条	第 205 条	第 41 条	第 242 条
第 3 条	第 206 条	第 42 条	第 243 条
第 4 条	第 207 条	第 43 条	第 244 条
第 5 条	第 116 条	第 44 条	第 245 条
第 6 条	第 208 条	第 45 条	第 246 条
第 7 条	（删除）	第 46 条	第 247 条
第 8 条	（删除）	第 47 条	第 249 条
第 9 条	第 209 条	第 48 条	第 250 条
第 10 条	第 210 条	第 49 条	第 251 条
第 11 条	第 211 条	第 50 条	第 252 条
第 12 条	第 212 条	第 51 条	第 253 条
第 13 条	第 213 条	第 52 条	第 254 条
第 14 条	第 214 条	第 53 条	第 255 条
第 15 条	第 215 条	第 54 条	第 256 条
第 16 条	第 216 条	第 55 条	第 257 条
第 17 条	第 217 条	第 56 条	第 258 条
第 18 条	第 218 条	第 57 条	第 259 条
第 19 条	第 220 条	第 58 条	第 260 条
第 20 条	第 221 条	第 59 条	第 261 条
第 21 条	第 222 条	第 60 条	第 262 条
第 22 条	第 223 条	第 61 条	第 263 条
第 23 条	第 224 条	第 62 条	第 264 条
第 24 条	第 225 条	第 63 条	第 265 条
第 25 条	第 226 条	第 64 条	第 266 条
第 26 条	第 227 条	第 65 条	（删除）
第 27 条	第 228 条	第 66 条	第 267 条
第 28 条	第 229 条	第 67 条	第 268 条
第 29 条	第 230 条	第 68 条	第 269 条
第 30 条	第 231 条	第 69 条	第 270 条
第 31 条	第 232 条	第 70 条	第 271 条
第 32 条	第 233 条	第 71 条	第 272 条
第 33 条	第 234 条	第 72 条	第 273 条
第 34 条	第 235 条	第 73 条	第 274 条
第 35 条	第 236 条	第 74 条	第 276 条
第 36 条	第 237 条		第 275 条
第 37 条	第 238 条	第 75 条	第 277 条
第 38 条	第 239 条	第 76 条	第 278 条
第 39 条	第 240 条	第 77 条	第 279 条

《物权法》	《民法典》	《物权法》	《民法典》
第 78 条	第 280 条	第 123 条	第 329 条
第 79 条	第 281 条	第 124 条	第 330 条
第 80 条	第 283 条	第 125 条	第 331 条
第 81 条	第 284 条	第 126 条	第 332 条
第 82 条	第 285 条	第 127 条	第 333 条
第 83 条	第 286 条	第 128 条	第 334 条
第 84 条	第 288 条	第 129 条	第 335 条
第 85 条	第 289 条	第 130 条	第 336 条
第 86 条	第 290 条	第 131 条	第 337 条
第 87 条	第 291 条	第 132 条	第 338 条
第 88 条	第 292 条	第 133 条	第 342 条
第 89 条	第 293 条	第 134 条	第 343 条
第 90 条	第 294 条	第 135 条	第 344 条
第 91 条	第 295 条	第 136 条	第 345、346 条
第 92 条	第 296 条	第 137 条	第 347 条
第 93 条	第 297 条	第 138 条	第 348 条
第 94 条	第 298 条	第 139 条	第 349 条
第 95 条	第 299 条	第 140 条	第 350 条
第 96 条	第 300 条	第 141 条	第 351 条
第 97 条	第 301 条	第 142 条	第 352 条
第 98 条	第 302 条	第 143 条	第 353 条
第 99 条	第 303 条	第 144 条	第 354 条
第 100 条	第 304 条	第 145 条	第 355 条
第 101 条	第 305 条	第 146 条	第 356 条
第 102 条	第 307 条	第 147 条	第 357 条
第 103 条	第 308 条	第 148 条	第 358 条
第 104 条	第 309 条	第 149 条	第 359 条
第 105 条	第 310 条	第 150 条	第 360 条
第 106 条	第 311 条	第 151 条	第 361 条
第 107 条	第 312 条	第 152 条	第 362 条
第 108 条	第 313 条	第 153 条	第 363 条
第 109 条	第 314 条	第 154 条	第 364 条
第 110 条	第 315 条	第 155 条	第 365 条
第 111 条	第 316 条	第 156 条	第 372 条
第 112 条	第 317 条	第 157 条	第 373 条
第 113 条	第 318 条	第 158 条	第 374 条
第 114 条	第 319 条	第 159 条	第 375 条
第 115 条	第 320 条	第 160 条	第 376 条
第 116 条	第 321 条	第 161 条	第 377 条
第 117 条	第 323 条	第 162 条	第 378 条
第 118 条	第 324 条	第 163 条	第 379 条
第 119 条	第 325 条	第 164 条	第 380 条
第 120 条	第 326 条	第 165 条	第 381 条
第 121 条	第 327 条	第 166 条	第 382 条
第 122 条	第 328 条	第 167 条	第 383 条

《物权法》	《民法典》	《物权法》	《民法典》
第 168 条	第 384 条	第 207 条	第 424 条
第 169 条	第 385 条	第 208 条	第 425 条
第 170 条	第 386 条	第 209 条	第 426 条
第 171 条	第 387 条	第 210 条	第 427 条
第 172 条	第 388 条	第 211 条	第 428 条
第 173 条	第 389 条	第 212 条	第 429 条
第 174 条	第 390 条	第 213 条	第 430 条
第 175 条	第 391 条	第 214 条	第 431 条
第 176 条	第 392 条	第 215 条	第 432 条
第 177 条	第 393 条	第 216 条	第 433 条
第 178 条	（删除）	第 217 条	第 434 条
第 179 条	第 394 条	第 218 条	第 435 条
第 180 条	第 395 条	第 219 条	第 436 条
第 181 条	第 396 条	第 220 条	第 437 条
第 182 条	第 397 条	第 221 条	第 438 条
第 183 条	第 398 条	第 222 条	第 439 条
第 184 条	第 399 条	第 223 条	第 440 条
第 185 条	第 400 条	第 224 条	第 441 条
第 186 条	第 401 条	第 225 条	第 442 条
第 187 条	第 402 条	第 226 条	第 443 条
第 188 条	第 403 条	第 227 条	第 444 条
第 189 条第 1 款		第 228 条	第 445 条
第 189 条第 2 款	第 404 条	第 229 条	第 446 条
第 190 条	第 405 条	第 230 条	第 447 条
第 191 条	第 406 条	第 231 条	第 448 条
第 192 条	第 407 条	第 232 条	第 449 条
第 193 条	第 408 条	第 233 条	第 450 条
第 194 条	第 409 条	第 234 条	第 451 条
第 195 条	第 410 条	第 235 条	第 452 条
第 196 条	第 411 条	第 236 条	第 453 条
第 197 条	第 412 条	第 237 条	第 454 条
第 198 条	第 413 条	第 238 条	第 455 条
第 199 条	第 414 条	第 239 条	第 456 条
第 200 条	第 417 条	第 240 条	第 457 条
第 201 条	第 418 条	第 241 条	第 458 条
第 202 条	第 419 条	第 242 条	第 459 条
第 203 条	第 420 条	第 243 条	第 460 条
第 204 条	第 421 条	第 244 条	第 461 条
第 205 条	第 422 条	第 245 条	第 462 条
第 206 条	第 423 条	第 246 条	（删除）
		第 247 条	（删除）

三、《合同法》与《民法典》对照表

《合同法》	《民法典》	《合同法》	《民法典》
第1条	第463条	第30条	第488条
第2条	第464条	第31条	第489条
第3条	（删除）	第32条	第490条
第4条	（删除）	第33条	第491条
第5条	（删除）	第34条	第492条
第6条	（删除）	第35条	第493条
第7条	（删除）	第36条	第490条
第8条	第465条	第37条	
第9条	（删除）	第38条	第494条
第10条	第469条	第39条	第496条
第11条		第40条	第497条
第12条	第470条	第41条	第498条
第13条	第471条	第42条	第500条
第14条	第472条	第43条	第501条
第15条	第473条	第44条	第502条
第16条	第474条	第45条	第158条
第17条	第475条		第159条
第18条	第476条	第46条	第160条
第19条		第47条	第19条
第20条	第478条	第48条	第71条
第21条	第479条	第49条	（删除）
第22条	第480条	第50条	第504条
第23条	第481条	第51条	（删除）
第24条	第482条	第52条	第144条
第25条	第483条		第146条
第26条	第484条		第153条
第27条	第485条		第154条
第28条	第486条	第53条	第506条
第29条	第487条	第54条	第152条
		第55条	
		第56条	第155条

《合同法》	《民法典》	《合同法》	《民法典》
第 57 条	第 507 条	第 92 条	第 558 条
第 58 条	第 157 条	第 93 条	第 562 条
第 59 条	（删除）	第 94 条	第 563 条
第 60 条	第 509 条	第 95 条	第 564 条
第 61 条	第 510 条	第 96 条	第 565 条
第 62 条	第 511 条	第 97 条	第 566 条
第 63 条	第 513 条	第 98 条	第 567 条
第 64 条	第 522 条	第 99 条	第 568 条
第 65 条	第 523 条	第 100 条	第 569 条
第 66 条	第 525 条	第 101 条	第 570 条
第 67 条	第 526 条	第 102 条	第 572 条
第 68 条	第 527 条	第 103 条	第 573 条
第 69 条	第 528 条	第 104 条	第 574 条
第 70 条	第 529 条	第 105 条	第 575 条
第 71 条	第 530 条	第 106 条	第 576 条
第 72 条	第 531 条	第 107 条	第 577 条
第 73 条	第 535 条	第 108 条	第 578 条
第 74 条	第 538 条	第 109 条	第 579 条
	第 539 条	第 110 条	第 580 条
	第 540 条	第 111 条	第 582 条
第 75 条	第 541 条	第 112 条	第 583 条
第 76 条	第 532 条	第 113 条	第 584 条
第 77 条	第 543 条	第 114 条	第 585 条
第 78 条	第 544 条	第 115 条	第 586 条
第 79 条	第 545 条	第 116 条	第 588 条
第 80 条	第 546 条	第 117 条	第 590 条
第 81 条	第 547 条	第 118 条	
第 82 条	第 548 条	第 119 条	第 591 条
第 83 条	第 549 条	第 120 条	第 592 条
第 84 条	第 551 条	第 121 条	第 593 条
第 85 条	第 553 条	第 122 条	第 186 条
第 86 条	第 554 条	第 123 条	（删除）
第 87 条	（删除）	第 124 条	（删除）
第 88 条	第 555 条	第 125 条	第 466 条
第 89 条	第 556 条	第 126 条	（删除）
第 90 条	第 67 条	第 127 条	（删除）
第 91 条	第 557 条	第 128 条	（删除）

《合同法》	《民法典》	《合同法》	《民法典》
第 129 条	第 594 条	第 166 条	第 633 条
第 130 条	第 595 条	第 167 条	第 634 条
第 131 条	第 596 条	第 168 条	第 635 条
第 132 条	第 597 条	第 169 条	第 636 条
第 133 条	（删除）	第 170 条	第 637 条
第 134 条	第 641 条	第 171 条	第 638 条
第 135 条	第 598 条	第 172 条	第 644 条
第 136 条	第 599 条	第 173 条	第 645 条
第 137 条	第 600 条	第 174 条	第 646 条
第 138 条	第 601 条	第 175 条	第 647 条
第 139 条	第 602 条	第 176 条	第 648 条
第 140 条	（删除）	第 177 条	第 649 条
第 141 条	第 603 条	第 178 条	第 650 条
第 142 条	第 604 条	第 179 条	第 651 条
第 143 条	第 605 条	第 180 条	第 652 条
第 144 条	第 606 条	第 181 条	第 653 条
第 145 条	第 607 条	第 182 条	第 654 条
第 146 条	第 608 条	第 183 条	第 655 条
第 147 条	第 609 条	第 184 条	第 656 条
第 148 条	第 610 条	第 185 条	第 657 条
第 149 条	第 611 条	第 186 条	第 658 条
第 150 条	第 612 条	第 187 条	第 659 条
第 151 条	第 613 条	第 188 条	第 660 条
第 152 条	第 614 条	第 189 条	
第 153 条	第 615 条	第 190 条	第 661 条
第 154 条	第 616 条	第 191 条	第 662 条
第 155 条	第 617 条	第 192 条	第 663 条
第 156 条	第 619 条	第 193 条	第 664 条
第 157 条	第 620 条	第 194 条	第 665 条
第 158 条	第 621 条	第 195 条	第 666 条
第 159 条	第 626 条	第 196 条	第 667 条
第 160 条	第 627 条	第 197 条	第 668 条
第 161 条	第 628 条	第 198 条	（删除）
第 162 条	第 629 条	第 199 条	第 669 条
第 163 条	第 630 条	第 200 条	第 670 条
第 164 条	第 631 条	第 201 条	第 671 条
第 165 条	第 632 条	第 202 条	第 672 条

《合同法》	《民法典》	《合同法》	《民法典》
第 203 条	第 673 条	第 240 条	第 741 条
第 204 条	（删除）	第 241 条	第 744 条
第 205 条	第 674 条	第 242 条	第 745 条
第 206 条	第 675 条	第 243 条	第 746 条
第 207 条	第 676 条	第 244 条	第 747 条
第 208 条	第 677 条	第 245 条	第 748 条
第 209 条	第 678 条	第 246 条	第 749 条
第 210 条	第 679 条	第 247 条	第 750 条
第 211 条	第 680 条	第 248 条	第 752 条
第 212 条	第 703 条	第 249 条	第 758 条
第 213 条	第 704 条	第 250 条	第 757 条
第 214 条	第 705 条	第 251 条	第 770 条
第 215 条	第 707 条	第 252 条	第 771 条
第 216 条	第 708 条	第 253 条	第 772 条
第 217 条	第 709 条	第 254 条	第 773 条
第 218 条	第 710 条	第 255 条	第 774 条
第 219 条	第 711 条	第 256 条	第 775 条
第 220 条	第 712 条	第 257 条	第 776 条
第 221 条	第 713 条	第 258 条	第 777 条
第 222 条	第 714 条	第 259 条	第 778 条
第 223 条	第 715 条	第 260 条	第 779 条
第 224 条	第 716 条	第 261 条	第 780 条
第 225 条	第 720 条	第 262 条	第 781 条
第 226 条	第 721 条	第 263 条	第 782 条
第 227 条	第 722 条	第 264 条	第 783 条
第 228 条	第 723 条	第 265 条	第 784 条
第 229 条	第 725 条	第 266 条	第 785 条
第 230 条	第 726 条	第 267 条	第 786 条
第 231 条	第 729 条	第 268 条	第 787 条
第 232 条	第 730 条	第 269 条	第 788 条
第 233 条	第 731 条	第 270 条	第 789 条
第 234 条	第 732 条	第 271 条	第 790 条
第 235 条	第 733 条	第 272 条	第 791 条
第 236 条	第 734 条	第 273 条	第 792 条
第 237 条	第 735 条	第 274 条	第 794 条
第 238 条	第 736 条	第 275 条	第 795 条
第 239 条	第 739 条	第 276 条	第 796 条

《合同法》	《民法典》	《合同法》	《民法典》
第 277 条	第 797 条	第 314 条	第 835 条
第 278 条	第 798 条	第 315 条	第 836 条
第 279 条	第 799 条	第 316 条	第 837 条
第 280 条	第 800 条	第 317 条	第 838 条
第 281 条	第 801 条	第 318 条	第 839 条
第 282 条	第 802 条	第 319 条	第 840 条
第 283 条	第 803 条	第 320 条	第 841 条
第 284 条	第 804 条	第 321 条	第 842 条
第 285 条	第 805 条	第 322 条	第 843 条
第 286 条	第 807 条	第 323 条	第 844 条
第 287 条	第 808 条	第 324 条	第 845 条
第 288 条	第 809 条	第 325 条	第 846 条
第 289 条	第 810 条	第 326 条	第 847 条
第 290 条	第 811 条	第 327 条	第 848 条
第 291 条	第 812 条	第 328 条	第 849 条
第 292 条	第 813 条	第 329 条	第 850 条
第 293 条	第 814 条	第 330 条	第 851 条
第 294 条	第 815 条	第 331 条	第 852 条
第 295 条	第 816 条	第 332 条	第 853 条
第 296 条	第 817 条	第 333 条	第 854 条
第 297 条	第 818 条	第 334 条	（删除）
第 298 条	第 819 条	第 335 条	第 855 条
第 299 条	第 820 条	第 336 条	第 856 条
第 300 条	第 821 条	第 337 条	第 857 条
第 301 条	第 822 条	第 338 条	第 858 条
第 302 条	第 823 条	第 339 条	第 859 条
第 303 条	第 824 条	第 340 条	第 860 条
第 304 条	第 825 条	第 341 条	第 861 条
第 305 条	第 826 条	第 342 条	第 862 条
第 306 条	第 827 条		第 863 条
第 307 条	第 828 条	第 343 条	第 864 条
第 308 条	第 829 条	第 344 条	第 865 条
第 309 条	第 830 条	第 345 条	第 866 条
第 310 条	第 831 条	第 346 条	第 867 条
第 311 条	第 832 条	第 347 条	第 868 条
第 312 条	第 833 条	第 348 条	第 869 条
第 313 条	第 834 条	第 349 条	第 870 条

《合同法》	《民法典》	《合同法》	《民法典》
第 350 条	第 871 条	第 390 条	第 913 条
第 351 条	第 872 条	第 391 条	第 914 条
第 352 条	第 873 条	第 392 条	第 915 条
第 353 条	第 874 条	第 393 条	第 916 条
第 354 条	第 875 条	第 394 条	第 917 条
第 355 条	第 877 条	第 395 条	第 918 条
第 356 条	第 878 条	第 396 条	第 919 条
第 357 条	第 879 条	第 397 条	第 920 条
第 358 条	第 880 条	第 398 条	第 921 条
第 359 条	第 881 条	第 399 条	第 922 条
第 360 条	第 882 条	第 400 条	第 923 条
第 361 条	第 883 条	第 401 条	第 924 条
第 362 条	第 884 条	第 402 条	第 925 条
第 363 条	第 885 条	第 403 条	第 926 条
第 364 条	第 887 条	第 404 条	第 927 条
第 365 条	第 888 条	第 405 条	第 928 条
第 366 条	第 889 条	第 406 条	第 929 条
第 367 条	第 890 条	第 407 条	第 930 条
第 368 条	第 891 条	第 408 条	第 931 条
第 369 条	第 892 条	第 409 条	第 932 条
第 370 条	第 893 条	第 410 条	第 933 条
第 371 条	第 894 条	第 411 条	第 934 条
第 372 条	第 895 条	第 412 条	第 935 条
第 373 条	第 896 条	第 413 条	第 936 条
第 374 条	第 897 条	第 414 条	第 951 条
第 375 条	第 898 条	第 415 条	第 952 条
第 376 条	第 899 条	第 416 条	第 953 条
第 377 条	第 900 条	第 417 条	第 954 条
第 378 条	第 901 条	第 418 条	第 955 条
第 379 条	第 902 条	第 419 条	第 956 条
第 380 条	第 903 条	第 420 条	第 957 条
第 381 条	第 904 条	第 421 条	第 958 条
第 382 条	第 905 条	第 422 条	第 959 条
第 383 条	第 906 条	第 423 条	第 960 条
第 384 条	第 907 条	第 424 条	第 961 条
第 385 条	第 908 条	第 425 条	第 962 条
第 386 条	第 909 条	第 426 条	第 963 条
第 387 条	第 910 条	第 427 条	第 964 条
第 388 条	第 911 条	第 428 条	（删除）
第 389 条	第 912 条		

四、《婚姻法》与《民法典》对照表

《婚姻法》	《民法典》	《婚姻法》	《民法典》
第 1 条	第 1040 条	第 26 条	（删除）
第 2 条	第 1041 条	第 27 条	第 1072 条
第 3 条	第 1042 条	第 28 条	第 1074 条
第 4 条	第 1043 条	第 29 条	第 1075 条
第 5 条	第 1046 条	第 30 条	第 1069 条
第 6 条	第 1047 条	第 31 条	第 1076 条
第 7 条	第 1048 条		第 1078 条
第 8 条	第 1049 条	第 32 条	第 1079 条
第 9 条	第 1050 条	第 33 条	第 1081 条
第 10 条	第 1051 条	第 34 条	第 1082 条
第 11 条	第 1052 条	第 35 条	第 1083 条
第 12 条	第 1054 条	第 36 条	第 1084 条
第 13 条	第 1055 条	第 37 条	第 1085 条
第 14 条	第 1056 条	第 38 条	第 1086 条
第 15 条	第 1057 条	第 39 条	第 1087 条
第 16 条	（删除）	第 40 条	第 1088 条
第 17 条	第 1062 条	第 41 条	第 1089 条
第 18 条	第 1063 条	第 42 条	第 1090 条
第 19 条	第 1065 条	第 43 条	（删除）
第 20 条	第 1059 条	第 44 条	（删除）
第 21 条	第 1067 条	第 45 条	（删除）
第 22 条	第 1015 条	第 46 条	第 1091 条
第 23 条	第 1068 条	第 47 条	第 1092 条
第 24 条	第 1061 条	第 48 条	（删除）
	第 1070 条	第 49 条	（删除）
第 25 条	第 1071 条	第 50 条	（删除）
		第 51 条	（删除）

五、《收养法》与《民法典》对照表

《收养法》	《民法典》	《收养法》	《民法典》
第 1 条	（删除）	第 18 条	第 1108 条
第 2 条	（删除）	第 19 条	（删除）
第 3 条	（删除）	第 20 条	（删除）
第 4 条	第 1093 条	第 21 条	第 1109 条
第 5 条	第 1094 条	第 22 条	第 1110 条
第 6 条	第 1098 条	第 23 条	第 1111 条
第 7 条	第 1099 条	第 24 条	第 1112 条
第 8 条	第 1100 条	第 25 条	第 1113 条
第 9 条	第 1102 条	第 26 条	第 1114 条
第 10 条	第 1097 条	第 27 条	第 1115 条
	第 1101 条	第 28 条	第 1116 条
第 11 条	第 1104 条	第 29 条	第 1117 条
第 12 条	第 1095 条	第 30 条	第 1118 条
第 13 条	第 1096 条	第 31 条	（删除）
第 14 条	第 1103 条	第 32 条	（删除）
第 15 条	第 1105 条	第 33 条	（删除）
第 16 条	第 1106 条	第 34 条	（删除）
第 17 条	第 1107 条		

六、《继承法》与《民法典》对照表

《继承法》	《民法典》
第 1 条	（删除）
第 2 条	第 1121 条
第 3 条	第 1022 条
第 4 条	（删除）
第 5 条	第 1123 条
第 6 条	（删除）
第 7 条	第 1125 条
第 8 条	（删除）
第 9 条	第 1126 条
第 10 条	第 1127 条
第 11 条	第 1128 条
第 12 条	第 1129 条
第 13 条	第 1130 条
第 14 条	第 1131 条
第 15 条	第 1132 条
第 16 条	第 1133 条
第 17 条	第 1134 条
	第 1135 条
	第 1136 条
	第 1137 条
	第 1138 条
	第 1139 条

《继承法》	《民法典》
第 18 条	第 1140 条
第 19 条	第 1141 条
第 20 条	第 1142 条
第 21 条	第 1144 条
第 22 条	第 1143 条
第 23 条	第 1150 条
第 24 条	第 1151 条
第 25 条	第 1124 条
第 26 条	第 1153 条
第 27 条	第 1154 条
第 28 条	第 1155 条
第 29 条	第 1156 条
第 30 条	第 1157 条
第 31 条	第 1158 条
第 32 条	第 1160 条
第 33 条	第 1161 条
第 34 条	第 1162 条
第 35 条	（删除）
第 36 条	（删除）
第 37 条	（删除）

七、《侵权责任法》与《民法典》对照表

《侵权责任法》	《民法典》	《侵权责任法》	《民法典》
第 1 条	（删除）	第 23 条	第 183 条
第 2 条	第 1164 条	第 24 条	第 1186 条
第 3 条	第 120 条	第 25 条	第 1187 条
第 4 条	第 187 条	第 26 条	第 1173 条
第 5 条	（删除）	第 27 条	第 1174 条
第 6 条	第 1165 条	第 28 条	第 1175 条
第 7 条	第 1166 条	第 29 条	第 180 条
第 8 条	第 1168 条	第 30 条	第 181 条
第 9 条	第 1169 条	第 31 条	第 182 条
第 10 条	第 1170 条	第 32 条	第 1188 条
第 11 条	第 1171 条	第 33 条	第 1190 条
第 12 条	第 1172 条	第 34 条	第 1191 条
第 13 条	第 178 条第 1 款	第 35 条	第 1192 条
第 14 条	第 178 条第 2 款	第 36 条	第 1194 条
第 15 条	第 179 条		第 1195 条
第 16 条	第 1179 条		第 1197 条
第 17 条	第 1180 条	第 37 条	第 1198 条
第 18 条	第 1181 条	第 38 条	第 1199 条
第 19 条	第 1184 条	第 39 条	第 1200 条
第 20 条	第 1182 条	第 40 条	第 1201 条
第 21 条	第 1167 条	第 41 条	第 1202 条
第 22 条	第 1183 条	第 42 条	（删除）

《侵权责任法》	《民法典》	《侵权责任法》	《民法典》
第 43 条	第 1203 条	第 68 条	第 1233 条
第 44 条	第 1204 条	第 69 条	第 1236 条
第 45 条	第 1205 条	第 70 条	第 1237 条
第 46 条	第 1206 条	第 71 条	第 1238 条
第 47 条	第 1207 条	第 72 条	第 1239 条
第 48 条	第 1208 条	第 73 条	第 1240 条
第 49 条	第 1209 条	第 74 条	第 1241 条
第 50 条	第 1210 条	第 75 条	第 1242 条
第 51 条	第 1214 条	第 76 条	第 1243 条
第 52 条	第 1215 条	第 77 条	第 1044 条
第 53 条	第 1216 条	第 78 条	第 1245 条
第 54 条	第 1218 条	第 79 条	第 1246 条
第 55 条	第 1219 条	第 80 条	第 1247 条
第 56 条	第 1220 条	第 81 条	第 1248 条
第 57 条	第 1221 条	第 82 条	第 1249 条
第 58 条	第 1222 条	第 83 条	第 1250 条
第 59 条	第 1223 条	第 84 条	第 1251 条
第 60 条	第 1224 条	第 85 条	第 1253 条
第 61 条	第 1225 条	第 86 条	第 1252 条
第 62 条	第 1226 条	第 87 条	第 1254 条
第 63 条	第 1227 条	第 88 条	第 1255 条
第 64 条	第 1228 条	第 89 条	第 1256 条
第 65 条	第 1229 条	第 90 条	第 1257 条
第 66 条	第 1230 条	第 91 条	第 1258 条
第 67 条	第 1231 条	第 92 条	（删除）

八、《担保法》与《民法典》对照表

《担保法》	《民法典》
第1条	（删除）
第2条	第387条第1款
第3条	（删除）
第4条	第387条第2款
	第689条
第5条	第388条
	第682条
第6条	第681条
第7条	（删除）
第8条	第683条
第9条	
第10条	
第11条	（删除）
第12条	第699条
第13条	第681条
第14条	第690条
第15条	第684条
第16条	第686条第1款
第17条	第687条
第18条	第688条
第19条	第686条第2款
第20条	第701条
第21条	第389条
	第691条
第22条	第696条

《担保法》	《民法典》
第23条	第391条
	第697条
第24条	第695条
第25条	第692条第2款
	第693条第1款
	第694条第1款
第26条	第692条第2款
	第693条第2款
	第694条第2款
第27条	（删除）
第28条	第392条
第29条	（删除）
第30条	（删除）
第31条	第700条
第32条	（删除）
第33条	第394条
第34条	第395条
第35条	（删除）
第36条	第397条
	第398条
第37条	第399条
第38条	第400条第1款
第39条	第400条第2款
第40条	第401条
第41条	第402条
第42条	（删除）

《担保法》	《民法典》	《担保法》	《民法典》
第 43 条	第 403 条	第 71 条	第 436 条
第 44 条	（删除）	第 72 条	（删除）
第 45 条	（删除）	第 73 条	第 393 条
第 46 条	第 389 条	第 74 条	第 393 条
第 47 条	第 412 条	第 75 条	第 440 条
第 48 条	第 405 条	第 76 条	第 441 条
第 49 条	第 406 条	第 77 条	第 442 条
第 50 条	第 407 条	第 78 条	第 443 条
第 51 条	第 408 条	第 79 条	第 444 条
第 52 条	第 393 条	第 80 条	
第 53 条	第 410 条	第 81 条	第 446 条
	第 413 条	第 82 条	第 447 条
第 54 条	第 414 条	第 83 条	第 389 条
第 55 条	第 417 条	第 84 条	第 449 条
	第 418 条	第 85 条	（删除）
第 56 条	（删除）	第 86 条	第 451 条
第 57 条	（删除）	第 87 条	第 453 条
第 58 条	第 393 条		第 455 条
第 59 条	第 420 条	第 88 条	第 457 条
第 60 条	（删除）	第 89 条	第 586 条
第 61 条	（删除）		第 587 条
第 62 条	第 424 条	第 90 条	第 586 条
第 63 条	第 425 条	第 91 条	第 586 条
第 64 条	第 427 条第 1 款	第 92 条	（删除）
第 65 条	第 427 条第 2 款	第 93 条	第 388 条
第 66 条	第 428 条	第 94 条	第 410 条第 3 款
第 67 条	第 389 条		第 436 条第 3 款
第 68 条	第 430 条		第 453 条第 3 款
第 69 条	第 432 条	第 95 条	（删除）
第 70 条	第 433 条	第 96 条	（删除）

附录一 关于《中华人民共和国民法典（草案）》的说明

——2020年5月22日在第十三届全国人民代表大会
第三次会议上

全国人民代表大会常务委员会副委员长　王　晨

各位代表：

我受全国人大常委会委托，作关于《中华人民共和国民法典(草案)》的说明。

一、编纂民法典的重大意义

编纂民法典是党的十八届四中全会确定的一项重大政治任务和立法任务，是以习近平同志为核心的党中央作出的重大法治建设部署。编纂民法典，就是通过对我国现行的民事法律制度规范进行系统整合、编订纂修，形成一部适应新时代中国特色社会主义发展要求，符合我国国情和实际，体例科学、结构严谨、规范合理、内容完整并协调一致的法典。这是一项系统的、重大的立法工程。

编纂一部真正属于中国人民的民法典，是新中国几代人的夙愿。党和国家曾于1954年、1962年、1979年和2001年先后四次启动民法制定工作。第一次和第二次，由于多种原因而未能取得实际成果。1979年第三次启动，由于刚刚进入改革开放新时期，制定一部完整民法典的条件尚不具备。因此，当时领导全国人大法制委员会立法工作的彭真、习仲勋等同志深入研究后，在八十年代初决定按照"成熟一个通过一个"的工作思路，确定先制定民事单行法律。现行的继承法、民法通则、担保法、合同法就是在这种工作思路下先后制定的。2001年，九届全国人大常委会组织起草《中华人民共和国民法（草案）》，并于2002年12月进行了一次审议。经讨论和研究，仍确定继续采取分别制定单行法的办法推进我国民事法律制度建设。2003年十届全国人大以来，又陆续制定了物权法、侵权责任法、涉外民事关系法律适用法等。总的看，经过多年来努力，我国民事立法是富有成效的，逐步形成了比较完备的民事法律规范体系，民事司法实践积累了丰富经验，民事法律服务取得显著进步，民法理论研究也达到较高水平，全社会民事法治观念普遍增强，为编纂民法典奠定了较好的制度基础、实践基础、理论基础和社会基础。随着我国社会主义现代化事业不断发展和全面依法治国深入推进，人民群众和社会各方面对编纂和出台民法典寄予很大的期盼。

党的十八大以来，以习近平同志为核心的党中央把全面依法治国摆在突出位置，推动党和国家事业发生历史性变革、取得历史性成就，中国特色社会主义已经进入新时代。在坚持和完善中国特色社会主义制度、推进国家治理体系和治理能力现代化的新征程中,编纂民法典具有重大而深远的意义。

（一）编纂民法典是坚持和完善中国特色社会主义制度的现实需要

回顾人类文明史,编纂法典是具有重要标志意义的法治建设工程,是一个国家、一个民族走向繁荣强盛的象征和标志。新中国成立 70 多年特别是改革开放 40 多年来,中国共产党团结带领中国人民不懈奋斗,成功开辟了中国特色社会主义道路,取得了举世瞩目的发展成就,中国特色社会主义制度展现出强大生命力和显著优越性。我国民事法律制度正是伴随着新时期改革开放和社会主义现代化建设的历史进程而形成并不断发展完善的,是中国特色社会主义法律制度的重要组成部分。在系统总结制度建设成果和实践经验的基础上,编纂一部具有中国特色、体现时代特点、反映人民意愿的民法典,不仅能充分彰显中国特色社会主义法律制度成果和制度自信,促进和保障中国特色社会主义事业不断发展,也能为人类法治文明的发展进步贡献中国智慧和中国方案。

（二）编纂民法典是推进全面依法治国、推进国家治理体系和治理能力现代化的重大举措

民法是中国特色社会主义法律体系的重要组成部分,是民事领域的基础性、综合性法律,它规范各类民事主体的各种人身关系和财产关系,涉及社会和经济生活的方方面面,被称为"社会生活的百科全书"。建立健全完备的法律规范体系,以良法保障善治,是全面依法治国的前提和基础。民法通过确立民事主体、民事权利、民事法律行为、民事责任等民事总则制度,确立物权、合同、人格权、婚姻家庭、继承、侵权责任等民事分则制度,来调整各类民事关系。民法与国家其他领域法律规范一起,支撑着国家制度和国家治理体系,是保证国家制度和国家治理体系正常有效运行的基础性法律规范。编纂民法典,就是全面总结我国的民事立法和司法的实践经验,对现行民事单行法律进行系统编订纂修,将相关民事法律规范编纂成一部综合性法典,不断健全完善中国特色社会主义法律体系。这对于以法治方式推进国家治理体系和治理能力现代化,更好地发挥法治固根本、稳预期、利长远的保障作用,具有重要意义。

（三）编纂民法典是坚持和完善社会主义基本经济制度、推动经济高质量发展的客观要求

公有制为主体、多种所有制经济共同发展,按劳分配为主体、多种分配方式并存,社会主义市场经济体制等社会主义基本经济制度,是以法治为基础、在法治轨道上运行、受法治规则调整的经济制度,社会主义市场经济本质上是法治经济。我国民事主体制度中的法人制度,规范民事活动的民事法律行为制度、代理制度,调整各类财产关系的物权制度,调整各类交易关系的合同制度,保护和救济民事权益的侵权责任制度,都是坚持和完善社会主义基本经济制度不可或缺的法律制度规范和行为规则。同时,我国民事法律制度建设一直秉持"民商合一"的传统,把许多商事法律规范纳入民法之中。编纂民法典,进一步完善我国民商事领域基本法律制度和行为规则,为各类

民商事活动提供基本遵循，有利于充分调动民事主体的积极性和创造性、维护交易安全、维护市场秩序，有利于营造各种所有制主体依法平等使用资源要素、公开公平公正参与竞争、同等受到法律保护的市场环境，推动经济高质量发展。

（四）编纂民法典是增进人民福祉、维护最广大人民根本利益的必然要求

中国特色社会主义法治建设的根本目的是保障人民权益。改革开放以来，我国民事法律制度逐步得到完善和发展，公民的民事权利也得到越来越充分的保护。中国特色社会主义进入新时代，随着我国社会主要矛盾的变化，随着经济发展和国民财富的不断积累，随着信息化和大数据时代的到来，人民群众在民主、法治、公平、正义、安全、环境等方面的要求日益增长，希望对权利的保护更加充分、更加有效。党的十九大明确提出，要保护人民人身权、财产权、人格权。而现行民事立法中的有些规范已经滞后，难以适应人民日益增长的美好生活需要。编纂民法典，健全和充实民事权利种类，形成更加完备的民事权利体系，完善权利保护和救济规则，形成规范有效的权利保护机制，对于更好地维护人民权益，不断增加人民群众获得感、幸福感和安全感，促进人的全面发展，具有十分重要的意义。

二、编纂民法典的总体要求和基本原则

民法典是新中国第一部以法典命名的法律，开创了我国法典编纂立法的先河，具有里程碑意义。以习近平同志为核心的党中央高度重视民法典编纂工作，将编纂民法典列入党中央重要工作议程，并对编纂民法典工作任务作出总体部署、提出明确要求。十二届、十三届全国人大常委会都高度重视这一立法工作，将编纂民法典纳入全国人大常委会立法规划和年度立法工作计划，确定为全国人大常委会的立法工作重点项目，积极持续推进。为做好民法典编纂工作，全国人大常委会党组先后多次向党中央请示和报告，就民法典编纂工作的总体考虑、工作步骤、体例结构等重大问题进行汇报。2016 年 6 月、2018 年 8 月、2019 年 12 月，习近平总书记三次主持中央政治局常委会会议，听取并原则同意全国人大常委会党组就民法典编纂工作所作的请示汇报，对民法典编纂工作作出重要指示，为民法典编纂工作提供了重要指导和基本遵循。

编纂民法典的指导思想是：高举中国特色社会主义伟大旗帜，以马克思列宁主义、毛泽东思想、邓小平理论、"三个代表"重要思想、科学发展观、习近平新时代中国特色社会主义思想为指导，增强"四个意识"，坚定"四个自信"，做到"两个维护"，全面贯彻党的十八大、十九大和有关中央全会精神，坚持党的领导、人民当家作主、依法治国有机统一，紧紧围绕统筹推进"五位一体"总体布局和协调推进"四个全面"战略布局，紧紧围绕建设中国特色社会主义法治体系、建设社会主义法治国家，总结实践经验，适应时代要求，对我国现行的、制定于不同时期的民法通则、物权法、合同法、担保法、婚姻法、收养法、继承法、侵权责任法和人格权方面的民事法律规范进行全面系统的编订纂修，形成一部具有中国特色、体现时代特点、反映人民意愿的民法典，为新时代坚持和完善中国特色社会主义制度、实现"两个一百年"奋斗目标、实现中华民族伟大复兴中国梦提供完备的民事法治保障。

贯彻上述指导思想,切实做好民法典编纂工作,必须遵循和体现以下基本原则:一是坚持正确政治方向,全面贯彻习近平总书记全面依法治国新理念新思想新战略,坚决贯彻党中央的决策部署,坚持服务党和国家工作大局,充分发挥民法典在坚持和完善中国特色社会主义制度、推进国家治理体系和治理能力现代化中的重要作用。二是坚持以人民为中心,以保护民事权利为出发点和落脚点,切实回应人民的法治需求,更好地满足人民日益增长的美好生活需要,充分实现好、维护好、发展好最广大人民的根本利益,使民法典成为新时代保护人民民事权利的好法典。三是坚持立足国情和实际,全面总结我国改革开放40多年来民事立法和实践经验,以法典化方式巩固、确认和发展民事法治建设成果,以实践需求指引立法方向,提高民事法律制度的针对性、有效性、适应性,发挥法治的引领、规范、保障作用。四是坚持依法治国与以德治国相结合,注重将社会主义核心价值观融入民事法律规范,大力弘扬传统美德和社会公德,强化规则意识,倡导契约精神,维护公序良俗。五是坚持科学立法、民主立法、依法立法,不断增强民事法律规范的系统性、完整性,既保持民事法律制度的连续性、稳定性,又保持适度的前瞻性、开放性,同时处理好、衔接好法典化民事法律制度下各类规范之间的关系。

三、民法典编纂工作情况

根据党中央的工作部署,编纂民法典的起草工作由全国人大常委会法制工作委员会牵头,最高人民法院、最高人民检察院、司法部、中国社会科学院、中国法学会为参加单位。为做好民法典编纂工作,全国人大常委会法制工作委员会与五家参加单位成立了民法典编纂工作协调小组,并成立了民法典编纂工作专班。

编纂民法典不是制定全新的民事法律,也不是简单的法律汇编,而是对现行的民事法律规范进行编订纂修,对已经不适应现实情况的规定进行修改完善,对经济社会生活中出现的新情况、新问题作出有针对性的新规定。编纂民法典采取"两步走"的工作思路进行:第一步,制定民法总则,作为民法典的总则编;第二步,编纂民法典各分编,经全国人大常委会审议和修改完善后,再与民法总则合并为一部完整的民法典草案。

2015年3月,全国人大常委会法制工作委员会启动民法典编纂工作,着手第一步的民法总则制定工作,以1986年制定的民法通则为基础,系统梳理总结有关民事法律的实践经验,提炼民事法律制度中具有普遍适用性和引领性的规则,形成民法总则草案,2016年由十二届全国人大常委会进行了三次审议,2017年3月由第十二届全国人民代表大会第五次会议审议通过。制定民法总则,完成了民法典编纂工作的第一步,为民法典编纂奠定了坚实基础。

民法总则通过后,十二届、十三届全国人大常委会接续努力、抓紧开展作为民法典编纂第二步的各分编编纂工作。法制工作委员会与民法典编纂工作各参加单位全力推进民法典各分编编纂工作,系统梳理、研究历年来有关方面提出的意见,开展立法调研,广泛听取意见建议,以现行物权法、合同法、担保法、婚姻法、收养法、继承法、侵权责任法等为基础,结合我国经济社会发展对民事法律提出的新需求,形成了包括物权、合同、人格权、婚姻家庭、继承、侵权责任等 6 个分编在内的民法典各分编草案,提请 2018 年 8 月召开的第十三届全国人大常委会第五次会议审议。其后,2018 年 12 月、2019 年 4 月、6 月、8 月、10 月,第十三届全国人大常委会第七次、第十次、第十一次、第十二次、第十四次会议对民法典各分编草案进行了拆分审议,对全部 6 个分编草案进行了二审,对各方面比较关注的人格权、婚姻家庭、侵权责任 3 个分编草案进行了三审。在此基础上,将民法总则与经过常委会审议和修改完善的民法典各分编草案合并,形成《中华人民共和国民法典(草案)》,提请 2019 年 12 月召开的第十三届全国人大常委会第十五次会议审议。经审议,全国人大常委会作出决定,将民法典草案提请本次大会审议。

民法典草案经全国人大常委会审议后,全国人大常委会办公厅将草案印发十三届全国人大代表、部署组织全国人大代表研读讨论民法典草案工作,征求代表意见。同时,法制工作委员会还将草案印发地方人大、基层立法联系点、中央有关部门征求意见,并在中国人大网公布征求社会公众意见。法制工作委员会还在北京召开多个座谈会,听取有关部门、专家的意见。各方面普遍认为,编纂民法典,对于完善中国特色社会主义法律体系,以法治方式推进国家治理体系和治理能力现代化,切实维护最广大人民的根本利益,促进社会公平正义具有重要意义。

新冠肺炎疫情发生以来,全国人大常委会高度关注,栗战书委员长多次就贯彻落实习近平总书记对疫情防控工作的重要讲话精神和党中央决策部署,为疫情防控工作提供法治保障提出明确的工作要求。我们认真学习贯彻习近平总书记重要讲话精神和党中央决策部署,结合民法典编纂工作,对与疫情相关的民事法律制度进行梳理研究,对草案作了有针对性的修改完善。

2020 年 4 月 20 日、21 日,全国人大宪法和法律委员会召开会议,根据全国人大常委会的审议意见、代表研读讨论中提出的意见和各方面的意见,对民法典草案作了进一步修改完善;认为经过全国人大常委会多次审议和广泛征求意见,草案充分吸收各方面的意见建议,已经比较成熟,形成了提请本次会议审议的《中华人民共和国民法典(草案)》。

为进一步做好会议审议民法典草案的准备工作,更充分听取全国人大代表的意见,4 月 29 日,法制工作委员会将修改后的民法典草案再次发送给各省、自治区、直辖市人大常委会,请各地方以适当方式组织有关全国人大代表研读讨论,听取意见。

四、民法典草案的主要内容

《中华人民共和国民法典(草案)》共 7 编、1260 条,各编依次为总则、物权、合同、人格权、婚姻家庭、继承、侵权责任,以及附则。

(一)总则编

第一编"总则"规定民事活动必须遵循的基本原则和一般性规则,统领民法典各分编。第一编基本保持现行民法总则的结构和内容不变,根据法典编纂体系化要求对个别条款作了文字修改,并将"附则"部分移到民法典草案的最后。第一编共 10 章、204

条,主要内容有:

1. 关于基本规定。第一编第一章规定了民法典的立法目的和依据。其中,将"弘扬社会主义核心价值观"作为一项重要的立法目的,体现坚持依法治国与以德治国相结合的鲜明中国特色(草案第一条)。同时,规定了民事权利及其他合法权益受法律保护,确立了平等、自愿、公平、诚信、守法和公序良俗等民法基本原则(草案第四条至第八条)。为贯彻习近平生态文明思想,将绿色原则确立为民法的基本原则,规定民事主体从事民事活动,应当有利于节约资源、保护生态环境(草案第九条)。

2. 关于民事主体。民事主体是民事关系的参与者、民事权利的享有者、民事义务的履行者和民事责任的承担者,具体包括三类:一是自然人。自然人是最基本的民事主体。草案规定了自然人的民事权利能力和民事行为能力制度、监护制度、宣告失踪和宣告死亡制度,并对个体工商户和农村承包经营户作了规定(草案第一编第二章)。结合此次疫情防控工作,对监护制度作了进一步完善,规定因发生突发事件等紧急情况,监护人暂时无法履行监护职责,被监护人的生活处于无人照料状态的,被监护人住所地的居民委员会、村民委员会或者民政部门应当为被监护人安排必要的临时生活照料措施(草案第三十四条第四款)。二是法人。法人是依法成立的,具有民事权利能力和民事行为能力,依法独立享有民事权利和承担民事义务的组织。草案规定了法人的定义、成立原则和条件、住所等一般规定,并对营利法人、非营利法人、特别法人三类法人分别作了具体规定(草案第一编第三章)。三是非法人组织。非法人组织是不具有法人资格,但是能够依法以自己的名义从事民事活动的组织。草案对非法人组织的设立、责任承担、解散、清算等作了规定(草案第一编第四章)。

3. 关于民事权利。保护民事权利是民事立法的重要任务。第一编第五章规定了民事权利制度,包括各种人身权利和财产权利。为建设创新型国家,草案对知识产权作了概括性规定,以统领各个单行的知识产权法律(草案第一百二十三条)。同时,对数据、网络虚拟财产的保护作了原则性规定(草案第一百二十七条)。此外,还规定了民事权利的取得和行使规则等内容(草案第一百二十九条至第一百三十二条)。

4. 关于民事法律行为和代理。民事法律行为是民事主体通过意思表示设立、变更、终止民事法律关系的行为,代理是民事主体通过代理人实施民事法律行为的制度。第一编第六章、第七章规定了民事法律行为制度、代理制度:一是规定民事法律行为的定义、成立、形式和生效时间等(草案第一编第六章第一节)。二是对意思表示的生效、方式、撤回和解释等作了规定(草案第一编第六章第二节)。三是规定民事法律行为的效力制度(草案第一编第六章第三节)。四是规定了代理的适用范围、效力、类型等代理制度的内容(草案第一编第七章)。

5. 关于民事责任、诉讼时效和期间计算。民事责任是民事主体违反民事义务的法律后果,是保障和维护民事权利的重要制度。诉讼时效是权利人在法定期间内不行使权利,权利不受保护的法律制度,其功能主要是促使权利人及时行使权利、维护交易安全、稳定法律秩序。第一编第八章、第九章、第十章规定了民事责任、诉讼时效和期间计算制度:一是规定了民事责任的承担方式,并对不可抗力、正当防卫、紧急避险、自愿实施紧急救助等特殊的民事责任承担问题作了规定(草案第一编第八章)。二是规定了诉讼时效的期间及其起算、法律效果,诉讼时效的中止、中断等内容(草案第一编第九章)。三是规定了期间的计算单位、起算、结束和顺延等(草案第一编第十章)。

(二)物权编

物权是民事主体依法享有的重要财产权。物权法律制度调整因物的归属和利用而产生的民事关系,是最重要的民事基本制度之一。2007年第十届全国人民代表大会第五次会议通过了物权法。草案第二编"物权"在现行物权法的基础上,按照党中央提出的完善产权保护制度,健全归属清晰、权责明确、保护严格、流转顺畅的现代产权制度的要求,结合现实需要,进一步完善了物权法律制度。第二编共5个分编、20章、258条,主要内容有:

1.关于通则。第一分编为通则,规定了物权制度基础性规范,包括平等保护等物权基本原则,物权变动的具体规则,以及物权保护制度。党的十九届四中全会通过的《中共中央关于坚持和完善中国特色社会主义制度推进国家治理体系和治理能力现代化若干重大问题的决定》对社会主义基本经济制度有了新的表述,为贯彻会议精神,草案将有关基本经济制度的规定修改为:"国家坚持和完善公有制为主体、多种所有制经济共同发展,按劳分配为主体、多种分配方式并存,社会主义市场经济体制等社会主义基本经济制度。"(草案第二百零六条第一款)

2.关于所有权。所有权是物权的基础,是所有人对自己的不动产或者动产依法享有占有、使用、收益和处分的权利。第二分编规定了所有权制度,包括所有权人的权利,征收和征用规则,国家、集体和私人的所有权,相邻关系、共有等所有权基本制度。针对近年来群众普遍反映业主大会成立难、公共维修资金使用难等问题,并结合此次新冠肺炎疫情防控工作,在现行物权法规定的基础上,进一步完善了业主的建筑物区分所有权制度:一是明确地方政府有关部门、居民委员会应当对设立业主大会和选举业主委员会给予指导和协助(草案第二百七十七条第二款)。二是适当降低业主共同决定事项,特别是使用建筑物及其附属设施维修资金的表决门槛,并增加规定紧急情况下使用维修资金的特别程序(草案第二百七十八条、第二百八十一条第二款)。三是结合疫情防控工作,在征用组织、个人的不动产或者动产的事由中增加"疫情防控";明确物业服务企业和业主的相关责任和义务,增加规定物业服务企业或者其他管理人应当执行政府依法实施的应急处置措施和其他管理措施,积极配合开展相关工作,业主应当依法予以配合(草案第二百四十五条、第二百八十五条第二款、第二百八十六条第一款)。

3.关于用益物权。用益物权是指权利人依法对他人的物享有占有、使用和收益的权利。第三分编规定了用益物权制度,明确了用益物权人的基本权利和义务,以及建设用地使用权、宅基地使用权、地役权等用益物权。草案还在现行物权法规定的基础上,作了进一步完善:一是落实党中央关于完善产权保护制度依法保护产权的要求,明确住宅建设用地使用权期限届满的,自动续期;续期费用的缴纳或者减免,依照法律、行政法规的规定办理(草案第三百五十九条第一款)。二是完善农村集体产权相关制度,落实农村承包地"三权分置"改革的要求,对土地承包经营权的相关规定作了完善,增加土地经营权的规定,并删除耕地使用权不得抵押的规定,以适应"三权分置"后土地经营权入市的需要(草案第二编第十一章、第三百九十九条)。考虑到农村集体建设用地和宅基地制度改革正在推进过程中,草案与土地管理法等作了衔接性规定(草案第三百六十一条、第三百六十三条)。三是为贯彻党的十九大提出的加快建立多主体供给、多渠道保障住房制度的要求,增加规定"居住权"这一新型用益物权,明确居住权原则上无偿设立,居住权人有权按照合同约定或者遗嘱,经登记占有、使用他人的住宅,以满足其稳定的生活居住需要(草案第二编第十四章)。

4. 关于担保物权。担保物权是指为了确保债务履行而设立的物权,包括抵押权、质权和留置权。第四分编对担保物权作了规定,明确了担保物权的含义、适用范围、担保范围等共同规则,以及抵押权、质权和留置权的具体规则。草案在现行物权法规定的基础上,进一步完善了担保物权制度,为优化营商环境提供法治保障:一是扩大担保合同的范围,明确融资租赁、保理、所有权保留等非典型担保合同的担保功能,增加规定担保合同包括抵押合同、质押合同和其他具有担保功能的合同(草案第三百八十八条第一款)。二是删除有关担保物权具体登记机构的规定,为建立统一的动产抵押和权利质押登记制度留下空间。三是简化抵押合同和质押合同的一般条款(草案第四百条第二款、第四百二十七条第二款)。四是明确实现担保物权的统一受偿规则(草案第四百一十四条)。

5. 关于占有。占有是指对不动产或者动产事实上的控制与支配。第五分编对占有的调整范围、无权占有情形下的损害赔偿责任、原物及孳息的返还以及占有保护等作了规定(草案第二编第二十章)。

(三)合同编

合同制度是市场经济的基本法律制度。1999 年第九届全国人民代表大会第二次会议通过了合同法。草案第三编"合同"在现行合同法的基础上,贯彻全面深化改革的精神,坚持维护契约、平等交换、公平竞争,促进商品和要素自由流动,完善合同制度。第三编共 3 个分编、29 章、526 条,主要内容有:

1. 关于通则。第一分编为通则,规定了合同的订立、效力、履行、保全、转让、终止、违约责任等一般性规则,并在现行合同法的基础上,完善了合同总则制度:一是通过规定非合同之债的法律适用规则、多数人之债的履行规则等完善债法的一般性规则(草案第四百六十八条、第五百一十七条至第五百二十一条)。二是完善了电子合同订立规则,增加了预约合同的具体规定,完善了格式条款制度等合同订立制度(草案第四百九十一条、第四百九十五条至第四百九十八条)。三是结合新冠肺炎疫情防控工作,完善国家订货合同制度,规定国家根据抢险救灾、疫情防控或者其他需要下达国家订货任务、指令性计划的,有关民事主体之间应当依照有关法律、行政法规规定的权利和义务订立合同(草案第四百九十四条第一款)。四是针对实践中一方当事人违反义务不办理报批手续影响合同生效的问题,草案明确了当事人违反报批义务的法律后果,健全合同效力制度(草案第五百零二条第二款)。五是完善合同履行制度,落实绿色原则,规定当事人在履行合同过程中应当避免浪费资源、污染环境和破坏生态(草案第五百零九条第三款)。同时,在总结司法实践经验的基础上增加规定了情势变更制度(草案第五百三十三条)。六是完善代位权、撤销权等合同保全制度,进一步强化对债权人的保护,细化了债权转让、债务移转制度,增加了债务清偿抵充规则,完善了合同解除等合同终止制度(草案第三编第五章、第五百四十五条至第五百五十六条、第五百六十条、第五百六十三条至第五百六十六条)。七是通过吸收现行担保法有关定金规则的规定,完善违约责任制度(草案第五百八十六条至第五百八十八条)。

2. 关于典型合同。典型合同在市场经济活动和社会生活中应用普遍。为适应现实需要,在现行合同法规定的买卖合同、赠与合同、借款合同、租赁合同等15种典型合同的基础上,第二分编增加了4种新的典型合同:一是吸收了担保法中关于保证的内容,增加了保证合同(草案第三编第十三章)。二是适应我国保理行业发展和优化营商环境的需要,增加了保理合同(草案第三编第十六章)。三是针对物业服务领域的突出问题,增加规定了物业服务合同(草案第三编第二十四章)。四是增加规定合伙合同,将民法通则中有关个人合伙的规定纳入其中(草案第三编第二十七章)。

第三编还在总结现行合同法实践经验的基础上,完善了其他典型合同:一是通过完善检验期限的规定和所有权保留规则等完善买卖合同(草案第六百二十二条、第六百二十三条、第六百四十一条至第六百四十三条)。二是为维护正常的金融秩序,明确规定禁止高利放贷,借款的利率不得违反国家有关规定(草案第六百八十条第一款)。三是落实党中央提出的建立租购同权住房制度的要求,保护承租人利益,增加规定房屋承租人的优先承租权(草案第七百三十四条第二款)。四是针对近年来客运合同领域出现的旅客霸座、不配合承运人采取安全运输措施等严重干扰运输秩序和危害运输安全的问题,维护正常的运输秩序,草案细化了客运合同当事人的权利义务(草案第八百一十五条第一款、第八百一十九条、第八百二十条)。五是根据经济社会发展需要,修改完善了赠与合同、融资租赁合同、建设工程合同、技术合同等典型合同(草案第三编第十一章、第十五章、第十八章、第二十章)。

3. 关于准合同。无因管理和不当得利既与合同规则同属债法性质的内容,又与合同规则有所区别,第三分编"准合同"分别对无因管理和不当得利的一般性规则作了规定。(草案第三编第二十八章、第二十九章)

(四)人格权编

人格权是民事主体对其特定的人格利益享有的权利,关系到每个人的人格尊严,是民事主体最基本的权利。草案第四编"人格权"在现行有关法律法规和司法解释的基础上,从民事法律规范的角度规定自然人和其他民事主体人格权的内容、边界和保护方式,不涉及公民政治、社会等方面权利。第四编共6章、51条,主要内容有:

1. 关于一般规定。第四编第一章规定了人格权的一般性规则:一是明确人格权的定义(草案第九百九十条)。二是规定民事主体的人格权受法律保护,人格权不得放弃、转让或者继承(草案第九百九十一条、第九百九十二条)。三是规定了对死者人格利益的保护(草案第九百九十四条)。四是明确规定人格权受到侵害后的救济方式(草案第九百九十五条至第一千条)。

2. 关于生命权、身体权和健康权。第四编第二章规定了生命权、身体权和健康权的具体内容，并对实践中社会比较关注的有关问题作了有针对性的规定：一是为促进医疗卫生事业的发展，鼓励遗体捐献的善行义举，草案吸收行政法规的相关规定，确立器官捐献的基本规则（草案第一千零六条）。二是为规范与人体基因、人体胚胎等有关的医学和科研活动，明确从事此类活动应遵守的规则（草案第一千零九条）。三是近年来，性骚扰问题引起社会较大关注，草案在总结既有立法和司法实践经验的基础上，规定了性骚扰的认定标准，以及机关、企业、学校等单位防止和制止性骚扰的义务（草案第一千零一十条）。

3. 关于姓名权和名称权。第四编第三章规定了姓名权、名称权的具体内容，并对民事主体尊重保护他人姓名权、名称权的基本义务作了规定：一是对自然人选取姓氏的规则作了规定（草案第一千零一十五条）。二是明确对具有一定社会知名度，被他人使用足以造成公众混淆的笔名、艺名、网名等，参照适用姓名权和名称权保护的有关规定（草案第一千零一十七条）。

4. 关于肖像权。第四编第四章规定了肖像权的权利内容及许可使用肖像的规则，明确禁止侵害他人的肖像权：一是针对利用信息技术手段"深度伪造"他人的肖像、声音，侵害他人人格权益，甚至危害社会公共利益等问题，规定禁止任何组织或者个人利用信息技术手段伪造等方式侵害他人的肖像权。并明确对自然人声音的保护，参照适用肖像权保护的有关规定（草案第一千零一十九条第一款、第一千零二十三条第二款）。二是为了合理平衡保护肖像权与维护公共利益之间的关系，草案结合司法实践，规定肖像权的合理使用规则（草案第一千零二十条）。三是从有利于保护肖像权人利益的角度，对肖像许可使用合同的解释、解除等作了规定（草案第一千零二十一条、第一千零二十二条）。

5. 关于名誉权和荣誉权。第四编第五章规定了名誉权和荣誉权的内容：一是为了平衡个人名誉权保护与新闻报道、舆论监督之间的关系，草案对行为人实施新闻报道、舆论监督等行为涉及的民事责任承担，以及行为人是否尽到合理核实义务的认定等作了规定（草案第一千零二十五条、第一千零二十六条）。二是规定民事主体有证据证明报刊、网络等媒体报道的内容失实，侵害其名誉权的，有权请求更正或者删除（草案第一千零二十八条）。

6. 关于隐私权和个人信息保护。第四编第六章在现行有关法律规定的基础上，进一步强化对隐私权和个人信息的保护，并为下一步制定个人信息保护法留下空间：一是规定了隐私的定义，列明禁止侵害他人隐私权的具体行为（草案第一千零三十二条、第一千零三十三条）。二是界定了个人信息的定义，明确了处理个人信息应遵循的原则和条件（草案第一千零三十四条、第一千零三十五条）。三是构建自然人与信息处理者之间的基本权利义务框架，明确处理个人信息不承担责任的特定情形，合理平衡保护个人信息与维护公共利益之间的关系（草案第一千零三十六条至第一千零三十八条）。四是规定国家机关及其工作人员负有保护自然人的隐私和个人信息的义务（草案第一千零三十九条）。

（五）婚姻家庭编

婚姻家庭制度是规范夫妻关系和家庭关系的基本准则。1980年第五届全国人民代表大会第三次会议通过了新的婚姻法，2001年进行了修改。1991年第七届全国人大常委会第二十三次会议通过了收养法，1998年作了修改。草案第五编"婚姻家庭"以现行婚姻法、收养法为基础，在坚持婚姻自由、一夫一妻等基本原则的前提下，结合社会发展需要，修改完善了部分规定，并增加了新的规定。第五编共5章、79条，主要内容有：

1. 关于一般规定。第五编第一章在现行婚姻法规定的基础上，重申了婚姻自由、一夫一妻、男女平等等婚姻家庭领域的基本原则和规则，并在现行婚姻法的基础上，作了进一步完善：一是为贯彻落实习近平总书记有关加强家庭文明建设的重要讲话精神，更好地弘扬家庭美德，规定家庭应当树立优良家风，弘扬家庭美德，重视家庭文明建设（草案第一千零四十三条第一款）。二是为了更好地维护被收养的未成年人的合法权益，将联合国《儿童权利公约》关于儿童利益最大化的原则落实到收养工作中，增加规定了最有利于被收养人的原则（草案第一千零四十四条第一款）。三是界定了亲属、近亲属、家庭成员的范围（草案第一千零四十五条）。

2. 关于结婚。第五编第二章规定了结婚制度，并在现行婚姻法的基础上，对有关规定作了完善：一是将受胁迫一方请求撤销婚姻的期间起算点由"自结婚登记之日起"修改为"自胁迫行为终止之日起"（草案第一千零五十二条第二款）。二是不再将"患有医学上认为不应当结婚的疾病"作为禁止结婚的情形，并相应增加规定一方隐瞒重大疾病的，另一方可以向人民法院请求撤销婚姻（草案第一千零五十三条）。三是增加规定婚姻无效或者被撤销的，无过错方有权请求损害赔偿（草案第一千零五十四条第二款）。

3. 关于家庭关系。第五编第三章规定了夫妻关系、父母子女关系和其他近亲属关系，并根据社会发展需要，在现行婚姻法的基础上，完善了有关内容：一是明确了夫妻共同债务的范围。现行婚姻法没有对夫妻共同债务的范围作出规定。2003年最高人民法院出台司法解释，对夫妻共同债务的认定作出规定，近年来成为社会关注的热点问题。2018年1月，最高人民法院出台新的司法解释，修改了此前关于夫妻共同债务认定的规定。从新司法解释施行效果看，总体上能够有效平衡各方利益，各方面总体上赞同。因此，草案吸收新司法解释的规定，明确了夫妻共同债务的范围（草案第一千零六十四条）。二是规范亲子关系确认和否认之诉。亲子关系问题涉及家庭稳定和未成年人的保护，作为民事基本法律，草案对此类诉讼进行了规范（草案第一千零七十三条）。

4. 关于离婚。第五编第四章对离婚制度作出了规定，并在现行婚姻法的基础上，作了进一步完善：一是增加离婚冷静期制度。实践中，轻率离婚的现象增多，不利于婚姻家庭的稳定。为此，草案规定了提交离婚登记申请后三十日的离婚冷静期，在此期间，任何一方可以向登记机关撤回离婚申请（草案第一千零七十七条）。二是针对离婚诉讼中出现的"久调不判"问题，增加规定，经人民法院判决不准离婚后，双方又分居满一年,一方再次提起离婚诉讼的,应当准予离婚(草案第一千零七十九条第五款)。三是关于离婚后子女的抚养,将现行婚姻法规定的"哺乳期内的子女,以随哺乳的母亲抚养为原则"修改为"不满两周岁的子女,以由母亲直接抚养为原则",以增强可操作性(草案第一千零八十四条第三款)。四是将夫妻采用法定共同财产制的,纳入适用离婚经济补偿的范围,以加强对家庭负担较多义务一方权益的保护(草案第一千零八十八条)。五是将"有其他重大过错"增加规定为离婚损害赔偿的适用情形(草案第一千零九十一条第五项)。

5. 关于收养。第五编第五章对收养关系的成立、收养的效力、收养关系的解除作了规定,并在现行收养法的基础上,进一步完善了有关制度:一是扩大被收养人的范围,删除被收养的未成年人仅限于不满十四周岁的限制,修改为符合条件的未成年人均可被收养(草案第一千零九十三条)。二是与国家计划生育政策的调整相协调,将收养人须无子女的要求修改为收养人无子女或者只有一名子女(草案第一千零九十八条第一项)。三是为进一步强化对被收养人利益的保护,在收养人的条件中增加规定"无不利于被收养人健康成长的违法犯罪记录",并增加规定民政部门应当依法进行收养评估(草案第一千零九十八条第四项、第一千一百零五条第五款)。

(六)继承编

继承制度是关于自然人死亡后财富传承的基本制度。1985年第六届全国人民代表大会第三次会议通过了继承法。随着人民群众生活水平的不断提高,个人和家庭拥有的财产日益增多,因继承引发的纠纷也越来越多。根据我国社会家庭结构、继承观念等方面的发展变化,草案第六编"继承"在现行继承法的基础上,修改完善了继承制度,以满足人民群众处理遗产的现实需要。第六编共4章、45条,主要内容有:

1. 关于一般规定。第六编第一章规定了继承制度的基本规则,重申了国家保护自然人的继承权,规定了继承的基本制度。并在现行继承法的基础上,作了进一步完善:一是增加规定相互有继承关系的数人在同一事件中死亡,且难以确定死亡时间的继承规则(草案第一千一百二十一条第二款)。二是增加规定对继承人的宽恕制度,对继承权法定丧失制度予以完善(草案第一千一百二十五条第二款)。

2. 关于法定继承。法定继承是在被继承人没有对其遗产的处理立有遗嘱的情况下,继承人的范围、继承顺序等均按照法律规定确定的继承方式。第六编第二章规定了法定继承制度,明确了继承权男女平等原则,规定了法定继承人的顺序和范围,以及遗产分配的基本制度。同时,在现行继承法的基础上,完善代位继承制度,增加规定被继承人的兄弟姐妹先于被继承人死亡的,由被继承人的兄弟姐妹的子女代位继承(草案第一千一百二十八条第二款)。

3. 关于遗嘱继承和遗赠。遗嘱继承是根据被继承人生前所立遗嘱处理遗产的继承方式。第六编第三章规定了遗嘱继承和遗赠制度,并在现行继承法的基础上,进一步修改完善了遗嘱继承制度:一是增加了打印、录像等新的遗嘱形式(草案第一千一百三十六条、第一千一百三十七条)。二是修改了遗嘱效力规则,删除了现行继承法关于公证遗嘱效力优先的规定,切实尊重遗嘱人的真实意愿。

4. 关于遗产的处理。第六编第四章规定了遗产处理的程序和规则，并在现行继承法的基础上，进一步完善了有关遗产处理的制度：一是增加遗产管理人制度。为确保遗产得到妥善管理、顺利分割，更好地维护继承人、债权人利益，草案增加规定了遗产管理人制度，明确了遗产管理人的产生方式、职责和权利等内容（草案第一千一百四十五条至第一千一百四十九条）。二是完善遗赠扶养协议制度，适当扩大扶养人的范围，明确继承人以外的组织或者个人均可以成为扶养人，以满足养老形式多样化需求（草案第一千一百五十八条）。三是完善无人继承遗产的归属制度，明确归国家所有的无人继承遗产应当用于公益事业（草案第一千一百六十条）。

（七）侵权责任编

侵权责任是民事主体侵害他人权益应当承担的法律后果。2009 年第十一届全国人大常委会第十二次会议通过了侵权责任法。侵权责任法实施以来，在保护民事主体的合法权益、预防和制裁侵权行为方面发挥了重要作用。草案第七编"侵权责任"在总结实践经验的基础上，针对侵权领域出现的新情况，吸收借鉴司法解释的有关规定，对侵权责任制度作了必要的补充和完善。第七编共 10 章、95 条，主要内容有：

1. 关于一般规定。第七编第一章规定了侵权责任的归责原则、多数人侵权的责任承担、侵权责任的减轻或者免除等一般规则。并在现行侵权责任法的基础上作了进一步的完善：一是确立"自甘风险"规则，规定自愿参加具有一定风险的文体活动，因其他参加者的行为受到损害的，受害人不得请求没有故意或者重大过失的其他参加者承担侵权责任（草案第一千一百七十六条第一款）。二是规定"自助行为"制度，明确合法权益受到侵害，情况紧迫且不能及时获得国家机关保护，不立即采取措施将使其合法权益受到难以弥补的损害的，受害人可以在保护自己合法权益的必要范围内采取扣留侵权人的财物等合理措施，但是应当立即请求有关国家机关处理。受害人采取的措施不当造成他人损害的，应当承担侵权责任（草案第一千一百七十七条）。

2. 关于损害赔偿。第七编第二章规定了侵害人身权益和财产权益的赔偿规则、精神损害赔偿规则等。同时，在现行侵权责任法的基础上，对有关规定作了进一步完善：一是完善精神损害赔偿制度，规定因故意或者重大过失侵害自然人具有人身意义的特定物造成严重精神损害的，被侵权人有权请求精神损害赔偿（草案第一千一百八十三条第二款）。二是为加强对知识产权的保护，提高侵权违法成本，草案增加规定，故意侵害他人知识产权，情节严重的，被侵权人有权请求相应的惩罚性赔偿（草案第一千一百八十五条）。

3. 关于责任主体的特殊规定。第七编第三章规定了无民事行为能力人、限制民事行为能力人及其监护人的侵权责任，用人单位的侵权责任，网络侵权责任，以及公共场所的安全保障义务等。同时，草案在现行侵权责任法的基础上作了进一步完善：一是增加规定委托监护的侵权责任（草案第一千一百八十九条）。二是完善网络侵权责任制度。为了更好地保护权利人的利益，平衡好网络用户和网络服务提供者之间的利益，草案细化了网络侵权责任的具体规定，完善了权利人通知规则和网络服务提供者的转通知规则（草案第一千一百九十五条、第一千一百九十六条）。

4. 关于各种具体侵权责任。第七编的其他各章分别对产品生产销售、机动车交通事故、医疗、环境污染和生态破坏、高度危险、饲养动物、建筑物和物件等领域的侵权责任规则作出了具体规定。并在现行侵权责任法的基础上,对有关内容作了进一步完善:一是完善生产者、销售者召回缺陷产品的责任,增加规定,依照相关规定采取召回措施的,生产者、销售者应当负担被侵权人因此支出的必要费用(草案第一千二百零六条第二款)。二是明确交通事故损害赔偿的顺序,即先由机动车强制保险理赔,不足部分由机动车商业保险理赔,仍不足的由侵权人赔偿(草案第一千二百一十三条)。三是进一步保障患者的知情同意权,明确医务人员的相关说明义务,加强医疗机构及其医务人员对患者隐私和个人信息的保护(草案第一千二百一十九条、第一千二百二十六条)。四是贯彻落实习近平生态文明思想,增加规定生态环境损害的惩罚性赔偿制度,并明确规定了生态环境损害的修复和赔偿规则(草案第一千二百三十二条、第一千二百三十四条、第一千二百三十五条)。五是加强生物安全管理,完善高度危险责任,明确占有或者使用高致病性危险物造成他人损害的,应当承担侵权责任(草案第一千二百三十九条)。六是完善高空抛物坠物治理规则。为保障好人民群众的生命财产安全,草案对高空抛物坠物治理规则作了进一步的完善,规定禁止从建筑物中抛掷物品,同时针对此类事件处理的主要困难是行为人难以确定的问题,强调有关机关应当依法及时调查,查清责任人,并规定物业服务企业等建筑物管理人应当采取必要的安全保障措施防止此类行为的发生(草案第一千二百五十四条)。

(八)附则

草案最后部分"附则"明确了民法典与婚姻法、继承法、民法通则、收养法、担保法、合同法、物权法、侵权责任法、民法总则的关系。民法典施行后,上述民事单行法律将被替代。因此,草案规定在民法典施行之时,同步废止上述民事单行法律(草案第一千二百六十条)。需要说明的是,2014年第十二届全国人大常委会第十一次会议通过的《全国人民代表大会常务委员会关于〈中华人民共和国民法通则〉第九十九条第一款、〈中华人民共和国婚姻法〉第二十二条的解释》,作为与民法通则、婚姻法相关的法律解释,也同步废止。

《中华人民共和国民法典(草案)》和以上说明,请审议。

附录二　相关规范性法律文件缩略语表①

缩略语	全称	发文字号	实施日期	发布部门	效力级别
《宪法》	中华人民共和国宪法（2018年修正）	全国人民代表大会公告 全国人民代表大会公告第1号	1982.12.04 2018.03.11	全国人民代表大会	法律
《产品质量法》	中华人民共和国产品质量法（2018修正）	中华人民共和国主席令第71号 中华人民共和国主席令第22号	1993.09.01 2018.12.29	全国人大常委会	法律
《担保法》	中华人民共和国担保法	中华人民共和国主席令第50号	1995.10.01	全国人大常委会	法律
《电子商务法》	中华人民共和国电子商务法	中华人民共和国主席令第7号	2019.01.01	全国人大常委会	法律
《妇女权益保障法》	中华人民共和国妇女权益保障法（2018修正）	中华人民共和国主席令第58号 中华人民共和国主席令第16号	1992.10.01 2018.10.26	全国人民代表大会	法律

① 本表依次按文件效力级别、缩略语首字字母升序排列，同一系列文件按顺序排列。

缩略语	全称	发文字号	实施日期	发布部门	效力级别
《公司法》	中华人民共和国公司法（2018 修正）	中华人民共和国主席令第 16 号	1994.07.01	全国人民代表大会	法律
《航空法》	中华人民共和国民用航空法（2018 修正）	中华人民共和国主席令第 15 号	2018.10.26	全国人大常委会	法律
		中华人民共和国主席令第 56 号	1996.03.01	全国人大常委会	法律
		中华人民共和国主席令第 24 号	2018.12.29		
《合伙企业法》	中华人民共和国合伙企业法（2006 修正）	中华人民共和国主席令第 82 号	1997.08.01	全国人大常委会	法律
		中华人民共和国主席令第 55 号	2007.06.01		
《合同法》	中华人民共和国合同法	中华人民共和国主席令第 15 号	1999.10.01	全国人民代表大会	法律
《婚姻法》	中华人民共和国婚姻法（2001 修正）	全国人民代表大会常务委员会委员长令第九号	1980.01.01	全国人民代表大会	法律
		中华人民共和国主席令第 51 号	2001.04.28	全国人大常委会	
《继承法》	中华人民共和国继承法	中华人民共和国主席令第 24 号	1985.10.01	全国人民代表大会	法律

缩略语	全称	发文字号	实施日期	发布部门	效力级别
《民法通则》	中华人民共和国民法通则（2009 修正）	中华人民共和国主席令第 37 号	1987.01.01	全国人民代表大会	法律
《民法总则》	中华人民共和国民法总则	中华人民共和国主席令第 18 号	2009.08.27	全国人大常委会	法律
《民事诉讼法》	中华人民共和国民事诉讼法（2017 修正）	中华人民共和国主席令第 66 号	2017.10.01	全国人民代表大会	法律
《农村土地承包法》	中华人民共和国农村土地承包法（2018 修正）	中华人民共和国主席令第 44 号	1991.04.09	全国人民代表大会	法律
《侵权责任法》	中华人民共和国侵权责任法	中华人民共和国主席令第 71 号	2017.07.01 修正实施	全国人大常委会	法律
《收养法》	中华人民共和国收养法（1998 修正）	中华人民共和国主席令第 73 号	2003.03.01	全国人大常委会	法律
		中华人民共和国主席令第 17 号	2019.01.01 修正实施	全国人大常委会	法律
		中华人民共和国主席令第 21 号	2010.07.01	全国人大常委会	法律
		中华人民共和国主席令第 54 号	1992.04.01	全国人大常委会	法律
		中华人民共和国主席令第 10 号	1999.04.01 修正实施		

缩略语	全称	发文字号	实施日期	发布部门	效力级别
《土地管理法》	中华人民共和国土地管理法（2019修正）	中华人民共和国主席令第41号	1987.01.01	全国人大常委会	法律
		中华人民共和国主席令第32号	2020.01.01修正实施		
《网络安全法》	中华人民共和国网络安全法	中华人民共和国主席令第53号	2017.06.01	全国人大常委会	法律
《物权法》	中华人民共和国物权法	中华人民共和国主席令第62号	2007.10.01	全国人民代表大会	法律
《消费者权益保护法》	中华人民共和国消费者权益保护法（2013修正）	中华人民共和国主席令第11号	1994.01.01	全国人大常委会	法律
		中华人民共和国主席令第7号	2014.03.15修正实施		
《姓名权解释》	全国人民代表大会常务委员会关于《中华人民共和国民法通则》第九十九条第一款、《中华人民共和国婚姻法》第二十二条的解释	（无）	2014.11.01	全国人大常委会	法律解释
《城镇房屋租赁合同解释》	最高人民法院关于审理城镇房屋租赁合同纠纷案件具体应用法律若干问题的解释	法释〔2009〕11号	2009.09.01	最高人民法院	司法解释
《担保法解释》	最高人民法院关于适用《中华人民共和国担保法》若干问题的解释	法释〔2000〕44号	2000.12.13	最高人民法院	司法解释
《夫妻债务纠纷解释》	最高人民法院关于审理涉及夫妻债务纠纷案件适用法律有关问题的解释	法释〔2018〕2号	2018.01.18	最高人民法院	司法解释

缩略语	全称	发文字号	实施日期	发布部门	效力级别
《公司法解释（三）》	最高人民法院关于适用《中华人民共和国公司法》若干问题的规定（三）（2014修正）	法释〔2014〕2号	2014.03.01	最高人民法院	司法解释
《公司法解释（四）》	最高人民法院关于适用《中华人民共和国公司法》若干问题的规定（四）	法释〔2017〕16号	2017.09.01	最高人民法院	司法解释
《合同法解释（一）》	最高人民法院关于适用《中华人民共和国合同法》若干问题的解释（一）	法释〔1999〕19号	1999.12.29	最高人民法院	司法解释
《合同法解释（二）》	最高人民法院关于适用《中华人民共和国合同法》若干问题的解释（二）	法释〔2009〕5号	2009.05.13	最高人民法院	司法解释
《环境侵权责任解释》	最高人民法院关于审理环境侵权责任纠纷案件适用法律若干问题的解释	法释〔2015〕12号	2015.06.03	最高人民法院	司法解释
《婚姻法解释（一）》	最高人民法院关于适用《中华人民共和国婚姻法》若干问题的解释（一）	法释〔2001〕30号	2001.12.27	最高人民法院	司法解释
《婚姻法解释（二）》	最高人民法院关于适用《中华人民共和国婚姻法》若干问题的解释（二）（2017修正）	法释〔2017〕6号	2017.03.01	最高人民法院	司法解释
《婚姻法解释（三）》	最高人民法院关于适用《中华人民共和国婚姻法》若干问题的解释（三）	法释〔2011〕18号	2011.08.13	最高人民法院	司法解释
《建设工程施工合同解释（一）》	最高人民法院关于审理建设工程施工合同纠纷案件适用法律问题的解释（一）	法释〔2004〕14号	2005.01.01	最高人民法院	司法解释
《建设工程施工合同解释（二）》	最高人民法院关于审理建设工程施工合同纠纷案件适用法律问题的解释（二）	法释〔2018〕20号	2019.02.01	最高人民法院	司法解释

缩略语	全称	发文字号	实施日期	发布部门	效力级别
《建筑物区分所有权纠纷解释》	最高人民法院关于审理建筑物区分所有权纠纷案件具体应用法律若干问题的解释	法释〔2009〕7号	2009.10.01	最高人民法院	司法解释
《交通事故损害赔偿解释》	最高人民法院关于审理道路交通事故损害赔偿案件适用法律若干问题的解释	法释〔2012〕19号	2012.12.21	最高人民法院	司法解释
《精神损害赔偿解释》	最高人民法院关于确定民事侵权精神损害赔偿责任若干问题的解释	法释〔2001〕7号	2001.03.10	最高人民法院	司法解释
《旅游纠纷解释》	最高人民法院关于审理旅游纠纷案件适用法律若干问题的规定	法释〔2010〕13号	2010.11.01	最高人民法院	司法解释
《买卖合同解释》	最高人民法院关于审理买卖合同纠纷案件适用法律问题的规定	法释〔2012〕8号	2012.07.01	最高人民法院	司法解释
《民间借贷规定》	最高人民法院关于审理民间借贷案件适用法律若干问题的规定	法释〔2015〕18号	2015.09.01	最高人民法院	司法解释
《民诉解释》	最高人民法院关于适用《中华人民共和国民事诉讼法》的解释	法释〔2015〕5号	2015.02.04	最高人民法院	司法解释
《民通意见》	最高人民法院关于贯彻执行《中华人民共和国民法通则》若干问题的意见（试行）	法（办）发〔1988〕6号	1988.04.02	最高人民法院	司法解释
《名誉权答》	最高人民法院关于审理名誉权案件若干问题的解答	法发〔1993〕15号	1993.08.07	最高人民法院	司法解释
《名誉权解释》	最高人民法院关于审理名誉权案件若干问题的解释	法释〔1998〕26号	1998.09.15	最高人民法院	司法解释

缩略语	全称	发文字号	实施日期	发布部门	效力级别
《侵犯专利权解释（二）》	最高人民法院关于审理侵犯专利权纠纷案件应用法律若干问题的解释（二）	法释〔2016〕1号	2016.04.01	最高人民法院	司法解释
《侵害信息网络传播权解释》	最高人民法院关于审理侵害信息网络传播权民事纠纷案件适用法律若干问题的规定	法释〔2012〕20号	2013.01.01	最高人民法院	司法解释
《人身损害赔偿解释》	最高人民法院关于审理人身损害赔偿案件适用法律若干问题的解释	法释〔2003〕20号	2004.05.01	最高人民法院	司法解释
《融资租赁合同解释》	最高人民法院关于审理融资租赁合同纠纷案件适用法律问题的解释	法释〔2014〕3号	2014.03.01	最高人民法院	司法解释
《生态环境损害赔偿规定》	最高人民法院关于审理生态环境损害赔偿案件的若干规定（试行）	法释〔2019〕8号	2019.06.05	最高人民法院	司法解释
《诉讼时效规定》	最高人民法院关于审理民事案件适用诉讼时效制度若干问题的规定	法释〔2018〕11号	2018.09.01	最高人民法院	司法解释
《网络侵害人身权益规定》	最高人民法院关于审理利用信息网络侵害人身权益民事纠纷案件适用法律若干问题的规定	法释〔2014〕11号	2014.10.10	最高人民法院	司法解释
《物权法解释（一）》	最高人民法院关于适用《中华人民共和国物权法》若干问题的解释（一）	法释〔2016〕5号	2016.03.01	最高人民法院	司法解释
《物业服务纠纷解释》	最高人民法院关于审理物业服务纠纷案件具体应用法律若干问题的解释	法释〔2009〕8号	2009.10.01	最高人民法院	司法解释
《医疗损害责任解释》	最高人民法院关于审理医疗损害责任纠纷案件适用法律若干问题的解释	法释〔2017〕20号	2017.12.14	最高人民法院	司法解释

缩略语	全称	发文字号	实施日期	发布部门	效力级别
《不动产登记暂行条例》	不动产登记暂行条例（2019 修正）	中华人民共和国国务院令第 656 号	2019.03.24	国务院	行政法规
《国有土地上房屋征收与补偿条例》	国有土地上房屋征收与补偿条例	中华人民共和国国务院令第 590 号	2011.01.21	国务院	行政法规
《婚姻登记条例》	婚姻登记条例	中华人民共和国国务院令第 387 号	2003.10.01	国务院	行政法规
《人体器官移植条例》	人体器官移植条例	中华人民共和国国务院令第 491 号	2007.05.01	国务院	行政法规
《物业管理条例》	物业管理条例（2018 修正）	中华人民共和国国务院令第 379 号	2018.03.19	国务院	行政法规
《征信业管理条例》	征信业管理条例	中华人民共和国国务院令第 631 号	2013.03.15	国务院	行政法规
《不动产登记暂行条例实施细则》	不动产登记暂行条例实施细则（2019 修正）	中华人民共和国自然资源部令第 5 号	2019.07.24	自然资源部	部门规章
《提存公证规则》	提存公证规则	中华人民共和国司法部令第 38 号	1995.06.02	司法部	部门规章
《应收账款质押登记办法》	应收账款质押登记办法（2019）	中国人民银行令〔2019〕第 4 号	2020.01.01	中国人民银行	部门规章